吴门园墅文献新编（上）

范君博　编著

苏州市园林和绿化管理局　编

文匯出版社

《吴门园墅文献新编》编纂委员会

序

陈大林

1997年，苏州古典园林被联合国教科文组织列入“世界遗产名录”，以取法自然而又超越自然的意境，“咫尺之内再造乾坤”，承载着中国传统哲学理念和文化精神，展现东方文明最为典范的造园艺术，在世界造园史上独树一帜。

苏州古典园林始于春秋吴国建都姑苏时，可上溯至公元前六世纪的吴王苑囿；繁衍于南朝五代，成熟于宋代，鼎盛于明清。特别是明清时期，苏州成为中国最繁华的地区，除私家第宅园林以外，各种山庄园林、衙署园林、寺庙园林、书院园林、祠堂义庄园林、会馆园林、茶馆酒楼园林等星罗棋布，园林式庭院更是遍布古城内外。

时光流转，生生不息。有首民歌唱道：“古时候的天地现在还有，古时候的日月现在还有，古时候的山河现在还在，古时候的人现在不见了。”前不见古人，却造福了后来者，江南园林甲天下，苏州园林甲江南。城中园墅，花木水石、亭台楼阁、家具陈设、匾额楹联、诗文题刻依然在，成为一代又一代人的旅游之地和精神乐园。更有大量园林文献有待发掘。

最早见于记载的私家园林是公元四世纪东晋的辟疆园，当时号称“吴中第一”。时至民国，苏州社会名流、文化元老范君博先生所编著之《吴门园墅文献》，即从这处辟疆园讲起，“讲起吴中园林，史上最古者当以辟疆园为首创。今园虽废，而名犹存，苏州既称花园之城，不得不参考载籍探摭旧闻，流风未泯，则此园庶几有取也”。

在这部文献中，《谈丛》《文薮》《诗籁》《清韵》洋洋洒洒四卷，搜集、整理、实录或已废或尚存园墅近三百处，每一处的地理位置、建筑特色、园宅景色、历史沿革等了然于心，字里行间呼之欲出，拙政园、网师园、南园、沧浪亭、墨池园、金谷园、五亩园、藏春园、玉涵堂、桃花庵、乐圃、红梅阁等，如数家珍，其中不乏当下陌生的名字。并辑录散落的历朝文人雅士各类文钞，如《秋饮顾氏园有感》

《偕屈伯刚游怡园》《双荫轩晚眺》《游狮子林》《网师园记》《游吴门植园》《伍园香菊》《半园记》《墨庄记》《水哉轩记》《游留园观兰花会》等，读之犹身临其境，文献资料之全之实之集大成者，弥足珍贵。

范君博（1897—1976），名广宪，字子宽，号君博，以号行，别号百琲词人、憨厂、憨庵等，吴县（今江苏苏州）人。南社社友、苏州文学团体“星社”创办人之一。曾先后出任吴县救火联合会主席、吴县商会监事长、《苏州日报》社社长、吴县参议会参议员、私立景范中学首任校长等。新中国成立后任苏州市第一届各界人民代表会议代表。他涉足商业、政治、文学、方志、新闻、教育、慈善等领域，且都颇有建树，可谓一身数职，然始终不失文人本色。郑逸梅称他为“诗人范君博”。范君博除著有《比珠词》《百琲词》《痛定词》《吴越国宫词》《蠡园诗稿》《吴门竹枝词汇编十四种》等诗词集外，方志类作品也颇为丰富，有《红兰逸韵》《苏州实录吟钞》《吴门坊巷待輶吟》等，《吴门园墅文献》为其中较为重要的一部。

近年来，按照保护文化遗产的国际理念，苏州市创造性地拓展了苏州园林群体性保护管理工作，从2015年8月开始，先后对市内园林进行了寻访调查、审定，编制《苏州园林名录》，将苏州园林纳入一体化保护。2018年8月，随着第四批《苏州园林名录》正式公布，进入名录的园林达到了108座。“天堂苏州·百园之城”成为苏州的新名片。

面对“百园之城”及博大精深的园林历史文化，我们都要敬畏它，保护它，建设好它，利用好它，并将这些人类宝贵财富完整地传给后人。开展对于园林文献的深入发掘，无疑是传承、保护文化遗产中一项重要的工作内容，责无旁贷。苏州市园林和绿化管理局值此重新刊印《吴门园墅文献》一书，按原版手稿点校，并补添大幅彩图，以呈现今日园林之群体面貌，感受时代变迁。

《吴门园墅文献新编》的出版，令尘封已久的历史文献重见天日，为园林研究领域的工作者提供不可多得的园墅考据，是对苏州园林一种特殊的保护方式，也是对苏州园林历史文化的传承和弘扬，尽一份绵薄之力。在此，也感谢范君博先生后人的热忱促成，以使旧版首次新出；同时，在此也深切感谢为本书付梓辛勤工作的同事们，感谢文汇出版社。

是为序。

2019年10月

（作者系现任苏州市园林和绿化管理局局长）

目录

吴门园墅文献卷一　谈丛

顾辟疆园

相传东晋时，王献之入会稽，经吴门，先不识主人。值辟疆方集宾友酣宴园中，而献之游历既毕，指麾好恶，傍若无人，辟疆勃然曰："不足齿之，伧尔！"使驱其左右出门，献之独坐舆上，辗转顾望，而仆从不至，遂移时。盖献之之肆、辟疆之隘也。查该园为顾辟疆所筑，见于题咏者甚众。唐时，顾况尝假以居，郡守赠诗云："辟疆东晋日，竹树有名园。年代更多主，池塘复裔孙。"李白诗云："柳深陶令宅，竹暗辟疆园。"又陆羽诗云："辟疆旧林园，怪石纷相向。"陆龟蒙诗云："吴之辟疆园，在昔胜概敌。"皮日休诗云："更葺园中景，应为辟疆园。"据说址在西米巷中，郡署东偏，旧有五显庙，继为府厩，后半为大觉寺。明代郡守况钟曾在此间凭吊，撰成《辟疆馆记碑》，因改为况公祠，现已更名西美小学矣。讲起吴中园林，史上最古者当以辟疆园为首创。今园虽废，而名犹存，苏州既称花园之城，不得不参考载籍探摭旧闻，流风未泯，则此园庶几有取也。事有缺略，犹当刊补其诗文，别为吴中园林清韵云。

任晦园

为有唐泾尉任晦所建，或云即顾辟疆园。据任兆麟记载，实在潘儒巷，任敬子祠旁，东为任氏园，因建祠一面至周通桥南。元时潘元绍为别宅。明属徐姓，徐某受木樨多种桂树，并筑桂花厅，墙壁、枅柱尽刻木樨。宅屡易主，程观察荫桂、陈刺史晋、戴太史葆莹先后居之，今以任祠拆迁，另辟新路，所谓任晦园早无痕迹可寻，读皮、陆诗，有"深林曲沼，危亭幽砌"，而任君弃泾县尉，归居其间，不胜感慨系之矣。

按，任晦仕为泾县尉，退居里中，有深林、曲沼、危亭、幽砌。池中又为岛屿，修篁嘉木掩映隈隩，晦资高放寡合，好奇乐异，喜文学名理之士得顾辟疆旧圃以居云。

南园

自广陵王钱元璙帅中吴，好治林圃。于是酾流以为沼，积土以为山，岛屿峰峦，出于巧思。求致异木，名品甚多。比及积岁，皆为合抱。亭宇台榭，值景而造。所谓“三阁”“八亭”“二台”“龟首”“旋螺”之类，名载《图经》，盖旧物也。钱氏去国，此园不毁，宋长洲宰王禹偁诗云：“他年我若功成后，乞取南园作醉乡。”乃玩而爱之之至也。或传，祥符中作景灵宫，购求珍石，郡中尝取于此，以贡京师。其间楼榭岁久摧圮，吕济叔尝作熙熙堂，厥从守将亦加修饰。所存之亭，有流杯、四照、百花、乐丰、惹云、风月之目，每春纵士女游览以为乐。在大观东，蔡京罢相欲东还，诏以南园赐之。京即以诗赠亲党云：“八年帷幄竟何如，更赐南园宠太师。堪笑当时王学士，功名未见便吟诗。”京遽以无功名诮禹偁，不知元之虽终被黜，其名与天地同不朽。元长居相位廿载，又处师垣之尊，至今虽三尺之童，唾骂不已，其贤不肖为何如也！

金谷园

相传为广陵郡王钱元璙所筑，地址在三太尉桥西。闻其诸子各治园第。此桥之西巷，盖其三子文恽所营治也，今皆为居人占籍焉。据《九国志》云：“元璙治苏州，颇以园池花木为意，创南园、东圃及诸别第。奇卉异木，名品千万。”今其遗迹多在居人之家，其崇冈清池，茂林珍木，或犹者。此园殆亦诸别第之一欤？

沧浪亭

在城南，四周积水数十亩，傍有小山，高下曲折，与水相萦带，门前石桥相通，相传旧为广陵王钱元璙池馆，或云为中吴军节度使孙承佑别墅。至宋庆历五年，公元一千零四十五年，为苏长史舜钦所得，傍水构亭，取名“沧浪”。欧阳修曾有诗云："清风明月本无价，可惜只卖四万钱。"从此著名。长史卒，为浦城章子厚惇相国所有，累石叠山，雄观一时。绍兴间复归韩蕲王世忠，改名"韩园"。由元至明，几成废墟。迨嘉靖时，改为僧居妙隐庵，望衡对宇。当时，奉安胡可泉钻宗郡守将妙隐庵改建为韩蕲王祠，文瑛和尚亦在大云庵旁筑沧浪亭。清康熙间，汉军镶蓝旗人王纯嘏新命抚苏，又建苏公祠。继有商丘宋牧仲荦家宰复构亭山巅，增建自胜轩、观鱼处、步碕诸胜。道光七年，长乐梁茝林章钜中丞重加修葺。咸丰十年，兵燹废。同治十二年，巡抚张振轩树声复兴沧浪亭，并构明道堂五百名贤祠、静吟亭、看山楼即心石屋、翠玲珑馆、清香馆、闻妙香室、面水轩诸胜。民国岁次丁丑秋中，中日事变起，苏地沦陷，亭馆倾圮。及辛巳春，崇明高冠吾醵资议葺，鸠工庀材，历时两月，费三万五千余元而成。公元一千九百五十三年由苏州市人民政府重点修建，收归市有，以迄于今。

五亩园

在城西北隅西大营门，据谢绥之家福《五亩园小志》云，为汉张长史植桑地。惟查长史姓名有张肱、张霸、张业、张宏、张嘉诸说，未知孰是。宋熙宁间，公元一千零六十八年至一千零七十七年止，梅宣义始就其地筑台治园。绍圣中，公元一千零九十四年至一千零九十七年止，太师章质夫楶又拓地营造桃花坞别墅，多栽桃李，郡人藉此游春。明末，娄县诸生吕贞九毖复筑采香庵、小桃源于其中。庵介梅、章两家别业，云逸能诗，结吟梅社以延客社中。梅子采南、章子咏华，效流觞曲水故事，庵其庵前双鱼放生池，以通五亩别业之双荷花池、桃坞别业之千又潭。当建炎庚戌二月廿六日，兀术陷城，云逸犹驾瓜皮艇，容与杨柳堤畔。守堞兵散，招之使渡，云逸奋起，令结寨，守两日，忽慨然曰："毋苦众生也。"自投双渔池死，兵遂溃。兀术遂据寨，宴诸酋于天半楼，而章婢碧桃、红豆相继随咏华殉难。三月朔，始出阊门去。初三日，诸军凯旋，寨中庆云庵、旃檀庵、报恩寺、杨柳楼台、张家祠、刘家祠、梅园、章园、孙园、蔡庄，以寇巢毁。妇女二万余人以从寇籍。蔡隆兴倡议，瘗河中男尸五千余、女尸十一万一千余，暴露男尸六万二千余、女尸二万五千余，火化男女骨十五万七千余。赎回营妓二千三百余人。周宣抚陷以通寇骈于市，里人于蔡庄筑庵祀之。宋末，某公主流徙平江，遂归军官张聿然，即世杰族子。既鼎革，隐居筑采香庵于东荷池畔，公主削发为尼，改名静顺道人，结茅于西荷池侧。嗣有梅氏姊妹，为达鲁百花所逼，毁容，依之筑庵于寄茅故址，清修梵行，未一年，同时化去，瘗于庵西鸳鸯亭址。元季，张士诚据吴城，屯军于演武场，辟大营门。至正廿六年十一月癸卯，明将徐达围平江。达军葑门，常遇春军虎丘，郭子兴军娄门，华云龙军胥门，汤和军阊门，王弼军盘门，张温军西门，康茂才军北门，耿炳文军城东北，仇成军城西南，何文辉军城西北，四面筑长围。因之不能下。廿七年二月，徐达檄俞通会兵，通与吴军战于灭渡桥，捣桃花坞，中流矢死。六月，士诚亲帅锐士突围，出西门搏战，将奔常遇春军。遇春分兵北濠，绝其后，而别遣兵与战。士诚大败，人马溺死沙盆潭者甚众。九月，平江围急。辛巳明诸将破葑门，常遇春破阊门。入，士诚被擒，乙丑至建康自缢死。吴地平，居民安堵如故，改平江路曰苏州府，以在城四隅分隶吴、长洲两县，吴辖西南、西北二隅，长洲辖东南、东北，西隅置江南行中书省以制之。吴良自江阴移守本府。洪武元年，朱元璋怒苏民为张士诚守，尽籍其功臣子弟庄田入官。后恶富民豪，并坐罪，没入田产皆名官田，并颁官民田赋，凡官田亩税五升三合民田减二升，重租田八升五合五勺没官田一斗二升。其后连年水灾，虽议蠲缓而重额不改，知府金炯为民请减田赋，竟赐死。建文二年二月诏曰："国家有惟正之供，而江浙赋独重，苏松官田准私租起科，时以惩一时顽民，岂可为定则以重困一方？宜悉与减免，亩不得过一斗。"行之未久，成祖朱棣尽革建文之政，而赋额复重。至宣德正统间，始屡诏减苏松浮粮，巡抚周忱、知府况钟之力也。嘉靖间，《夏介若碑》记云："桃花坞，吴门最胜处也。台榭、花竹、园林、蔬圃，号称极盛。"入大营门数百步，过双鱼池，绕西而进，有地一方，深广二亩余，四围流水，界绝尘境。又坞中最胜处，里人陈蒙辈建周神祠于上。明季，娄县诸生吕贞九𢘅筑小桃源于采香庵，后为退隐地。会鼎革，出家为黄冠。清顺治辛卯，居清真观，祷雨遣祟靡不验。己亥，入妙高峰，辟谷经年，游终南归居灵岩。甲辰五月望，手书一诗而逝。乾嘉间，废为菜圃，有梅姓者来自江右，访祖墓于园西，人始识其旧址，掘地得五亩园桃花坞碑记十余种，皆宋贤撰著。又得观音峰、百灵台诸怪石，高逾寻丈。叶氏遂购其地，于吕小筑园亭，仍宋、明时梅坞、更好轩、双荷花池、碧藻轩、寄茅庐、拜石堂、桃花坞、旃檀庵、桂香精舍、走马楼、鸭栏桥、渔家巷、杨柳堤、采香庵、小桃源诸故称，祝元文为作碑记。道光时，叶氏子好结客，日游宴其中，人称叶家花园。咸丰初，公元一千八百五十一年，家以中落，鬻于潘氏。十年庚申，遭兵燹。光绪十五年，公元一千八百八十九年，以其地捐归文昌宫。轮香局后面有翁媪墓，翁姓童，媪氏李，以保守园址有功，乃葬之。尚有七人墓，据《虎穴闻见录》云："庚申之难，何姓一家因其女不肯为人屈辱，阖门七口皆投井而死。"哀哉！与翁媪墓同时筑之，谢家福作墓志。

同乐园

为宋代朱勔所筑，俗称“朱家园”，在盘门内孙老桥。元至正中，为庐山陈汝秩、汝言昆仲购得，取杜诗“名园依渌水”句更为“渌水园”，有来鸿轩、清泠阁、萝径等名，明高季迪启为之序。明末崇祯间，其址为吴县张世伟孝廉所得，改辟“泌园”，闭户著书，完成耿耿孤忠所寄托之《异齐集》。清季宣统中，有崇明童友莲叶庚退隐寓苏，与其妻祝梅君唱随其中，尤喜骨董金石，兼擅书画，曾收集古镜百余面，构百鉴楼，乃著《睫巢镜影》一卷。但云烟迁忽，沧桑瞬变，今过其地，便生人琴之感矣。

隐圃

在灵芝坊，即今范庄前，为宋时蒋希鲁堂太守所筑。有岩扃、水月庵、烟萝亭、风篁亭、香岩峰，皆极登临之胜。尝宴宾客，以诗篇为乐，范贯之师道龙图赋诗赠之。

按，堂，宜兴人，第进士，真宗时授大理寺丞，累迁枢密直学士，知平江府。清修纯饬，遇事不屈，好学，工文辞，延誉后进，至老不倦，士人翕然称之。以礼部侍郎致仕，归休于此，著有《吴门集》。

范家园

在雍熙寺后，宋无外居士范周所建。周为赞善大夫，纯古长子，文正公之从孙，负才不羁，工诗词，不乐仕进。方腊事变，州民团结，士流亦不免，周率学舍诸生冠带夜巡，以火灯笼题诗其上，守将见诗，亟为罢去。园中所遗石刻“范家园”三大字为郡守李大异所书，后移置文王书院之右，完好如初。近因拓宽道路，已被损断，不知迁往何处矣。

藏春园

在闾丘坊巷，宋时信安郡王孟仁仲忠厚所筑。有静寄堂、清心亭、万卷堂，其匾额皆为孝宗赵昚御书。

按，仁仲为咸宁郡王彦弼子，哲宗孟后之兄。宣和中，官至将作少监。靖康初，权卫尉卿。高宗赵构立授徽猷阁待制，使北迎，后以台谏论列，易武秩。后崩，

狮子林

以祔庙恩授镇海军节度使，判平江，改浙东安抚使，封信安郡王，判绍兴府，除枢密使。忠厚远避权势，不以私干朝廷。秦桧心忌之讽，言路论列，罢为醴泉观使。桧死，召还，授保宁军节度使，提举秘书省，卒。

乐圃

原为五代时吴越广陵郡王钱元璙金谷园遗址，宋乡贤朱伯原长文增筑之。元时为长洲张子宜适所。明成化间又为杜东原所有。万历间，长洲申汝默时行宰辅致仕后又购得之。有赐闲堂、鉴曲亭、招隐榭诸胜。尝赋诗云："栖迟旧业理荒芜，徙倚丛篁据槁梧。为圃自安吾计拙，归田早荷圣恩殊。山移小岛成愚谷，水引清流学鉴湖。敢向明时称逸老，北窗高枕一愁无。"又有《园居》诗云："乐圃千年迹，萧斋五亩身。蓬蒿常谢客，花竹总宜人。清旷怀长统，风流属季真。临溪时独钓，吾自老丝纶。"其二云："投老身犹健，探幽兴未阑。花神催烂漫，竹使报平安。茂树禽声合，高楼蝶梦残。不知人世亡，何处有风湍。"至清康熙时，公元一千六百六十二年至一千七百二十一年，静宁慕拱极天颜巡抚江南在此建筑别墅，俗称"慕家花园"。后归河南席椿太守。不久，太仓毕秋帆沅尚书割其东部，改名"适园"，金匮钱梅溪泳经历曾为辑《乐圃小志》二卷赠之。尚书殁后，家产入官，无托足之地，一家眷属尽住圃中，可慨也已。有女史胡智珠题壁一绝云："清池峭石古亭台，深锁园扉昼不开。此日恰逢摇落后，花时悔我未曾来。"现其裔孙依然居住，因已造家庙，例不入官。近晤尚书后裔志飏茂才云："园废不治，累石犹存其间，有停云石最著名，为明文待诏停云馆旧物，苟能政府收归，固所愿焉。"

狮子林

在城东北隅潘儒巷，今画禅寺法堂后墙外。元至正间，公元一千三百四十年至一千三百六十七年，僧天如惟则延朱德润、赵善良、倪元镇、徐幼文共商叠成，而元镇为之图，取佛书狮子座而名之。近人误以为倪云林所筑，非也。明时尚属寺中，清初鞠为民居，荒废已久。乾隆廿七年，公元一千七百六十二年，高宗弘历南巡，始开辟，薙草筑卫墙垣。其中有狮子峰、含晖峰、吐月峰、立雪堂、卧云室、问梅阁、指柏轩、玉鉴池、冰壶井、修竹谷、小飞虹、大石屋诸胜。湖石玲珑，洞壑宛转，上有合抱大松五株，又名"五松园"。后为休宁黄小华轩殿撰第宅，改名“涉园”。每当春二三月，百花齐放，合城士女出游，宛如张择端《清明上河图》也。黄氏家衰，园亦荒芜，久之莫能售。迨至民国元年，公元一千九百十二年，始归玉峰李平书钟珏，拟修葺而未果，复归我邑钜商贝润生仁元。曩有诸胜，悉循故址重建，新楹复旧观也。公元一千九百五十三年，由本市人民政府负责修整，开放游览，不负人民之愿望矣。

孙园

在桃坞西，孙氏庄房在焉。宋末，李侍郎殉国难，族子茂苑年尚少，误为皇孙，被掠去，后随韦太后归。屡上封事，请雪国耻，忤旨，削职，遂之吴。槁隐园中，颜其室曰“针毡座”。酒酣耳热，作《普天同愤录》，冀激昂忠义之气，因近污蔑，将兴大狱。时茂苑已死，其孙尧臣集金人亡国事，作《普天洩愤录》，以求解流传。宫禁，得官未就，奉母载酒，日徜徉于柳堤荷荡之间。鼎革役自经死，私谥孝烈。

按，孙园之名，唐时元微之寄白乐天诗云：“孙园虎寺随宜看，不必遥遥羡镜湖。”又清松陵凌磬生泗咏孙园云：“辟疆东晋日，孙园盛唐时。赝刻况公记，何如元九诗。”流风余韵由来旧矣。

废园

在桃花坞。明永乐元年，公元一千四百零三年，养真老人沈均遁迹之所。有锁烟亭、镜心池、闻香室、环翠轩、栖鹤楼诸胜。《园居杂咏》云：“落木萧萧一废园，妙无风景耐盘桓。主人若识无中趣，才见先天理数原。苍松翠柏自春秋，长使幽人供卧游。金谷园中桃李艳，岁寒时节著花不。”清初归谢氏，乾隆初，谢怡堂改筑来苏堂、赋雪草堂、书叶轩诸宇，又在栖鹤楼旧址构望炊楼。今谢家子孙凌替，园废可想，但其地犹称沈家巷云。

静庵

在仁美坊，今名南显子巷。为宋右史上官元之渔酉所居，中有采菊室，董槐为记。

按，元之，嘉定进士，端平中知池州，先事为防江图，及金人入寇，知有备，引去。绍定淳祐中，两忤时相，间居十九年。晚迁起居舍人，极言无隐，卒为当道所忌，以集英殿修撰致仕。

万华堂

在资寿寺后蓝家巷，今改钮家巷。为开封蓝叔诚师稷提刑所居。植牡丹至三千株，多得洛中名品，如玉碗白、景云红、瑞云红、胜云红、间金之类，无不有之。后以游宦不能爱护，惟胜云红存焉。

万卷堂

在带城桥南，为宋史志道正志侍郎所居。据《施氏丛钞》云：正志，扬州人，绍兴进士，陈康伯荐于朝，除枢密院编修。引孙权筑濡须坞故事，乞筑和州城垒，及舒、扬防守荆襄事宜。高宗视师江上，上《恢复要览》五篇。车驾驻建康，正志言三国六朝形势与今日不同，要当无事则都钱塘，有事则幸建康，诏下集议，从之。后归老姑苏，造此宅及对门花圃，佳处号渔隐，淳熙初落成，费百五十万缗，仅一传，不能保。园废，先售宅，索价十万缗，孙支伶丁，后得一万五千缗，售与常州丁卿昆季。绍定末，丁折而为四，其从提举赵汝櫄，占为百万仓和籴场。惟《吴门补乘艺文》引《江都县志》作“正克字志道”，留供参考。

葑溪草堂

在葑门内姜家巷，后改“韩衙前”，今呼“天赐庄”，为明长洲韩永熙雍御史所居。溪流环绕，宅东有园。永熙尝与徐武功有贞、祝参政颢、冯副宪定、刘佥宪珏联句，传为韵事。

按，雍，为正统进士，授御史，巡抚江南，踔厉风发。景泰时擢广东副使，寻巡抚江西，有才望。天顺中，历官兵部右侍郎。宪宗朱见深立，坐累贬官。会广西猺獞为寇，改左佥都御史，赞理军务，直捣大藤峡，破贼三百二十四寨，威震南方，迁左副都御史，提督两广军务。丁忧归，复以右都御史莅故任，致仕，卒。正德间追谥襄毅，有《襄毅文集》。

东庄

在葑门内，天赐庄东，为明长洲吴孟融所治，由元季迨明初，世居其间。其仲子原博宽贵，后朝士闻翁贤，竞为文咏庄，名乃著。李东阳曾撰《东庄记略》云：

苏之地多水，葑门之内，吴翁之东庄在焉。菱濠汇其东西溪带，其西南两港旁达，皆可舟而至也。由欃桥而入，则为稻畦，折而南为桑园，又西为果园，又南为菜圃，又东为振衣台，又南西为折桂桥。由艇子浜而入，则为麦丘。由荷花湾而入，则为竹田。区分络贯。其广六十亩，而作堂其中，曰“续古之堂”，庵曰“拙修之庵”，轩曰“耕息之轩”。又作亭于南池，曰“知乐之亭”，亭成而庄之事始备，经名之曰“东庄”，因自号“东庄翁”。庄之为吴氏居数世矣。由元季迨于国初，邻之死徙者十八九，而吴乃岿然独存。翁少丧其先君子，徙而西。既重念先业，不敢废，岁拓时葺，谨其封浚，课其耕艺，而时作息也。翁仲子原博以状元及第，入翰林，为修撰，获以其官封翁朝士与修撰，君游者闻翁贤，多为东庄之诗，诗成而庄名益著。原博从子奕增建看云、临渚二亭。后为徐参议廷祼所有。公安袁宏道称其“画壁攒青，飞流界练，水行石中，人穿洞底，巧瑜生成，幻若鬼工，千蹊万壑，游者几迷出入”。

竹轩

在葑溪，金光美所构，有记。

桐园

在甫桥，王世材所筑，长洲祝允明有记。

陆绩宅

在临顿里，孙吴时吴人陆公纪绩太守所居。绩自郁林太守罢归，无装，舟轻不可越海，取巨石为重，至姑苏，置其门，号为“郁林石”，子孙世保其居。唐史书之陆龟蒙始亦居此，《幽居赋》云：“陆子居全吴东，距长洲故苑一里。人云地接虎丘，门临鹤市。”皮日休云：“不出郛郭，旷若郊墅。”即其地也。

七桧堂

在天庆观东，宋时长洲叶少卿参所筑。参尝守吴，既谢事，因居此间以佚老。其子清臣登禁从参，犹及见之，范仲淹尝赠之以诗。

五柳堂

在临顿里，宋时永康胡正思稷言主簿所居。正思少受学于宋祁，复受经于胡瑗，以特奏补官，历山阴丞。自以不能究其所施，遂乞致仕，以清贫终。

中隐堂

在大酒巷，宋时邵武龚会之宗元所居。取白乐天诗“大隐住朝市，小隐入丘樊。不如作中隐，隐在留司间”，乃作中隐堂。与屯田员外郎陈适、太子中升陈之奇游从，极文酒之乐，皆耆德硕儒挂冠而归者，吴人谓之三老。

按，大酒巷今名大井巷。

元绛宅

在带城桥东，宋时钱塘元厚之绛所构。厚之，天圣进士，累迁翰林学士，拜参知政事，后罢知颍州，以太子太保致仕，归老吴门，知州张祐因以其地命名“衮绣坊”。淳熙初，都丞徐本中为浙江提刑，乐其风土，意欲归老，偶得厚之故宅，葺治之，宁宗赵扩御题其匾曰“岁寒堂”。竟以江东运使奉祠归，自号“岁寒居士”，又作草堂其旁。

醒心亭

在葑门内，宋熙宁间曹傃履中所葺，原有土阜对峙，水际虽巨，浸弗没，因号“浮墩”，后避讳改名“浮丘”。相传此地昔有双松，竦然参天，建炎之难有溃兵欲伐之，陨石如雨。今放生池即其地也。

成斋

在醋库巷，宋时郡人黄景祥云授经时所名也。宁宗赵扩在嘉邸，大书以赐其子由，俾以授云，时云为淮西总所酒官。淳熙八年，由魁天下，郡守边立状元坊。

北寺塔

方惟深宅

在城东，宋时方子通惟深所居。子通本籍莆田，父龟年为屯田郎，卒葬长洲家焉。授兴化军助教，归隐故庐，部使守帅恒即其庐访之。

蓬斋

在长洲县东北，宋时进士周朝宗沔所居，与方子通为邻。

红梅阁

在小市桥，宋时吴县吴应之感殿丞所构。有姬曰红梅，因以名阁。又作折红梅词，传诵于一时，今其地即吴殿丞巷也。

柯九思宅

在城东胭脂桥，元时仙居柯敬仲九思所居，与虞集、赵孟頫为友，工诗善画，仕致奎章阁学士。

听雪斋

在天宫里，元时西夏邬密公所构。陈基记见《续吴都文粹》。

按《吴郡志》，天宫坊，迎春巷，《平江图》绘天宫坊，即跨今员峤巷西口，则天宫里即员峤巷也。惟邬密公不知何许人，可补流寓传之阙。

三辰堂

在葑门，明工部主事顾余庆所构。溧县岳季方正修撰书额，长洲吴原博宽修撰记。

严讷宅

在南仓桥西，明常熟严敏卿讷尚书所居。孙贡生桓构困学斋，读书其中。长洲文文起震孟书额。

陈祚宅

在葑门外，明吴县陈永锡祚佥事所居。祚为永乐辛卯传胪，擢河南布政司参议，坐事落职。洪熙初，起为监察御史，弹击不避权势，累官福建按察使佥事，有威惠。以疾归，卒年七十有四，著有《小学辨惑》。初居甘节坊，后迁此地，至今犹呼陈佥事巷。

仰瞻宅

在葑门外，明长洲仰瞻寺丞所居，瞻于永乐中由虎贲卫经历迁大理丞，以忤王振，谪戍大同。景泰初，召为右寺丞，执法愈坚，在住者多不悦，移疾，归老此间，今其地名仰家庄。

邢量宅

在葑门外，明长洲邢用理量所居。量以医卜自给，性狷介，与人无将迎，足迹不出里门，长日或不举火，客至，相与清坐而已。其学无所不通，朝士有欲过之者，固谢不纳。孙参亦居此，后弃去。其地今名"邢家巷"。

钱邦彦宅

在望信桥西，七塔寺前巷，今称钱衙前，明尚书钱邦彦所居。

王敬臣宅

在兵马司桥东，明长洲王以道敬臣所居。性至孝，其学以慎独为先，尤以标立门户为戒。万历中，征授国子博士，辞不行，诏以所授官，致仕，著有《俟后编》。

卒后，门人私谥“仁孝先生”，其地亦名“大儒巷”，以留纪念云。

朱存理宅

在葑门外，明长洲朱性甫存理处士所居。性甫，博学工文，著有《经子钩元》《吴郡献征录》《名物寓言》《铁网珊瑚》《野航漫录》《旌孝录》《鹤琴随笔》等书。正德间，以布衣终。其地今名“朱家巷”。

朱凯宅

在葑门外，明长洲朱尧民凯所居。工诗画，与同里朱存理齐名，人称“两朱先生”，有《尧民集》《句曲纪游诗》。

吴之佳宅

在善教桥东北，明长洲吴公美之佳给谏所治。公美为万历庚辰进士，任襄阳知县，以治行，征授刑科都给事中。时礼科都给事中以请豫教元子得罪，之佳疏救，与张栋、叶初春并斥，时称“吴中三谏”，其宅今名“吴衙场”。

宋学朱宅

在新造桥东，明长洲宋用晦学朱巡按所居。用晦崇祯辛未进士，为御史，疏刻杨嗣昌、田惟嘉，时论壮之。巡抚山东，方行部，清兵攻济南急，闻惊驰还，与布政张秉文等分门死守。援兵不至，城陷，死之。

丁元复别业

在十郎巷，明长洲丁仲心元复参议所建，其址旧为杨和玉别墅。元复为隆庆辛未进士，除信阳令，具有德政，拜南京、山西道监察御史。寻出为四川佥事，迁浙江布政使参议。因病乞归，卒年八十有五。著有《片玉斋稿》，别业后改元和署，今为市校矣。

唐岳宅

在葑门内，明千户唐岳所居。吴地因岳得名，今称唐家巷。岳世居狮子口，后舍宅，改为万寿庵，次子华分居娄门，亦名唐家巷。

卧雪斋

在葑门上塘新造桥西，明长洲袁重其骏所居。骏少孤，佣书以养，贫甚，母节不能旌，乃征海内诗文曰《霜哺篇》。至数百轴，又修《负母看花图》数幅，题咏遍海内，凡过吴门者，无不知有袁孝子也。

亦园

在葑门新造桥，清长洲尤展成侗侍讲所筑，高宗弘历御书赐额“鹤栖堂”，园曰“亦园”。中有十景，曰：南园春晓、草阁凉风、葑溪秋月、寒村积雪、绮陌黄花、水亭菡萏、平畴禾黍、西山夕照、层城烟火、沧浪古道，又有构青亭、水哉轩，皆自记。

教忠堂

在阔街头巷，清长洲沈确士德潜尚书所构。内悬御赐“词宗耆硕”“道存风雅”“鹤性松身”“学有本源”“蓬瀛人瑞”诸匾额，又有九赉阁在葑门外竹墩庄，赐序赐诗，亦佛龛供御赐金佛。

按，德潜，号归愚，乾隆己未进士，年已六十七，高宗弘历称为名士，召对，论历代诗源流升降，大赏之。命值上书房，擢礼部侍郎。予告归，原衔食俸。弘历怀旧诗，以德潜与陈群并称“东南二老”，年九十七，卒。有《五朝诗别裁》《古诗源》《西湖志纂》《竹啸轩诗钞》《归愚诗文钞》。

红豆书庄

在城东南冷香溪之北，清长洲惠元龙周惕庶常所筑。先是东禅寺有红豆树，相（传）白鸽禅师所种，老而朽，复萌新枝，周惕移一枝植阶前，生意郁然，因自号“红豆主人”。僧睿目存为绘《红豆新居图》，周惕自题五绝句，又赋红豆词十首，属和者二百余家。四方名士过吴门，必停舟车访焉。传子及孙六十年来，铁干霜皮，有参天之势。庚申兵燹，树被伐，遗址仅存。

网师园

在带城桥南阔街头巷东口，清宋鲁儒宗元廉访购得宋时史氏万卷堂故址。重治别业，因其巷曰网师者，本名王思，即以网师自号并颜其园，盖托于渔隐之意，兼取巷名，音义相同也。越卅载后，归于嘉定瞿远村，添筑梅花铁石山房、小山丛树轩、濯缨水阁、蹈和馆、月到风来亭、云冈岂、竹外一枝轩、集虚斋诸胜，改名“瞿园”，亦曰“蘧园”。嘉庆戊寅四月，钱梅溪偕范芝岩、潘榕皋、吴槐江诸子看园中芍药，其花之盛可与扬州尺五楼相埒，范有诗云：“看花车马声如沸，谁问尚书旧第来。”盖其西数十步，即前大宗伯沈归愚旧宅。旋归天都吴氏。同治时，又为中江李香岩鸿裔廉访所有，易名“苏东邻”，盖与苏子美沧浪亭相近而结邻也。宣统三年，复归满人达将军，寻即移归杭县张广建锡銮，更名“逸园”，后筑琳琅馆、道古轩、殿春簃、萝月亭诸胜，别饶风趣，其间尤以十二生肖叠石象形为他处所无。今已收归市有矣。

葑水园

在葑门外，清检讨冯勗所筑。堂曰“含青”，亭曰“红香”。晚岁建碑亭，勒御制《咏鹤诗》于石。

青芝小堂

在葑溪上，清新乐令张艮思所居。旧为明韩襄毅公雍故宅，艮思葺而居之，长洲李硕夫布衣有记。

王芑孙宅

在新造桥巷，清长洲王念丰芑孙典簿所治。中有写韵轩、沤波舫，自为之记。按，芑孙，号惕甫，一号铁夫，又号楞伽山人。乾隆戊申举人，官华亭教谕，

网师园

性简傲，客游公卿间，不肯从谀，人以为狂。诗癯然以瘦，戛然以清，与法式善、张问陶辈相唱和，书仿刘镛，尤负重名，有《渊雅堂诗文集》。

墨庄

在城南，清比部朱愚溪所筑，长洲李硕夫果布衣有记。

传经堂

在饮马桥南，清长洲宋谨涵照所治。谨涵，号喜墨，康熙戊戌进士，选庶士，以撰文忤旨放还，旋荐修三礼，病卒。有《礼经汇解》《史闲息轩杂文》等书。子邦绥，字逸才，号况梅，乾隆丁巳进士，由编修累擢湖北巡抚，以模棱瞻徇革职。寻起用，官至广西巡抚，查出军田十一万余亩，戍守有资，高宗颇嘉之，后官户部侍郎，卒。孙思仁，字蔼若，号汝和，为山东粮道，引疾归，性孝友，居处俭约，善奕嗜吟，工书兰竹，好鉴古，精篆刻，兼通星卜堪舆，能决人穷通休咎，年七十有八，著有《櫜余存稿》《广舆吟》《太平便览》，云礽至今居之。

怀劬阁

在南园，清孝子丁宏度建，载家乘。

葑湄草堂

在葑门鹭鸶桥，清长洲李硕夫果处士所居。硕夫先居大石头巷，后迁居于此，自有记。

茧园

在葑门苏家巷东，清长洲彭南屏翰孙所筑。南屏读葛洪《神仙传》，有园客者，济阴人，种蚕得茧，大如瓮，缫讫，客忽仙去。因以名园。

退园

在井仪坊巷，清吴县吴清如嘉淦农部所筑。嘉淦旧居通和里，后移居皮墅里之朝元巷，再迁于西麒麟巷，三迁于采莲巷。自京师归，迁定井仪坊巷，皆名其堂曰“仪宋”，自为之记。咸丰庚申，园毁，嘉淦避乱海外，怀思故居，补作园记二篇。

双塔影园

在官太尉桥西，清元和袁文绮学澜诸生所居。其先世为宋京西提刑观察使袁珦，从高宗南渡，迁吴。元孙枢为郡马，元兵南下，殉节。五世孙通甫易隐居吴淞之滨，筑静春堂于蛟龙浦之赭墩。九传至洪愈，于明隆、万间为南尚书，祠墓俱在赭墩。子姓繁衍，族聚成村。父莲塘，部曹，学澜出嗣堂伯静安，去菀集枯，以孤孽自处，劬苦于学，补元庠弟子员，旋授詹事府主簿。庚申遭变，袁村旧宅荒芜，播迁海上。同治四年，始迁定鲜溪新宅，自为记。

小读书堆

在城南，清元和顾抱冲之逵诸生所居。抱冲藏书甚富，为嘉庆时吴中大藏书家，著有《一瓻录》。

匠门书屋

在长元学宫之东，清长洲张日容大受检讨所筑。初，大受父庆孙以名孝廉教授里中，大受乡举后久不第，读书于此。韩宗伯菼题其居曰“孝廉船”，又有读书亭、潮生阁。其地以近古匠门，故又称“匠门书屋”，自为之记，有《匠门书屋文集》。

戴颙宅

在城北，刘宋时高士戴仲若颙所治。初，颙偕弟勃隐于桐庐，并善琴。勃卒，以桐庐僻远，乃游吴下。士人共为筑室，聚石引水，植林开涧，以居之。乃述庄周大旨，著《逍遥篇》，注《礼记·中庸》篇。水初，元嘉中，屡征不就。寻卒。至唐，司勋郎中陆湾尝居之。又山人陆去奢楼亭亦在其地，相传即今北禅寺。

许台宅

在临顿路东，唐光禄大夫许台所治。景福五年，舍为天宫寺。

金士衡宅

在平江路胡厢使桥北，明太仆金士衡所居。初，随父应征参政，居于甫里众安桥南，后移寓于此。

顾其志宅

在苑桥巷，明长洲顾其志大司马所治。

龚元祥宅

在中营基巷，明长洲龚子祯元祥教谕所居。崇祯初，为霍山教谕，与训导姚允恭友善。寇陷凤阳，元祥偕县令守御。寇至，令遁，元祥骂寇，死，子炳衡并被杀，允恭敛其尸毕，亦死之。

飞英堂

在平江路徐家巷北口，明长洲陆起顽世廉所构。崇祯庚辰，以荐授广州府通判，多善政南中，累迁光禄卿。归隐里门二十载，著述甚富，年八十五卒，其堂名为赵宧光所书。

韩世能宅

在北街，今名"韩衙"，潭子河头左右皆有跨街牌坊，明长洲韩存良世能宗伯所治。世能隆庆戊辰进士，选庶吉士，授编修，与修世宗、穆宗实录，官至礼部左侍郎，以疾归。世能恬于荣利，奉使朝鲜，册封楚藩，馈遗一无所受，有《云东拾草》。

玉兰堂

在娄门接待寺东，明长洲蒋龙江若来所居，有玉兰五株，甚古，因以名堂。若来为育馨从子，善骑射，膂力绝人。巡抚张国维异其才，援自行伍，以把总擢游击，累迁浙江总兵，与宋大典守金华。城陷，若来召妻妾子女痛哭曰："天乎不可为矣！吾以匹夫受大明天子恩，国亡与亡，死复何憾？若辈尽为俘，奈何？"王夫人曰："臣既死君，妻敢不死夫？"妾七人言亦如是，传与祖曰："父为忠臣，儿辈愿为孝子。"二女与媳赵氏曰："愿吾门全忠孝节义也。"乃积薪纵火，阖门燔死。若来顾视灰烬，提刀而出，巷战经日，杀四十余人，自刎死，载《桐庵文稿》。

有怀堂

在娄门内直街，清长洲韩元少菼所居。初，其祖治，始居此，有开云堂、寒碧斋、绀雪斋。兵燹后，菼重修，筑有俗轩，归愚咫间斗室，临流构敞宇，遥望西山，作《庐墓图》，悬室中，高宗弘历御题"有怀堂"额赐焉。

留卧园

在娄门内，清长洲汪武曹份编修所治。份，康熙癸未进士，官编修，为文辞气雄迈，未第时与同里何焯评选有明以来诸家制义，又增订《四书大全》，名重一时，有《遄喜斋集》。

薛家园

在娄门外下塘，清薛宗濂筑，中有月波楼、锦香亭诸胜。

涉园

在娄门新桥巷东，清郡人陆暗亭锦太守所筑。园不甚广，东近城垣，有小郁林、观鱼槛、吾爱亭、藤花舫、浮红漾碧诸胜，又有吟窝、陆宣公墓、柏重青碑，后为崇明祝氏别墅。

偶园

在娄门新桥巷东，清湖州沈仲复秉成中丞购得，于祝氏重加营构，改名“偶园”。后为顾宗瀚上舍所得，今归常州钜商刘国钧，近已改为工人宿舍矣。

华阳新筑

在北街华阳桥畔，清元和韩桂舲崶尚书所居。绘《华阳新筑图》，中有种梅书屋，极轩敞。崶，字旭亭，号禹三，乾隆丁酉拔贡，以刑部七品小京官累擢至刑部尚书，精于律法，中正和平，为秋官之最，有《还读斋集》。

宝铁斋

在大儒巷仁孝里，清元和韩元芝崇所居。

王佐圣宅

在大儒巷，明长洲王克仲佐圣明府所治。佐圣为王敬臣入室弟子，万历癸卯举人，授青浦教谕。崇祯十四年，迁遵义令，苗民时出剽掠，佐圣昼夜捍拒，竟被害，有《缄庵诗钞》。

郑敷教宅

在悬桥巷，明长洲郑士敬敷教教授所居。敷教为光宙子，崇祯庚午举人，与杨廷枢齐名，时人语曰“前有朱张，后有郑杨”。丁丑，举贤良方正，以母老辞，隐居教授。学深于《易》，有《易经广义》《学庸大意》《乡党考》《吾犹及集》

《诗文集》。年七十卒，门人私谥“贞献先生”。

百宋一廛

在悬桥巷，清吴县黄尧圃丕烈主事所居。丕烈一字绍武，号复翁，又号佞宋居士，乾隆戊申举人，官分部主事。喜藏书，得宋椠木百余种。嘉庆七年迁居于此，构专室储书，名之曰“百宋一廛”，刊《士礼居丛书》，为收藏家所重，并著有《荛言印须集》。今归潘氏松麟义庄，蚁衔斋其故址也。

敦苇河房

在任蒋桥后，河清教谕丁鋐，印其父，开郯诸生墓傍建为庐墓，所载丁氏家乘、丁氏家祠在悬桥巷。

红豆树馆

在娄门内柳贞巷，清长洲陶宁求樑侍郎所居，樑号凫乡，著有《红豆树馆集》。

月满楼

在城东北隅，清元和顾景岳宗泰知府所居，工诗文，酒之会无虚日，有《月满楼集》。

止园

在东白塔子巷，清乾隆间郡人沈世奕太史所筑。中有怀云亭，未及卅载而售，与周勖斋太守。周复拓而广之，颇有幽趣，改名‘朴园”。有一峰名“归云”，其峭其东为蒋氏种梅亭，春时百花齐发，群艳争芳，系乐安全盛时四十八第之一，后归潘氏，为古香亭。

环秀山庄

西圃

在西花梅巷，清吴县潘顺之遵祁编修所居，吴嘉淦有记。

鸥隐园

在城西，清吴县潘功甫曾沂舍人所居，中有广榭曰“清华池馆”，饶花木之胜，与吴嘉淦农部、朱绶孝廉、沈传桂孝廉、王嘉禄茂才、韦光黻茂才、彭蕴章相国尝结诗社于此，维时远近争目为“吴门七子”。

养闲草堂

在西百花巷，清吴县潘季玉曾玮观察所构，何绍基有记。

蘧园

在申衙前，清长洲申勖庵掞孝廉将祖时行旧第扩建蘧园，并筑来青阁，养鹤作伴。每宴客，双鹤迎门，魏禧有记。

蒋揖宅

在申衙前，清长洲蒋方槎揖比部得于申氏旧址。重葺厅楼，叠石为山，畚上有清泉流出，声瀌瀌然，因取东坡《试院煎茶》诗中字，题曰“飞雪”，其从兄恭棐为之记。旋归太仓毕秋帆沅尚书，继为仁和孙智治士毅相国所得。

环秀山庄

在申衙前，清道光末年，公元一千八百五十年，工部郎中汪藻、吏部主事汪堃购于孙氏。建立宗祠，颜曰“耕荫义庄”，并筑别业曰“环秀山庄”。闻诸故老，当毕尚书宅之入官也，孙士毅相国售诸官，愿隐其姓，县人信笔，署以汪，终为汪氏所得。从前更徙，及兹而定，亦云奇矣。中有问泉亭、补秋舫、半湾秋水、一房山诸胜，其间叠石为山，匠心独运，虽仅一堆拳石，恍如万壑千岩，大有尺幅千里之势，传为乾嘉时常州名手戈裕良所堆成，最近由人民政府重行修葺。飞雪泉淤塞已久，亦经疏浚，开放游览闻不远矣。

董国华宅

在慕家花园，清吴县董琴南国华方伯所治。其址初为海宁陈广陵元龙相国所居，继为谷州尉志斌宅。国华买其旧第，时人称为“东园主人毕秋帆，西园主人董国华”。庚申劫复，变作啜茶之肆。

遂园

在慕家花园。清末宣统间，云南刘咏台大令购于董氏旧宅，重新修葺，改名“遂园”。中有绿天深处映红轩、客闲堂、逍遥室、琴舫诸胜。至民国二十六年，又归东山叶氏矣。

李鸿宅

在西城桥东，与申相府近，明孝廉李钦文鸿所治。鸿为时行婿，故吴中有“快活李大郎，家伙丈人当”之谚。后其宅售诸吴尚书，一蜚堂中砖坠，其下洞然，视之有石椁，旁有小碑，云“古吴要离之墓”。《坚匏集》载要离墓在十庙西，或云在西城桥，非无稽也。

朱典宅

在申衙前，清顺治间，乐圃裔孙朱典太史由阳山徙此，为申时行旧址，购得其半，至今呼为阳山朱巷是也。

按，《吴门表隐》载阳山朱鸣虞所居，朱氏富甲三吴，鸣虞与典是否一人，待考。

杨廷枢宅

在梵门桥巷，俗称杨衙。前明吴县杨维斗廷枢解元所居。廷枢与徐汧等志尤相契，廷枢既负重名，咸指目之，当事者执而言慰，廷枢嫚骂不已。临刑犹大声曰“生为大明人，死为大明鬼”，卒年五十三，门人私谥“忠文先生”。

心矩斋

在药市街，俗称学士街，清长洲蒋香生凤藻所居。香生雅好觚翰，嗜书成癖，在闽纳交周星诒、魏锡曾，因以通目录金石学，留心搜访，多归插架。星诒絓误遣戍，资以三千金。星诒尽以所藏闽垣，未经兵燹。前明徐兴公𤊹、谢在杭肇淛及近时《带经堂陈氏遗书》归之，遂蔚成大藏书家。

野竹斋

在杉渎桥南，俗称三多桥，清姑余山人沈辨之与文所居。辨之藏书甚富，因筑斋以储之。

赉砚斋

在金狮子巷，清长洲何屺瞻焯编修所居，以尝得陶隐居赉砚故名。焯，康熙癸未特赐进士，官编修，坐事逮问，寻免罪。其学长于考订，名重一时，学者称“义门先生”。

五柳园

在金狮巷，清吴县石执如韫石廉访所居，得于何氏赉砚斋旧址，重加修葺，更名“五柳园”，改金狮庵为经史巷，后德清俞樾曾寓于此。

半园

在仓米巷，清季初，由德清俞荫甫樾太史所居。旋让溧阳史伟堂杰方伯，鸠工庀材，题名“半园”，中有半园草堂、安乐窝、还读书斋、风廊月榭、君子居、不系舟、待月楼、四宜楼、双荫轩、三友亭、挹爽轩诸胜，定远方佛生泽久广文曾结隐社于此，今为公廨矣。

李果宅

在大石头巷，清长洲李硕夫果处士所治，中有菜圃、种学斋、悔庐、观槿轩诸胜，后移居葑门鹭鸶桥，别筑葑湄草堂。

西楼

在通和坊温将军庙西，明名姬穆素徽美所建，今已废圮。

窳横

在镇抚司前，清季祥符周季贶星诒知府所居。季贶少籍华膴，收藏甚富，精于目录之学，四部甲乙如别黑白，著有《窳横诗稿质》《瑞瓜堂诗钞》。

王稚登宅

在长春巷，明长洲王伯谷稚登征士所居。中有南有堂、尊生斋诸胜，伯谷原籍武进，移居吴门，十岁能诗，名满吴会，吴门自文徵明后，风雅无定属。伯谷尝及徵明门，遥接其风，擅词翰者三十余年，同时山人布衣以诗鸣者十数，伯谷为最。万历中，征修国史，未上而史局罢，卒年七十余，有《吴郡丹青志》《奕史》《吴社编》。

之园

在长春巷，清光绪间，公元一八七五至一九零八年，由浙人宦者集资公筑，俗称“全浙会馆”，颇有水石花木之胜，现为公廨矣。

袁洪愈宅

在流化坊，即马医科巷，明吴县袁抑之洪愈所居。抑之，嘉靖丁未进士，授中书舍人，擢礼科给事中，累迁至湖广参政，所在以清节著。严嵩败，召为南太仆少卿，迁太常，引疾归。万历中，复起故官，以南吏部尚书致仕，卒谥“安节”。

曲园

在马医科巷，本吴县潘世恩旧第，同治十二年，公元一千八百七十三年，德清俞荫甫樾太史购得。筑三十余楹，中有乐知堂、春在堂、认春轩、艮宧达斋、曲池、曲水亭、回峰阁诸胜。自南至北长十三丈，又自西至东广六丈有余，长亦仅三丈，其形曲，故名题“曲园”，自为记。

荆园

在马医科巷东口，传系有明长洲文彦可从兰旧宅，旋归陆氏，俗称“陆家墙门”。清末，售于平阿田绍白庚太守，旧有“荆园”之名。民国丁卯冬，昆山程守初廷恒开府，得之田、曹两氏基地共五亩余，重加修葺，仍名“荆园”。园虽不大，而曲折得宜，结构有法。守初风格高迈，一时名士皆从之游，文酒之乐，余亦辄来相招焉。

鹤园

在韩家巷，初为华阳洪鹭汀观察所筑，榜曰“鹤园”，乃斤斧之役，未竟，鹭汀不欲有其丛，于民国癸亥年，公元一千九百二十三年，让与吴江庞屈庐，其孙蘅裳国钧茂才复事增葺，既宅于兹，改字“鹤缘”，“缘”与“园”音相谐也，松陵金天羽为之记。后归上海严裕棠钜商，解放后献给人民政府，今为苏州市政治协商会会议之所矣。

听枫园

在小市桥东，旧为退楼老人诹古觞咏地也，清归安朱古征祖谋侍郎寓居。高密郑叔问文焯曾为相阴阳，拣时，日旦举家词人吴应之故事，词以张之，一时传为佳话。

守中堂

在郡庙东长安巷，清康熙九年春，里人朱厚寰倡缘，道士李模建、葛之有“遂

曲园

为千载乘云之人，敢忘三年筑室之义”刻于楹桂，载《百城烟水》。

鸳鸯楼

在四通桥西秀野堂侧，旧为戚氏书楼，稗官所云戚子卿者。后居姬穆素徽美居之，故名“穆鸳鸯楼”。其西楼则在通和坊也，载严德门录，参《吴门表隐》。

吴云宅

在因果巷，清吴县吴玉松云太守所治。云先居虎丘，筑聚远楼，旋让王氏，移居于此。

贤行斋

在大云坊，今呼“大成坊”，宋大云翁林虙所筑，虙屏置朝章，不入州县，先达称其高。坊名“大云”，志不忘焉。

按，林虙，字德祖，号大云翁，官至少卿。

顾家园

在天庆观桥南东巷，今称“碧凤坊”，明高士顾碧川元振、弟凤川元新所筑，原籍金陵，世袭都指挥千户。成化中，避祸来吴，筑小园，与人诗酒唱酬无虚日。后凤川返里，碧川思之不置，疾亟时犹嘱治葬地，营昭穆二火，后人建坊纪念，以名之。

绿水园

在碧凤坊，为布衣朱襄侨居于此。清池峭石，窈若深山，不知在城市间矣。

按，朱襄，字赞皇，无锡人，康熙时诸生。幼有诗名，能作擘窠书。弱冠游京师，馆于红兰主人，邸主人蕴端礼为上宾，酷爱其诗，酬唱几帙，兼精易理，晚年侨寓于吴以卒。

秋声馆

在颜家巷，为郭梅峰辙所居。

按，郭辙，字季苏，长洲人，监生，书学颜平原，有《秋声馆帖》行世，年九十三而卒。兵燹后，石多散失，从曾孙某搜罗残缺，别有浙中门人宓某取所藏遗墨刊石流传，名曰《传琴堂法书》。

郑思肖宅

在条坊巷。连江郑所南，初名某，以大学上舍应博学宏词科，侍其父来吴，寓条坊巷，宋亡改名。思肖，字忆翁，皆寓意示不忌宋也，作《心史》一卷，癸未三月与所作《咸淳集》一卷、《大义集》一卷、《中兴集》二卷并入铁函，投承天寺井中，时距德祐之亡已九年矣。崇祯戊寅十一月八日，承天寺后山房僧达始因旱浚井，启而得之，计藏之时至是又三百五十六年，不濡不减，完好如新。又有《释氏施食心法》一卷、《太极祭炼》一卷、《谬余集》一卷、《文集》一卷、《自叙一百二十图》一卷，并其父《震菊山集》一卷传于世。今访故宅，即药草庵址焉，庵旁尚有碎石。

古柏轩

在条坊巷，今呼为"调丰巷"，清吴县杨文叔绳武编修所居。文叔为旡咎子，康熙癸巳进士，官编修，秉志节，通经术，大学士王掞深重之，馆阁大著作多出其手。丁忧归，遂不出。有《古柏轩集》，文章鼻祖李果有记。

孙岳颁宅

在竹蓧桥即北新局址，今草桥东。清康熙间，吴县孙云韶岳颁祭酒赐第，里人误称"松鹤板场"，即其地也。据《孙氏谱传》云，当年圣祖玄烨曾赐匾有五：一曰"宝慎堂"，一曰"尊经服教"，一曰"垂露毫端"，一曰"读书养气"，一则"墨云堂"也。该堂系建第时所赐，故名尤著。又有御书楹帖两：一曰"表里常交正，动静自弗违"，一曰"铁画银钩，古帖恒留千载迹；龙光凤藻，名香当对一编书"。又云"祭酒通籍后，室无媵妾，家绝管弦。政事之暇，惟焚香读书，及临池选韵、笔歌墨舞而已”。天语褒嘉，洵实录也。晚号“二知居士”。天春益隆，温旨奖其书法“秀媚苍古”，以“元宰而后一人”许之，其遭际承恩，可谓盛矣。卒于官，赐茔在梅湾福寿山，乾隆九年十二月谕葬。相传地有百亩之广，因子姓贫薄，祭扫弗时，日渐侵削，葬未百年，已仅存窀穸矣。迨道光初，族孙晓庵照偕其兄耀、子均洎、北郭顾震涛、娄关莫顺等访得。其地墓碣犹存，照力任祭扫之事。复虑岁久之无征也，因乞津里朱昂之绘《梅湾访墓图》，丹徒严太史保庸为之记。遍乞吴中名公钜卿之作，以存文献，并拓徐相国本所表墓碣，附装图尾传，留掌故云。

春锦园

在王府基后起楼。元末，张士信选三吴良家女八千余人充内使时，宫阙未备，故居此。载杨仪《垄起杂事》。

公园

在王废基，宋时为平江府署。元时为张士诚大尉府，毁于火，公园为其遗址一部分。由法人竺他摩所设计，成为现代形式之园林。园中建筑物不多，东边，玉带河填平开成马路。中央建一图书馆，由上海钜商奚萼铭所捐资而成，未几，被日寇焚毁。解放后，由园林管理处重加布置，焕然一新矣。

庸斋

在醋库巷，清归安杨见山岘太史寓居。岘，号庸斋，晚号藐翁，咸丰五年举人，曾权知常州府，研精隶书，于汉碑无所不窥。故落笔神明变化，又工古文，有《庸斋文集》《迟鸿轩诗钞》。

陈鉴宅

在乌鹊桥北，明盖州陈鉴祭酒所居。鉴，正统戊辰进士，官翰林学士，使朝鲜还，历祭酒、礼部侍郎，有《皇华集》。

朱祖文宅

在衮绣坊，明长洲朱完夫祖文诸生所居。完夫，一字叔经，自号三复居士，少负气节，与周顺昌善。周以阉祸被逮，完夫间行诣都，奔走称贷，迨周榇归，哀恸病死，有《北行日谱》。

东斋

在槐树巷，清吴县吴伊仲翌凤诸生所居。翌凤号枚庵，嘉庆时诸生，少好学，手抄书数十百卷，多藏书家所未见，工诗。所撰《吴梅村诗集笺注》能正旧注之失，又有《与稽楼丛稿》《唐诗选》《怀旧集》《印须集》《灯窗丛录》等书，卒年七十有八。

朱绶宅

在孔副使巷，即有明少司空孔镛墨池园之一隅，清元和朱仲环绶孝廉所居。绶，又字仲洁，号酉生，道光辛卯举人，以诗、古文有声大江南北。有《三正堂诗文集词集》及《清词选》，其初世居悬桥巷，后移居幽兰巷，蒋子延绘图以赠，越二载始定居焉。蒋霞竹为绘第二图，皆自记之。

扫叶庄

在南园俞家桥。初，俞叟石涧隐居注《易》于此，后为苏州薛生白雪征君所居，沈归愚有记。今归长洲陈硕甫奂征君。硕甫，号师竹，晚号南园老人，少师事金坛段若膺玉裁孝廉，治《毛诗》《说文》。补县学生员，入都与王念孙、引之父子游，所学益邃。后主杭州汪远孙家，潜心著述。咸丰初，举孝廉方正，有《毛诗传疏》《毛诗说》《毛诗音》《诗义类》《郑氏笺考证》等书。

可园

在沧浪亭对面，一名“近山林”，相传最初为长洲沈归愚德潜鸿博读书处。至道光间，长乐梁闳中章钜中丞重加修葺。中有挹清堂、濯缨处、坐春舫诸胜，并为之记。丁亥春，泾县朱玉存琦宫赞来主吴中正谊书院讲席，题曰“可园”，添筑博约堂、学古堂、思陆亭、浩歌亭等处。清末改为存古学堂，鼎革后为图书馆，现已复为学校矣。

高启宅

在夏侯里，今为夏侯桥，明初长洲高季迪启太史所居。家本北郭，与玉行辈十人卜居相近，号“北郭十友”。张士诚据吴，启避于吴淞江之青丘，自号青丘子。洪武元年，召用。归，郡守魏观尝同史馆因徙居于此焉。

宋克宅

在南宫里，元长洲宋仲温克同知所居。自号南宫生，少任侠，周流无所遇，益以气自豪。杜门染翰，日费千纸，遂以善书名天下。张士诚擢致之，不就。洪武初，官凤翔同知，卒。

竹山堂

在南石子街，清吴县潘桐生祖同所居。性好觞咏，善诗及宋元乐语，蓄书至四万余卷，皆手自钩校，分部而处，有《竹山堂随笔》。

小狮林

在白塔子巷，为宋时郑景兆虎臣旧宅。中多美石，后归褚氏。凿池得古砚，因名“天砚堂”。诸生元圭孝友能文，以六壬著名，载《吴门表隐》。

郑虎臣宅

在鹤舞桥东，宋时会稽尉郑景兆虎臣所治。居第甚盛，号郑半州。父为贾似道所害。德祐初，似道谪授高州团练副使，循州安置。虎臣自请监押，杀之于木绵庵，所著《吴都文粹》，综辑颇富。

可园

梅园

在安齐王庙西，明初诸暨杨廉夫维桢诗人寓居，门人张识种梅于此。天启初，长洲顾大任得之，建小吟香阁，继为诗人范起凤结社。后属费氏，其阁俗呼“酒酿楼”。载《北园小志》。

管园

在北园崇甫巷，今称油车巷，明管正心所筑。

城东动物园

在二门口，原为昌善局丙舍。素有花木水石，布置甚饶幽趣，池中蓄有巨鼋，每在春夏之交，游人投饼，浮出水面争食，别有闲逸之乐。其他池塘满植芰蕖，开花时清香扑鼻，令人心醉。于一九五四年改建是园，更形喧阗矣。

朱梁宅

在虎丘山，汉朱梁仕为吴郡太守，遂居于此，载《姑苏志》。

王氏别馆

在虎丘山，为吴内史王元琳珣所筑。时戴逵潜诣之，与珣游处积旬。后珣为尚书仆射，上疏请召逵为国子祭酒，逵名益显。此事载诸《晋书》，其别馆与弟珉舍为东西一寺，至今不废。

何求宅

在虎丘山，齐高士何求所建，弟点允亦隐于此。

史德义宅

在虎丘山。唐咸亨初，昆山史德义谏议筑。以琴书自适，或骑牛带瓢，出入廛野。高宗李治闻其名，召赴洛阳，称疾归。天授初，擢朝散大夫。

陆羽寓舍

在虎丘山北，唐竟陵陆鸿渐羽隐居于此。查陆羽，一名疾，字季疵，不知所生，或言有僧得诸水滨。既长，以《易》自筮，得《蹇》之《渐》，曰“鸿渐于陆，其羽可用为仪”，乃以“陆”为氏，名而字之。上元初，隐居苕溪，自称“桑苎翁”，又号竟陵子。久之，诏拜太子文学，徙太常寺太祝，不就，杜门著书，或独行野中，诵诗击木，恸哭而归。嗜茶，著《茶经》三篇，贞元末卒。鬻茶者，祀为茶神。

李绅寓舍

在虎丘，唐李公垂绅拾遗，本赵人，徙家于吴，遂寓居焉。查公垂，为元和进士，擢翰林学士，与李德裕、元稹同时，号“三俊”。穆宗李恒召为右拾遗，被李逢吉所排，出为江西观察使，旋改户部侍郎。武宗李炎时，累官尚书右仆射门下侍郎，卒，谥文肃，有《追昔游集》。

都官书院

在虎丘，为宋时邵武龚会之宗元读书处。查宗元，天圣进士，为句容令，擿伏发奸如神。杨纮持使节行部，号深酷，至境曰“龚君已治，我往徒为扰耳”，遂不入县境。官至都官员外郎，致仕居昆山，作中隐堂，与程适、陈之奇皆以耆德称，吴人谓之“三老”，有《武丘居士遗稿》。

通幽轩

在虎丘西庵，宋时河南尹彦明焞处士寓舍。查焞，少师事程颐，尝应举，发策有诛元祐诸臣议，焞不对而出，终身不就举。靖康初，用种师道荐，召至，恳辞，还山，赐号“和靖处士”。绍兴初，召为崇政殿说书兼侍讲，时金人来议和，焞上疏非之，不报，乞致仕。有《论语解》《门人问答和靖集》。

寿乐堂

在虎丘，宋季吕浩叟筑。浩叟尝使元军，抗词不屈。宋亡，授淮东宣慰使，不就，隐此，朱德润有记。

张雨寓舍

在虎丘西，原僧房，元时钱塘张伯雨雨处士隐此。查雨，一名天雨，工书画，善诗词，与赵孟頫、杨载、虞集为文字交，尝居茅山，著《茅山志》，自号句曲外史，有《句曲外史集》。

小隐堂

在虎丘半塘，明时长洲汤子重珍贰尹别业。珍与王宠兄弟读书石湖治平寺十五年，为蔡羽、文徵明所推重，年四十余应岁贡，除崇德县丞，工诗文，有《迪功集》。

任孜宅

在虎丘山塘，明时任懋善孜太守僦居。孜后更名敏，避宋任遵圣同名也。著有《山塘竹枝词》传于世。

居节宅

在虎丘山塘，明时居士贞节所遁栖。节，号商谷，从文徵明游，善书画。客故隶织局，织监孙隆召之见，不肯往，隆怒以逋弩拘系。破家，僦居半塘，吟咏自若，以穷死。工诗史，著有《牧豕集》。

韩氏山庄

在虎丘，明时长洲韩永熙雍御史别业。查雍，正统进士，授御史，巡按江西，踔厉风发。景春时，擢广东副使，寻巡抚江西，有才望。天顺中，历官兵部右侍郎。宪宗朱瞻基立，坐累贬官，会广猺獞为寇，改左佥都御史，赞理军务，直捣大藤峡，威震南方。迁左副都御史，提督两广军务，丁忧归。后以右都御史莅故任，致仕，卒。正德间，追谥襄毅。有《襄毅文集》。

玉涵堂

在虎丘山塘桥西，明嘉靖间长洲吴南夫一鹏所居，其别业在郦季子巷。

半偈庵

在虎丘半塘寺旁，明时长洲王伯谷稚登所居。查稚登，原籍武进，移居吴门。十岁能诗，名满吴会。吴门自文徵明后，风雅无定属。稚登尝及徵明门，遥接其风，擅词翰之席者三十余年，同时山人布衣以诗鸣者十数，稚登为最。万历中，征修国史，未上而史局罢，卒年七十余，有《吴郡丹青志》《奕史》《吴社编》。

山塘小隐

在虎丘，明时莱阳姜如须垓行人寓舍。垓与兄埰明亡卜隐虎丘，与叶襄、金俊明、任大任诸宿老相过从。

谏草楼

在虎丘山塘，清初莱阳姜学在实节处士构。为其父埰之影堂，楼东有思敬居、改过轩、巾箱阁，则为实节读书处。实节，号鹤涧，侨居吴县，工诗书画，有《焚余草》。

塔影园

在虎丘便山桥南，明长洲文基圣肇祉录事建。初名“海涌山庄”，凿池及泉，池成而塔影现，因更以“塔影”名园，旋为长洲顾云美所得。

按，《府志》云：便山桥，俗名望山桥，实系误传。盖望山桥在云岩寺之西面，隔一白公堤，与便山桥判然二桥。一在寺内，一在寺外。塔影园既在便山桥之南，则塔影桥当即便山桥。后人因塔影园之名迹，故改其名为塔影桥耳。

云阳草堂

即塔影园原址，明季长洲顾云美苓诸生构。明亡，苓重为葺理，别筑松风寝、照怀亭、梅竹山房诸胜，自为之记，栖息其中而终老焉。

近峰别业

在虎丘旁，明弘治间长洲皇甫世庸录太守所筑，其宅第在城内孔副使巷。查录，为长洲人，字世庸，号近峰，弘治丙辰进士，授都水主事，出知顺庆府。时蓝鄢寇起，蔓延全蜀，录预为设备，郡赖以全。被劾，归以著述、游览为事，有《皇明记略》《近峰闻略》《下障纪谈》《蘋溪集》《容台集》《果山集》。

靖园

在虎丘云岩寺左，其地旧为塔影园故址。清光绪间筑，俗称“李公祠”，内祀合肥李少荃鸿章宰辅，园中花木亭台，颇擅幽趣。辛亥鼎革后，亭榭半已就荒，现已改为虎丘中学矣。

塔影园

在虎丘东南隅，清乾隆时长洲蒋子宣重光所构，俗称“蒋园”。有宝月廊、香草庐、浮苍阁、随鸥亭诸胜，其地为程秉义故居。蒋氏有之，盖袭塔影之名，非旧址也，沈德潜有记。

石湖

吟啸楼

在虎丘青山桥西，清程秉义所筑。临堤高敞，画舫明灯皆集其下。秉义能文好客，著有《红豆咏》《梨云集》。

一榭园

在虎丘斟酌桥，一云在东山浜北。初，为苏州薛生白雪征君别业，后为薛文清公祠。嘉庆三年，公元一千七百九十八年，震泽任兆炯太守购祠废址改建。

按，《吴门补乘》云：任氏购薛六郎坟庵改筑，六郎乃生白之子也，才而不寿，卜葬于此。

忆啸园

在虎丘东山滨之北，清阳湖孙渊如星衍观察就一榭园旧址改筑，更名“忆啸园”。中有授书堂，后为其大母许太君节孝祠，其左即孙武子祠。

凫溪渔舍

在虎丘斟酌桥，清长洲蒋树存深知州别墅，其后孙恭棐为记。

则学草堂

在虎丘二程夫子祠旁，清御史程梓园所居，叶燮有记。

西溪别墅

在虎丘山下塘甫里先生祠之侧，清长洲陆豫斋肇城所筑，钱大昕有记。

聚远楼

在虎丘山塘，清吴县吴玉松云太守别业。玉松在日，极画舫笙歌之乐，未几，归王氏，咸丰庚申后废。

挹秀楼

在虎丘山塘，清光绪初元，吴县亢树楠就聚远楼废址，重新营构，改名“挹秀”，其兄树滋有记。

校词读书斋

在白堤星桥，清元和诸生戈载所筑。载为孝子宙襄子，世居枫桥，乔梓并有文行。道光十二年，公元一千八百三十二年，移于此间。

艺芸书舍

在阊门外山塘，清长洲汪阆源士钟观察藏书处。堂宇轩敞，树石萧森，堂中悬楹联“种树似培佳子弟，拥书权拜小诸侯”。阆源性好藏书，郡中藏书家自康雍之间碧凤坊顾氏、赐书楼蒋氏后，嘉庆时以黄丕烈百宋一廛、周锡瓒香严书屋、袁廷梼五砚楼、顾之逵小读书堆为最，后尽归之。尝编《艺芸精舍宋元本书目》《摹刻宋本孝经义疏》《仪礼单疏》《刘氏诗说》《郡斋读书志》诸书，雠对精审，举世珍之。咸丰庚申以前书已散失，经史佳本辄为聊城杨以增所得。兵燹后，遂荡然无存矣。

丘南小隐

在虎丘头山门甬道之东，清长洲汪苕文琬编修别业。内有圆石光润可鉴，故又名“二十四石圃”，其佳处有乞花场、山光塔影楼诸胜。圣祖玄烨南巡，召见行宫，赐御书，悬于丘南之堂。今则别业已废，名迹无存。迨民国十五年由苏州总商会改建商团纪念碑林，旋更名“云集山庄”。兹以园林管理处开渠筑桥，争光名胜，此地适当冲要，遂成河埠矣。

按，苕文第宅另在阊门外陆宅巷，有城西草堂，旁为苕华书屋，晚居尧峰别业，改为编修祠。

读书望田楼

在枫桥镇之南孙武子桥，俗名“孙溪”，为朱处士昆玉鼎铉所筑。耕读其间，优游杖履，日与乡邻耆硕诗酒唱酬，里人称“二朱先生”。著有《望田楼集》，殁葬金山之麓，童子、门下至今呼为“朱家山”。唐杜牧题二朱先生诗云：“我爱朱处士，三吴居中央。穲稏百顷稻，西风吹半黄。我昔造其室，羽仪鸾鹤翔。交横碧流上，竹映琴书床。出俗无近语，尧舜禹武汤。”观此诗，知处士之贤也。

蓼庵

在阊门外林家巷，明吴县周景文顺昌选事所居，又有霜英堂。

按，景文，号蓼洲，万历癸丑进士，授福州推官，捕治税监高寀爪牙，不少贷。天启中，历文选员外郎，署选事，力杜请寄，抑侥幸，清操嚼然，乞假归。以忤魏忠贤，为其党所诬陷，毙死狱中。崇祯初，谥忠介，有《烬余集》，其墓在白莲泾马家墩，地广一顷二十亩，一云在麻布浜。

西园

张考祥书其匾曰“古江村”。

在阊门之西，宋时浴人赵再可思别业，其宅在城内九胜巷，有和致堂。再为绍兴进士，孝宗赵昚问恢复大计，思对合昚意，命守台州，治声翕然，官终中大夫。

宋通宅

在阊门外急水桥东，双阑干西，元时长洲宋文杰通所居。

按，文杰，号彦英，元统间以督征有功，获侯封食邑万户，继隐居不出。壬辰兵起，尽施家资，保障一方。明洪武四年辛亥，以贤良屡征不赴，卜宅于此。今有木梁名宋家桥。

叶唐天宅

在阊门外江村桥，明洪武间叶唐夫先生所居。其江村诗云：“家住夕阳江上村，一湾流水绕柴门。种来松树高于屋，借与春禽养子孙。”见《夷白斋诗话》。

读书房

在虎丘西，明时长洲邢丽文参处士筑。初，丽文启于乃祖量处，即葑门外邢家巷，后弃士诛茅于此间。

陆完宅

在阊门外，今称陆宅巷，为明长洲陆全卿完尚书所居。

按，完，为成化丁未进士，历官兵部侍郎，进太子少保、兵部尚书，有才智，急功名，善交权势。宸濠明异志，辇钜金遗完，求复护卫，完遂为请，举朝哗然，改吏部尚书。宸濠反，完司寇论死，议功谪戍福建靖海卫。清季时，巷内牌坊尚存云。

郝将军卖药处

在阊门外上津桥，明时晋宁郝大极所居。天启中，奢安之变，守霑益有功，国变后乃客吴，隐于医。顾炎武亭林有诗赠之曰："曾提一旅制黔中，水蔺诸酋指顾空。入楚廉颇犹未老，过秦扁鹊更能工。风高剑气岭川外，水沸茶声鹤涧东。桥畔相逢不相识，漫将方技试英雄。"清光绪间，合江李紫璈超琼邑令勒碑桥下，并题诸云"上津桥下水沄沄，药市风清远莫闻。路近留园花舫织，无人解吊郝将军"。

城西草堂

在阊门外陆宅巷，清长洲汪苕文琬编修所构，旁为苕华书屋。其他俗传为前明正德中尚书陆完故居云。

勺湖

在阊门东，粤人方还所筑，长洲沈归愚德潜有记。

萱园

在阊门外下津桥东，清周谨所居，乾隆《元和志》作“萱圃”。

小停云馆

在江村桥，清处士王冈龄庭魁所构。冈龄能画，藏弃名迹颇多，最爱文氏翰墨，故以“小停云”名其馆，后归袁氏。

毛家园

在阊门外下津桥义慈巷，明时吴县毛贞甫珵所建，中有砺庵，因以为号。贞甫为成化丁未进士，授南京工科给事中，旋出参议山东，升浙江参政。致仕，林居十年，言官数论荐，起南京鸿胪寺卿，升太仆，进南京右副都御史，改抚治郧阳巡抚，乞归，卒年八十有二。园西即其宅也，牌坊今废。

养素园

在阊门外枫桥下塘，清医士陈莘田所构。今隔数十余年，已成瓦砾场，无有知其处者。

江村草堂

在阊门外江村桥西，为隐士谭廷铨所居。廷铨安贫力学，恭兄甚笃，子文炳善承父志，有诗文集行世。

程文焕宅

在枫桥镇，清康熙间孝子程文焕所居。于四十五年重建江村桥以利行人，为梓桑造福，口碑载道。又在吴邑西脊山麓营构庐墓之所，颜曰“逸园”，右临太湖，左有茶山、石壁诸胜。每当梅花开时，探幽寻诗者，必到此处也。

松鹤堂

在枫桥寒山寺前，清吴县殷斐仲所居。吴江叶星期燮有记。

渔隐小圃

在阊门外江村桥，清吴县袁又恺廷梼得诸王氏小停云馆，原址改葺，颜曰“渔隐小圃”，袁枚、王昶皆有记。中有贞节堂、竹柏楼、红蕙山房、枫江草堂、吟晖亭、五砚楼、梦草轩、锦秀谷、银藤簃、水木清华榭、洗砚池、系舟、柳江倚、小山丛桂馆、芙蓉径、挹爽台、稻香廊、汉学居等十八景。

思适斋

在枫桥，清元和顾千里广圻所筑，由歙县程瑶田书额。千里，号涧贲，嘉庆诸生，受业于吴县江声，颖敏博洽，通经学、小学，尤精校雠。孙星衍、张敦仁、黄丕烈、胡克家、秦恩复、吴鼒辈先后延主刻书，每一书刻竟，必综其所正定者，为考异或校勘记于后，人称精确。其持论谓：“凡天下书皆当以不校校之。”尝以邢子才“日思误书，更是一适”语，自号思适居士，有《思适斋集》，卒后，其孙河之亦居于此。

广居

在阊门外寒山寺东，清孝子元和戈小莲宙襄所居。小莲幼工辞章，以母老绝意仕进，隐居其间，左图右史，前花后竹，校读之余继以诗酒，其心泰然自足，其身亦若宽然有裕，遂取孟子之意，名之曰“广居”，自为记。

冷香别馆

在枫江，清吴县惠磐卿所居。磐卿高祖士奇，家于葑门冷香溪，后迁浒墅。磐卿卜宅枫江，与戈载为邻，名其室以志先泽，见《翠薇花馆集》。

虎丘

一枝园

在枫桥，清金坛段懋堂玉裁李廉寓居，中有经韵楼。懋堂，一字若膺，乾隆举人，官巫山知县，引疾归，师休宁戴震，讲求古义，尤精小学，有《说文解字注》《六书音均表》《周礼汉读考》《仪礼汉读考》《古文尚书撰异》《毛诗诂训传》《经韵楼集》等书。

颐志堂

在阊门外洞泾桥，清嘉定王凤喈鸣盛光禄所居。鸣盛，号礼堂，又号西庄，晚号西沚，乾隆十九年进士，累官内阁学士兼礼部侍郎，左迁光禄寺卿，告归，居此卅载，键户读书，绝不与当事交接。治经以汉人为师，撰《尚书后案》，专宗郑注亡逸者，采马融、王肃注补之，又撰《十七史商榷》《蛾术编》，诗学盛唐，古文亦负重名，有《耕养斋集》《西沚居士集》。卒年七十有八。

颜佩韦宅

在阊门外江村桥，明吴县颜佩韦义士所居。初，吏部主事周顺昌乞假里居，数诟詈魏忠贤，忠贤闻而恶之，遂诬顺昌，命逮入京。顺昌有德于乡人，比逮者至，众咸愤怒，殴毙提骑。巡抚毛一鹭飞章告吴人反，已而言缚得倡乱者为佩韦及马杰、沈扬、杨念如、周文元等五人。乃论大辟，临刑，延颈就力曰“为周吏部死，何恨”，监司张孝流涕而斩之，吴人感其义，合葬于虎丘，旁题曰“五人之墓”。

三瑞堂

在枫桥，宋时孝子姚谆所居。有园亭，颇足雅致，家世业儒，以孝称，其先墓尝有甘露、灵芝、麦双穗之异，故以名堂。苏东坡来苏尝访之，且为赋诗。

孙武子宅

在枫桥西南孙武子桥侧，春秋吴时孙武所居，今其地俗呼孙家桥是也。

水月亭

在阊门外马铺桥，清周香严锡瓒所筑，为其藏书处也。

绉云别墅

在阊门外江村桥，清查某购诸袁氏故圃，改葺别墅，题曰“绉云”。门对郊原有楼翼然，菜花盛放，可以远眺，俗名“菜花楼”。每当暮春三月，主人必设筵觞咏，简邀文人墨客而为雅集。

唐家园

在桃花坞后五亩园西，今宝华庵北，明宏治间为吴县唐伯虎寅解元所治，中有梦墨亭、检斋诸胜。伯虎晚年课佛于桃花庵，悔其少时所作，瘗于庵之北，戏表其冢曰“此即唐六如之墓”，实瘗文冢也。今好事者目为六如葬处，且为胡缵宗墓碑以实之。其墓乃在横塘王家村也，况是庵与宅本非一处，庵在廖家巷，而宅在庵北，载明小志。清顺治初，公元一千六百四十四年，云间沈明生徙苏，得之，构亭台，植竹木，有池曰“长宁跨池”，作亭曰“蓉镜”，又有梦墨楼、六如亭。明生精岐黄，当时称国手。

准提庵

在廖家巷，明天启间，杨端孝奉准提象于桃花庵，因易今名。莲峰上人尝卓锡于此，作《准提庵八咏》。有跳唐楼、度云桥、瘗文冢、燃灯塔、培莲室、击竹轩、醉月湾诸胜。清高宗弘历南巡，御制《桃花坞》诗云：“春日桃花满坞披，六如图尚有道诗。长歌拟仿乐天白，白俗谓他信过之。”桃花坞为唐寅旧居，自题桃花庵长歌，其意欲仿香山诗，昔人即有白俗之讥，若寅诗则更俗而近于俚矣，遂增辟天章阁，即桃花仙馆之楼。道光时圮，改建平屋，唐寅《桃花庵歌》刻石尚存壁间也。

按，孙星衍桃花庵碑云：“吴郡西北有桃花坞，方志称为宋枢密章粢别业，明唐解元寅筑居于此，后人遂误庵为宅矣。”今考桃坞别墅及唐解元宅皆在桃花庵北也，兹特更正，以释群疑。

停云馆

在德庆坊巷，今名曹家巷，明长洲文徵明璧待诏旧居。人慕其高风，遂以馆名桥，今所谓三条桥中之一也，吴中传为佳话。

怀星堂

在日华里，即今三茅观巷，为明长洲祝枝山允明通判所构。

按，祝字希哲，又称枝指生，弘治壬子举人，官至应天府通判，未几，致仕。玩世自放，工诗善书，有《前闻记》《九朝野记》《苏材小纂集略》《怀呈堂集》。

小漆园

在小曹家巷，为明嘉靖间长洲张伯起凤翼孝廉所构。池亭树石，其有幽致。县令江盈科尝题诗壁间，至今石刻备存。时吴中皇甫四子冲、涍、汸、廉俱有才名，张氏弟兄三人凤翼、燕翼、献翼继起，吴人语曰“前有四皇，后有三张”。

真趣园

在郦季子巷，今名李继宗巷，为明嘉靖间长洲吴南夫一鹏尚书所治。山塘有阁老厅，北濠有兰花亭、莲花堰等胜迹。清雍正初，邑人赵成秩得之，重加修葺，俗名“赵园”。中有梅花亭、拜石轩诸胜，后为戏园。元和袁文绮学澜《姑苏竹枝词》云：“袍笏登台劝客觞，歌楼舞馆枕山塘。人间富贵原如梦，阁老厅高作戏场。”即指此也。

拙政园

在娄门内北街迎春坊，明嘉靖中御史王敬止献臣以道观废址及大宏寺基地改构。御史殁后，其子好樗蒱，一夕失之，归于徐少泉，故吴中有花园令之戏实昉之此，后人于清朝之十年贱售与海宁陈素庵之遴阁老，仅得二千金。未几，陈缘事宅尽入官，以驻防兵，圈封为将军府。园内有连理宝珠山茶一树，吴梅村祭酒有诗纪之。迨撤去驻防，又改为兵备道行馆，既而为吴三桂婿王永康所居，三桂败事，乃籍入官。康熙十八年，公元一千六百六十一年，改苏松常道新署，旋复裁缺，散为民居。西为王皋闻、顾壁斗两富室分售居之，继严总戎公伟亦居于此。未几，为叶太史士宽改名书园，复归程氏，继为沈观察元振宅第，旋即汪常博美基居之，又为赵姓宅。东归蒋太守棨，改名“复园”，春秋佳日，名流觞咏，有《复园嘉会图》。太守殁后，非复旧时景象，寻属潘部郎师益及子比部腊营构瑞棠书库。嘉庆中，为海昌查憺余世倓孝廉所得，修葺年余，顿还旧观，旋又归当湖吴菘圃璥协揆及子观察晋德家，为质库矣。厂名吴园，时其左右割为王、叶两园，迨咸丰十年，公元一千八百六十年，太平军光复苏州，忠王李秀成就园建忠王府，工程未毕，清兵陷城，园复归官，暂作江苏抚署。同治十年，公元一千八百七十一年，改为八旗奉直会馆，仍名拙政园。园西部分，则为吴县张月阶履谦所有，零建补园。辛亥革命，公元一千九百十一年，都督程雪楼德全就园召开江苏临时省议会。抗战时期，皆为敌伪所据。胜利后，为社会教育学院校舍。解放后，为苏州专员公署。公元一千九百五十一年十二月，苏南人民行政公署为响应中央保护各地方古建筑、古文化遗址、革命遗迹之号召，令将拙政园归苏南区文物管理委员会管理，并动工修葺，至一千九百五十二年十月初步工竣，于十一月六日起正式开放，公诸人民，作为文娱休憩之所，并保存历史名胜遗迹焉。

橘林

在桃花坞贝信三宝墨庵及钱江会馆之间，为明吴县陆天爵俸郎中所辟。天爵正德辛未进士，官刑部郎中，抗疏谏武宗南巡，廷杖，被谪府同知，后官刑曹，持法不避权，幸出为宝庆知府，有惠政，寻弃官归隐桃坞，种橘成林。有故人来访，天爵方戴笠荷锸，接简而入，易服而出。晚为诗歌多不留草，偶有存者入列朝诗选。

五峰园

在阊门下塘福济观后柳毅桥西，明嘉靖间为长洲杨庄简成尚书所治。有五石峰名，高二丈，疑即五亩园中三老峰、丈人峰、观音峰、桃坞庆云峰、擎天柱所移，北间俗称“杨家园”，至今其地犹称“杨家园子巷”。

苏家园

在阊门内后板厂，明万历间为苏怀愚御史所治。园西北滨河，河堤尽植杨柳，因名“杨柳堤”。循堤而西即蔡家桥，风景绝佳，后归侍御李灌溪模，改名密庵旧筑，中有桃坞草堂、芥阁诸胜。初，灌溪任明兵备道时，祖大寿尚为微员，有事当刑，李解救得免。迨清顺治十六年，海寇作难，苏郡有驻防之师，领兵将军即祖大寿也，圈封民房以居兵，自娄门直至桃花坞、宝城桥止，听出后厂一隅，缘后厂李灌溪与祖有旧谊，故祖以此报之。李殁后，吴人建祠奉香火，颜曰“老和尚堂”，从其志也。后常熟孙赤崖旸孝廉晚年由塞北戍归，移居芥阁，亦桃坞寓贤。园今皆夷为菜圃，为郡中菜花最盛处，相沿俗呼“北园”。吴县沈洪生朝初侍读有《江南词》云：“苏州好，城北菜花黄，齐女门边脂粉腻，桃花坞口酒卮香，处处弄笙簧。”

多木园

在宝城桥北，明万历间，公元一千五百七十三年至一千六百二十年，为乡贡顾云龙所筑，中多乔木，故名，后御史苏怀愚即在其旧址改建云。

寄傲园

在齐门外，明长洲刘廷美珏所构。园中累石如山，故又名“小洞庭”。珏，号完庵，工书画，郡守况伯律钟闻其才，举为吏，不就。正统中，领乡荐，授刑部主事，迁山西按察使佥事，居官多善政，有《完庵集》。

东园

在阊门外下塘花步里，明万历间吴县徐大来泰时冏卿所筑。中有太湖石，高三丈余，嵌空玲珑，中夜有光，名“瑞云峰”。相传出自西洞庭，为朱勔所采，上有“臣朱勔进”四字。会靖康乱，未进，弃诸河滨。后吴县陈司成霁家于横泾之上堡治第，宏壮。

按，经藏数凡五千四百八十间，堂前峰石五座，其最巨者曰“瑞云”，层灵叠秀，挺拔云际，诚巨观也。青乌家或言类火形，不利宅主，遂断去六七尺，犹高一丈余。

拙政园

初，司成采自西洞庭，渡河，舟坏，沉一石，并沉一盘，百计不能起，土人云“以泥筑四面成堤，用水车车水，令干”。凡用千有余工，石始出，盘竟弃不能举，其后归之。乌程董用均份宗伯舁石至舟，或教以椿，易叶覆地，地滑省人力，用葱万余斤。南浔数日内，葱为绝种。载至前坏舟处，石无故自沉，乃从湖心四面筑堤，如司成沉石时，筑岸成堤，架木悬索，役作千人，百计出之，乃前所沉石盘，非峰也。更募善泅者摸索水底，得之一里之外龙津合浦，始为完璧，咸怪异，以为神。计司成沉石时恰甲子一周。会宗伯罢官，遂乞，宗伯之世置而未垒者二十余年。冏卿泰来即宗伯之婿，载以归吴之下塘，所坏桥梁不知凡几。未几，冏卿捐馆，五峰高卧深林茂草中。复四十年，冏卿子清之中翰竟起之，不逾年而清之死。犹树于废圃，屡经沧桑，此石遂移入织造府，至今岿然独存，亦云幸矣。

西园

在阊门外冶坊浜东，明徐工部溶所构。溶，为太仆泰时子，太仆先辟东园，故以西园名之，旋舍园宅，后归原寺。在崇祯八年，公元一千六百三十五年，延茂林祇禅师开山，改称“戒幢律院”。后毁，复于清光绪十八年，公元一千八百九十二年，重建为戒幢律寺。中有大雄宝殿、罗汉堂陈列五百尊罗汉塑像，为江南所罕有。寺连园题曰“西园”，一角有放生池，池水清澈，有亭曰“月照潭心”，石梁枕水，九曲相通，轩厅宽敞，茗话尤宜，游钓其间，俗尘顿释，洵佳境也。

紫芝园

在阊门外上津桥，明长洲徐振雅景文太仆少卿所治葺，创自乃祖默川翁。翁为人疏直坦哀，豪举好客，乐义好施，置田免里人之役，多蓄书画鼎彝，名流哲彦，文酒过从。园初筑时，文太史为之布画，仇实父为之藻绩，一泉一石，一榱一题，无不秀绝精丽，雕墙绣户，文石青铺，绿金镂翠，穷极工巧。翁晚岁家渐旁落，使泉石薜萝厚颜蒙耻凡若干年。迨嘉靖丙戌以后，景文坐高华，涉清要，游者不敢阑入，而后园始复为徐氏有矣。当是时，翁岿然黄发，犹及见其孙贵显，然后殁其得于天者，厚哉。园凡若干亩，居室三之，池二之，山与林木磴道五之。峰三十六，亭四洞三，津梁、楼观、台榭、岛屿不可计。创于嘉靖丙午，公元一千五百四十六年，修于万历丙申，公元一千五百九十六年，俗所云“假山徐”，正得名于此园也。后因兄弟构大讼，遂不能有，尽售与项煜。至崇祯甲申，居民以煜从闯，义愤付之一炬，靡有孑遗。幸赖王征君百谷为之记，以存徐家故实也。

项家花园

在阊门外石磐巷，明崇祯间，吴县项水心煜詹事将徐氏紫芝园改筑，俗称“项家花园”，广藏古玩名画。水心为崇祯进士，官至詹事，李自成据京师，与倪鸿宾、马素相约死节。水心被门生黎志升挟之以见自成，遂受职。自成败，窜归，被人执送留都，系狱，以助饷得出。后走四明，土人执而沉诸河，园亦毁于火。

槐树园

在南仓桥西七十步，明皇甫信所治。皇甫氏宋南渡时，自朝那徙居，以汉太尉食邑槐里，树两槐，曰“槐树巷”，四传至信，六世孙冲曾为居第记，今园虽废，而巷名依然。

墨池园

在清道桥南，明吴县孔昭文镛侍郎园第。后圃有泉曰“墨池”，相传苏文忠公曾洗砚于此，因有是名。中有碧涟亭、苏公署，榜后归李氏，园虽易主，其地至今犹称孔副使巷。

梧亭

在孔副使巷，俗称“孔夫子巷”，即墨池园旧址，明弘治间长洲皇甫世庸录知府居治，子冲、涍、汸、濂亦居此。中有晨熹楼，为涍读书处。有亭翼然曰“梧亭”，据梧吟咏，尘俗顿消。涍，字子安，嘉靖壬辰进士，好学工诗，负才名，与兄冲，弟汸、濂，吴人时称“四皇三张”，官至浙江按察佥事，有《皇甫少元集》。

月驾园

在西麒麟巷西三太尉桥，明长洲皇甫子循汸所构。汸，为嘉靖己丑进士，以吏部郎中左迁大名通判。政余不废吟咏，尤工书法，有《百泉子绪论》《解颐新语》《皇甫司勋集》。后文学于叔夜治第，即其园之一隅。常熟钱简栖希言亦居之，继为元和黄谷原均赞府宅。

无梦园

在孔副使巷，明长洲陈明卿仁锡祭酒别墅。中有息浪、见龙峰诸胜，旁有又一村，其宅在葑门内下塘，有远耀堂、白松堂。白松，河南轩辕台故物。明卿奉使册周潘王，以白松制带赠之，取以名堂。

按，明卿，号芝台，天启壬戌探花，授编修，典诰勅，以不肯撰《魏忠贤铁券文》落职。崇祯初，召复故官，累迁南京国子祭酒，其性好学，喜著书，有《系辞》《易经颂》《重订古周礼》《四书考》《史品赤函》《古文奇赏》《苏文奇赏》等书，卒谥文庄。

郭氏别业

在阊门外长荡东，明郭少卿仁所筑。其址即归原寺旧基，楼榭辉煌，林木阴翳，称伟观焉。

息园

在因果巷，即顾氏依园旧（址），清金匮钱槃溪泽参军购而葺之。中有妙严台，相传为梁简文帝女妙严公主葬此。嘉庆十三年，浚池得古砀，是四至界牌，知唐宋时尚有防护也。十六年，又添建钱武肃以下五王家庙于前，北向有江苏方伯庆公碑记。

月湖别业

在娄门外北塘周和山南，明孝子莫存义所建。涂沂记云孝子授徒养亲，旧地岁久圮为径路，今名莫家巷是也。

竹梧园

在旧学前，明长洲顾醉竹汝玉筑。中有亭池树石之胜，复改为父子乡贤祠，祀汝玉。子太保其志，孙节愍、绳诒、孝行、廷锜、瑾袝，载《顾承录》。

按，其志宅在苑桥巷。

归氏园

在苑桥巷石子街北，明归太学湛初所治。洞石玲珑，有堂颜曰“米丈”，后归水部胡汝淳，易颜曰“洽隐山房”。

高酣亭

在天赐庄旁，明长洲顾岩叟宗孟御史所筑，文文起震孟阁揆题额。清崇明施赞虞何牧吏部侨居于此，焚香吟诗，翛然绝俗。

雅园

在史家巷南，一名桤林小隐，明长洲顾小阮予咸吏部所构。水木渟泓，翛然绝俗，中有虹桥春涨、绿沼荷香、明致桐阴、卧云石壁、渚阁朝烟、荷亭晚霁、爽轩丛桂、曲径寒梅八景，顾舜年广文有诗咏之。现温家岸范揆臣孝廉所购宅第，即雅园一角，故其门楣曰“邻雅旧宅”。园虽废久，而其遗址至今犹呼“雅园巷”。

依园

在间丘坊巷南，清长洲顾嗣协大令所构，以与父子咸雅园相依得名，有畅轩、话雨轩、学诗楼诸胜。每集骚人韵壬为胜会，金侃、潘镠、黄份、金贲、蔡元翼、曹基与之往还酬唱最多。时人称为“依园七子”。园废，尚有依园里遗名。

秀野园

在乘鲤坊，为清长洲顾侠君嗣立庶常所筑，有秀野草堂、大小雅堂、因树亭、野人舟、闾丘小圃诸名额，极水木亭台之胜。侠君以风雅负天下望，聚宾朋酬唱于此，性豪于饮，时目为酒帝。辑《元诗选》《诗林韶濩》，注《韩温诗》，自著有《秀野集》《闾丘集》，叶燮、朱彝尊并为之记。

芳草园

在齐门内定跨桥北石皮巷，明长洲顾青霞凝远诸生筑。青霞为九思孙，工画，于古今典籍无所不窥，爱蓄商周秦汉法物，一时名士多与之交。至清初，为长洲周静善荃观察所居。康熙时，昆山徐健庵乾学司寇得之。乾隆初，归金明经传经，其半归陆氏，更名“廉石山庄”。

宝树园

在临顿里石子街北。本为明归湛初米丈堂，胡汝淳得之，改为“洽隐山房”。清初圮败，归于长洲顾空五其蕴。重事缔构，以多植山茶佳种得名，李雯为之记。其蕴本复社中人，明亡后，绝意仕进，日与尤侗、沈荃、宋实颖辈饮宴赋诗，以寄其志。其孙秉忠筑安时堂于宅中，并有结蘅草庐、澄碧亭、芥圃诸胜，韩骥为之记。庚申劫后，安时堂归机织局，园亦荒废，俗呼“顾家花园”，今犹存残沼一区。

凤池园

在钮家巷。相传周宣王时为春伯十六世裔孙吴武真第宅，有凤集其家中，有池沼，因名“凤池”。清康熙间，长洲顾伊在汧中丞所居，题名“凤池园”。伊在为天郎子，号芝岩，康熙进士，累官河南巡抚，坐事罢，起历宗人府丞，致仕，卒，有《凤池园集》。其后，西偏划归吴县潘槐堂世恩太傅。世恩，号芝轩，乾隆癸丑进士，授修撰，累官体仁阁大学士，加太傅，直枢廷几三十年，年八十有六，子孙科第踵武，极人爵之荣，卒谥文恭，有《思补堂集》。

按，顾都宪汧凤池园在銮驾巷，俗呼“钮家巷”。汧自中州归，得顾氏旧圃重修治之，益擅名胜，汧自有记。今其东归陈大业，易名“省园”，蒋元益有记。其西归大学士潘世恩，名仍其旧。

怡园

淡园

在白塔子巷，明长洲顾君宁国本贡生营构。隐居不仕，日集名流，诗酒其间，国变后忧悒而卒，私谥“贞孝”。

按，园在西白塔子巷瓦爿街，以甃瓦为街，故名。

传砚堂

在甫桥西街，清长洲顾兆槐济美中丞第宅。中有吉金乐石之斋、金粟斋、吟香阁、白云深处心妙轩、据梧楼诸胜。济美，号怡斋，由贡生官云南通海县，有“铁面青天”之颂，升嵩明州。雍正时，擢浙江盐驿道。乾隆时，升甘肃按察使，调福建按察使，旋擢布政使，调广东护巡抚篆，卒于官。

辟疆小筑

在定慧寺巷苏公祠旁，俗称“小辟疆园”，为长洲顾湘舟沅明经所构。湘舟为济美中丞曾孙，道光间官教谕，收藏旧籍及金石文字，甲于三吴。庚申之劫，其书尽为丁日昌所得。其先世蒙世祖福临颁赐古砚，因颜所居曰“赐砚堂”，辑刊《赐砚堂丛书》四集。

怡园

在卧龙街尚书里，清同治十一年，公元一千八百七十二年，元和顾子山文彬方伯所建。园之东部，本为明代吴匏庵宽尚书旧宅，西部由顾氏扩充。子山以颐性养寿，乃名“怡园”。中有玉延亭、四时潇洒亭、坡仙琴馆、石听琴室、岁寒草庐、拜石轩、玉虹亭、石舫、锁绿轩、屏风三叠、小沧浪、螺髻亭、慈云洞、抱绿湾、绛霞洞、金粟亭、藕香榭、锄月轩、南雪亭、梅林、碧梧栖凤、遁窟、旧时月色、面壁亭、画舫斋、松籁阁、湛露堂诸胜，安置妥帖，疏朗宜人，并能吸取各园优点，熔为一炉。湖石玲珑，随意点缀，突破成规，深得自然之趣。由于年久失修，顾氏裔孙自动捐献国家，苏州市人民政府重加修葺，业已供广大群众游览矣。

洽隐园

在北显子巷，清长洲韩幼明馨征君卜筑。购自归氏废园，为栖隐地，颜曰“洽隐”。往来觞咏，皆遗民逸士，世艳称之。其中小林屋尤具胜概，洞故仿包山林屋，石床、神钲、玉柱、金庭，无不毕具，游其中者，几莫辨为匠心之运矣。继归倪方伯莲舫。咸丰辛酉年，公元一千八百六十一年，毁于兵燹。

蕙荫园

在临顿路北显子巷，即韩氏洽隐园旧址。清咸丰辛酉后，合肥李少荃鸿章抚苏时奏购，为忠烈程公祠，并筑皖山别墅，为安徽同乡宴息之所。时合肥蒯子范德模太守增构渔舫、棕亭，而张振轩抚吴，少荃又续筹巨款畀赵宗道从事修葺，会宝应王幼轩凯泰中丞来作寓公，题成八景，曰：柳影系舫、松荫眠琴、屏山听瀑、林屋探奇、藤崖伫月、荷岸观鱼、石窦收云、棕亭霁雪。现小林屋依然存在，余屋已为学校矣。

归田园

在娄门内迎春坊。明季吴县王纯甫心一侍郎所创，其西即陈相国之遴拙政园，陈既败，更数主，为叶、蒋二氏所有。土人竟指归田园为拙政园，非也。中有兰雪堂、泛红轩、竹香廊诸景，古木参天，池清石秀，其后人彭龄商贤与商山吴伊仲翌凤交时过从，商贤殁后而园亦摧败零落。相传，王氏欲售于人屡矣，辄见红袍纱帽者隐约其间，或呼啸达旦，似不能割者，人亦莫敢得也。据钱梅溪泳《履园丛话》云：余少时常见侍郎与蒋伯玉手札，其时崇祯十六年之十二月廿四日，书中言小园一花一木皆自培植，乞分付园丁时加防护云云。其明年，侍郎即归道山，宜一灵之不泯耳，今王氏子孙尚居其中者。

按，归田园邻拙政园，王侍郎心一所构，中有兰雪堂，崇祯已亥筑，又有泛红轩、竹香廊诸胜，今园已废，而基址尚存。

二株园

在周五郎巷，为明季吴县徐贯时柯诸生所筑。父汧殉节后遂杜门不出，四方宾从，文酒宴会，有贵公子风，尤长于诗，兼工书法，花木之感与范家园争胜。贯时又有三千六百钓台在临顿路北，亦其隐居处。门联有“第五司空不妄诣，斛斯校书翻倒悬”，其室联有“酩酊思中山千日，突兀见广厦万间”，载诸《瓜泾谱传》。

醉颖堂

在宝林寺前东，为明吴县袁绳之祖庚宪副所构。旋为长洲文文起震孟相国第宅，改名“文衙巷”，有明纶堂，园中正厅即其读书处。鼎革后，莱阳姜如农埰给事寓居，更名“敬亭山房”，中有枣树数株。其长子安节添筑思嗜轩，仲子实节辟为艺圃，有延光阁、东莱草堂、馎饪斋、念祖堂、旸谷书堂、爱莲窝、四时读书乐楼、香草居、红鹅馆、六松轩、改过轩、绣佛阁、响月廊、度香桥、南村、鹤柴、朝爽台、垂云峰、乳鱼亭、谏草楼诸胜。王士祯、陈维崧、吴绮皆为赋诗，汪琬为文记之。后归绸业公所，改名“七襄”，重加修葺，池中荷花尤为著名，其种为太平天国军人从湘移植，更筑博雅堂、听函堂、双声室，别饶幽趣，兹亦收归市有矣。

香草垞

在高师巷，明长洲文启美震亨中书就冯氏废园营构，对面即其曾祖徵明之停云馆也。初，徵明拓宅，其间有百窗楼，因四面皆窗故也，至启美添筑四婵娟堂、绣铗堂、笼鹅阁、斜月廊、众香廊、玉局斋、啸台、乔柯、奇石、方池、曲沼、鹤栖、鹿柴、鱼床、燕幕，以至纤筠、弱草、盎峰、盆卉无不被以嘉名。入清，归湖西主人陆纯锡贡生居之，后渐废。光绪间归江宁邓氏，全非旧迹矣。

圆峤仙馆

在悬桥巷。初为明李高士徐元叹宅，国变弃家入障山读书，以其宅与外孙许眉叟，改筑圆峤仙馆，精雅宏敞。子陶村太史，为雍正癸丑翰林，乞假归娶，诗有“还家圆峤即蓬壶”之句，家居不仕，以著书自娱。曾孙也秋进士大镃，杜门授徒，又营来鹤亭、碧梧龛诸胜。后归诸生祝寿眉，葺为琢园别业。

按，许眉叟，清初时变易姓名为沈洽，入吴邑庠后复姓许氏，见吴县叶调生廷琯孝廉所著《鸥陂渔话》。

绣谷园

在阊门内后板厂，清初长洲蒋树存深刺史筑。初，深之祖垓成进士，后隐居读书偶课，园丁薙草，土中得一石，有“绣谷”二字，作八分书，遂以名其园。园中亭榭无多，而位置颇有法，相传为王石谷手笔也。康熙三十八年，公元一千六百九十九年，深尝集郡中诸名宿作送春会，座中年最长者为尤西堂、朱竹垞两太史，张匠门、惠天牧、徐征斋诸先生尚为诸生，画师则王石谷、杨子鹤，方外则目存上人。是时沈归愚尚书年才二十七，居末坐，赋诗作画，为一时之盛。深子仙根亦耽风雅，乾隆三十四年，公元一千七百五十九年，又作“己卯送春会”，则以沈尚书为首座矣。世传张忆娘簪花园即于是图作也。嘉庆中，为叶河帅观潮所得。道光元年，公元一千八百二十一年，又归南昌谢椒石学崇观察作板舆之奉。旋复为婺源王凤生祀都转所有。先是蒋氏欲将是宅出售他姓，犹豫未决，为问于乩仙，仙判一联云“无可奈何花落去，似曾相识燕归来”，是宋人晏同叔句也，而不解其义，迨归叶氏，则上句应矣。后叶氏转售于谢，谢又售于王，则下句应矣，异哉。此园虽屡易主，而绣谷饯春韵事犹传至今云。

桃李园

在南濠谈家巷兴隆桥，明某贵人葬此，不敢起屋，仅存一场，尚有古树一株，载《吴鹤书记》。

寒碧山庄

在阊门外花步里，清嘉庆初东山刘蓉峰恕观察移居于此。园为有明徐冏卿泰时东园故址，园之东北有东园巷。恕性爱石，园中聚奇石为十二峰，曰奎宿、曰玉女、曰箬帽、曰青芝、曰累黍、曰一云、曰印月、曰猕猴、曰鸡冠、曰拂神、曰仙掌、曰干霄，皆自为名。而属昆山王孟养学浩孝廉为之图，嘉定钱晓征大昕宫詹题曰“花步小筑”，吴县范嗡尊来宗编修为之记。同治十三年，公元一千八百七十四年，改建二程夫子祠。

留园

在阊门外五福路，俗称“留园马路”。清光绪二年，公元一千八百七十六年，武进盛旭人康方伯购得于东山刘氏。仿袁子才枚太史得隋园曰随园例，音同字异，易刘园名留园，大加修葺。有涵碧山房、洞天一碧、揖峰轩、石林小院、闻木樨香轩、绿荫亭、半野草堂、自在处、远翠阁、佳晴喜雨快雪之亭、花好月圆人寿轩、仙苑停云又一村、亦吾庐，又增辟东西两园，广袤约四十余亩，俞樾太史为之记。

留园旧影

曲溪楼

盛氏留园家照

明代牡丹花坛

虎丘旧影

20 世纪 20 年代，二仙亭

1940 年，重建望山桥、别有洞天后工匠留影

吳門園墅文獻卷一

談叢

句吳 范廣憲 君博輯

顧辟疆園

相傳東晉時王獻之入會稽經吳門先不識主人值辟疆方集賓友酣宴園中而獻之游歷既畢指麾好惡傍若無人辟疆勃然曰不足齒之傖爾便驅其左右出門獻之獨坐輿上展轉顧望而僕從不至遂移時蓋獻之之肆辟疆之隘也查該園為顧辟疆所築見於題詠者甚衆唐時顧況嘗假以居郡守贈詩云辟疆東晉日竹樹有名園年代更多主池塘復裔孫李白詩云柳深陶令宅竹暗辟疆園又陸羽詩云辟

一

疆舊林園怪石紛相向陸龜蒙詩云吳之辟疆園在昔勝概敵皮日休詩云更葺園中景應為辟疆園據說址在西米巷中郡署東偏舊有五顯廟繼為府廨後半為大覺寺明代郡守況鍾曾在此間憑吊撰成辟疆館記碑因改為況公祠現已更名西美小學矣講起吳中園林史上最古者當以辟疆園為首溯今園雖廢而名猶存蘇州既稱花園之城不得不參考載籍探摭舊聞流風未泯則此園庶幾有取也事有缺略猶當刊補其詩文別為吳中園林清韻云

任晦園

為有唐涇尉任晦所建或云即顧辟疆園據任兆麟

記載實在潘儒巷任敬子祠旁東為任氏園因建祠
一面至周通橋南元時潘元紹為別宅明屬徐姓徐
某受木樨多種桂樹並築桂花廳墻壁柝柱盡刻木
樨宅屢易主程觀察麐桂陳刺史晉戴太史篠塋先
後居之今以任祠拆遷另闢新路所謂任晦園早無
痕跡可尋讀皮陸詩有深林曲沼危亭幽砌而任君
棄涇縣尉歸居其間不勝感慨係之矣

按任晦仕為涇縣尉退居里中有深林曲沼危亭
幽砌池中又為島嶼修篁嘉木掩映隈奧晦資高
放寡合好奇樂異喜文學名理之士得顧辟疆舊
園以居云

二

南園

自廣陵王錢元璙帥中吳好治林圃於是釃流以為
沼積土以為山島嶼峰巒出於巧思求致異木名品
甚多比及積歲皆為合抱亭宇臺榭值景而造所謂
三閣八亭二臺龜首旋螺之類名載圖經蓋舊物也
錢氏去國比園不毀宋長洲宰王禹偁詩云他年我
若功成後乞取南園作醉鄉乃玩而愛之之至也或
傳祥符中作景靈宮購求珍石郡中嘗取於此以貢
京師其間樓榭歲久摧圮呂濟叔嘗作熙熙堂厥從
守將亦加修飾所存之亭有流杯四照百花樂豐惹
雲風月之目每春縱士女游覽以為樂在大觀東蔡

京罷相欲東還詔以南園賜之京即以詩贈親黨云八年帷幄竟何如更賜南園寵太師堪笑當時王學士功名未見使吟詩京遂以無功名誚禹偁不知元之雖終被黜其名與天地同不朽元長居相位廿載又處師垣之尊至今雖三尺之童猶詈罵不已其賢不肖為何如也

金谷園

相傳為廣陵郡王錢元璙所築地址在三太尉橋西聞其諸子各治園第此橋之西巷蓋其三子文懌所營治也今皆為居人占籍焉據九國志云元璙治蘇州頗以園池花木為意創南園東圃及諸別第奇卉異木名品千萬今其遺迹多在居人之家其崇岡清池茂林珍木或猶有此園跡亦諸別第之一歟

滄浪亭

在城南四周積水數十畝傍有小山高下曲折與水相縈帶門前石橋相通相傳舊為廣陵王錢元璙池館或云為中吳軍節度使孫承佑別墅至宋慶曆五年公元一千零四十五年為蘇長史舜欽所得傍水構亭取名滄浪歐陽修寄有詩云清風明月本無價可惜只賣四萬錢從此著名長史卒為蒲城章子厚得相國所有鑿石疊山雄觀一時紹興間復歸韓蘄王世忠改名韓園由元至明幾成廢墟迨嘉靖時改

為僧居妙隱庵望衙對宇當時奉安胡可泳鐵宗郡守將妙隱庵改建為韓蘄王祠文瑛和尚亦在大雲庵旁另築滄浪亭清康熙間漢軍鑲藍旗人王紱峩新命撫蘇又建蘇公祠繼有商邱宋牧仲犖冢宰復構亭山巔增建自勝軒觀魚處步碕諸勝道光七年長樂梁茝林章鉅中丞重加修葺咸豐十年兵燹廢同治十二年巡撫張振軒樹聲復興滄浪亭並構明道堂五百名賢祠靜吟亭看山樓印心石屋翠玲瓏館清香館聞妙香室面水軒諸勝民國歲次丁丑秋中中日事變起蘇地淪陷亭館傾圮及辛巳春崇明高冠五諸君醵資議葺鳩工庀材歷時兩月費三萬五千餘

四

元丙戌公元一千九百五十三年由蘇州市人民政府重為修建收歸市有以迄於今

五畝園

在城西北閶門西大營門據謝綏之家福五畝園小志云為漢張長史植桑地惟李長史姓名有張松張霸張業張宏張嘉諸說未知孰是宋熙寧間公元一千零六十八年至一千零七十七年止梅宣義始就其地築臺沼園紹聖中公元一千零九十四年至一千零九十七年止大帥章質夫楶又拓地營造桃花塢別墅以栽桃李郡人藉此游春明末吳縣諸生呂貞九受後築來香庵小桃源於其中庵介梅章兩家別

業雲逸能詩結吟梅社以延客社中梅子采南章子
詠華致流觴曲水故事庵其庵前雙魚放生池以通
五畝別業之雙荷花池桃塢別業之千丈潭當建炎
庚戌二月廿六日兀朮陷城雲逸猶駕瓜皮艇容與
楊柳隄畔守堞兵散招之使渡雲逸奮起令結寨守
兩日忽慨然曰毋苦衆生也自投雙魚池死兵遂潰
兀朮遂踞寨宴諸酋於天半樓而章婢碧桃紅豆相
繼隨詠華殉難三月朔始出閶門去初三日諸軍亂
掠寨中慶雲庵旃檀庵報恩寺楊柳樓臺張家祠劉
家祠梅園章園孫園蔡莊以寇巢燬婦女二萬餘人
以從寇籍蔡隆興倡義瘞河中男屍五千餘女屍十

五

一萬一千餘暴露男屍六萬二千餘女屍二萬五千
餘火化男女骨十五萬七千餘贖田營妓二千三百
餘人周宣撫陷以通寇駢於市里人於蔡莊築庵祀
之宋末某公主流徙平江遂歸軍官張聿然即世傑
族子既鼎革隱居築采香庵於東荷池畔公主削髮
爲尼改名靜順道人結茅於西荷池側嗣有梅氏姊
妹爲達魯花赤所逼毀容依之築庵於寄茅故址清
修梵行未一年同時化去瘞於庵西鴛鴦亭址元季
張士誠據吳城屯軍於演武場闢大營門至正廿六
年十一月癸卯明將徐達圍平江達軍葑門常遇春
軍虎邱郭子興軍婁門華雲龍軍胥門湯和軍閶門

王弼軍盤門張溫軍西門康茂才軍北門耿炳文軍城東北仇成軍城西南何文輝軍城西北四面築長圍因之不能下廿七年二月徐達檄俞通會兵通與吳軍戰於滅渡橋據桃花塢中流矢死六月士誠親帥鋭士突圍出西門搏戰將奔常遇春軍遇春分兵北濠絶其後而别遣兵與戰士誠大敗人馬溺死沙盆潭者甚衆九月平江圍急辛巳明諸將破封門常遇春破閶門入士誠被擒乙丑至建康自縊死吳地平居民安堵如故改平江路曰蘇州府以在城四隅分隸吳長洲兩縣吳轄西南西北二隅長洲轄東南東北兩隅置江南行中書省以制之吳民自江陰移

六

守本府洪武元年朱元諱怒蘇民為張士誠守盡籍其功臣子弟莊田入官後惡富民豪並坐罪沒入田產皆名官田並須官民田賦凡官田畝稅五升三合民田減二升重租田八升五合五勺沒官田一斗二升其後連年水災難議蠲緩而重額不改知府金炯為民請減田賦竟賜死建文二年二月詔曰國家有惟正之供而江浙賦獨重蘇松官田準私租起科特以懲一時頑民豈可為定則以重困一方宜悉與減免畝不得過一斗行之未久成祖朱棣盡革建文之政而賦額復重至宣德正統間始屢詔減蘇松浮糧巡撫周忱知府況鍾之力也嘉靖間夏介若碑記云

桃花坞之门最胜处也堂榭花竹园林疏通殊绝极盛入大营门数百步过双鱼池绕而西而进有地一方深广二亩余四围流水界绝尘境又坞中最胜处里人陈蒙斐草建周神祠于上明李娄县诸生吕自九淡翠小桃源于宋香庵后改为退隐地会县革士家为黄冠清顺治辛卯居清真观祷雨遣志辞不验乙亥入妙高峰辟谷经年游终南归居灵岩甲辰五月望手书一诗而逝乾嘉间废为荒园有桃坞者来自江右访祖墓于园西人始识其遗址捉地得五亩园桃花坞碑记十余种得宋时贤题著又得观音峰石灵台诸怪石高冈迴异丈余以遂购其地于吕小翠园事乃定

七

明时桃坞更好轩双荷花池砚石涤轩宵芋庐拜石堂桃花坞斜檀庵桂香精舍走马楼鸣榭桥鱼家树杨柳堤宋香庵小桃源诸故称祝元之文为作碑记道光时叶氏子好姑苏日游宴其中人称叶家花园咸丰初公元一千八百五十一年家以中落鬻于潘氏十年庚申遭兵燹光绪十五年公元一千八百八十九年以其地捐归文昌宫翰香局后面有翁烟墓翁祠址童烟氏李子以保守园址有功乃并之尚有丈人墓据虎丘山间见录云庚申之难何姓一家因其女不肯为人所辱阖门七口皆投井而死哀哉与翁烟墓同时毕命之谢家福作墓志

同樂園

為宋代朱勔所築俗稱朱家園在盤門內孫老橋元至正中為盧山陳汝秩汝言昆仲購得取杜詩名園依綠水句更為綠水園有來鶴軒清冷閣蘿徑等名明葛高李翅啓為之序明末崇禎間其址為吳縣張世偉李孝康所得改闢泌園閉戶著書完成耿耿孤忠所寄託之異齋集清季宣統中有崇明董友蓮業虞退隱寓蘇與其妻祝柚君唱隨其中尤喜骨董金石兼擅書畫蓄收藏古鏡百餘面構百鏡樓乃若雖漢鏡影一光但塵烟迷然滄桑歷變今過其地使生人今之感云

隱圃

在靈芝坊即今范莊前為宋時蔣希魯堂太守所築有巖扃水月庵煙蘿亭風篁亭香巖峰皆極登臨之勝嘗宴賓客以詩爲樂范貫之師道龍圖賦詩贈之按堂宜興人第進士真宗時授大理寺丞累遷樞密直學士知平江府清修純飭遇事不苟好學工文辭延譽後進至老不倦士人翕然稱之以禮部侍郎致仕歸休於此著有吳門集

范家園

在雍熙寺後宋無外居士范周所建周為贊善大夫純古長子文正公之從孫負才不羈工詩詞不樂仕

進方臘事變州民團結士流亦不免周率學舍諸生冠帶夜巡以火燈籠題詩其上守將見詩亟為罷去園中所遺石刻范家園三大字為郡守李大異所書後移置文王書院之右完好如初近因拓寬道路已被損斷不知遷往何處矣

藏春園

在閶丘坊巷宋時信安郡王孟仁仲忠厚所築有靜寄堂清心亭萬卷堂其匾額皆為孝宗趙春御書按仁仲為咸甯郡王彥弼子哲宗孟后之兄宣和中官至將作少監靖康初權衛尉卿高宗趙構立授徽猷閣待制使北迎后以臺諫論列易武秩后崩以祔廟

九

恩授鎮海軍節度使判平江改浙東安撫使封信安郡王判紹興府除樞密使忠厚遠避權勢不以私干朝廷秦檜心忌之諷言路論列罷為醴泉觀使檜死召還授保甯軍節度使提舉秘書省卒

樂圃

圃為五代時吳越廣陵郡王錢元璙金谷園遺址宋鄉賢朱伯原長文增築之元時為長洲張子宜適所明成化間又為杜東原所有萬曆間長洲申汝默時行宰輔致仕後又購得之有賜閒堂鑑曲亭招隱榭諸勝嘗賦詩云棲遲舊業理荒蕪從倚叢篁據槁梧為圃自安吾計拙歸田早荷聖恩殊山移小島成愚

谷水引清流學鑑湖敢向明時稱逸老北牕高枕一愁無又有園居詩云樂圃千年跡蕭齋五畝身蓬蒿常謝客花竹總宜人清曠懷長統風流屬季真臨溪時獨釣吾自老綠綸其二云投老身猶健探幽興未闌花神催爛漫竹使報平安茂樹禽聲合高樓蝶夢殘不知人世上何處有風湍至清康熙時公元一千六百六十二年至一千七百二十一年靜甯慕拱極天顏巡撫江南在北建築別墅俗稱慕家花園後歸河南席椿太守不久太倉畢秋帆沅尚書割其東部改名適園全匱錢梅溪泳經歷曾為輯樂圃小志二卷贈之尚書殁後家產入官無托足之地一家眷屬盡住園中可慨也已有女史胡智珠題壁一絶云清池峭石古亭臺深鎖園扉晝不開此日恰逢搖落後花時悔我未曾來觀其裔孫依然居住因已造家廟倒不入官近晤尚書後裔志颺茂才云園廢不治疊石猶存其間有停雲石最著名為明文待詔停雲館舊物苟能致府收歸園所願焉

獅子林

在城東北隅潘儒巷今畫禪寺法堂後牆外元至正間公元一千三百四十年至一千三百六十七年僧天如惟則延朱德潤趙善良倪元鎮徐幼文共商疊成而元鎮為之圖取佛書獅子座而名之近人誤以

為倪雲林所築非也明時尚屬寺中清初輾為民居芝川發已久乾隆廿七年公元一千七百六十二年高宗弘曆南巡始開闢莊宇築御牆垣其中有獅子峰含暉峰吐月峰立雪堂臥雲室問梅閣指柏軒玉鑒池冰壺井修竹谷小飛虹大石屋諸勝湖石玲瓏洞壑宛轉上有合抱大松五株又名五松園後為休寧黃小華軒殿撰構第宅改名涉園亦嘗春二三月百花齊放合城士女出游宛如張擇端清明上河圖也黃氏家衰園亦荒蕪久之莫能住迄至民國元年公元一千九百十二年始歸王峰李平書鍾鈺擬修葺而未果後歸我邑鉅商貝潤生仁元曩有諸勝悉循故
十一
址重建新樓復舊觀也公元一千九百五十三年由本市人民政府負責修整開放遊覽不負人民之願望矣

翠園

在桃塢西孫氏莊旁在焉宋末李侍郎殉國難旅于茂苑年尚少嘗為皇孫被擄去從随宰大后歸隱上封事請雪國恥中旨削職遂之吳構隱園中顏其室曰鐵醒座酒酣耳熱作嘉天問讀錄業激昂忠義之氣同近誣識將興大獄時茂苑已死其孫毀匡往赤金人亡國事作嘉天洩情錄以求解流傳守宮林亦待官未就春柑載酒日徜徉於柳堤荷蕩之間聞非革役自經

死私諡孝烈按孫園之名唐時元微之寄白樂天詩云孫園虎寺隨宜看不必遥遥羡鏡湖又清松陵凌磬生泗詠孫園云辟疆東晉日孫園盛唐時贋刻況公記何如元九詩流風餘韵由來舊矣

廢園

在桃花塢明永樂元年公元一千四百零三年養真老人沈均遯跡之所有鎖煙亭鏡心池聞香室環翠軒棲鶴樓諸勝園居雜詠云落木蕭蕭一廢園妙無風景耐盤桓主人若識無中趣纔見先天理數原蒼松翠柏自春秋長使幽人供卧游金谷園中桃李艷歲寒時節着花不清初歸謝氏乾隆初謝怡堂改築

十二

來蘇堂賦雪草堂書葉軒諸宇又在棲鶴舊址構望炊樓今謝家子孫凌替園廢可想但其地猶稱沈家衖云

靜庵

在仁美坊今名南顯子巷為宋右史上官元之漁酉所居中有采菊室董槐為記按元之嘉定進士端平中知池州先事為防江圖及金人入寇知有備引去紹定淳祐中兩忤時相間居十九年晚還起居舍人極言無隱卒為當道所忌以集英殿修撰致仕

萬華堂

在資壽寺後藍家巷今改鈕家巷為開封藍叔誠師

（樓）提刑所居植牡丹至三千株多得洛中名品如玉盌白景雲紅瑞雲紅勝雲紅間金之類無不有之後以游宦不能愛護惟勝雲紅存焉

萬卷堂

在帶城橋南為宋史志道（正志）侍郎所居據施氏叢鈔云正志揚州人紹興進士陳康伯薦於朝除樞密院編修引孫權築濡須塢故事乞築和州城壘及舒揚防守荊襄事宜高宗視師江上上恢復要覽五篇車駕駐建康正志言三國六朝形勢與今日不同要當無事則都錢塘有事則幸建康詔下集議從之後歸老姑蘇造此宅及對門花圃佳處號漁隱淳熙初

十三

落成費百五十萬緡僅一傳不能保園廢先售宅索價十萬緡孫支伶丁後得一萬五千緡售與常州丁卿昆季紹定末丁折而為四其從提舉趙汝櫄占為百萬倉和糴場惟吳門補乘藝文引江都縣志作正克字志道留供參攷

葑溪草堂

在葑門內姜家衕後改韓衙前今呼天賜莊為明長洲韓永熙（雍）御史所居溪流環繞宅東有園永熙嘗與徐武功（有貞）祝參政（顥）馮副憲（定）劉僉憲（珏）聯句傳為韵事按雍為正統進士授御史巡撫江西躁厲風發景泰時擢廣東副使尋巡撫江西有才望天順

中歷官兵部右侍郎憲宗朱見深之坐累貶官會廣
西猺獞為寇改左僉都御史贊理軍務直擣大藤峽
破賊三百二十四砦威震南方遷左副都御史提督
兩廣軍務丁憂歸復以右都御史蒞故任致仕卒正
德間追謚襄毅有襄毅文集

東莊

在葑門內天賜莊東為明長洲吳孟融所治田也元季
迄明初世居其間其仲子原博寬貴於朝士聞翁賢
競為文詠莊名乃著李東陽曾撰東莊記略云蘇之
地多水葑門之內吳翁之東莊在焉菱濠匯其東西
溪帶其西南兩港旁達皆可舟而至也由凳橋而入

十四

則為稻畦折而南為桑園又西為果園又南為菜園
又東為振衣臺又南西為折桂橋由艇子浜而入則
為麥邱由荷花灣而入則為竹田區分絡貫其廣六
十畝而作堂其中曰續古之堂庵曰拙修之庵軒曰
耕息之軒又作亭於南池曰知樂之亭亭成而莊之
事始備總名之曰東莊因自號東莊翁莊之為吳氏
居數世矣由元季迄於國初鄰之死徙者十八九而
吳乃巋然獨存翁少失其先君子徙而西既壯念先
業不敢廢歲拓時葺謹其封濬課其耕藝而時作息
也翁仲子原博以狀元及第入翰林為修撰遂以其
官封翁朝士與修撰君游者聞翁賢多為東莊之詩

詩成而壯之益壽原博從子奕增建看雲臨渚二亭後為徐參議廷祿所有公安袁宏道稱其疊石構亭飛流界練水行石中人穿洞底巧逾生成幻若鬼工千溪萬壑游者幾迷出入

竹軒

在封溪金光美所構有記

桐園

在南橋王世材所築長洲祝允明有記

陸績宅

在臨頓里吳時吳人陸公紀績太守所居績自鬱林太守罷歸無裝舟輕不可越海取巨石為重至姑

十五

蘇置其門號為鬱林石子孫世保其居唐史書之陸龜蒙始亦居此地居賦云陸子居全吳東近長洲故址一里人云地接虎丘門臨鶴市皮日休云不出郭郭曠若郊野即其地也

七檜堂

在天慶觀東宋時長洲葉少卿參所築參嘗守吳既謝事因居此間以佚老其子清臣登進士從參禎及見之記仲淹嘗贈之以詩

五柳堂

在臨頓里宋時永康胡正思稷言主簿所居正思少受學于宋祁後受經于胡瑗以特奏補官隱山陰次

自以不能究其所施遂乞致仕以清貧終

中隱堂

在大酒巷宋時邵武龔會之宗元所居取白樂天詩大隱住朝市小隱入丘樊不如作中隱隱在留司閒乃作中隱堂與屯田員外郎陳適太子中升陳之奇游從極文酒之樂皆耆德碩儒挂冠而歸者吳人謂之三老

按大酒巷今名大井巷

元絳宅

在帶城橋東宋時錢塘元厚之絳所構厚之天聖進士累遷翰林學士拜參知政事後罷知穎州以太子

十六

太保致仕歸老吳門知州張祐因以其地命名衮繡坊淳熙初都丞徐本中為浙江提刑樂其風土意欲歸老偶得厚之故宅葺治之甯宗趙擴御題其扁曰歲寒堂竟以江東運使奉祠歸自號歲寒居士又作草堂其旁

醒心亭

在葑門內宋熙甯間曹傃履中所葺原有土阜對峙水際雖巨浸弗沒因號浮墩後避諱改名浮邱相傳此地昔有雙松蒁然參天建炎之難有潰兵欲伐之隕石如雨今放生池即其地也

成齋

在臨平巷宋時郡人黃君祥（雲）授經時所名也高宗趙構在嘉邸大書以賜其子由俾以授雲時雲為淮西總所酒官浮沉八年由魁天下郡守遺之狀元坊

方惟深宅

在城東宋時方子通（惟深）所居子通本籍莆田父龜年為屯田郎卒葬長洲家焉授興化軍助教歸隱故廬郡使守郇恒即其廬訪之

遂齋

在長洲縣東北宋時進士周朝宗（汾）所居與方子通為鄰

紅梅閣

十七

在小市橋宋時吳縣吳應之（感）殿丞所構有姬曰紅梅因以名閣又作折紅梅詞傳誦于一時今其地即吳殿丞巷也

柯九思宅

在城東胭脂橋元時仙居柯敬仲（九思）所居與虞集趙孟頫為友工詩善畫仕致奎章閣學士

聽雪齋

在天宮里元時西夏鄔定公所構陳基記見續吳郡文粹按吳郡志天宮坊迎春巷平江圖繪天宮坊即跨今之貝橋巷西口則天宮里即今貝橋巷也惟鄔定公不知何許人可補流寓傳之闕

三辰堂

在葑門明工部主事顧餘慶所構鄞縣岳季方正修撰書額長洲吳原博寬修撰記

嚴訥宅

在南倉橋西明常熟嚴敏卿訥尚書所居孫貢生栻構困學齋讀書其中長洲文文起震孟書額

陳祚宅

在葑門外明吳縣陳永錫祚僉事所居祚為永樂辛卯傳臚擢河南布政司參議坐事落職洪熙初起為監察御史彈擊不避權勢累官福建按察使僉事有威惠以疾歸卒年七十有四著有小學辨惑初居甘

十八

節坊後遷此地至今猶呼陳僉事巷

仰瞻宅

在葑門外明長洲仰瞻寺丞所居瞻於永樂中由虎賁衛經歷遷大理丞以忤王振謫戍大同景泰初召為右寺丞執法愈堅在任者多不悅移疾歸老此間今其地名仰家莊

邢量宅

在葑門外明長洲邢用理量所居量以醫卜自給性狷介與人無將迎足跡不出里門長日或不舉火客至相與清坐而已其學無所不通朝士有欲過之者固謝不納孫參亦居此後棄去其地今名邢家衖

錢邦彥宅

在望信橋西七塔寺前巷今稱錢衙前明尚書錢邦彥所居

王敬臣宅

在兵馬司橋東明長洲王以道（敬臣）所居性至孝其學以慎獨為先尤以標立門戶為戒萬歷中徵授國子博士辭不行詔以所授官致仕著有俟後編卒後門人私謚仁孝先生其地亦名大儒巷以留紀念云

朱存理宅

在葑門外明長洲朱性甫（存理）處士所居性甫博學工文著有經子鉤元吳郡獻徵錄名物寓言鐵網珊

十九

瑚野航漫錄旌孝錄鶴琴隨筆等書正德間以布衣終其地今名朱家衖

朱凱宅

在葑門外明長洲朱堯民（凱）所居工詩畫與同里朱存理齊名人稱兩朱先生有堯民集句曲紀游詩

吳之佳宅

在善教橋東北明長洲吳公美（之佳）給諫所治公美為萬曆庚辰進士任襄陽知縣以治行徵授刑科都給事中時禮科都給事中以請豫教元子得罪之佳疏救與張棟葉初春並斥時稱吳中三諫其宅今名吳衙場

宋學朱宅

在新造橋東，明長洲宋用嶼學朱巡按所居。用嶼崇禎辛未進士，為御史，疏劾楊嗣昌、田惟嘉，時論壯之。巡撫山東，方行部，清兵攻濟南急，聞警馳還，與布政張秉文等分門死守，援兵不至，城陷死之。

丁元復別業

在十郎巷，明長洲丁仲心元復參議所建，其址舊為楊和王別墅。元復為隆慶辛未進士，除信陽令，具有德政，拜南京山西道監察御史，尋出為四川僉事，遷浙江布政使參議，因病乞歸，卒年八十有五，著有《片玉齋稿》。別業後改元和署，今為市校云。

二十

唐岳宅

在封門內，明千户唐岳所居，其地因岳得名，今稱唐家巷。岳世居獅子口，後捨宅改為萬壽庵，次子華分居婁門，亦名唐家巷。

臥雪齋

在封門上塘新造橋西，明長洲袁重其駿所居。駿少孤，傭書以養母，貧甚，母節不能旌，乃徵海內詩文，曰《霜哺篇》，至數百軸，又修《貞母看花圖》數幅，題詠編海內，凡過吳門者無不知有袁孝子也。

亦園

在封門新造橋，清長洲尤展成侗侍講所築，為宗弘歷御書賜額觴梅堂園曰亦園中有十景曰南園春曉草閣涼風封溪秋月寒村積雪綺陌黃花水亭菡萏平疇禾黍西山夕照層城煙火滄浪古道又有樹香亭水哉軒皆自記

數點堂

在闊街頭巷清長洲沈確士（德潛）為書所構內懸御賜詩宗老碩遺存風雅鶴性松身學有本源蓬瀛人瑞詩兩額又有九秦閣在封門外竹墩莊賜序賜詩亦佛龕供御賜金佛按德潛號歸愚乾隆己未進士年已六十七高宗弘曆稱為名士召對論歷代詩源流升降大賞之命值上書房擢禮部侍郎予告歸原

二十一

銜食俸弘曆懷舊詩以德潛與錢陳群並稱東南二老年九十七卒有五朝詩別裁古詩源西湖志纂竹嘯軒詩鈔歸愚詩文鈔

紅豆書莊

在城東南冷香溪之北清長洲惠元龍（周惕）居嘗所葺先是東禪寺有紅豆樹相傳白鶴禪師所種老而朽復萌新枝周惕移一枝植階前生意鬱然因自號紅豆主人僧睿目存為繪紅豆新居圖周惕自題五絕句又賦紅豆詞十首屬和者二百餘家四方名士過吳門必停舟車訪焉傳子及孫六十年來鐵幹霜皮有參天之勢庚申兵燹樹被伐遺址僅存

網師園

在帶城橋南闊階頭巷東口清　宋魯儒宗元康訪購得宋時史氏萬卷堂故址重治別業因其巷曰網師者本名王思即以網師自號並顏其園蓋託於漁隱之意兼取巷名音義相同也越卅載後歸於嘉定瞿遠村添築梅花鐵石山房小山叢樹軒濯纓水閣蹈和館月到風來亭雲岡厓竹外一枝軒集虛齋諸勝改名瞿園亦曰蘧園嘉慶戊寅四月錢梅溪偕范芝巖潘榕皋吳槐江諸子看園中芍藥其花之盛可與揚州尺五樓相埒范有詩云看花車馬聲如沸誰問尚書舊第來蓋其西數十步即前大宗伯沈歸

二十二

愚舊宅旋歸天都吳氏同治時又為中江李香嚴鴻裔康訪所有易名蘇東鄰蓋與蘇子美滄浪亭相近而結鄰也宣統三年復歸滿人達將軍尋即移歸杭縣張廣建錫鑾更名逸園後築琳瑯館道古軒殿春簃蘿月亭諸勝別饒風趣其間尤以十二生肖疊石象形為他處所無今已收歸市有矣

葑水園

在葑門外清檢討馮勗所築堂曰含青亭曰紅香晚歲建碑亭勒御製詠鶴詩於石

青芝小堂

在葑溪上清新樂令張良思所居舊為明韓襄毅公

雍故宅民思葺而居之長洲李碩夫布衣有記

王芑孫宅

在新造橋衕清長洲王念豐芑孫典簿所治中有寫韻軒漚波舫自為之記按芑孫號惕甫一號鐵夫又號楞伽山人乾隆戊申舉人官華亭教諭性簡傲客游公卿間不肯從諛人以為狂詩癯然以瘦戞然以清與法式善張問陶輩相唱和書仿劉鏞尤負重名有淵雅堂詩文集

墨莊

在城南清比部朱愚溪所築長洲李碩夫果布衣有記

傳經堂

在飲馬橋南清長洲宋謹涵照所治謹涵號喜墨康熙戊戌進士選庶士以撰文忤旨放還旋薦修三禮病卒有禮經彙解史閒息軒雜文等書子邦綏字逸才號况梅乾隆丁巳進士由編修累擢湖北巡撫以摸稜瞻徇革職尋起用官至廣西巡撫查出軍田十一萬餘畝戍守有資高宗頗嘉之後官戶部侍郎卒孫思仁字藹若號汝和為山東糧道引疾歸性孝友居處儉約善奕嗜吟工書蘭竹好鑒古精篆刻兼通星卜堪輿能決人窮通休咎年七十有八著有彙餘存稿廣輿吟太平便覽雲礽至今居之

懷訓閣

在南園清孝子丁宏度建載家乘

葑涓草堂

在葑門鷺鷥橋清長洲李硯夫炅處士所居硯夫先

居大石頭巷後遷居于此自有記

薾園

在葑門蘇家巷東清長洲彭南屏紹謙所築南屏讀

葛洪神仙傳有園客者濟陰人種蠶得繭大如瓮繅

訖客忽仙去因以名園

退園

在井儀坊巷清吳縣吳清如嘉淦農部所築嘉淦往以

二十四

居通和里後移居皮市里之朝元衖再遷於西麒麟

巷三遷於宋遺巷自京師歸遂定井儀坊巷皆名其

堂曰儀宋自為之記咸豐庚申園燬嘉淦避亂海外

懷思故居補作園記二篇

雙塔影園

在官太尉橋西清元和袁又愷廷檮諸生所居其先

世為宋京西提刑觀察使袁韶從高宗南渡遷吳元

孫樞為郡馬元兵南下殉節五世孫通甫易隱居吳

淞之濱築靜春堂於楓江龍溪之精舍九傳至洪愈於

明隆萬間為南尚書祠墓俱在楓橋子姓蕃衍族聚

成村又建媚部惠學瀾士詞堂佀靜安去蕪集枯以

孫華自處仞若干學補元庠弟子員投授參事府主
薄庚申遭變去家村舊宅芝川蕪樓遂游上司治四年始
還定吳對溪新宅自為記

小讀書堆

在城南清元和顧抱冲之逵諸生所居抱冲藏書甚
富為嘉慶時吳中大藏書家著有一瓻錄

匠門書屋

在長元學宮之東清長洲張日容大受檢討所築初
大受父慶孫以名孝廉教授里中大受鄉舉後久不
第讀書于此韓宗伯菼題其居曰孝廉船又有讀書
亭潮生閣其地以近古匠門故又稱匠門書屋自為

二十五

之記有匠門書屋文集

戴顒宅

在城北劉宋時高士戴仲若顒所治初顒偕弟勃隱
於桐廬并善琴勃卒以桐廬僻遠乃游吳下士人共
為築室聚石引水植林開澗以居之乃注莊周大旨
著逍遙論注禮記中庸篇宋元嘉中屢徵不就尋
卒至唐司勳郎中陸羽嘗居之又山人陸去泰樓亭
亦在其地相傳即今北禪寺

許台宅

在臨頓路東唐光祿大夫許台所治景福五年捨為
天宮寺

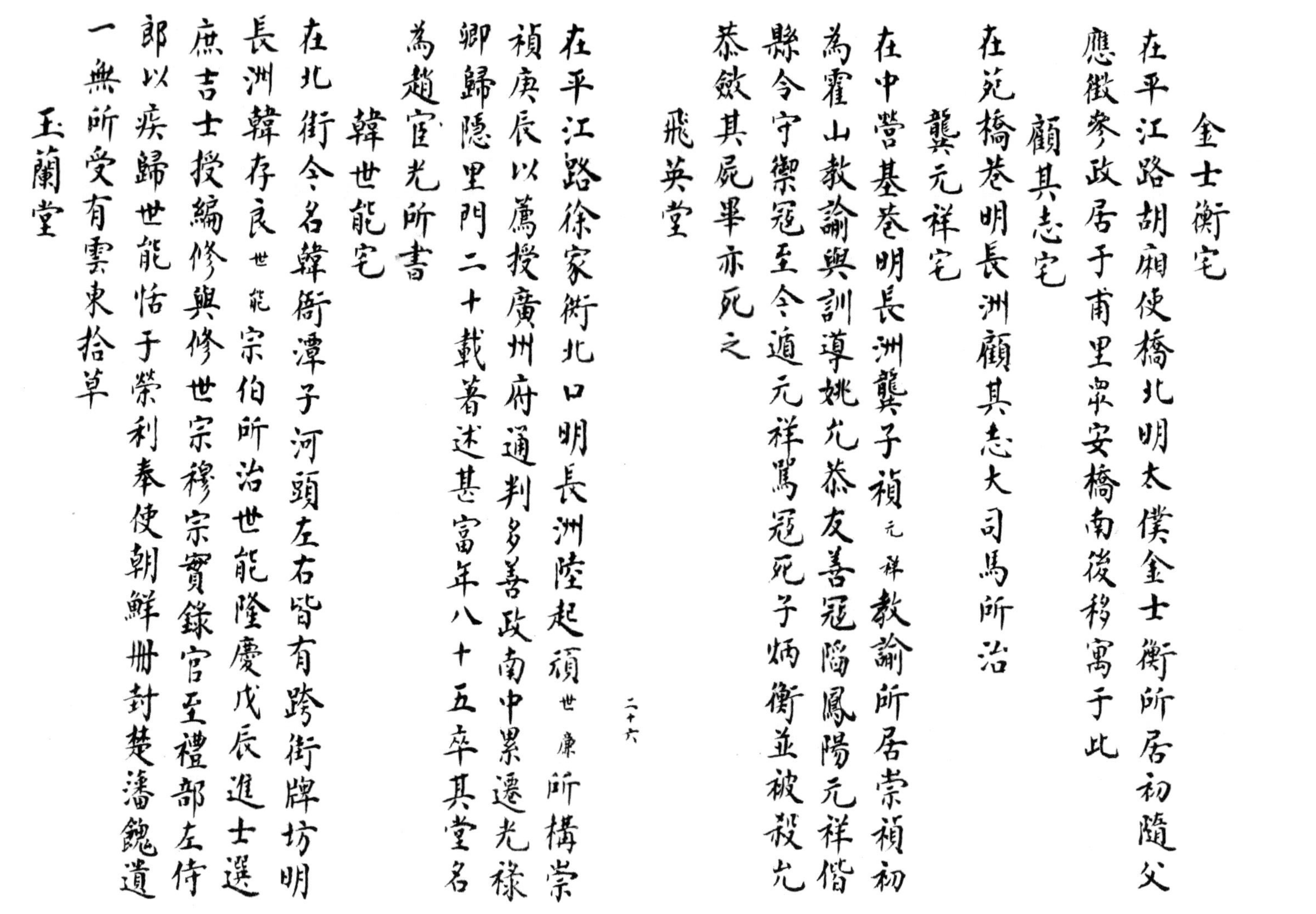

金士衡宅

在平江路胡厢使橋北明太僕金士衡所居初隨父應徵參政居于甫里衆安橋南後移寓于此

顧其志宅

在苑橋巷明長洲顧其志大司馬所治

龔元祥宅

在中營基巷明長洲龔子禎元祥教諭所居崇禎初為霍山教諭與訓導姚允恭友善寇陷鳳陽元祥偕縣令守禦寇至令遁元祥駡寇死子炳衡並被殺允恭斂其屍畢亦死之

飛英堂

二十六

在平江路徐家衖北口明長洲陸起頏世康所構崇禎庚辰以薦授廣州府通判多善政南中累遷光祿卿歸隱里門二十載著述甚富年八十五卒其堂名為趙宧光所書

韓世能宅

在北街今名韓衙潭子河頭左右皆有跨街牌坊明長洲韓存良世能宗伯所治世能隆慶戊辰進士選庶吉士授編修與修世宗穆宗實錄官至禮部左侍郎以疾歸世能恬于榮利奉使朝鮮冊封楚藩餽遺一無所受有雲東拾草

玉蘭堂

在婁門接待寺東明長洲蔣龍江若来所居有玉蘭
五株甚古因以名堂若來為吉醫從子善騎射膂力
絕人崇禎撫張國維異其才拔自行伍以把總擢游擊
累遷浙江總兵與宋大典守金華城陷若來及妻妾
子女痛哭曰天子不可為矣吾以匹夫受大明天子
恩國亡與亡死復何憾若輩盡為俘奈何王夫人曰
臣既死君妻敢不死夫妾七人言亦如是傳與祖曰
父為忠臣兒輩願為孝子二女與媳趙氏曰願吾門
全忠孝節義也乃積薪縱火闔門燼死若來願視灰
燼提刀而出巷戰終日殺四十餘人自刎死載桐蔭
文稿

二十七

有懷堂

在婁門內直街清長洲韓元少菼所居初其祖治始
居此有閑雲堂寒碧齋紺雪齋兵燹後菼重修并有
亂軒歸愚閣問斗室臨流構數宇遙望西山作廬荃
圖懸室中高宗弘曆御題有懷堂額賜焉

留卧園

在婁門內清長洲汪武曹份編修所治份康熙癸未
進士官編修為文辭氣雄邁未第時與同里何焯評
選有明以來諸家制義又增訂四書大全名重一時
有遄喜齋集

薛家園

在婁門外下塘清薛宗濂築中有月波樓錦香亭諸勝

涉園

在婁門新橋巷東清郡人陸闇亭（錦）太守所築園不甚廣東近城垣有小鬱林觀魚檻吾愛亭藤花舫浮紅漾碧諸勝又有吟窩陸宣公墓柏重青碑後為崇明祝氏別墅

偶園

在婁門新橋巷東清湖州沈仲復（秉成）中丞購得於祝氏重加營構改名偶園後為顧宗瀚上舍所得今歸常州鉅商劉國鈞近已改為工人宿舍矣

二十八

華陽新築

在北街華陽橋畔清元和韓桂舲（崶）尚書所居繪華陽新築圖中有種梅書屋極軒敬對字旭亭號禹三乾隆丁酉拔貢以刑部七品小京官累擢至刑部尚書精於律法中正和平為秋官之最有還讀齋集

寶鐵齋

在大儒巷仁孝里清元和韓元芝（崇）所居

王佐聖宅

在大儒巷明長洲王克仲（佐聖）明府所治佐聖為王敬臣入室弟子萬曆癸卯舉人授青浦教諭崇禎十四年遷遵義令苗民時出剽掠佐聖晝夜捍拒竟被

著有賦庵詩鈔

鄭敷教宅

在縣橋巷明長洲鄭士敬（敷教）教授所居敷教為先
宙子崇禎庚午舉人與楊廷樞齊名時人語曰前明有
朱張後有鄭楊丁丑舉賢良方正以母老辭隱居教
授學深於易有易經廣義學庸大意綱常考吾猶及
集詩文集年七十卒門人私謚貞靜先生

百宋一廛

在縣橋巷清吳縣黃蕘圃（丕烈）主事所居丕烈字
紹武號復翁又號佞宋居士乾隆戊申舉人官分部
主事喜藏書得宋本百餘種嘉慶七年遷居于此

二十九

構專室藏書名之曰百宋一廛刊士禮居叢書為收
藏書所重並著有蕘言印須集今歸潘氏松鱗義莊
蟻衍齋其故址也

敦善河房

在任將橋後河清教諭丁銘印其父開都諸生莫信
建為為廬墓所載丁氏家乘丁氏家祠在縣橋巷

紅豆樹館

在婁門內柳貝巷清長洲陶甯求（梁）侍郎所居梁號
鳧鄉著有紅豆樹館集

月滿樓

在城東北隅清元和顧景嶽（宗泰）知府所居工詩文

文酒之會無虛日有月滿樓集

止園

在東白塔子巷清乾隆間郡人沈世奕太史所築中有懷雲亭未及卅載而歸與周弱齋太守周僎拓而廣之頗有幽趣改名樸園有一峰名歸雲其崎其東為蔣氏種梅亭春時百花齊發群艷爭芳係樸安全盛時四十八峰之一後歸潘氏為古香亭

西園

在西花橋巷清吳縣潘順之遵祁編修所居吳嘉洤有記

鷗隱園

三十

在城西清吳縣潘功甫曾沂舍人所居中有廣榭曰清華池館饒花木之勝與吳嘉洤農部朱綬孝廉沈傳桂孝廉王嘉祿茂才韋光黻茂才彭蘊章相國嘗結詩社於此維時遠近爭目為吳門七子

養閒草堂

在西百花巷清吳縣潘季玉曾瑋觀察所構何紹基有記

遂園

在申衙前清長洲申勗菴蓀孝廉將祖時行舊宅偏建遂園並築來青閣養鶴作伴亦宴客雙鶴迎門魏禧有記

蔣楫宅

在中街前清長洲蔣方槎（楫）比部得於申氏舊址重葺廳樓疊石為山山峯上有清泉外流土聲潺潺然因取東坡試院煎茶詩中字題曰飛雪其從兄恭棐為之記旋歸太倉畢秋帆（沅）尚書繼為仁和孫智冶（士毅）相國所得

環秀山莊

在中街前清道光末年公元一千八百五十年工部郎中汪藻吏部主事汪堃購於孫氏建立宗祠顏曰耕蔭義莊並築別業曰環秀山莊聞諸故老當畢尚書宅之入官也孫士毅相國往諸官願隱其姓縣人

三十八

信筆署以汪終為汪氏所得於前吏從及茲而定亦云奇已其中有問泉亭補秋舫半潭秋水一房山諸勝其間疊石為山匠心獨運雖僅一拳峯石恍如萬壑千巖大有尺幅千里之勢傳為乾嘉時常州名手戈裕良所堆成最近由人民政府重行修葺飛雪泉淤塞已久亦經疏濬開放游覽聞不遠矣

董國華宅

在蔡家花園清吳縣董琴南（國華）方伯所治其址初為海寧陳廣陵（元龍）相國所居繼為徐州蔚志越宅國華買其舊第時人稱為東園主人畢秋帆西園主人董國華之孫中劫復變作發茶之肆

遂園

在慕家花園清末宣統間雲南劉詠臺大令購于董氏舊宅重新修葺改名遂園中有緑天深處映紅軒客閒堂道遥室琴舫諸勝至民國二十六年又歸東山葉氏矣

李鴻宅

在西城橋東與申相府近明孝廉李欽文鴻所治鴻為時行壻故吳中有快活李大郎傢伙丈人當之諺後其宅售諸吳尚書一蜚堂中碑隧其下洞然視之有石椁旁有小碑云古吳要離之墓堅瓠集載要離墓在十廟西或云在西城橋非無稽也

三十二

朱典宅

在申衙前清順治間樂圃裔孫朱典太史由陽山徙此為申時行舊址購得其半至今呼為陽山朱衙是也

按吳門表隱載陽山朱鳴虞所居朱氏富甲三吳鳴虞與典是否一人待考

楊廷樞宅

在梵門橋衖俗稱楊衙前明吳縣楊維斗廷樞解元所居廷樞與徐汧等志尤相契廷樞既負重名咸指目之當事者執而言慰廷樞嫚罵不已臨刑猶大聲曰生為大明人死為大明鬼卒年五十三門人私謚

忠文先生

心耕齋

在葑市街俗稱學士街清長洲蔣杏生(鳳藻)所居杏
生雅好聯翰嗜書成癖在閩納交周星詒魏錫曾因
以通目錄金石學留心搜訪多歸插架星詒獲罪遣
戍資以三千金星詒盡以所藏閩恒未經兵燹前明
徐興公𤊹謝在杭肇淛及近時帶經堂陳氏遺書歸
之遂蔚成大藏書家

野竹齋

在杉瀆橋南俗稱三多橋清姑蘇山人沈辨之(與文)
所居辨之藏書甚富因築齋以儲之

三十三

賚硯齋

在金獅子巷清長洲何屺瞻(焯)編修所居以書得閱
隱居賚硯故名焯康熙癸未特賜進士官編修坐事
逮問尋免罪其學長於考訂名重一時學者稱義門
先生

五柳園

在金獅巷清吳縣石執如(蘊石)廉訪所居得於何氏
賚硯齋舊址重加修葺更名五柳園改金獅巷為經
史巷後德清俞樾曾寓于此

半園

在倉米巷清李初由德清俞陛南(楙)太史所居旋讓

溧陽史偉堂杰方伯鳩工庀材題名半園中有半園草堂安樂窩還讀書齋風廊月榭君子居不繫舟待月樓四宜樓雙蔭軒三友亭挹爽軒諸勝定遠方佛生澤久廣文曾結隱社于此今為公廨矣

李果宅

在大石頭巷清長洲李碩夫果處士所治中有菜圃種學齋悔廬觀槿軒諸勝後移居葑門鷺鷥橋別築葑湄草堂

西樓

在通和坊温將軍廟西明名姬穆素薇美所建今已廢圮

三十四

窳櫎

在鎮撫司前清祥符周季貺星詒知府所居季貺少籍華膴收藏甚富精於目錄之學四部甲乙如別黑白著有窳櫎詩稿質瑞瓜堂詩鈔

王穉登宅

在長春巷明長洲王伯穀穉登徵士所居中有南有堂尊生齋諸勝伯穀原籍武進移居吳門十歲能詩名滿吳會吳門自文徵明後風雅無定屬伯穀嘗及徵明門遂接其風擅詞翰者三十餘年同時山人布衣以詩鳴者十數伯穀為最萬曆中徵修國史未上而史局罷卒年七十餘有吳郡丹青志奕史吳社編

之園

在長春巷清光緒間公元一八七五年至一九零八年由浙人官者集資公築俗稱全浙會館頗有水石花木之勝現為公廨矣

袁洪愈宅

在流化坊即馬醫巷明吳縣袁抑之洪愈所居抑之嘉靖丁未進士授中書舍人擢禮科給事中累遷至湖廣參政所在以清節著嚴嵩敗召為南太僕少卿遷太常引疾歸萬曆中復起故官以南吏部尚書致仕卒謚安節

曲園

三十五

在馬醫巷本吳縣潘世恩舊第同治十二年公元一千八百七十三年德清俞蔭甫樾太史購得築三十餘楹中有樂知堂春在堂認春軒艮宧達齋曲池曲水亭回峰閣諸勝自南至北長十三丈又自西至東廣六丈有餘長亦僅三丈其形曲故名題曲園自為記

荊園

在馬醫科巷東口傳係有明長洲文彥可從蘭舊宅旋歸陸氏俗稱陸家牆門清末售於平阿田紹白庚太守舊有荊園之名民國丁卯冬崑山程守初廷恒開府得之田曹兩氏基地共五畝餘重加修葺仍名

荆園園雖不大而曲折得宜結構有法守初風格高邁一時名士皆從之游文酒之樂余亦輒來相招焉

鶴園

在韓家巷初為華陽洪鷺汀觀察所築牓曰鶴園乃斤斧之役未竟鷺汀不欲有其叢於民國癸亥年公元一千九百二十三年讓與吳江龎屈廬其孫衡裳國鈞茂才復事增葺既宅於茲改字鶴緣緣與園音相諧也松陵金天羽為之記後歸上海嚴裕棠鉅商解放後獻給人民政府今為蘇州市政治協商會會議之所矣

聽楓園

三十六

在小市橋東舊為退樓老人諏古觴詠地也清歸安朱古微祖謀侍郎寓居高密鄭叔問文焯嘗為相陰陽棟時日旦舉家詞人吳應之故事詞以張之一時傳為佳話

守中堂

在郡廟東長安街清康熙九年春里人朱厚裒倡緣道士李模建葛之有遂為千載乘雲之人敢忘三年築室之義刻於楹柱載百城煙水

鴛鴦樓

在四通橋西秀野堂側舊為戚氏書樓稗官所云戚子卿者後居姬穆素徽美居之故名穆鴛鴦樓其西

樓則在通和坊也載嚴德門錄參吳門表隱

吳雲宅

在因果巷清吳縣吳玉松雲太守所治雲先居虎邱築聚遠樓旋讓王氏移居于此

賢行齋

在大雲坊今呼大成坊宋大雲翁林處所築處屏置朝章不入州縣先達稱其高坊名大雲誌不忘焉

按林處字德祖號大雲翁官至少卿

顧家園

在天慶觀橋南東巷今稱碧鳳坊明高士顧碧川元振弟鳳川元新所築原籍金陵世襲都指揮千戶成

三十七

化中避禍來吳築小園與人詩酒唱酧無虛日後鳳川返里碧川思之不置疾亟時猶囑治葬地營昭穆二火後人建坊紀念以名之

綠水園

在碧鳳坊為布衣朱襄僑居于此清池峭石窈若深山不知在城市間矣

按朱襄字贊皇無錫人康熙時諸生幼有詩名能作擘窠書弱冠游京師館于紅蘭主人郎主人蘊端禮為上賓酷愛其詩酬唱幾帙兼精易理晚年僑寓于吳以卒

秋聲館

在顏家巷為郭梅峰轍所居

按郭轍字季蘇長洲人監生書學顏平原有秋聲館帖行世年九十三而卒兵燹後石多散失從曾孫某授羅殘缺別有浙中門人安某取所藏遺墨刋石流傳名曰傳琴堂法書

鄭思肖宅

在條坊巷連江鄭所南初名某以大學上舍應博學宏詞科侍其父來吳寓條坊巷宋亡改名思肖字憶翁皆寓意示不忘宋也作心史一卷癸未三月與所作咸淳集一卷大義集一卷　興集二卷併入鐵函投承天寺井中時距德祐之亡已九年矣崇禎戊寅

三十八

十一月八日承天寺後山房僧達始因旱浚井啟而得之計藏之時至是又三百五十六年不濡不減完好如新又有釋氏施食心法一卷太極祭煉一卷謬餘集一卷文集一卷自叙一百二十圖一卷并其父震菊山集一卷傳於世今訪故宅即藥草庵址馬庵旁尚有碎石

古柏軒

在條坊巷今呼為調豐巷清吳縣楊文叔繩武編修所居文叔為元咨子康熙癸巳進士官編修秉志節通經術大學士王掞深重之館閣大著作多出其手丁憂歸遂不出有古柏軒集文章鼻祖李果有記

孫岳頒宅

在竹篠橋即北新局址今草橋東清康熙閶吳縣孫雲韶（岳頒）祭酒賜第里人誤稱松鶴板場即其地也據孫氏譜傳云當年聖祖玄燁曾賜匾有五一曰寶慎堂一曰尊經服教一曰垂露毫端一曰讀書養氣一則墨雲堂也該堂係建第時所賜故名尤著又有御書樞帖兩一曰表裡常交正動靜自弗違一曰鐵畫銀鉤古帖恒留千載蹟龍光鳳藻名香當對一編書又云祭酒通籍後室無媵妾家絕管絃政事之暇惟焚香讀書及臨池選韻筆歌墨舞而已天語褒嘉洵實錄也晚號二知居士天眷益隆溫旨獎其書法

秀媚蒼古以元宰而後一人許之其遭際承恩可謂盛矣卒于官賜塋在梅灣福壽山乾隆九年十二月諭葬相傳地有百畝之廣因子姓貧薄祭掃弗時日漸侵削葬未百年已僅存窀穸矣迨道光初族孫曉菴（照）偕其兄燿子均泊北郭顧震濤婁關莫順等訪得其地墓碣猶存照力任祭掃之事復慮歲久之無徵也因乞津里朱昂之繪梅灣訪墓圖丹徒嚴太史保庸為之記遍乞吳中名公鉅卿之作以存文獻并拓徐相國本所表墓碣附裝圖尾傳留掌故云

春錦園

在王府基後起樓元末張士信選三吳良家女八千

餘人充內使時宮闕未備故居此載楊儀壟起雜事

公園

在王廢基宋時為平江府署元時為張士誠太尉府燬于火公園為其遺址一部分由法人竺他摩所設計成為現代形式之園林園中建築物不多東邊王帶河填平開成馬路中央建一圖書館由上海鉅商奚萼銘所捐資而成未幾被日冦焚燬解放後由園林管理處重加佈置煥然一新矣

庸齋

在醋庫巷清歸安楊見山峴太史寓居峴號庸齋晚號藐翁咸豐 舉人曾權知常州府研精隸書於 四十
漢碑無所不窺故落筆神明變化又工古文有庸齋文集遲鴻軒詩鈔

陳鑑宅

在烏鵲橋北明蓋州陳鑑祭酒所居鑑正統戊辰進士官翰林學士使朝鮮還歷祭酒禮部侍郎有皇華集

朱祖文宅

在衮繡坊明長洲朱完夫祖文諸生所居完夫一字叔經自號三復居士少負氣節與周順昌善周以閹禍被逮完夫間行詣都奔走稱貸迨周櫬歸哀慟病死有北行日譜

東齋

在槐樹巷清吳縣吳伊仲翌鳳諸生所居翌鳳號枚菴嘉慶時諸生少好學手抄書數十百卷多藏書家所未見工詩所撰吳梅村詩集箋注能正舊注之失又有與稽樓叢稿唐詩選懷舊集印須集燈牕叢錄等書卒年七十有八

朱綬宅

在孔副使巷即有明少司空孔鏞疊池園之一隅清元和朱仲環綬孝廉所居綬又字仲潔號酉生道光辛卯舉人以詩古文有聲大江南北有三正堂詩文集詞集及清詞選其初世居縣橋巷後移居幽蘭巷

四十一

蔣子延繪圖以贈越二載始定居焉蔣霞竹為繪第二圖皆自記之

掃葉莊

在南園俞家橋初俞叟石磵隱居注易於此後為蘇州薛生白雪徵君所居沈歸愚有記今歸長洲陳碩甫奐徵君碩甫號師竹晚號南園老人少師事金壇段若膺玉裁孝廉治毛詩說文補縣學生員入都與王念孫引之父子游所學益邃後主杭州汪遠孫家潛心著述咸豐初舉孝廉方正有毛詩傳疏毛詩說毛詩音詩義類鄭氏箋考證等書

可園

在滄浪亭對面一名近山林相傳最初為長洲沈歸愚(德潛)鴻博讀書處至道光間長樂梁閣中(章鉅)中丞重加修葺中有挹清堂濯纓處坐春舫諸勝并為之記丁亥春涇縣朱玉存(琦)宮贊來主吳中正誼書院講席題曰可園添築博約堂學古堂思陸亭浩歌亭等處清末改為存古學堂鼎革後為圖書館現已復為學校矣

高啟宅

在夏侯里今為夏侯橋明初長洲高季廸(啟)太史所居家本北郭與王行輩十人卜居相近號北郭十友張士誠據吳啟避于吳淞江之青丘自號青丘子洪

四十二

武元年召用歸郡守魏觀嘗同史館因徙居于此焉

宋克宅

在南宮里元長洲宋仲溫克同知所居自號南宮生少任俠周流無所遇益以氣自豪杜門染翰日費千紙遂以善書名天下張士誠羅致之不就洪武初官鳳翔同知卒

竹山堂

在南石子街清吳縣潘桐生(祖同)所居性好觴詠善詩及宋元樂語蓄書至四萬餘卷皆手自鈎校分部而處有竹山堂隨筆

小獅林

在白塔子巷為宋時鄭景兆虎臣舊宅中多美石後歸褚氏鑿池得古硯因名天硯堂諸生元圭孝友能文以六壬著名載吳門表隱

鄭虎臣宅

在鶴舞橋東宋時會稽尉鄭景兆虎臣所治居第甚盛號鄭半州父為賈似道所害德祐初似道謫授高州團練副使循州安置虎臣自請監押殺之於木綿庵所著文都文粹綜輯頗富

梅園

在安齊王廟西明初諸暨楊廉夫維楨詩人寓居門人張識種梅于此天啟初長洲顧大任得之建小吟香閣繼為詩人范起鳳結社後屬費氏其閣俗呼酒釀樓載北園小志

四十三

管園

在北園崇甫巷今稱油車巷明　管正心所築

城東動物園

在二門口原為昌善局丙舍素有花木水石佈置甚饒幽趣池中蓄有巨黿每在春夏之交游人投餅浮出水面爭食別有閒逸之樂其他池塘滿植芰蕖開花時清香撲鼻令人心醉於一九五四年改建是園更形喧閬矣

朱梁宅

在虎邱山漢朱梁仕為吳郡太守遂居于此載姑蘇志

王氏别館

在虎邱山為吳内史王元琳（珣）所築時戴逵潛詣之與珣游處積旬後珣為尚書僕射上疏請召逵為國子祭酒逵名益顯此事載諸晉書其别館與弟珉捨為東西一寺至今不廢

何求宅

在虎邱山齊高士何求所建弟點允亦隱于此

史德義宅

在虎邱山唐咸亨初崑山史德義諫議築以琴書自

適或騎牛帶瓢出入廛野高宗李治聞其名召赴洛陽稱疾歸天授初擢朝散大夫

陸羽寓舍

在虎邱山北唐竟陵陸鴻漸（羽）隱居于此查陸羽一名疾字季疵不知所生或言有僧得諸水濱既長以易自筮得蹇之漸曰鴻漸於陸其羽可用為儀乃以陸為氏名而字之上元初隱居苕溪自稱桑苧翁又號竟陵子久之詔拜太子文學徙太常寺太祝不就杜門著書或猶行野中誦詩擊木慟哭而歸嗜茶著茶經三篇貞元末卒鬻茶者祀為茶神

李紳寓舍

在虎邱唐李公垂紳拾遺本趙人徙家于吳遂寓居馬查公垂為元和進士擢翰林學士與李德裕元稹同時號三俊穆宗李恒召為右拾遺被李逢吉所排出為江西觀察使旋改戶部侍郎武宗李炎時累官尚書右僕射門下侍郎卒謚文肅有追昔游集

都官書院

在虎邱為宋時邵武龔會之宗元讀書處查宗元天聖進士為句容令擿伏發姦如神楊紘持使節行部號深酷至境曰龔君已治我往徙為擾耳遂不入縣境官至都官員外郎致仕居崑山作中隱堂與程適陳之奇皆以耆德稱吳人謂之三老有武丘居士遺

四十五

稿

通幽軒

在虎邱西菴宋時河南尹彥明焞處士寓舍查焞少師事程頤嘗應舉發策有誅元祐諸臣議焞不對而出終身不就舉靖康初用种師道薦召至懇辭還山賜號和靖處士紹興初召為崇政殿說書兼侍講時金人來議和焞上疏非之不報乞致仕有論語解門人問答和靖集

壽樂堂

在虎邱宋李呂浩叟築浩叟嘗使元軍抗詞不屈宋亡授淮東宣慰使不就隱比朱德潤有記

張雨寓舍

在虎邱西原僧房元時錢塘張伯雨（雨）處士隱此查雨一名天雨工書畫善詩詞與趙孟頫楊載虞集為文字交嘗居茅山著茅山志自號句曲外史有句曲外史集

小隱堂

在虎邱半塘明時長洲湯子重（珍）貳尹別業珍與王寵兄弟讀書石湖治平寺十五年為蔡羽文徵明所推重年四十餘應歲貢除崇德縣丞工詩文有廸功集

任孜宅

四十六

在虎邱山塘明時任懋善（孜）太守僦居孜後更名敏避宋任道聖同名也著有山塘竹枝詞傳于世

居節宅

在虎邱山塘明時居士貞（節）所遯栖節號商谷從文徵明游善書畫客故隸織局織監孫隆召之見不肯往隆怒以逋帑拘繫破家僦居半塘吟詠自若以窮死工詩史著有牧豕集

韓氏山莊

在虎邱明時長洲韓永熙（雍）御史別業查雍正統進士授御史巡按江西踔厲風發景春時擢廣東副使尋巡撫江西有才望天順中歷官兵部右侍郎憲宗

朱膳集三先生墨跡宮詹廣從權為冠以左僉都御史贊理軍務直搗大藤峽威震南方遷左副都御史提督兩廣軍務丁憂歸後以右都御史致仕卒正德間追謚襄毅有襄毅文集

玉遮堂

在虎邱山塘橋西明嘉靖間長洲吳南夫一鵬所居其別業在鄧尉李子塢

半偈庵

在虎邱半塘寺旁明時長洲王伯穀穉登所居為穉登原籍武進移居吳門十歲能詩名滿吳會吳門自文徵明後風雅無定屬穉登嘗及徵明門遂接其風

四十丈

擅詞翰之席者三十餘年同時山人布衣以詩鳴者十數輩穉登為最萬曆中徵修國史未上而史局罷卒年七十餘有吳郡丹青志奕史吳社編

山塘小隱

在虎邱明時萊陽姜如須垓行人寓舍垓與兄埰明亡卜隱虎邱與葉襄金俊明杜大任諸宿老相過從

諫草樓

在虎邱山塘清初萊陽姜學在實節處士構為其父埰之影堂樓東有思歇居以過軒中相隔則為實節讀書處實節號鶴澗僑居吳縣工詩書畫有拂水餘草

梧影園

在虎邱便山橋南明長洲文基聖肇社錄事建初名海湧山莊鑿池及泉池成而塔影現因更以塔影名園旋為長洲顧云美所得按府志云便山橋俗名望山橋實係誤傳蓋望山橋在雲巖寺之西面隔一白公提與便山橋判然二橋一在寺內一在寺外塔影園既在便山橋之南則塔影橋當即便山橋後人因塔影園之名跡故改其名為塔影橋耳

雲陽草堂

即塔影園原址明季長洲顧云美苓諸生構明亡苓重為葺理別築松風寢熙懷亭椅竹山房諸勝自為之記栖息其中而終老焉

四十八

近峰別業

在虎邱旁明弘治間長洲皇甫世庸錄太守所築其宅第在城內孔副使卷查錄為長洲人字世庸號近峰弘治丙辰進士授都水主事出知順慶府時藍鄢冠起蔓延全蜀錄預為設備郡賴以全被劾歸以著述游覽為事有明記略近峰聞略下陴紀談蘋溪集容臺集果山集

靖園

在虎邱雲巖寺左其地舊為塔影園故址清光緒間築俗稱李公祠內祀合肥李少荃鴻章宰輔園中花木亭臺頗擅幽趣辛亥鼎革後亭榭半已就荒現已

改為虎邱中學矣

塔影園

在虎邱東南隅清乾隆時長洲蔣子宣重光所構俗稱蔣園有寶月廊香草廬浮蒼閣隨鷗亭諸勝其地為程秉義故居蔣氏有之蓋襲塔影之名非舊址也沈德潛有記

吟嘯樓

在虎邱青山橋西清程秉義所築臨堤高敞畫舫明燈皆集其下秉義能文好客著有紅豆詠梨雲集

一榭園

在虎邱斟酌橋一云在東山浜北初為蘇州薛生白

四十九

雪徵君別業後為薛文清公祠嘉慶三年公元一千七百九十八年震澤任兆炯太守購祠廢址改建按吳門補乘云任氏購薛六郎墳庵改築六郎乃生白之子也才而不壽卜葬于此

憶歟園

在虎邱東山濱之北清陽湖孫淵如星衍觀察就一榭園舊址改築更名憶歟園中有授書堂後為其大母許太君節孝祠其左即孫武子祠

息溪漁舍

在虎邱斟酌橋清長洲蔣樹存深知州別墅其後孫恭棐為記

則學草堂

在虎邱二程夫子祠旁清御史程梓園所居葉燮有記

西溪別墅

在虎邱山下塘甫里先生祠之側清陸豫齋肇城所築錢大昕有記

聚遠樓

在虎邱山塘清吳縣吳玉松雲太守別業玉松在日極畫舫笙歌之樂未幾歸王氏咸豐庚申後廢

挹秀樓

在虎邱山塘清光緒初元吳縣亢樹楠就聚遠樓廢

五十

址重新營構改名挹秀其兄樹滋有記

校詞讀書齋

在白堤星橋清元和諸生戈載所築載為孝子宙襄子世居楓橋喬梓並有文行道光十二年公元一千八百三十二年移於此間

藝芸書舍

在閶門外山塘清長洲汪閬源士鍾觀察藏書處堂宇軒敞樹石蕭森堂中懸楹聯種樹似培佳子弟擁書權拜小諸侯閬源性好藏書郡中藏書家自康雍之間碧鳳坊顧氏賜書樓蔣氏後嘉慶時以黃丕烈百宋一廛周錫瓚香嚴書屋袁廷檮五硯樓顧之逵

小讀書堆為最後盡歸之嘗綰藝芸精舍宋元本書目影刻宋本孝經義疏儀禮單疏劉氏詩說郡齋讀書志諸書讎對精審舉世珍之咸豐庚申以前書已散失經史佳本頗為聊城楊以增所得兵燹後遂蕩然無存矣

邱南小隱

在虎邱頭山門西道之東清長洲汪苕文琬編修別業內有圓石光潤可鑒故又名二十四石園其佳處有乜花塢山光塔影樓諸勝聖祖玄燁南巡召見行宮賜御書懸于邱南之堂今則別業已廢名蹟無存迨民國十五年由蘇州總商會改建商團紀念碑林

五十一

旋又名靈樵山莊茲以園林管理處開渠築橋字光名勝此地適當衝要遂成河埠矣按苕文弟宅已乃在閶門外陸宅芝有城西草堂亭為苕華書屋晚居堯峰別業改為編修祠

讀書望田樓

在楓橋鎮之南孫武子橋俗名孫漾為朱處士已玉鼎鋐所築耕讀其間優游杖履日與鄉鄰耆碩詩酒唱酬里人稱二朱先生著有望田樓集沒葬金山之麓董子門下至今呼為朱家山唐杜牧題二朱先生詩云我愛朱處士三吳居中央罷亞百頃稻西風吹半黃我昔造其室羽儀鸞鶴翔交橫碧流上竹映琴

書床出俗無近語乾對高武清為觀此詩知處士之賢也

蓼庵

在閶門外林家巷明吳縣周景文順昌選事所居又有壽和堂堂接景文號蓼洲萬曆癸丑進士授福州推官捕治稅監高宷爪牙不少貸天啟中歷文選員外郎署選事力杜請寄抑僥倖清操聲著然已假歸以忤魏忠賢為其黨所誣陷斃獄中崇禎初謚忠介有燼餘集其墓在白蓮涇馬家墩地廣一頃二十畝一云在麻布涇

西園

五十二

張孝祥書其扁曰古江村

在閶門之西宋時洛人趙再可思別業其宅在城內九勝巷有和政堂再為紹興進士孝宗趙眷問伏侯大計思對合旨命守台州治聲翕然官終中大夫

宋通宅

在閶門外急水橋東雙闌干西元時長洲宋文傑通所居接文傑號彥英元統間以督征有功獲授封食邑萬戶繼隱居不出壬辰兵起盡毀家資保障一方明洪武四年辛亥以賢良屢徵不赴卜宅於此今有木瀆名宋家橋

葉盧天宅

在閶門外江村橋明洪武間　葉居夫先生所居
其江村詩云家住夕陽江上村一灣流水繞柴門種
來松樹高於屋借與春禽養子孫見夷白齋詩話

讀書房

在虎邱西明時長洲邢麗文(參)處士築初麗文居于
乃祖量處即葑門外邢家衖後棄士謀茅於此間

陸完宅

在閶門外今稱陸宅巷為明長洲陸全卿(完)尚書所
居按完為成化丁未進士歷官兵部侍郎進太子少
保兵部尚書有才智急功名善交權勢宸濠明異志
輦鉅金遺完求復護衛完遂為請舉朝譁然改吏部

五十三

尚書宸濠反完司寇論死議功謫戍福建靖海衛清
季時巷內牌坊尚存云

郝將軍賣藥處

在閶門外上津橋明時晉甯郝大極所居天啟中奢
安之變守霑益有功國變後乃客吳隱於醫顧炎武
(亭林)有詩贈之曰曾提一旅制黔中水簡諸酋指顧
空入楚康頗猶未老過秦扁鵲更能工風高劍氣蛉
川外水沸茶聲鶴澗東橋畔相逢不相識漫將方技
試英雄清光緒間合江李紫璈(超瓊)邑令勒碑橋下
並題諸云上津橋下水澐澐藥市風清遠莫聞路近
留園花舫織無人解而郝將軍

城西草堂

在閶門外陸宅巷清長洲汪苕文琬編修所構旁爲苕華書屋其他俗傳爲前明正德中尚書陸完故居云

勺湖

在閶門東粵人方還所築長洲沈歸愚德潛有記

萱園

在閶門外下津橋東清周謹所居乾隆元和志作萱圃

小停雲館

在江村橋清處士王岡齡庭魁所構岡齡能畫藏弆名跡頗多最愛文氏翰墨故以小停雲名其館後歸袁氏

毛家園

在閶門外下津橋義慈巷明時吳縣毛貞甫珵所建中有礪庵因以爲號貞甫爲成化丁未進士授南京工科給事中旋出參議山東陞浙江參政致仕林居十年言官數論薦起南京鴻臚寺卿陞太僕進南京右副都御史改撫治鄖陽巡撫乞歸卒年八十有二園西即其宅也牌坊今廢

養素園

在閶門外楓橋下塘清醫士陳革田所構今隅數十

餘年乙戌瓦礫埽蕪有知其處者

江村草堂

在閶門外江村橋西為隱士諱廷銓所居廷銓安貧力學恭兄甚篤子文炳善承父志有詩文集行世

程文煥宅

在楓橋鎮清康熙間孝子程文煥所居於四十五年重建江村橋以利行人為梓桑造福口碑載道又在吳邑西郊香山麓營構廬墓之所顏曰逸園右臨太湖左有茶山石壁諸勝每當梅花開時探幽尋詩者必到此處也

松鶴堂

五十五

在楓橋寒山寺前清吳縣顧斐文仲所居吳江葉星期燮有記

漁隱小園

在閶門外江村橋清吳縣袁又愷廷檮得諸王氏小停雲館廢址以葺顏曰漁隱小園袁枚王昶皆有記中有貞節堂竹柏樓紅蕙山房楓江草堂吟暉亭五硯樓夢草軒錦繡谷銀藤簃水木清華榭洗硯池繫舟柳江荷小山叢桂館芙蓉徑挹爽臺稻香廊漢學居等十八景

思適齋

在楓橋清元和顧千里廣圻所築由歙縣程瑤田書

嶺千里號澗蘋壽祁慶諸生受業於吳縣江聲艮庭博
洽通經學小學尤精校讎嘗謂孫星衍張敦仁黃丕烈胡
克家秦恩復吳鼒畢沅後延主刻書卅一書刻竟必
綜其所正定者爲考異或校勘記於後人稱精確其
持論謂凡天下書皆當以不校校之嘗以邢子才曰
思誤書更是一適語自號思適居士有思適齋集卒
後其孫河之亦居於此

廣居

在閶門外寒山寺東法消李子元和戈小蓮(宙襄)所居
小蓮幼工辭章以世老絕意仕進隱居其間左圖右
史前花後竹校讎之餘繼以詩酒其心泰然自足其

五十六

身亦若寬然有裕遂取孟子之意名之曰廣居自為
記

冷香別館

在楓江涘吳縣惠磬卿所居磬卿高祖士奇家於封
門冷香溪後徙遷滸墅磬卿卜宅楓江與戈載為鄰名
其室以誌先澤見翠巖花館集

一枝園

在楓橋法消金壇段懋堂(玉裁)李康寓居中有經韵樓
懋堂一字若膺乾隆舉人官巫山知縣引疾歸師休
寧戴震講求古義尤精小學有說文解字注六書音
均表周禮漢讀考儀禮漢讀考古文尚書撰異毛詩

詁訓傳經韵樓集等書

頤志堂

在閶門外洞涇橋清嘉定王鳳喈鳴盛光祿所居鳴盛號禮堂又號西莊晚號西沚乾隆進士累官至內閣學士兼禮部侍郎左遷光祿寺卿告歸居此卅載鍵戶讀書從不與當事交接治經以漢人為師撰尚書後案專宗鄭注亡逸者采馬融王肅注補之又撰十七史商榷蛾術編詩學盛唐古文亦質重名有耕養齋集西沚居士集卒年七十有八

顏佩韋宅

在閶門外江村橋明吳縣顏佩韋義士所居五十七初吏部主事周順昌以假里居數詬詈魏忠賢忠賢銜而恚之遂誣順昌命逮入京順昌有德于鄉人比逮者至眾民憤怒毆斃緹騎巡撫毛一鷺飛章告吳人反已而言緝得倡亂者為佩韋及馬傑沈揚楊念如周文元等五人乃論大辟臨刑延頸就刀曰為周吏部死何恨監司張孝流涕而斬之吳人感其義合葬于虎邱李題曰五人之墓

三瑞堂

在楓橋宋時孝子姚淳所居有園亭頗足雅致家世業儒以孝稱其先墓嘗有甘露靈芝麥雙穗之異故以名堂蘇東坡來蘇嘗詠之且為題詩

孫武子宅

在楓橋西南孫武子橋側春秋吳時孫武所居今其地俗呼孫家橋是也

水月亭

在閶門外馬鋪橋清周香嚴錫瓚所築為其藏書處也

綯雲別墅

在閶門外江村橋清查某購諸袁氏故圃改葺別墅題曰綯雲門對郊原有樓翼然菜花盛放可以遠眺俗名菜花樓每當暮春三月主人必設筵觴詠簡邀文人墨客而為雅集

五十八

唐家園

在桃花塢後五畝園西今寶華庵北明宏治間為吳縣唐伯虎寅解元所治中有夢墨亭檢齋諸勝伯虎晚年課佛於桃花庵悔其少時所作瘞於庵之北戲表其塚曰此即唐六如之墓實瘞文冢也今好事者目為六如葬處且為胡纘宗墓碑以實之其墓乃在橫塘王家村也况是庵與宅本非一處庵在寥家巷而宅在庵北載明小志清順治初公元一千六百四十四年雲間沈明生從蘇得之構亭臺植竹木有池曰長窗跨池作亭曰蓉鏡又有夢墨樓六如亭明生精岐黃當時稱國手

準提庵

在寳家巷明天啟間楊瑞李奉準提像於桃花庵因易今名蓮峰上人嘗卓錫於此作準提庵八詠有眺虛樓度雲橋接之入緣然燈塔拾蓮宮擊竹軒醉月灣諸勝清高宗弘曆南巡御製桃花塢詩云春日桃花滿塢披六如圖尚有遺詩長歌擬仿樂天白白俗調化信過之桃花塢為唐寅舊居自題桃花庵長歌其意欲仿香山詩昔人即有白俗之譏若寅詩則更俗而近於俚矣遂增關天章閣即桃花仙館之樓道光時此改建平屋唐寅桃花庵歌刻石尚存壁間也按孫星衍桃花庵碑云吳郡西北有桃花塢方志稱為

五十九

宋樞密章楶別業明唐解元寅築居於此後人遂營庵為宅矣今考桃花塢別墅及唐解元宅皆在桃花庵北也茲特更正以釋群疑

停雲館

在德慶坊巷今名曹家巷明長洲文徵明璧待詔建居人慕其高風遂以館名橋今所謂三條橋中之一也吳中傳為佳話

懷星堂

在日華里即今三茅觀巷為明長洲祝枝山允明通判所構按祝字希哲又稱枝指生弘治壬子舉人官至應天府通判未幾致仕玩世自放工詩善書有前

閒記九朝野記蘇材小纂集略懷星堂集

小漆園

在小曹家巷為明嘉靖間長洲張伯起鳳翼孝廉所構池亭樹石具有幽緻縣令江盈科嘗題詩壁間至今石刻備存時吳中皇甫四子沖涍汸濂俱有才名張氏弟兄三人鳳翼燕翼獻翼繼起吳人語曰前有四皇後有三張

真趣園

在鄺季子巷今名李繼宗巷為明嘉靖間長洲吳南夫一鵬尚書所治山塘有閣老廳北濠有蘭花亭蓮花堰等勝跡清雍正初邑人趙成秩得之重加修葺六十俗名趙園中有梅花亭拜石軒諸勝後為戲園元和袁文綺學瀾姑蘇竹枝詞云袍笏登臺勸客觴歌樓舞館枕山塘人間富貴原如夢閣老廳高作戲場即指此也

拙政園

在婁門內北街迎春坊明嘉靖中御史王敬止獻臣以道觀廢址及大宏寺基地改構御史殁後其子好摴蒱一夕失之歸於徐少泉故吳中有花園令之戲賓昉之比後人於清朝之十年賤售與海甯陳素菴之遴閣老僅得二千金未幾陳緣事宅盡入官以駐防兵圍封為將軍府園內有連理寶珠山茶一樹吳

梅村祭酒有詩紀之迨撫去駐防又以為兵備道行
館既而為吳三桂婿王永康所居三桂敗事乃籍入
官康熙十八年公元一千六百六十一年以蘇松常
道新署旋復裁缺散為民居西為王皋聞顧璧斗兩
富室分住居之繼嚴總戎公偉亦居于此未幾為葉
太史士寬改名書園後歸程氏繼為沈觀察元振宅
第旋即汪常博美基居之又為趙姓宅東歸蔣太守
棨改名復園春秋佳日名流觴詠有復園嘉會圖大
守殁後非復往時景象尋屬潘部郎師益及子比部
[illegible]營構補常書庫嘉慶中為海昌查憺餘世倓孝廉
所得修葺年餘[illegible]頓還舊觀後又歸當湖吳松圃璥協

六十一

揆及子觀察音德家為質庫兵燹名吳園時其左右
割為王業而園迨咸豐十年公元一千八百六十年
太平軍光復蘇州忠王李秀成就園建忠王府工程
未畢清兵陷城園復歸官暫作江蘇撫署同治十年
公元一千八百七十一年改為八旗奉直會館仍名
拙政園園西部分則為吳縣張月階履謙所有零建
補園辛亥革命公元一千九百十一年都督程雪樓
德全就園召開江蘇臨時省議會抗戰時期陷為敵
偽所據勝利後為社會教育學院校舍解放後為蘇
州專員公署公元一千九百五十一年十二月蘇南
人民行政公署為響應中央保護各地方古建築古

文化遺址革命遺跡之號召令將拙政園歸蘇南區
文物管理委員會管理並動工修葺至一千九百五
十二年十月初步工竣於十一月六日起正式開放
公諸人民作為文娛休憩之所並保存歷史名勝遺
蹟焉

橘林

在桃花塢貝信三寶墨庵及錢江會館之間為明吳
縣陸天爵俸郎中所闢天爵正德辛未進士官刑部
郎中抗疏諫武宗南巡廷杖被謫府同知後官刑曹
持法不避權幸出為寶慶知府有惠政尋棄官歸隱
桃塢種橘成林有故人來訪天爵方戴笠荷鋤接簡

六十二

而入易服而出晚為詩歌多不留草偶有存者入列
朝詩選

五峯園

在閶門下塘福濟觀後柳毅橋西明嘉靖間為長洲
楊莊簡成尚書所治有五石峯名高二丈疑即五畝
園中三老峯丈人峯觀音峯桃塢慶雲峯擎天柱所
移北閶俗稱楊家園至今其地猶稱楊家園子巷

蘇家園

在閶門內後板廠明萬曆間為　蘇懷愚御史所
治園西北濱河河堤盡植楊柳因名楊柳堤循堤而
西即蔡家橋風景絕佳後歸侍御李灌溪樸改名密

庵舊築中有桃塢草堂芥閣諸勝初灌溪任明兵備道時祖大壽尚為微員有事當刑李解救得免迨清順治十六年海寇作難蘇郡有駐防之師領兵將軍即祖大壽也圈封民房以居兵自婁門直至桃花塢寶城橋止聽出後殿一隅緣後殿李灌溪與祖有舊誼故祖以此報之李没後吴人建祠奉香火顔曰老和尚堂從其志也後常熟孫赤厓暘孝廉晚年由塞北戍歸移居芥閣亦桃塢寓賢園令皆夷為菜圃為郡中菜花最盛處相沿俗呼北園吴縣沈洪生朝初侍讀有江南詞云蘇州好城北菜花黄齊女門邊脂粉膩桃花塢口酒卮香處處弄笙簧

六十三

乡木園

在寶城橋北明萬曆間公元一千五百七十三年至一千六百二十年為鄉貢顧雲龍所築中多喬木故名後御史蘇懷愚即在其舊址改建云

寄傲園

在齊門外明長洲劉廷美珏所構園中纍石如山故又名小洞庭珏號完菴工書畫郡守况伯律鐘聞其才舉為吏不就正統中領鄉薦授刑部主事遷山西按察使僉事居官多善政有完菴集

東園

在閶門外下塘花步里明萬曆間吴縣徐大來泰時

冏卿所築中有大湖石高三丈餘嵌空玲瓏中夜有光名瑞雲峯相傳出自西洞庭為朱勔所采上有臣朱勔進四字會靖康亂未進棄諸河濱後吴縣陳司成齋家於橫涇之上侄治第宏壯掘綖藏數札五千四百八十兩堂前峯石五座其最巨者曰瑞雲層靈疊秀挺拔雲際誠巨觀也青鳥家或言類火形不利宅主遂斷去六七尺猶高一丈餘初司成採自西洞庭渡河舟傾沉一石并沉一盤百計不能起土人云以泥築四面成堤用水車車水令乾凡用千有餘工石始出盤竟見棄不能舉其後歸之烏程董用均份宗伯舁石至舟或教以稿易葉覆地地滑省人力周菊

六十四

萬餘斤南潯數日內菊為號薙載至前棲舟處石無故自沉乃從湖心四面築堤如司成沉石時築岸成堤架木懸索役作千人百計出之乃前所沉石盤非峯也更募善泅者探索水底得之一里之外龍津合浦始為完璧或怪異以為神計司成沉石時恰甲子一周會宗伯罷官遂記宗伯之世置而未壘者二十餘年冏卿泰來即宗伯之婿載以歸吳之下塘所撤橋梁不知凡幾未幾冏卿捐館五峯高卧深林茂草中復四十年冏卿子清之中翰竟起之不逾年而清之死猶樹於廢園屢經滄桑此石遂移入織造府至今巋然獨存亦云幸矣

西園

在閶門外治坊浜東明徐工部溶所搆溶為太僕泰時子太僕先闢東園故以西園名之旋捨園宅後歸原寺在崇禎八年公元一千六百三十五年延茂林祇禪師開山改稱戒幢律院後燬復於清光緒十八年公元一千八百九十二年重建為戒幢律寺中有大雄寶殿羅漢堂陳列五百尊羅漢塑像為江南所罕有寺連園題曰西園一角有放生池池水清澈有亭曰月照潭心石梁枕水九曲相通軒廳寬敞茗話尤宜游釣其間俗塵頓釋洵佳境也

紫芝園

在閶門外上津橋明長洲徐振雅景文太僕少卿所治葺創自乃祖默川翁翁為人疏直坦哀豪舉好容樂義好施置田免里人之役多蓄書畫鼎彝名流哲彥文酒過從園初築時文太史為之布畫仇實父為之藻繢一泉一石一榱一題無不秀絶精麗雕牆繡戶文石青鋪綠金鏤翠窮極工巧翁晚歲家漸旁落使泉石薜蘿厚顏蒙恥凡若千年迨嘉靖丙戌以後景文生高華涉清要游者不敢闌入而後園始復為徐氏有矣當是時翁歸然黃髮猶及見其孫貴顯然後坊其得於天者厚哉園凡若干畝居室三之池二之山與林木磴道五之峰三十六亭四洞三津梁樓

觀之臺榭島嶼不可計創於嘉靖丙午公元一千五百
四十六年修於萬曆丙申公元一千五百九十六年
俗所云假山係王侍名於此園也後因兄弟構大訟
遂不能有盡售與項煜至崇禎甲申居民以煜從闖
義憤付之一炬靡有孑遺李模王徵君石百穀為之記
以存徐家故實也

項家花園

在閶門外石塔巷明崇禎間吳縣項水心煜詹事將
係以崇之園改築俗稱項家花園詹事藏古書名畫水
心為崇禎進士官至詹事李自成據京師與倪鴻寶
馬素相約死節水心被門生黎志陞挾之以見自成
六十六
遂受職自成敗竄歸被人執送留都繫獄以助餉得
出後走四明土人執而沉諸河園亦燬於火

槐樹園

在南倉橋西七十步明皇甫信所治皇甫氏宋南渡
時自朝那徙居以漢太尉食邑槐里樹兩槐曰槐樹
巷四傳至信六世孫沖為居第記今園雖廢而巷
名依然

墨池園

在清道橋南明吳縣孔昭文鏞侍郎園第後園有泉
曰墨池相傳蘇文忠公嘗洗硯於此園有吳氏名中有
碧蓮亭蘇公書榜後歸李氏園雖易主其池至今猶

稱孔副使巷

格亭

在孔副使巷俗稱孔夫子巷即墨池園舊址明弘治間長洲皇甫世庸録知府居治子沖涍汸濂亦居此中有尋春樓為涍讀書處有亭翼然曰格亭涍格吟詠處俗頌詞涍字子安嘉靖壬辰進士好學工詩負才名與兄沖弟汸濂吳人時稱四皇甫官至浙江按察僉事有皇甫少玄集

月駕園

在西麒麟巷西三太尉橋明長洲皇甫子循汸所構汸為嘉靖己丑進士以吏部郎中左遷大名通判改

六十七

餘不廢吟詠尤工書法有百泉子緒論解頤新語皇甫司勳集後文學於叔夜治第即其園之一隅嘗熱錢謝樓吉言亦居之繼為元和黃毅原均號負郁宅

無夢園

在孔副使巷明長洲陳明卿仁錫祭酒別墅中有息浪見龍峰諸勝亭有又一村其宅在封門內下塘有遠羅堂白松堂白松河南軒藜臺杖物明卿奉使冊周藩王以白松製帶贈之取以名堂按明卿號芝臺天啟壬戌探花授編修典誥勅以不上附魏忠賢鐫秩文淵閣崇禎初召復故官累遷南京國子祭酒其性好學善著書有繫辭易經頌重訂古周禮四書考

史品亦亟古文奇賞蘇文奇賞等書卒謚文莊

郭氏别業

在閶門外長蕩東明郭少卿仁所築其址即歸原寺舊基樓榭輝煌林木陰翳稱偉觀焉

息園

在因果巷即顧氏依園舊清金匱錢棨溪鋒參軍購而葺之中有妙嚴臺相傳為梁簡文帝女妙嚴公主葬此嘉慶十三年濬池得古碣是四至界牌知唐宋時尚有防護也十六年又添建錢武肅以下五王家廟于前北向有江蘇方伯慶公碑記

月湖别業

六十八

在婁門外北塘周和山南明孝子莫存義所建徐沂記云孝子授徒養親舊地歲久圮為徑路今名莫家衖是也

竹梧園

在舊學前明長洲顧醉竹汝玉築中有亭池樹石之勝後改為父子鄉賢祠祀汝玉子太保其志孫節愍繩詒孝行廷錡瑾祔載顧承錄按其志宅在苑橋巷

歸氏園

在苑橋巷石子街北明歸太學湛初所治洞石玲瓏有堂顏曰米丈後歸水部胡汝淳易顏曰洽隱山房高酣亭

在天賜莊李明長洲顧嚴叟宗孟御史所築文文起
震孟閣樣題額清宗明龍贊虞何焯吏部舊居於此
梵香吟詩翛然絕俗

雅園

在史家巷南一名橙林小隱明長洲顧小阮予咸吏
部所構水木清淨泠翛然絕俗中有虹橋春漲綠沼荷
香明發桐陰臥雲石壁清閟閣朝煙荷亭曉靄秋軒叢
桂曲徑寒梅八景顧嘗作八景文有詩詠之現溫家岸
花橋匡李康所構宅旁即雅園一角故其門楣曰鄰
雅舊宅園雖廢久而其遺址至今猶呼雅園衖

依園

六十九

在閶邱坊巷南清長洲顧嗣協大令所構以與父予
咸雅園相依得名有暢軒聽雨軒學詩樓諸勝每集
騷人詞士為勝會金侃潘耒黃份金賁蔡元翼曹基
與之往還酬唱最多時人稱為依園七子園廢尚有
依園里遺名

秀野園

在東鯉坊為清長洲顧俠君嗣立庶常所築有秀野
草堂大小雅堂闵樹亭野人舟閶邱小圃諸名窮極
水木亭臺之勝俠君以風雅自負天下望聚賓朋酬唱
於此性豪於飲時目為酒帝輯元詩選詩林韶濩注
韓溫詩自著有秀野集閶邱集薑發集等尊並為之

記

芳草園

在齊門內定跨橋北石皮衖明長洲顧青霞（凝遠）諸生築青霞為九思孫工畫於古今典籍無所不窺愛蓄商周秦漢法物一時名士多與之交至清初為長洲周靜善（荃）觀察所居康熙時昆山徐健菴（乾學）司寇得之乾隆初歸金明經（傳經）其半歸陸民更名康石山莊

寶樹園

在臨頓里石子街北本為明歸湛初米丈堂胡汝淳得之改為洽隱山房清初圮敗歸於長洲顧空五（其蘊）重事締構以多植山茶佳種得名李雯為之記其蘊本復社中人明亡後絕意仕進日與尤侗沈荃宋實穎輩飲宴賦詩以寄其志其孫東忠築安時堂於宅中並有結蘅草廬澄碧亭芥圃諸勝韓騏為之記庚申劫後安時堂歸機織局園亦荒廢俗呼顧家花園今猶存殘沼一區

七十

鳳池園

在鈕家巷相傳周宣王時為春伯十六世裔孫吳武真第宅有鳳集其家中有池沼因名鳳池清康熙間長洲顧伊在（汧）中丞所居題名鳳池園伊在為天朗子號芝巖康熙進士累官河南巡撫坐事罷起歷宗

人府丞致仕卒有鳳池園集其後西偏劃歸吳縣潘
槐堂世恩太傅世恩號芝軒乾隆癸丑進士授修撰
累官體仁閣大學士加太傅直樞廷幾三十年年八
十有六子孫科第踵武極人爵之榮卒諡文恭有思
補堂集

按顧都憲汴鳳池園在鑾駕巷俗呼鈕家巷汴自
中州歸得顧氏舊園重修治之益擅名勝汴自有
記今其東歸陳大業易名省園蔣元益有記其西
歸大學士潘世恩名仍其舊

泼園

在白塔子巷明長洲顧君寵國本貢生嘗構隱居不
七十一
仕日集名流詩酒其間國變後處困而卒私諡貞孝
按園在西白塔子巷瓦爿街以蕢瓦為街故名

傳硯堂

在南橋西街清長洲顧兆槐濟美中丞第宅中有吉
金樂石之齋金粟齋吟香閣白雲深處心妙軒據梧
樓諸勝濟美號怡齋由貢生官雲南通海縣有鐵面
青天之頌陞嵩明州雍正時擢浙江鹽驛道乾隆時
陞甘肅按察使調福建按察使擢布政使調廣東
護理巡撫事卒於官

辟疆小築

在定慧寺巷蘇公祠旁俗稱小辟疆園為長洲顧湘

舟沅明經所構湘舟為濟美中丞曾孫道光間官教
諭收藏舊籍及金石文字甲於三吳庚申之劫其書
盡為丁日昌所得其先世蒙世祖福臨頒賜古硯因
顏所居曰賜硯堂輯刊賜硯堂叢書四集

怡園

在卧龍街尚書里清同治十一年公元一千八百七
十二年元和顧子山文彬方伯所建園之東部本為
明代吳寬匏菴尚書舊宅西部由顧氏擴充子山以
順性養壽乃名怡園中有玉延亭四時瀟洒亭坡仙
琴館石聽琴室歲寒草廬拜石軒玉虹亭石舫鎖綠
軒屏風三疊小滄浪螺髻亭慈雲洞抱綠灣絳霞洞

金粟亭藕香榭鋤月軒南雪亭梅林碧梧棲鳳遯窟
舊時月色面壁亭畫舫齋松籟閣湛露堂諸勝安置
妥貼疏朗宜人並能吸取各園優點融為一爐湖石
玲瓏隨意點綴突破成規深得自然之趣由於年久
失修顧氏裔孫自動捐獻國家蘇市人民政府重加
修葺業已供廣大群衆游覽矣

洽隱園

在北顯子巷清長洲韓幼明馨徵君卜築購自歸氏
廢園為栖隱地顏曰洽隱往來觴詠皆遺民逸士世
艷稱之其中小林屋尤踞勝慨洞故倣包山林屋石
牀神鉦玉柱金庭無不畢具游其中者幾莫辨為匠

心之運矣繼歸倪方伯運舫咸豐辛酉年公元一千八百六十一年燬於兵燹

蕙蔭園

在臨頓路北顯子巷即韓氏洽隱園舊址清咸豐辛酉後合肥李少荃(鴻章)撫蘇時奏賜為忠烈程公祠並築皖山別墅為安徽同鄉宴息之所時合肥蒯子範(德模)太守總構造材料事而張振軒撫吳少荃又續籌鉅款并趙宗道從事修葺會館應王幼軒(凱泰)中丞來作寓公題成八景曰柳影繫舫松蔭眠琴屏山聽瀑林屋探奇藤崖佇月荷岸觀魚石竇收雲棕亭霽雪現小林屋依然存在餘屋已為學校矣

七十三

歸田園

在婁門內迎春坊明季吳縣王純甫(心一)侍郎所創其西即陳相國(之遴)拙政園陳既敗更數主為蔣二氏所有主人號指歸田園為拙政園非也中有蘭雪堂泛紅軒竹香廊諸景古木參天池清石秀其後人彭鬻商賢與商山吳伊仲(翼鳳)交時過從商問賢汲後而園亦摧敗寥落相傳王氏欲售於人屢矣輒見紅袍紗帽者隱約其間或呼嘯達旦似不能割者人亦莫敢得也據錢梅溪(泳)履園叢話云余少時常見侍郎與蔣伯玉手札其時崇禎十六年之十二月廿四日書中言小園一花一木皆自培植乞之分付園丁

時加防護云云其明王侍郎即歸道山宜一盛之不
況且今王氏子孫尚居其中者

按歸田園舊址拙政園王侍郎之一所構中有蘭雪
堂芙蓉榭己亥築又有泛紅軒竹香廊諸勝今園已
廢而基址尚存

二株園

在周五郎巷為明李吳縣徐貴時柯讀書所築父汧
殉節即從俟遂杜門不出四方賓從文酒宴會有貴公子
風尤長於詩兼工書法花木之盛與泛家園爭勝貴
時又有三千六百釣臺在臨頓路北亦其隱居處門
聯有第五司空不妄語餅斯校書劉倒懸其室聯有

七十四

酩酊思中山千日突兀見廣廈萬間載詩人從遊偕

醉穎堂

在寶林寺前東為明吳縣袁繩之祖庚憲副所構旋
為長洲文文起震孟相國第宅改名文衙衖有明綸
堂園中正廳即其讀書處鼎革後萊陽姜如農埰給
事寓居更名敬亭山房中有棗樹數株其長子安節即
添築思嗜軒仲子寶節即闢為藝圃有延光閣東萊草
堂餺飥齋念祖堂暘谷書堂愛蓮窩四時讀書樂樓
香草居紅鵝館六松軒改過軒繡佛閣響月廊度香
橋南村鶴柴朝爽臺垂雲峰乳魚亭諫草樓諸勝王
士禎陳維崧吳綺皆為賦詩汪琬為文記之後歸顧

業公所改名七襄重加修葺池中荷花尤為著名其樓為太平天國軍人從湘初植夏綠帶傅雅堂聽函堂雙聲齋宦室別館逃趣亭亦收歸市有矣

香草垞

在高師巷明長洲文啟美震亨中書就馮氏廢園營構對面即其曾祖徵明之停雲館也、初徵明拓宅其間有百懸樓因四面皆懸故也至啟美添築四嬋娟堂繡鋏堂籠鵝閣斜月廊眾香廊玉局齋嘯臺喬柯奇石方池曲沼鶴栖鹿柴魚床燕幕以至纖竹弱草盎峰盆卉無不被以嘉名入清歸湖西主人陸純錫貢生主居之後漸廢光緒間歸江甯鄧氏全非舊跡矣

七十五

圜嶠仙館

在懸橋巷初為明季高士徐元歎宅國變後棄家入鄧山讀書以其宅與外孫許眉叟改築圜嶠仙館精雅宏敞子陶村太史為雍正癸丑翰林乞假歸與詩有還家圜嶠即蓬壺之句家居不仕以著書自娛曾孫也秋進士大鏞杜門授徒又營水鶴亭留客樹龕諸勝後歸諸生祝壽眉葺為孫園別業宅許眉叟詩、初時霧叟易姓名為沈洽人吳邑庠後復姓許以見之懸葉調生廷琯孝廉所著鷗陂漁話

繡谷園

在閶門內後板廠清、初長洲蔣樹存深刺史築、初深

之祖垓成進士後隱居讀書偶課園丁薙草土中得一石有繡谷二字作八分書遂以名其園園中亭榭無多而位置頗有法相傳為王石谷手筆也康熙三十八年公元一千六百九十九年深䆳集郡中諸名宿作送春會坐中年最長者為尤西堂朱竹垞而太史張匠門惠天牧徐徵齋諸先生尚為諸生畫師則王石谷楊子鶴方外則目存上人是時沈歸愚尚書年纔二十七居末坐賦詩作畫為一時之盛深子仙根亦耽風雅乾隆三十四年公元一千七百五十九年又作己卯送春會則以沈尚書為首座矣世傳張憶娘簪花圖即於是圖作也嘉慶中為葉河帥觀潮

所得道光元年公元一千八百二十一年又歸南昌謝椒石學崇觀察作板輿之奉旋復為婺源王鳳生昶都轉所有先是蔣氏欲將是宅出售他姓猶豫未決為問于乩仙仙判一聯云無可奈何花落去似曾相識燕歸來是宋人晏同叔句也而不解其義迨歸葉氏則上句應矣後葉氏轉售于謝謝又售于王則下句應矣異哉此園雖屢易主而繡谷餞春韵事猶傳至今云

桃李園

在南濠談家巷興隆橋明某貴人葬此不敢起屋僅存一塲尚有古樹一株載吳鶴書記

寒碧山莊

在閶門外花步里清嘉慶初東山劉蓉峰(恕)觀察得
居于此園爲有明徐冏卿泰時東園故址園之東北
有東園將恕性愛石園中聚奇石爲十二峰曰奎宿
曰玉女曰箬帽曰青芝曰累黍曰一雲曰印月曰猢
猻曰雞冠曰拂袖曰仙掌曰干霄皆自爲名而屬崑
山王孟養(學浩)李康爲之圖嘉定錢辛楣(大昕)宮詹
題曰花步小築吳縣范翰尊(來宗)編修爲之記同治
十三年公元一千八百七十四年改建二程夫子祠

留園

在閶門外五福路俗稱留園馬路清光緒二年公元
七十七
一千八百七十六年武進盛旭人(康)方伯購得於東
山劉氏仿袁子才(枚)太史得隋園曰隨園例音同字
異易劉園名留園大加修葺有涵碧山房洞天一碧
揖峰軒石林小院聞木樨香軒綠蔭亭半野草堂自
在處遠翠閣佳晴喜雨快雪之亭花好月圓人壽軒
仙苑停雲又一村亦吾廬又增闢東西兩園廣袤約
四十餘畝俞樾太史爲之記

沧浪亭旧影

20 世纪 20 年代，沧浪亭大门左右牌子分别为苏州美术馆和苏州美术专科学校

20 世纪 30 年代，沧浪亭外景

吴门园墅文献卷二　文薮

沧浪亭记

铜山　**苏舜钦**子美

予以罪废，无所归。扁舟南游，旅于吴中，始僦舍以处。时盛夏蒸燠，土居皆褊狭，不能出气，思得高爽虚辟之地，以舒所怀，不可得也。

一日过郡学，东顾草树郁然，崇阜广水，不类乎城中。并水得径于杂花修竹之间。东趋数百步，有弃地，纵广函五六十寻，三面皆水也。矼之南，其地益阔，旁无民居，左右皆林木相亏蔽。访之旧老，云钱氏有国，近戚孙承祐池馆也。坳隆胜概，遗意尚存。予爱而徘徊，遂以钱四万得之，构亭北碕，号“沧浪”焉。前竹后水，水之阳又竹，无穷极。澄川翠干，光影会合于户轩之间，尤与风月为相宜。予时榜小舟，幅巾以往，至则洒然忘归。觞而浩歌，踞而仰笑，野老不至，鱼鸟共乐。形骸既适则神不烦，观听无邪则道以明；返思向之汩汩荣辱之场，日与锱铢利害相磨戛，隔此真趣，不亦鄙哉！

噫！人固动物。情横于内而性伏于外，寓于物而后遣，寓久则溺，以为当然；非胜是而易之，则悲而不开。惟仕宦溺人为至深。古之才哲君子，有一失而至于死者多矣，是未知所以自胜之道。予既废而获斯境，安于冲旷，不与众驱，因之复能见乎内外得失之源，沃然有得，笑傲万古。尚未能忘其所寓，故用是以为胜焉！

沧浪亭记

昆山 **归有光**熙甫

浮图文瑛居大云庵，庵环水，即苏子美沧浪亭地也。亟求予作《沧浪亭记》，曰："子美之记，记亭之胜也。请子记我所以为亭者。"

余曰：昔吴越有国时，广陵王镇吴中，治园于子城之西南；其外戚孙承祐亦治园于其偏。迨淮海纳土，此园不废。苏子美始建沧浪亭，最后禅者居之：此沧浪亭为大云庵也。有庵以来二百年，文瑛寻古遗事，复子美之构于荒烟残灭之余：此大云庵为沧浪亭也。

夫古今之变，朝市改易。尝登姑苏之台，望五湖之渺茫，群山之苍翠，太伯、虞仲之所建，阖闾、夫差之所争，子胥、种、蠡之所经营，今皆无有矣。庵与亭何为者哉？虽然，钱镠因乱攘窃，保有吴越，国富兵强，垂及四世。诸子姻戚乘时奢僭，宫馆苑囿极一时之盛。而子美之亭乃为释子所钦重如此。可以见士之欲垂名于千载，不与澌然而俱尽者，则有在矣。

文瑛读书喜诗，与吾徒游，呼之为沧浪僧云。

重修沧浪亭记

商丘 **宋荦**牧仲

余来抚吴且四年，蕲与吏民相安于无事，而吏民亦安余之简拙，事以寖少，故虽处剧而不烦。暇日，披图乘，得宋苏子美沧浪亭遗址于郡学东偏，距使院仅一里而近。间过之，则野水潆洄巨石颓仆，小山翳于荒烟蔓草间，人迹罕至。

余于是亟谋修复，构亭于山之巅，得文衡山隶书"沧浪亭"三字。拓诸眉，复旧观也。亭虚敞而临高，城外西南诸峰苍翠吐呐檐际。亭旁老树数株，离立拏攫，似是百年以前物。循北麓稍折而东，构小轩曰"自胜"，取子美记中语也。迤西十余步得平地，为屋三楹。前亘土冈，后环清溪，颜曰"观鱼处"，因子美诗而名也。跨溪横略彴以通游履，溪外菜畦民居相错如绣，亭之南石磴陂陀栏循曲折，翼以修廊，颜曰"步碕"。从廊门出，有堂翼然，祀子美木主其中，而榜其门曰"苏公祠"，则仍旧屋而新之。

余暇辄往游，杖履独来，野老接席，鸥鸟不惊，胸次浩浩焉、落落焉，若游于方之外者。或者疑游览足以废政，愚不谓然。夫人日处尘坌，困于簿书之徽缠，神烦虑滞，事物杂投于吾前，憧然莫辨。去而休乎，清泠之域，寥廓之表，则耳目若益而旷，志气若益而清。然后事至而能应，物触而不乱。尝诵王阳明先生诗曰："中丞不解了公事，到处看山复尊寺。"先生岂不了公事者？其看山寻寺所以逸其神明，使不疲于屡照，故能決大疑、定大事，而从容暇豫，如无事然。以余之驽拙，何敢望先生百一，而愚窃有暮乎此？

然则此亭也，仅以供游览欤？亭废且百年，一旦复之，主守有僧，饭僧有田，自是度可数十年不废。嗟乎！当官传舍耳，余有时而去，而斯亭亡恙，后之来者登斯亭，岂无有与余同其乐而谋所以永之者欤？

子美事，详《宋史》，与兹亭之屡兴废，宜别有记者皆不书。经始乙亥八月，落成以明年二月，买僧田七十亩有奇，并著之碑阴，令后有考。

其二

长乐　**梁章钜**茝林

予初由淮海道任，两权苏臬，过沧浪亭下，惜其倾陊，思复焉，皆以瓜代去，未果。丁亥春，藩牧是邦，簿书稍暇，谋诸大中丞安化陶公暨郡守江夏陈君、邹平李君等，佥曰："可。"遂庀材鸠工，扶仆易朽，凡六阅月，顿还旧观，宜有记。

按亭址，本吴越钱氏，宋苏子美得之，创置亭名。厥后属章公，又属韩蕲王。更数百年，荒芜已甚。至我朝商丘宋公抚吴，重新棁桷，仍挈而归之子美，从其朔也。虽然天下事苟可传布，不关乎名位豪贵。如唐裴晋公、李赞皇勋业烂然，乃午桥、平泉遗迹或无考。而北渚之历下亭，孤山之放鹤亭，讫今如故，足征畸士啸歌，动人凭吊为倍深。地系子美而不系章、韩，犹此志哉。且商丘肇修，以后踵而行者不乏人，士大夫只艳称商丘意者，寻常与艺亦有幸不幸之数存乎？抑吴人眷怀商丘，非仅以亭乎？则一亭之修，而异日民情因之可见，其何敢不勖焉？顾子营是役，不特侈观美、耽燕游所弗愿焉。即好古自命，振厉风雅，与商丘辉映后先，向无意于敷政庇民之要。窃谓守土吏唯举坠补阙，戒因循耳。前既葺可园以恢讲舍，修名宦祠以崇祀典；近复有疏浚吴淞之役，而亭适落成，盖斯亭为纯庙宸跸所经，天章颁宠，照耀川谷，倘失时不治，久益荒废，将何以宣上德？况伏睹圣制，濯缨托意，而谆饬于大法小廉，勉实副名，是尤予小臣循环庄诵，夙夜求所以报称而无负者矣。亭左旧有子美祠，暨蕲王、商丘二祠，皆为整饰，并于跸路之东，规取隙地，为同人觞咏之所，均略识其兴复缘起于石。若吾宗伯鸾先生，实吴门寓公之首，高风远韵，奕世瞻仰，乃就亭侧建楼奉其祀，俾他日修亭，即兼修之，庶永永无替，事当别记，不备书。

其三

合肥　**张树声**振轩

苏子美沧浪亭，自宋至明季，兴废之不常也久矣。国朝康熙间，宋中丞荦葺而复之，为觞咏之所，风流文采，藉甚于时。迨巡抚吴存礼恭奉圣祖皇帝赐诗御书，勒碑建亭于其地。高宗南巡，驻跸留题，即沧浪自取之旨，往复申警，训诫臣工，于是缙绅学士，壤叟衢童，与夫寓公过客、远方之人，莫不瞻眺叹诵，以斯亭为宠。而官斯土者，典守景式，尤不敢以或忘。道光丁亥，布政使梁公章钜重修，巡抚陶公澍复得吴郡名贤画像五百余人，钩摹刻石，建名贤祠于亭之隙地，每岁以时致祭。盖祠与亭不相袭，人之指目者犹曰沧浪亭云。

同治癸亥，树声治军来吴，维时公私百物，一切荡尽，求所谓亭者已不可复指识。壬申八月，被命权抚是邦，则坛庙、祠宇、公廨、试院，官司所有事者，皆次第修建，而是亭亦初作。越岁重来，工作告竣，将举祀事于名贤祠。先期往观，近水远山，光景会合，益叹昔人之善于名状。叠石之上，有亭翼然，可以登眺者，即沧浪亭也。亭之后，南向三楹，地最爽垲，取子美记中“观听无邪，则道自明”之语，名曰“明道堂”。堂右偏北即祠，其他轩馆庭榭，或仍旧题，或随今宜。而面桥临流，闬闳北向，颜曰“五百名贤祠”者，则名属诸祠，实亭所从入之门也。西南尽处有佛龛，曰“古大云庵”。别南其户，以通街巷，庵隶于亭，凡所有事，庵僧司之。大抵今所建者，唯亭在山巅，仍宋中丞之制，余则以意为之，不特非子美旧观矣。然丘壑景物，土木之胜，佥谓视昔无逊焉。呜呼！吴中于东南都会，最号繁盛，名园古墅、梵宇琳宫，往往前代之遗，阅世而不废。独粤逆之乱，为犬豕窟穴者四年，污败毁灭殆尽。沧浪亭垂今千载，灵秀所钟，宸翰天章，重光果曜。即名贤祠创建以来，亦为邦人耳目所属，规度兴复，宜若无待于今兹。然而乱定以还，访遗补佚至十年之久，始谋厥成，此非以物力之艰，而事之兴废，固有其时哉。

是役也，布政司恩君锡署巡抚时，实始创议，而集费则前署布政使、按察使应君宝时，监作则候补知府钱宝传、刘文棨、直隶知州连常五。凡用人之力六万一千五百工有奇，良材坚甓，金铁丹漆之属，其用材略相当焉。落成之日，城乡来观，咸乐还承平之旧，亦遂忘劳费之多。盖诸君之用心，惟兢兢焉，以作无益害有益是惧。故考成而劝勤，用啬而度丰，其慊于人心也如此。树声窃愿览斯亭也，因重建之匪易，益思名德之必不终湮，勉实循名，钦承列圣彝训，都人士景行先哲，群有奋乎百世之心，治道懋而风化兴，于以上迓天和，阜成民裕，百废俱举，将远追百年以前之隆，则是亭之成，实为之兆，其非奢望也夫，其尤当共勉也夫。

游南园沧浪亭记

元和　**袁学澜**春巢

乙丑暮春廿七日，同子清杰游南园。桃、菜花已残，芳柳被堤，风暖草熏，远近一碧。寻流水居，已迷其处。巴家园亦兰祠倾圮不堪游瞩。陈氏又一村巨宅，据为军营，四围立栅。乃绕出其旁，寻大云庵，讯野童，云："近为军械局，禁行人。"其旁得小庵，有老禅间深居之，旧主大云庵方丈者，善草书，得长沙遗法，藉以自娱。于庵之被据为局，淡焉漠焉，是真能空诸所有者也。出门迤西，访羊太守元保祠，拆无寸椽，西道堂改筑伪酋府，极雄壮，亦为军火局。经南禅寺，绿树成荫；入中州三贤祠，都料匠聚为工作所，残毁过半。登沧浪亭，老树当阶，残碑仆草，石棋枰芜没荆棘中；望郡学，巍然新建，隔岸紫、正两书院及可园仅存败堵，目之所见，盖无非毁者。有二家子于来，持笼鸟置石上，坐听其啁啾哢春，有寒鸦作阵，飞集于郡学林木。客指谓余曰："此鸦从关外随抚军招贩牛而来，留此弗去者。"余为诵苏叔党"牛带寒鸦过别村"句以证之。询及五百名贤祠，云毁尽，石碣为民家作甃甓矣。又指两石桥，为王雪轩方伯时所建，以通游屐。夹岸杂树桃柳，修葺甫竣而乱作焉，今已荡为丘墟榛莽。欲访寻旧日之池台亭馆，已渺不可得矣，而况于春游士女莺花裙履燕集笙歌之陈迹哉。

在昔钱氏据有吴越，广陵王元璙治第于子城西南，创立苑圃，经营三十年，花木亭台，盛甲一时，其近戚节度使孙承祐亦治园于其旁。迨淮海纳土，园寻旷废，或锄为菜圃，清池乔木，往往杂次于民居，所在皆有游者过之，每叹息其富贵荣华之不可常享如此。继子美而居者，有章申公，增筑山亭。买黄土钱，费至三万缗。绍兴间，韩蕲王统兵过吴，以军檄胁夺之，章氏窘迫献园，百口一朝骇散，则以园亭之美，致遭胁夺之祸，又何取焉？其后为大云庵，禅者居之，僧文瑛复改筑沧浪亭。国初商丘宋中丞增葺之，今复夷于粤寇。

园之兴废成毁，与时转移，循环无休息。居之者非一人，惟长史以罪废游吴，买地筑亭，仅以吟弄风月，藉忘其放废之忧，求其自胜之道。寂寞人世，较诸元璙、申公、蕲王诸人，其势位之悬殊，殆不可以数记，而诸人者，乃皆不为世所尚。至今沧浪之名常籍籍于人口，有不与台榭俱毁，则以斯人之文章品节，能卓然自立于天壤，为百世师表。地以人重，有非兵燹之所能磨灭者也。则夫士生斯世，

沧浪亭

其亦勉求为自立不可磨灭者，斯可也矣。

可园记

泾县 **朱珔**玉存

余于丁亥春，主吴中正谊讲席，初至，见檐宇规制俱备，独寝室隘甚。西偏有园，颇敞而近，供使节宴集之需，渐鼓损。同年．梁茝林方伯莅任，乃稽故牍，仍还之书院，并加缮葺，自为记。

窃以弦诵之地为优戏之场，不可也。师弟子所周旋，为宾从仆隶所践蹂，不可也。方伯此举，诚知大礼哉。工竣，余移寓，始与园习。园之堂，深广可容。堂前池水，清泓可挹，故颜堂曰“挹清”。池亩许，蓄鲦鱼可观，兼可种荷。缘涯磊石可憩。左平台临池可钓；右亭作舟形，曰“坐春舻”，可（听）风可观月，四周廊庑可步。出廊数武，屋三楹，冬日可延客，曰“濯缨处”，盖园外隔溪即沧浪亭，故援儒子之歌“可以濯缨”也。迤北复有小园，有小池，池上启轩，列碑五六，可考曩迹。余内含可读书，可居眷属，而园境尽矣。

或曰：“世之置园者率务侈，曲榭崇楼，奇花美木，不可殚状，而今殊朴略，谓之园，可乎？”余曰：“可哉。”园固以可名也。尝论圣人无可无不可，而孟子称孔子仕止久速，胥准以可。鲁论纪子贡之问贫富，曰“可”；子桑伯子之简，亦曰“可”。两者似仅“可”之词。虽然，当其可之谓理，通于“可”之谓义，可无多求耳。季文子三思，而子曰“再斯可”。言大过，则不可也。晏子以“君所可，臣亦曰可”而非，语近偏，若必否其所可，虞廷安得有都俞？且天下可行而不可藏，可喧而不可寂者，皆非素位。如余固陋，正值乎可上则上之时矣。凡居处服御，宜亦苟可以安而止，则斯园也，于分为称。唯既忝拥皋比，可者与之，不可者岂庸拒之？在诱其不可，以进于可，是余之责也。夫方伯记但叙创建新修之由，他未及，故为补述。

吾又闻“可园”本名“乐园”，取诸知仁乐山水，而人或误为行乐之乐。乾隆间，大吏谓行乐不可训也，遂易之曰“可园”云。

墨庄记

长洲 **李果**硕夫

朱君愚溪比部，员外荎园公之六子，博雅好古。居郡城之南，新治小轩于其堂之后。藏书颇多，遂取宋人刘式事，以“墨庄”名之，而揭岳忠武王书“墨庄”二字，重摹勒石。

轩前嘉木苍郁，多叠石为小山绝壁，下有清池，每雨过，投以石，触击有声，与池水相激越。息机静对，仿佛游鱼鸣鸟，时来窥人。轩之北墙外为崇阜，当风日晴朗，云霞澄鲜，遥望西北秦余、穹窿诸山，浮青翕黛，披襟挹爽，其境若与书卷相融洽。非必惊远凌危，夸奇竞秀，以求嵁岩穹谷于数十里之外，此岂易得哉？

前辈谓文人未有不好山水，盖山水远俗之物也。俗者与道相背，俗远而后可以读书研理，可以见道。俗不远，前求诸可以超旷之境，于以涤尘氛而遗世垢。今愚溪之居，虽不离城市，而心固常在丘壑之间，宜其所好之有以异于俗也。

墨庄者，式于大宗朝掌邦计有年，身后惟遗书数千卷，夫人指谓其子“此乃父墨庄也”。其后人若敞攽并起高第，为名臣。愚溪之所以名轩者以此。若忠武书，忠义之气如见，昔人已言之，兹不具论云。

网师园记

长洲　**彭启丰**芝庭

予妻弟鲁儒，字宗元，筑园于沧浪亭之东，名曰“网师”。沈尚书曾为之记，方其以养亲归也，有隐居自晦之志。既亲殁终丧，再上长安，授天津道，鞅掌王事面，而田园之乐荒矣！适予归里后，徘徊至止，俯仰之间，鸟啄于林，鱼游于沼，而昔时丝竹之声，咏吟之会，不可复得，为怃然者久之。予尝泛舟五湖之滨，见彼之为网师者，终其身出没于风涛倾侧中而不知止，徒志在得鱼而已矣！乃如古三闾大夫之所遇者，又何其超然志远也！鲁儒于斯二者，将何从焉？

网师园记

嘉定　**钱大昕**辛伯

古人为园以树果，为圃以种菜。诗三百篇言园者曰：“有桃”“有棘”“有树檀”，非以侈游观之美也。汉魏而下，西园冠盖之游，一时夸为盛事。而士大夫亦各有家园，罗致花石，以豪举相尚。至宋，而洛阳名园之记，传播艺林矣。然亭台树石之胜，必待名流宴赏、诗文唱酬以传。否则辟疆驱客，徒资后人嗢噱而已。

吴中为都会，城郭以内，宅第骈阗，肩摩趾错。独东南隅，负郭临流，树木丛蔚，颇有半村半郭之趣。带城桥之南，宋时为史氏万卷堂故址，与南园、沧浪亭相望，有巷曰“网师”者，本名“王思”。曩三十年前，宋光禄悫庭购其地，治别业为归老之计，因以“网师”自号，并颜其园，盖托于渔隐之义，亦取巷名音相似也。光禄既殁，其园日就颓圮，乔木古石，大半损失，惟池水一泓，尚清澈无恙。瞿君远村偶过其地，惧其鞠为茂草也，为之太息！问旁舍者，知主人方求售，遂买而有之。因其规模，别为结构，叠石种木，布置得宜。增建亭宇，易旧为新。既落成，招予辈四五人说宴，为竟日之集。

石径屈曲，似往而沧浪渺然，一望无际。有堂，曰“梅花铁石”；山房，曰“小山丛桂轩”；有阁，曰“濯缨水阁”；有宴居之室，曰“蹈和馆”；有亭于水者，曰“月到风来”；有亭于崖者，曰“云岗”；有斜轩，曰“竹外一枝”；有斋，曰“集虚”。皆远村自营手画而名之者也。地只数亩，而有纡回不尽之致；居虽近廛，而有云水相忘之乐。柳子厚所谓“奥如旷如”者，殆兼得之矣。园已非昔，而犹存“网师”之名，不忘旧也。

予尝读《松陵集》赋任氏园池云：“池容淡而古，树意苍然僻。不知清景在，尽付任君宅。”辄欣然神往，今乃于斯园遇之。予虽无皮、陆之诗才，而远村之胜情雅尚，视任晦实有过之。爰记其事，以继二游之复，古今人何遽不相及也！

揖青亭记

长洲 **尤侗**同人

亦园，隙地耳，问有楼阁乎？曰：无有。有廊榭乎？曰：无有。有层峦怪石乎？曰：无有。无则何为乎园？园之东南，岿然独峙者有亭焉。问有窗棂栏槛乎？曰：无有。有帘幕几席乎？曰：无有。无则何为乎亭？曰：凡吾之园与亭，皆以无为贵者也。《月令》云“可以居高明，可以远眺望”。夫登高而望远，未有快于是者。忽然而有丘陵之隔焉，忽然而有城市之蔽焉，忽然而有屋宇林莽之障焉，虽欲首接青天，皆决沧海而势所不能。今亭之内既无楼阁廊榭之类，以束吾身；亭之外，又无丘陵城市之类，以塞吾目。廊乎百里，邈乎千里，皆可招其气象，揽其景物以献纳于一亭之中。则夫白云青山为我藩垣，丹城绿野为我茀裀，竹篱茅舍为我柴栅，名花语鸟为我供奉，举大地所有皆吾有也，又无乎哉？由斯以论，虽有亭如沉香，不以易吾亭；园如沁水，不以易吾园矣。或曰亭名“揖青”者何？亭之西南欲然相望者有山焉。亭为主人，则山其客也。吾闻山有木，工则度之；宾有礼，主则揖之。恶有终日相对，而不以礼相接者乎？米南宫云：吾何尝拜，乃揖之耳。

水哉轩记

长洲　**尤侗**展成

家有小园，十亩之间，中有池占其半焉。予闲居多暇，构轩其上，颜曰“水哉”。每客至，则与立而望，坐而嘻，饮食、盘桓、高卧而不能去也。客曰：“仲尼亟称‘水哉水哉’，子又何取于水也？”予曰：吾何取哉？夫水之为物也，大矣。海有四湖，有五江，有三泽，有七推，而至于津梁溪渚沟洫泾濑之类，不知其几千万也。今以吾池当之，不犹之载氛埃乘漂尘乎？虽然，方吾与子枕流而洗耳，凌波而濯足，清风生于蘋末，明月照乎涟漪，雁鹜交飞，鱼虾瀺灂，邈然自得，不知崖涘，虽纳四海五湖三江七泽于其中，而旷若有余也。即安得以海若河伯之见傲我濠上乎？水哉水哉，亦取诸此而已。若未当暑而澄，凝冰而洌，排沙驱尘，盖取诸洁。上浮天际，中隐灵居，窈冥恍惚，盖取诸虚。屑雨奔云，穿山越洞，铿訇有声，盖取诸动。潮回汐转，澜合沦分，光采泥漾，盖取诸文。客曰：“子之取于水也，恒矣。”予曰：有进。吾尝学易而感焉，乾坤之后，屯蒙需讼师，比其配皆水也。六十四卦系涉用者，十有二三。至于终篇，一曰既济，再曰未济，厥旨何居？贤人出险，圣人入险，见险能止，盖取诸坎。客曰：“大乎水哉，旨哉，子之取于水也，其有忧患乎甚矣。吾子之似夫子也。”

写韵轩记

长洲　**王芑孙**念丰

唐人所载吴彩鸾写韵及夫妇跨虎入新兴山中事，类乎神仙诞谩者所为。然彩鸾所书韵本至今往往在人间，虞伯生亦记成都写韵轩遗址。岂当时果有是人而非尽妄欤？抑岂其人逍遥物外，如庄子所称有道妻子常得佚乐者，世或不晓而徒以仙者艳之欤？又岂其人有所不适于中，不能如冀缺梁鸿之用晦，逖然蜚遁，迹涉荒怪，乃自诡于仙欤？又岂饮食男女虽仙人者，不免不得已而托诸世间文字以传欤？独怪彩鸾以书自见，而文箫者无所知名。岂文箫固能销声匿影、葆真闭光，以与夫悠忽希夷者游于无何有之乡，而彩鸾乃不免以书见迹？余尝上下其事，求其说而不得，为倪然者久之。余妇墨琴少而好诗，长而好书，既归余，困甚，居京师十有余年。朝士大夫求书者日至于门，或以充四方馈遗。墨琴朝夕劬悴砚席间，所作书辄自署“写韵轩”，今大学士诸城刘公因为作三大字悬诸室。顷之，余出为华亭校官，墨琴从余渡泖。又三年，余上春官不第，复还。余既瓠落无客，倦于再出，而墨琴亦飘然有偕隐之心。其年秋，遂葺治鲟门老屋，为菟裘以待老，仍以刘公所书三字榜之。于是，有好事者为作写韵轩图，虽然彼彩鸾夫妇何如人，余卒不得而知之也。聊记其说，以俟知者谂焉。

移居图记

元和 **朱绶**仲洁

吾自辛巳四月始从县桥老屋移居幽兰巷之东，蒋君子延绘图为赠。巷在郡城之中，少偏于西南，地甚湫隘，与贩脂卖定者相杂处。吾之所以为居者，门不能容一骑，有堂无轩，手可接檐上瓦。庭方不四五尺，不宜莳花果。有楼曰楹，上贮积书，聚妻子于下，衣袽之属无所置。堂之前有簃，卑于堂者又尺许。墙外为邻爨，风吹突烟辄入户。就楼左隙地，创二小屋安灶觚，可煮粥饭。有井可汲，有桑树曲荫其上。凡夫湢浴之室，米瓮酒罂之所庋，皆阙如也。吾所为居者如是。子延之图丘壑深窈，林木亏蔽，固与吾所居不类也。

乌乎！吾窃因之感身世矣。方吾年少气锐，谓科名可戾契致，少抒吾胸中所欲为者，退耕于陇亩之内。既连试有司不得志，则又思山巅水涯结数椽屋。如今兹图中之所有者，向固尝为子延言之也。年过三十，幽忧憔悴，不得已而卜居于此，如鹪鹩栖于一枝之上。乌乎，是岂吾志也哉！城东旧庐，先人所手筑，经营拮据，垂四十年，始克有此，子孙不能保，一旦委去，此又吾所为隐痛者也。凡人不经危苦，则惧心不生。吾数年来内讧外侮，流离极矣。今兹之又有此居，犹是先人之泽之所为留也，其何敢不诎然知止，而游思于不可必得如所画之所有者哉。虽然，鲟溪之滨，吾先祖之所游钓也，南北两庄基之间，又吾父母妥骨之所近也，其地皆临水而宜渔，有竹树之胜，他日者终将择邻。于是，以写吾志，则又以斯图为息壤之盟已，是为记。

移居第二图记

同前

余居城西幽兰巷之次年，春疹秋痁，亲旧慰问，或谓门兆不吉，商所以易之者。余听然笑曰："此天地之邪气适相值，而吾身自有所受耳，于宅何尤？"然以其近市而湫隘也，亦厌苦之。沈君式如来告余，其邻有李氏废园者方觅主，可卜居也。余固甚好园居，而力不能构，问其值，五百缗，与今所居适相抵，因过而周览之。

网师园

屋卑浅且甚颓损，而池水一泓，广可及亩，乔木工六株，皆百年物。屋皆绕池，轩户洞达，池旁有隙地，可杂树花竹瓜蔬之属。私自省曰，是宜为余所居矣。考诸旧志，是为孔氏园，俗所称“墨池园”也。明末归周嘉定，清初既割嘉定宅为南织造局，而李之先得其余，地仍之以为园。今余所欲居者，又园之一隅也。水木清华，悠然有会。赁券如数，遂于又次年三月廿有一日，移家具焉。

嗟乎！余幽忧憔悴之人也，身世交弃，已知之矣。而天者预设此荒凉寂寞之境，以游我于块。此之外，虽地不越城市，犹不能不与衣冠之士往来，而夷然清旷。鱼鸟亲人，其不偕贩脂卖浆之流相杂处焉，可矣。抑余思之世人酣豢名利，恒乐喧而恶寂后役者，余病不能，而余亦未见役役者之尽有所得，何如取适吾好以无汩于性情？在《易履》之六二有“幽人贞吉”之象，必自贞所履，而后心与境无不幽也，则庶乎履坦而无咎也，余又以此自箴焉矣。

宝树园记

上海　**李雯**舒章

宝树园者，余友顾空五先生所构栖隐地。在吴郡临顿里之东偏，广不逾数亩，无层峰叠壑之奇，无广厦华堂之美，而洞石玲珑，云林掩映。至其地者，超然有城市山林之想，殆古人所云“会心不必在远，翳翳林木，鱼鸟自来亲人者”耶？

忆此园创始于明，太学归湛初颜其堂曰“米丈”。后为水部胡汝淳所得，易其堂为“洽隐山房”。甲申后，屡经兵燹，日就芜秽，先生贮买山钱购得之。自弦歌里徙居其间，芟榛刈棘，种竹莳花，焕然复为名胜地。而余自华亭游吴门，尝至此园，故风晨月夕，得园中之趣者为多。顾自变迁以来，风景不殊，湖山顿异，黍离麦秀，触目生悲。不独金谷、玉津，烟飞灰灭，即骚人逸士流浪天涯赋《无家别》者，不知几何人矣。而先生以前朝党人名振复社，乃能息心尘外，与一二名流俯仰其间，享诗酒林泉之乐，世事不知，浮沉莫问，非高尚其志者，何能若是哉？余既重先生之行，又爱先生之园，故执笔为记之。

小林屋记

元和　**韩是升**东生

予家世居陆墓。万历初，六世祖苏台府君始迁宫巷，有存诚斋、竹右居著声明代。再由宫巷迁娄门，高王父黄岩府君分为二宅，曾王父贞文府君授居东宅，曾叔祖诵先公授居西宅，即今开云堂也。申酉之际，土寇焚掠，宅成毁烬。值马、阮与复社构怨，曾王父名在党籍，尝忤阮，自度不免，偕顾孝清先生天朗晦迹徐庄。顺治六年，复入城，购归氏废园为栖隐地。云壑出(幽)邃，竹树苍凉，堂曰“洽隐”。往来觞咏，皆遗民逸士，龙门之游，甘陵之部，世艳称之。康熙丁亥春，弗戒于火，凡法书名画与花亭月榭同付祖龙，存者惟东南半壁，奇峰秀石湮没于雨垣风栋间。先君子追溯钓游，不胜今昔盛衰之感。乾隆辛未，葺二楹于古石洞口，地不满十笏，积书供静玩，以娱晨夕。蒋文蟠漪篆书“小林屋”三字额之。洞故仿包山林屋，石床、神钜、玉柱、金庭，无不毕具。历二百年，苔藓若封，烟云自吐，碧梧银杏，紫荆翠柏，春夏之交浓荫蔽日。时初霁，岩乳欲滴，有水一泓，清可鉴物，嵌空架楼，吟眺自适，游其中者几莫辨为匠心之运。石林万古不知暑，岂虚语哉？越三载，先君即世，升与伯兄读书其中，俯仰流连，每念先贞文运丁阳九，流离播迁。先君鼎新未久，遽归道山，则此昆明片石，何莫非先灵呵护，道(遗)我子孙，抚嘉榭而思遗泽，庶无忘黾勉佑启后人，一丘一壑，宁徒为游观之地耶？

按郡邑志，园为归太学湛初所筑，台榭池石，皆周丹泉布画。丹泉，名秉忠，字时臣，精绘事，洵非凡手云。

蕙荫园八景图序

宝应　**王凯泰**幼轩

苏城名园，辟疆为最古。次若狮林、若拙政、若网师、若惠荫，皆各擅胜境。

惠荫，初名“洽隐”，基明之归氏，后为韩氏有。其小林屋夙踞胜概，与诸园异面目。记所谓“苔藓若封，烟云自吐”，可想也。（园故有《小林屋记》）

继归倪方伯莲舫，咸丰酉戌间陷于贼，或有增损，致失其旧。合肥李伯相抚吴时，奏购为忠烈程公祠，并为皖人士宴息之所，而蒯太守子范因增构渔舫、棕亭各胜。水碧染衣，天远接黛，气疏以旷。今中丞张公又即祠之西奏建昭忠祠，巍焕堂皇，势益壮，园则因其旧而改葺之。仆曩于伯相购改专祠时总襄戎政，暇或偕杖履修蜡屐。今以觐途暂假养疴是园者，几两月。凡某丘某壑，触境情关，一石一花，问名心晓。熟人鸥鹭，争迎不系之舟；识面林泉，为赓招隐之赋。热境生凉，顿息尘鞅，即小观大，如亲湖山。园中胜景不一致，或名实已稍异，如玉虹翠浪、鸥寄山庄、樾荫堂、桂苑诸胜，重杰阁概从略焉。蹑窟探根，得景有八，列如左。补帆王凯泰序。

柳荫系舫

舫在忠烈祠后，左为桂苑，重楼峻宇最整豁。由廊绕西侧，舫翼然背河临沼，题额出李筱川制府手。回廊曲岸，多植桃、柳、梅、桂、芭蕉之属。每茶烟午熟卧短榻，闻鸣榔咿哑戛，履舄之下直走涛声，芦竹之际隐积花雾。溽暑开北窗，则又风露袭襟，羲皇恬梦矣。近面作断桥蹲石，偃皷绿荫，俯碧砌，抚掌引鲰鱼，真不减戴文进《红衣垂钓图》也，故曰“柳荫系舫”。

松荫眠琴

由桂苑经鉴馨阁入云窦，石径深曲，苔青滑人，拾级登琴台。台左侧有老松悬根石罅，百年矣。虬拏空际，海风易秋，鳞裂半身，日色皆绿。由台左循回廊北迤，藏书楼最为幽静，每闻棋枰落子声与松子声相应。台下作石障，丛花杂果，缀欲破烟；春荫秋霁，碎若铺锦。鹤延趾以天高，蝉度枕而风谡。此间宜眠琴，亦宜憩月，姑择其韵者著之。

屏山听瀑

由琴台折而下，面北即石障，面西则攒石为峰，即琴台左侧老松托根处也。于宅西作小榭，映隔玻璃，群峦巘巘然若纳自牖，故曰“一房之山”。西面荷沼一碧虚涵，群岚倒泻，萝牵青隅，苔湿阴迷小留云，双眸豁翠，卧游听瀑，一枕先秋。昔宗少文作山水悬壁间，此则地辟半弓，嶂收千叠，真一抚操而众响也。

林屋探奇

由琴台背面曲折侧身穿重楼邃户，其楼回环数十楹，曰“收云处”。屈戌纡迎，云母迤隔，循缀而下，松色纯绿，下荫曲池，石峰环皴，倪压危路，此小林屋洞外境也。大抵一院中薛峭叠撑，棱笋怒茁，为云奇，为径曲，碧欲罅空，凉若雨泻，游至此已快咏。老柱石角藤枝句矣，又循横石桥，扪萝入洞。石乳倒结，其瑶华岩阴若深，其琼笈危度如栈，水深足盘，空凌噤寒，人立影失，觅火再入，几不测神钲玉秘在几许幽折境也。游人至是，以碎石投渊中，辄洞然作响，若虚无底者。

藤崖伫月

出小林屋石蹬，迤南有敞轩，踞石作屈膝狮子状。石左右黄杨、翠柏皆百年前物，石中裂有古藤如怒龙穿石而上，盘空夭矫，结荫碎落，背藤作高崖。崖侧古银杏一株，大可三四人合抱，大约树及藤为尤古，皆三百年外物也。登崖望城东一带，瓦鳞烟缕，隐现若织。近则蚪身碎巾，片片紫英，鸭脚渍霜，寸寸秋色，衫履所染，香清翠深，胸次所豁，月白天远。尔时一笛呼秋，三影对契，丹桂阴若落裾袖，几不减陶隐居三层楼上矣。

荷岸观鱼

出小林屋绕栏迤北作荷池，左则一房山，西即碧环小舍也。方塘半亩，碧鉴眉发，净莲百茎，红亚藻荇，得鸥鹭亲人，喜鱼鸟识面。移磁礅坐，垞外语通微波，身翳凉翠，云水交荡，风露袭裾，是亦快境也。然而观水有术，知鱼之乐，奚知会心所期，濯缨之风未远，随人领取，又不仅以观鱼限濠濮也已。

石窦收云

循荷岸左行数十武，曰“云窦”，窦在琴台之背，即一房山，石障各岩分支而别名者。林壑旷如风，气清若苔痕，阴渍石骨，高寒曲折，径行烟软，无质参差，衣碍云搴有声，危铃语于檐端，甕壑响于脚下。入此者头头道通，宛宛面值，出则斜阳堕影，暮霭收林矣。

棕亭霁雪

玩雪景最宜远旷，园林每苦无隙地，则棕亭尚已。棕亭在渔舫右，矗立峰顶，曲蹬回峦，丛林密筱。旧有额曰“爽挹西山”，盖极目则顾山蓉岭，均鬟敧在望也。俯视烟火万家，接于栏楣，白塔巍然，与虎丘断塔影明灭。斜阳烟际，天宇澄霁。帆出林荫，襟怀豁疏。鹤远空碧，此间足乐，宜作既公长啸声。赏雪景于霁霭澈后，然当春水罫畦，秋月浣露，衣香林语引诸触怀心憩，倚栏会心处，正又不在远也。

狮子林菩提正宗寺记

吉州　**欧阳玄**原功

姑苏城中有林曰“狮子”，有寺曰“菩提正宗”，天如禅师之门人为其师创造者也。林有竹万个，竹外多怪石，有状如狻猊者，故名“狮子林”。且师得法普应国师中峰本公，中峰唱道天目山之狮子岩，又以识其授受之源也。寺名“菩提正宗”者，帝师法旨，与以是额也。其地本前代贵家别业，至正二年壬午，师之门人买地结屋，以居其师焉。

因地之隆阜者，命之曰山。因山有石而崛起者，命之曰“峰”，曰“含晖”、曰“吐月”、曰“立玉”、曰“昂霄”者，皆峰也。其中最高、状如狻猊，是所谓狮子峰，其膺有文以识其名也。立玉峰之前有旧屋遗址，容石磴，可坐六七人，即其地作栖凤亭。昂霄峰之前因地洼下，浚为澜，作石梁跨之，曰“小飞虹”也。石或跂或蹲，状如狻猊者不一，林之名亦以其多也。寺左右前后，竹与石居地之半。然而，崇佛之祠、止僧之舍、延宾之馆、香积之厨，悉如丛林规制。外门匾曰“菩提兰若”。安禅之室曰“卧云”。传法之堂曰“立雪”。旧有柏曰“腾蛟”，今曰“指柏轩”。有梅曰“卧龙”，今曰“问梅阁”。竹间结茅曰“禅窝”，即方丈也。上肖七佛，下施禅坐，间立八镜，光相互摄，期以普利见闻者也。大概林之占胜，其位置虽出于天成，其经营实出于智巧，亦师之愿力所成就。予闻师所说法，不设崖险，不轻揄扬，不自陈炫，悟解缘由，以启学人捷出蹊径。故自中峰以来，化机局段，为之一变焉。

师旧多论建，有《楞严会解》若干卷，有语录、别录、剩语若干卷行于世。师俗姓谭氏，吉之永新人，江浙诸名山屡请主席，坚却不受，遁迹松江之九峰间，十有二年。道价日振，帝师与以“佛心普济文忠大辩禅”之号，兼与金阑僧伽梨衣。

画禅寺记

长洲　**彭启丰**翰文

在昔元至正间，有大德天如禅师者得法于天目师子岩幻住和尚，已而驻锡于苏之东城。垒石为山，名曰狮子林，识法原也。禅师既得教外别传，复大宏净土之教，作为或问，以破群疑，而坚正信斯真人之宝筏、安养之导师矣。禅师既示寂后二百余年，当明神宗朝有主持僧清庵者，行脚至京师，求颁龙藏，肃皇太后闻而赐之。当崇祯末，居士陈日新自会稽来，阅藏于此，首倡建藏经阁，复构大殿。又百余年常住如故，而殿宇圮坏不治。乾隆十二年，果彻上人来往于此，修念佛三昧，日夜勤恳，德声普闻，四众归仰，于是重整太殿，聿新三门。圣驾南巡，亲幸兹寺，敕名画禅，复赐以内府新刊《大悲经》，而禅师坠绪乃复振焉。居数年，上人示疾，以后事付监院宏通，西面正念，泊然而逝。已而宏通介里中徐翁宣初述斯寺修举本末，而属余为之记。

余惟佛说法方便多门，其教人横截生死，速证涅槃者，莫要于净土一门。而欲净其土，先净其心，随其心净，则佛土净。呜乎！众生无始以来，贪著形躯，系恋食色，彼固以为生人之道宜尔也。孰知此不净之身本非实有，识风动作妄生欲爱，以臭为香，以苦为乐，智者视之，无异蛣蜣之转丸、蜉蝣之耀羽也。如斯

狮子林

人者，又安知五浊之外有净土之可生乎？夫惟心浊故土浊，心净故土净，彼不信有净心也。不信有净心者，其可谓之丧心者矣。上人既西归，宏通能守其家法，六时礼诵，无往时顷，募建大悲阁，不逾年而观成，其有足多者。予愿宏通发宏誓，愿摄诸众生同归极乐。庶几净土之教大昌于今日，以证明天，如或问之旨，岂非末法中一大事因缘也哉？若夫护持法宝庄严佛事，则固宏通所自具也，予无容赘言已。

游狮子林记

元和 **袁学澜**春巢

郡城东北隅任蒋桥畔，有五松园，叠石耸峭，峰峦起伏，岩洞奥窔，玲珑透辟，阳开阴阖，妙绝端倪，五松岁久枯朽，石之奇为吴中冠。庚申之乱，粤寇据城，几阅四载。园林残毁不知凡几，而此园遗构尚存。乙丑暮春，余两次入游，同游者为潘子麐生、亢君铁卿也。

考朱象贤《闻见偶录》，称园为淮张贵婿潘元绍所居，前后皆其园林第宅，至今其地名潘氏巷。园中位置，东半多山，西半多水，渟峙境分，智仁动静，交相为用，类有道者之所设施。国朝翠华临幸，园池草木尽渥龙光，堂中奉宸翰真趣榜额犹存，辉煌天藻，历劫不磨，非有神物护持，能如是欤！园建于元至正间，为天如禅师唱道所。寺本名"菩提正宗"，其徒维则买前代贵家别业，修筑以居其师，运太湖石入城，延朱德润、赵元善、倪元镇、徐幼文辈共商叠成，假山有含晖、吐月、立玉、昂霄等名，最高者为狮子峰。倪迂为绘图。其地位置虽出天然，其经营实由人巧，皆维则愿力之所致也。昔在宋道君时，朱勔运花石纲于东南，所过桥梁，阻碍毁拆，以通其路。民间有一花、一石列入赏格者，即加黄封，毁垣取去，增益艮岳之筑。天下骚然，致有靖康之祸。艮岳之奇品，悉供炮石之用，是叠石为山，徒费民力，无裨正务，仅足资游观之娱目焉而已。

要非学道君子之所尚也，吾于维则之为此无取焉。且凡物之美好者，鲜不为豪力所夺，在昔沁水名园为梁冀宅、马燧赐宅作奉诚园，是以萧何筑第惟事朴陋，谓子孙不贤，无为人所夺，意深远哉。惟狮林以花石之奇突，亭榭之幽深。洪武初兼并入承天能仁寺。嘉靖间，为势家所据，止存弥陀院。万历间奏请追复为圣恩寺。康熙间殿撰黄轩购为涉园，划其半归画禅寺。昔人以营造钜丽为土木之妖，狮林以名著而屡经易主，然则为园圃者，亦无取乎美好，以致后人不能守也。余旧闻维则之说法，不设崖险，不自陈炫，悟解惟启学者捷出蹊径，似近于坦易者之所为，而营筑叠石，乃一至嵌空窈曲如是，是诚不可解矣！因叙其说，以质同游诸君，能为下一解语否耶？

重修狮子林记

长洲　**贝仁元**润生

我吴园亭，沧浪最古，师林次之。顾沧浪建于子美，固在师林百余年以前，而归复于文瑛，实在师林百余年以后，是虽谓师林古于沧浪，亦奚不可。仁元世居茂苑，侨寓淞滨，市廛阛迹，非无鲈脍之思，林壑怡情，敢效菟裘之筑，庀工之岁，因事旋里。时因有建祠之议，胥宇度地，辄以询诸邑人，而旧家宅第与夫荒墟故址足以当我意，而适于用者殊不数觏。或有以师林告曰，是休宁黄氏之废园也，久而莫能售，迨至民元始归玉峰李氏，拟修葺而未果，今待价而沽焉。仁元心识之。未几，晤李举以询，慨然允诺。夫以数百余年荒芜之区，不越十稔而一再易主，殆无事之偶然者耶？虽然园之废也，固无非荒榛蔓草，碎瓦颓垣，增后人之感喟。即其兴也，亦惟是画栋雕甍，名葩嘉卉，恣时人之游观。沧桑变幻，物理循环，了无足异。矧余以建筑祠宇，购觅墓址，于园之或有或无，初不介意，又奚暇经营土木以自取娱乐耶？园之四傍多隙地，而东南隅为尤广，乃于其间建家祠焉。祠左有余址，复筑室若干楹以为校舍。载阅寒暑，次第工竣，由是斯园之荒秽残废得从事于缮葺矣。园以山石著，故为吴中名胜之一。自有元至正以迄于今，中更两代，垂四百余祀，而诸峰如旧，丘壑依然，鲁殿灵光若有呵护，师林之名所以不致湮没者，惟此而已。至于车驾南巡，翠华临幸，当年盛迹，回首茫然，惟真趣御额暨御碑各一，虽剥落残缺，而宸翰犹存。谨即旧额而新之，悬诸厅事，仍曰真趣厅。别筑一亭，植碑其中，曰御碑亭，志圣迹也。旧有指柏轩、问梅阁、卧云室、立雪堂诸胜，悉循故址，重建新楹，复旧观也。此外若堂若庑，若庱台馆阁，以至亭榭池沼，凡今所布置者，皆随地点缀而已，不足数也。夫因袭陈旧，本无匠之可言，况踵事增华，未能免俗，谬为记载，能勿惭惶？所冀庙貌常新，荐馨香于奕祀，弦歌不辍，宏教育于后人。俾区区初衷得因兹胜地名园而贻诸久远，固所愿焉。不揣谫陋，爰为斯记，以申征情云尔。

拙政园记

长洲 **文徵明**徵仲

槐雨先生王君敬止所居，在郡城东北界娄、齐门之间。居多隙地，有积水亘其中，稍加浚治，环以林木。为重屋其阳，曰“梦隐楼”；为堂其阴，曰“若墅堂”。堂之前为繁香坞，其后为倚玉轩。轩北直梦隐，绝水为梁，曰“小飞虹”。逾小飞虹而北，循水西行，岸多木芙蓉，曰“芙蓉隈”。又西，中流为榭，曰“小沧浪亭”。亭之南，翳以修竹。径竹而西，出于水澨，有石可坐，可俯而濯，曰“志清处”。至是，水折而北，滉漾渺弥，望若湖泊，夹岸皆佳木。其西多柳，曰“柳隩”。东岸积土为台，曰“意远台”。台之下植石为基，可坐而渔，曰“钓𬌗”。遵钓𬌗而北，地益迥，林木益深，水益清，驶水尽，别疏小沼，植莲其中，曰“水花池”。池上美竹千挺，可以追凉，中为亭，曰“净深”。循净深而东，柑橘数十本，亭曰“待霜”。又东，出梦隐楼之后，长松数植，风至泠然有声，曰“听松风处”。自此绕出梦隐之前，古木疏篁，可以憩息，曰“怡颜处”。又前循水而东，果林弥望，曰“来禽囿”。囿尽，缚四桧为幄，曰“得真亭”。亭之后，为珍李坂，其前为玫瑰柴，又前为蔷薇径。至是，水折而南，夹岸植桃，曰“桃花沜”，沜之南，为“湘筠坞”。又南，古槐一株，敷荫数弓，曰“槐幄”。其下跨水为杠。逾杠而东，篁竹荫翳，榆欆蔽亏。有亭翼然，西临水上者，槐雨亭也。亭之后为尔耳轩，左为芭蕉槛。凡诸亭槛台榭，皆因水为面势。自桃花沜而南，水流渐西，至是伏流而南，逾百武，出于别囿丛竹之间，是为竹涧。竹涧之东，江梅百株，花时香雪烂然，望如瑶林玉树，曰“瑶圃”。圃中有亭，曰“嘉实亭”，泉曰“玉泉”。凡为涧一，楼一，为亭六，轩、槛、池、台、坞、涧之属二十有三，总三十有一，名曰“拙政园”。

王君之言曰：“昔潘岳氏仕宦不达，故筑（室）种树，灌园鬻蔬，曰：‘此亦拙者之为政也。’余自筮仕抵今，余四十年，同时之人，或起家至八坐，登三事，而吾仅以一郡倅老退林下，其为政殆有拙于岳者，园所以识也。”虽然，君于岳则有间矣。君以进士高科仕为名从，直躬殉道，非久被斥。其后旋起旋废，迄摈不复，其为人岂龌龊自守、视时浮沉者哉？岳虽漫为闲居之言，而谄事时人，至于望尘雅拜，干没势权，终罹咎祸。考其平生，盖终其身未尝暂去官守以即其闲居之乐也。岂惟岳哉？古之名贤胜士，固有有志于是，而际会功名不能解脱，又或升沉迁徙，不获遂志，如岳者何限哉？而君甫及强仕即解官家处，所谓筑室种树，灌园鬻蔬，逍遥自得，享闲居之乐者，二十年于此矣。究其所得，虽古之高贤胜士，亦或有所不逮也，而何岳之足云所为！区区以岳自况，亦聊以宣其不达之志焉耳。而其志之所乐，固有在彼而不在此者。是故高官既仕，人所慕乐，而祸患攸伏，造物者每消息其中。使君得志一时，而或横罹灾变，其视末杀斯世，而优游余年，果孰多少哉？君子于此，必有所择矣。徵明漫仕而归，虽踪迹不同于君，而潦倒末杀，略相曹耦。顾不得一亩之宫以寄其栖逸之志，而独有羡于君，既取其园中景物悉为赋之，而复为之记。

复园记

长洲　**沈德潜**确士

吴中娄、齐二门之间，有名园焉，园以“复”名，蒋司马葺旧地为园而名之者也。前此为拙政园，创于王侍御，归于陈相君，先后据于王、严二镇将。其地飞楼突厦，丽栋朱甍，崇山广池。与夫靡颜盛鬋，扬清讴，拂妙舞，穷旭继夕，极一时声色娭娱之乐。百余年来，废焉秽区，既已丛榛莽而穴狐兔矣。主人得其地而有之，谓荒宴可戒，而名区不容弃捐也。于是与客商略，因阜垒山，因洼疏池，集宾有堂，眺远有楼、有阁，读书有斋，宴寝有馆、有房，循行往还，登降上下。廊榭、亭台、碕沜、村柴之属，既已经营缔造，历有年所矣。

戊午、庚申，余两经其地，谓是园告成，将丰而不侈，约而不陋，百里之内，可以接踵乐郊，而郏莒学山、茧园也。时予方之京师，未及俟其断手何日。日月既久，常往来于心。丁卯春，以乞假南归，复游林园，觉山增而高，水浚而深，峰岫互回，云天倒映。堂宇不改，而轩邃高朗。若有加于前，境地依然。而屈盘合香，疑新交于目。秾柯蔽日，低枝写镜。岸鼓怪状之石，砌列不名之花。主人举酒酌客，咏歌谈谐，萧然泊然。禽鱼翔游，物亦同趣。不离轩裳，而共履闲旷之域；不出城市，而共获山林之性。回忆初游，心目倍适。屈指数之，盖园之成已四五年于兹矣。旧观仍复，即以“复”名其园。

予尝思古来名园，如辟疆，如金谷，如铜池，如华林，如奉诚，平泉、履道、独乐，一切擅胜寰中者，时叠见咏歌，形诸记载。然既废以后，无人焉起而新之，求如宋玉故居复归庾信者，艺林流传，不可多见。今因“拙政”废园而复之，虽林庐息影，栖情颐神，视前人之竞豪侈、饰土木者，若各自乐其所乐，而不欲自标其名，恐使前此之殚心规画者，因我而遽归乌有之乡。其用心之厚，匪戋戋者所能共喻也已。且主人用心，又不止此。主人高祖，为兵宪雉园公。雉园文章风节，养晦树德，焯焯一时，后之子孙，故当思贻前光而扬清芬者。主人承先人庇荫，本无藉于复业，而敛柳之怀，当有事于复德。则夫奉世泽而继述之，味道风而涵咏之，以修身之不远复，进于中行之独复，无悔之敦复，有日惓惓于寸衷而不能暂释者也。取以名园，其即谢康乐述祖德意乎？

主人名桀，字诵先，需次司马。今蜷伏未出，匪以人爵为贵者云。乾隆十二年丁卯夏日同学弟归愚沈德潜撰，虞山弟王峻书。

八旗奉直会馆记

长白　**世勋**锡之

往岁备官京师，交游中有至自苏者，道及吾乡会馆之胜，辄神为之往。嗣于光绪九年秋，忝膺简命，治织斯邦，数与乡人游宴于中。向之所闻，历历在目，流连光景，欣慨交心。馆界娄、齐二门间，在明为王氏别墅，名“拙政园”。国初海宁陈氏得之，旋入官为驻防将军府，又为兵备道馆，继为吴三桂婿王氏所有。籍没复入官，改苏松常道新署。署裁，散为民居，历蒋氏、查氏，最后归吴氏。咸丰庚申，粤匪入踞为伪府，城复，由善后局发白银三千作值付吴氏，而以园归公，暂为巡抚行辕。同治十年冬，今南皮相国来抚吴，适德静山尚衣、恩竹樵方伯、英茂文观察三君皆同乡，乃倡建立会馆之议，以价银二千修理，银两千汇交藩库，改称会名。其中文槐参差，修廊迤逦，清泉贴地，曲沼绮交，峭石当门，群峰玉立，吴中园亭之美，未有出其右者。当夫风日清和，迎神迓福，衔杯情话，冠盖偕来，于以观少长之仪而申桑梓敬恭之义，甚盛事也。独念斯馆创于明嘉靖中，迄今二百余年。天运易于上，人事迁于下，烟云变态，迭废迭兴，由后溯前，感慨系之。计为吾乡会馆又十余年矣。日月不居，风摧雨蚀，保无有，井干庮序、宗庿陊剥者。手勋莅吴三载，虽与诸君子经纪其事，稍为修葺之谋，然犹愿我乡人同心断金，合力润屋，俾斯馆之美轮美奂，历久恒升，毋令后人更笑其拙，斯则抚衷深念而属望无穷者也。爰泚笔而为之记，光绪柔兆阉茂之岁，皋月下浣。

读书亭记

长洲　**张大受**日容

自结绳以来，修身齐家治天下之道未尝废书。下至农工负贩，医卜小技，舍此无以旁适。后世文字浩繁，耳目杂乱，不教不学，束书不观，谓闻性道亦或多读，而不识其源流。朱子云：三代礼乐教士之具独有书存，蔑此而置之人才，焉得不坏风俗，何由醇也？

大受少禀先人之训，日抽五经诸子令背诵，屏俗学而从古文，兼授诗赋笺启之律。孜孜既久，穷不自悔，肄之益勤，尝请业宂达巨公，交海内名士，晨夕讨论折中，然后知不及矣。天子巡狩至吴江，召试岂人吴廷桢，询及吴中人材，始举大受以对二三扈从。臣佥曰然。因命入御舟，进诗文一册，温语移晷，称读书人者三。大受俯伏，惶恐流汗。自惟固陋，未克发明遗经，乃蒙群贤之推荐，九重之叹嘉，感激莫报。退而筑亭匠门之偏，颜曰“读书”。益发箧中，延名士，心研口讲，惟日不暇。盖书之为效守，先正待后学，入朝备掌故，在野扶人伦。古之儒林，童而诵习，白首莫穷。其指归父作子述，专家为师，故久而弥章。大受之为斯亭，信道器之必兼，念名实之难副，庶几哉出入，无敢忘而已，而沾沾自云已得，夫何敢学记云“独学而无友，则孤陋而寡闻”。程氏有分年读书之法。居斯亭也，日就月将，习以积渐，远迩同道之士相与切磋，勤而弗惰，虚而勿盈，德业进而悔吝寡，斯亭所以勖也。

葑湄草堂记

长洲　**李果**硕夫

康熙丁亥，世父省庵先生弃石里旧居。予凡三迁，居葑门之鹭鸶桥。初得屋十余楹，后复扩三楹。书堂高敞，有轩有斋，中庭有枸橼、香橙、石榴，予补种梅树、桂树，叠石为坡陀，艺兰其下，何义门侍讲为书“葑湄草堂”。屋之后，隔巷即青松庵，庵前乔木一林，浓荫交布。盛夏无著，坐书堂后轩以望，则蔚苍森干，如在深山。门临河，有古榆六七株，行人常于此憩息。东西有桥，夹桥而居者十余家，颇淳朴。又其前，隔河，彭侍讲访濂、尤赞善沧湄居甚迩。其后，则明吴文定公之东庄。折而过，为施吏部觉庵之高酣亭。当春时，桃花垂柳，映带原野，则皆在屋后之东隅，宛村落也。

予自先君奄弃，劳苦二十余年，而乃得经营是屋，奉吾母鱼菽之养，盖屡迁而琴书几榻无有遗者。及蔓草剃莽，修其圮坏，皆吾妻助之。予平生无嗜好，惟积书二三千卷，陈于斋壁，延老友以课吾子。方是时，予客两淮李御史所，复三年，庚子，乃得偃息其间。所往还者，惟访濂、沧湄、觉庵及朱处士赤城，而觉庵益亲善，以文字相质疑，庶几南村素心之乐。因叹宿昔渡黄河，涉大江，二十年来风涛多恐；登陆，则嵚崎险阻，人生百年，岁月有几，何为逐逐不少休焉？少游谓致求赢余，徒自苦耳。吾方幸吾母康强，两子从事诗书，复有素心以讨论。苏城方隅，秀润

拙政园

数此地，殆可久居欤？作《葑湄草堂记》。

青芝山堂饮酒记

长洲　**李果**硕夫

友人张子艮思，有异才，志趣高远。官直隶新乐令，归居城东葑溪之上。戊午秋七夕前一日，招诸故交四五人饮酒青芝山堂，予与焉。山堂为明襄毅韩公故园，艮思新葺之书屋爽垲，叠石为山，杂树茂密，其傍有荷池。酒人多闻，适筵洁不杂，留连永日，兴尽而返。康熙中，艮思以诗赋召试，给札内廷修书。书成，出为令，和而有守。县故有驿通南北路，符檄旁午，肃清无误，归而治薄田种秫，暇则抄宋元人小集，听二子读书，间与客对弈，其意盖恬如也。昔晋之陶公宋之苏子，或意不在酒，或好客饮，皆得酒之趣。艮思量固高而意趣能兼之，可以与之饮酒矣。彼道弃世务，沉埋其中，嗜之如狂泉者，亦独何哉。予旧居鹭鸶桥，去山堂不数武，艮思来而予已迁，无能与为邻。然予无用于世，又不知酒之趣者也。凉风将至，菊有黄花，姑与艮思论渊明之诗，托于醉乡而与之饮酒。

月满楼记

元和　**顾宗泰**景岳

楼在星桥草堂南，余祖所旧筑焉。稍葺治之以贮书，日吟啸其上，可望远而伫月焉，沈尚书归愚先生名之曰“月满楼”。今夫古来之以楼著者，百尺之峻，三层之幽，以及庾亮之乘兴，王粲之思乡，沈约之寄咏，虽所处各异，莫不遐览四表，摅抱披襟，故风流足千古。而余是楼者，面城背市，僻在娄水之曲，亦巢林一枝耳。无古人才分，而境又与古人异，更何记之足云？抑吾闻志趣所存境遇殊，而领取则视乎其人耳。人苟中无所自得，虽日处飞檐画栋，不足以为娱人。苟中有所自得，虽日坐半轩一阁，亦足为乐。乐不因于境，而因于心也。况夫升高之下，景与神会，旷然有俯人仰古之思焉，由是言之，楼亦可以记矣乎？当其晓露初收，残月未落，余光耿耿，斜照疏棂，郎然清明之气之在怀抱也。及其夕阳归岫，碧汉横空，皓魄一轮，正当三五，将湛然澄虚，不特星辰之可摘，而夜光之可揽也。登斯楼也，神怡心爽，流连歌啸而不能自已也。至夫朋友，不我遐弃，而至斯楼者，淮南之士，吴楚之英，齐、鲁、燕、赵、闽、粤、蜀、秦之客，未尝不投缟赠纻，灭烛开轩，通千里之缘，论诗书之义。而客去而独处于楼，则六艺百家，稍事穷究，望古遥集，愧无以对古作者，当清光之入户，往往以诗写其情绪焉。非敢谓有所自得于此也，聊以为乐已尔。余昔游蓟门，过济水，登任城太白楼，楼不必百尺，三层之崇峻，而谪仙飞觞写兴，所谓“谢眺裁诗月满楼”者，意概正复同之。余仰止焉，而无以希风也，知谪仙不徒以楼重也。呜呼！余又何以楼为哉？今古茫茫，修名不立，余之所谓乐者，转而为惧，将明月笑人而嗒焉，自失其为楼中人也。

退园补记

吴县　**吴嘉淦**清如

予自京师归，买屋于城东井仪坊巷，有水木明瑟之胜，名之曰“退园”。无何，粤寇陷城，遂舍之，而壬未有记也。移家海外，赁庑湫隘，辄思旧居而为之志曰：李太白有言“天地者，万物之逆旅”。人之所居，多或数十年，少或一二十年，尤逆旅中之逆旅也。况遭难以来，迁徙无定与，则退园之不必有记也，亦固其所。然人情于服御饮食，有不能适然忘者，况于栖息之所与。盖予之欲得园也，久矣！尝谓人之一生，于天之风月，地之花木，无日而不在吾心也。而有时不能寓诸目者，境拘之也。今虽无园，而即向之娱吾目者，一举念而如在焉。盖能夺之于目，而不能夺之于心也。地不过数弓，而有池方广百步。向南有室，曰“微波榭”。折而左，曰“秋绿轩”，远望丛桂数株，芬馥袭人。园之偏右，曰“仪宋堂”，盖取予古文学宋意也。园池之北，有室三楹，曰“初日芙蓉馆”，池中植荷，夏日风来，香远而清。凭栏眺望，红衣翠盖，亭竺绿波，碧沼间足以清暑；又有枫、杨二株，大可合抱。循榭右转，三分其室：左则家祠在焉，春秋享荐，遐念祖泽；右为曲室，以时憩息而吟咏其中；中室之庭，广可七八尺，筑台其上，植牡丹数本，花时张灯宴客于此，颜之曰“群玉山房”。堂之偏右，曰“思树斋”，夏日移榻于此，逭暑焉。此园之大概也。

嗟乎！予宦游十余年，解组后得有此园，不可谓非经营手葺而成者也。迄于今，乃委弃于赤眉、青犊之手，可不为之痛惜与！今夫季伦之金谷、赞皇之平泉、裴晋公之午桥庄，当时宾从之盛、觞咏之乐，载在书册，千百年后，犹神往其间焉，况退园之为予所居者与！又尝观洪稚存太史之于故居也，亦时时凭吊而作赋以述之。殆亦情之中于所习然与？予故于迁徙后，辄援笔而记之，亦“痿人不忘起，盲人不忘视”之意云尔。

退园续记

同前

予既为《退园补记》，存诸集中，以示毋忘旧居之意。因思所述者皆经营位置之事，而未言朝夕游览之胜与遇寇以后之事也，乃复记之，曰：始得园时，在咸丰辛亥之秋，与吾妻居最后一廛，数（日），辄往园游眺，迨吾妻殁，予即移居外寝，独处寥寂，恒日涉而盘桓焉。予以诗文为当世所知，四方宾客及吴中知名之士，往往过从无虚日，辄置酒其中，以相娱乐。当时，以为境遇之适，然无足异也；迄今思之，如游十洲三岛，可望而不可即矣。园中花木，四时备具。每至春日，则繁英璨然，如入桃源，鼠姑数丛，天香馥郁，若游《穆天子传》所谓“群玉之山”，不知为尘世矣。入夏，则方池荷花，荡漾绿波，翠盖间，红日朝霞，掩映可爱。秋月皎洁时，丛桂著花，芬郁袭人。冬日将尽，腊雪飘漾，缟袂仙人，若招我于罗浮山顶也。佳客不来时，率小儿女，衣青红衣，穿径循桥，缘（树）折花，笑语彻于户外。间命庖人治酒肴，相与团坐泥饮，其乐殆非世所恒有。曾几何时，而粤寇陷入，舍之而去，岂天之于人，亦有所顾惜而不容耶？

予生平好为古文，而于归震川先生之书嗜之尤笃。先生在明时，文章为当世第一，虽以王弇州之重名，先生尚斥之为“妄庸子”。然先生年逾六十，始获一第，又不得在文学侍从之列，沉滞邑令者数年，及为太仆寺丞，而先生老矣。予文于先生无能为后而向往之诚，实有出于中心之说服者，他日，得附骥尾以传，斯则予之至幸矣！先生所居项脊轩，仅容一人坐，而志之若不忍舍去者。而予之园则大过之，其为贼所据，盖天也，而非人也。虽然天道循环有时而复，寇之所为必为天之所深恶，其殄灭当在指顾间。而予之园，或有时而仍为所居，亦事之不可知者也。然自避难以来，乡人来者，皆言园为所毁，门户一切不可复辨。审是则园虽广，转不如项脊轩之完好。岂天以予文远不逮先生，而所居过于先生，故使之遭此厄欤？若然，则予当坦然处之，而不复有所致憾矣。

双塔影园记

元和　**袁学澜**文绮

壬子岁秋，余营别宅于吴门太尉桥冷香溪。其宅本卢氏旧居，堂构宏深，屋比百椽。其东北隅，有厅事三楹，颜其楣曰“郑草江花室”，为罗列文史、会聚朋友谈艺之所。旁有隙地盈亩，旧废为菜畦，瓦砾榛莽，不堪游憩。乃鸠工庀材，草创数楹，辟旧垣广其庭。庭有花木，玉兰、山茶、海棠、金雀之属，丛出于假山磊石间，具有生意。井洌寒泉，可供灌漱。绕回廊以蔽风雨，构高楼以迎朝旭。芟削芜秽，清景呈露。邻寺双塔，影浮南荣丁位，据形家言谓主居者多寿，娴于文艺，以塔之秀气所聚也。昔文基圣于虎丘筑塔影园，三桥题诗，有"篱豆花香，塔影悬桥"之语。后顾云美居之，自为记云"诗文多于水树，多于斋馆"。今余所辟之园，亦袭"塔影"之名，特别以"双"数，聊记其实。

其园萧条疏旷，无亭观台榭之崇丽，绿墀青琐之繁华，大抵与云美之园等耳。其蹊径爽垲，屋宇朴素，师俭足以自守，不为豪贵攘夺。入城寓居，往来多素心淡水之交，披文析义，瀹茗清谈，欣然忘倦。如康节行窝之设，渊明、易安之居，地偏心远，其在斯乎？考郡志，范石湖旧居，柯九思宅，惠周惕红豆书庄，皆与余园相近，则此地固昔贤卜宅之所。余得居之，有深幸焉。吴中固多园圃，恒为有力者所据。高台深池，雕窗碧槛，费赀钜万，经营累年，妙妓充前，狎客次坐，歌舞乍阕，荆棘旋生。子孙弃掷，芜没无限，殆奢丽固不足恃与？今余之园，无雕镂之饰，质朴而已；鲜轮奂之美，清寂而已。杜陵诗云：避人成小筑，乘兴即为家。雪泥鸿爪，偶然留迹，正如鹪巢萍寄，托兴焉耳。因为记，以序其始末如此。

韬园记

吴江　**金天羽**鹤望

壬申夏，改僦新居于濂溪坊，相楼阴得隙地，规以为园。构亭焉，翼然西向，花竹环其趾。复尽撤江乡笏园之石，浮载而辇致其间，以为峦嶂壑谷。面势既窄，乃舒两膊，屈折抱亭以东，反观则张之如弧。《易》曰"弧矢之利，以威天下"，今天人举无厌乱心。余方守括囊，无誉之戒，安用张之，以矜保雄，故字之曰"韬园"。既，觞客有起而赞者曰："鹤望生少负经世志，治兵、农、礼、乐、河渠家说，长而逢世多难。兵革屡起，往往先事策，成败亦多奇中，论中外政制、宪法、学术、性理，积五六十万言，顾未尝诎节，嗅骄饵，干世用。吾子曩者不自韬，其华犹之韬也。言既不见约于世，言固立也。言之繁，与子曷洁之，言之不纯，与子曷节之，世变亟，天人不悔祸，不第中土也。中土治，愿子以先民内圣外王之术诏世界。中土不治，愿子以先民内圣外王之言诏后世。盖期之百年，敝极当返，返则子以其言，故必为后世尸祝。是子今者亟自韬其锷，犹之不韬也。"余曰："客之言壮矣！美矣！善为辞矣。虽然，此非余之敢承也。余少多疢疾，壮而离世昏浊，今岁月不居而老且至，将永弛其学术政理之肩，卜宅于长林邃谷，弹琴咏诗，以适吾性而葆吾冲。盖韬之中又益韬焉，兹园其寄尔。吾与子且日饮无何以为乐，仰观浮空而俯察万变，以待大化之推迁而无与相迕，其可乎。”宾既退，姑书其问答以为记。

怡园记

德清 **俞樾**荫甫

顾子山方伯既建春荫义庄，辟其东为园，以颐性养寿，是曰“怡园”。入园有一轩，庭植牡丹，署曰“看到子孙”。轩之东有屋如舟，署曰“舫斋赖有小溪山”，涪翁句也。其前三面环水，左则苍松数十株，余摘司空表圣句，颜之曰“碧涧之曲，古松之荫”。其上有阁，曰“松籁”。凭槛而望，郭外西山，隐隐见眉妩矣。绕廊东南行，有石壁数仞。筑亭面之，名曰“面壁”。又南行，则桐荫翳然，中藏精舍，是为“碧梧栖凤”。又东行，得屋三楹。前则石栏环绕，梅树数百，素艳成林。后临荷花池，石桥三曲，红栏与翠盖相映。俗呼其前曰“梅花厅事”，后曰“藕香榭”。梅花厅事之西，凿环于垣，曰“遁窟”。窟中有一室，曰“旧时月色”，亦余所署也。循廊东行，为“南雪亭”，又东为“岁寒草庐”。有石笋数十株，苍突可爱。其北为“拜石轩”，庭有奇石，佐以古松，又北为“坡仙琴馆”，以藏东坡琴也。馆之右有石似老人伛偻而听琴，筑室其旁，曰“石听琴室”。又西北行，翼然一亭，颜以坡词，曰“绕遍回廊还独坐”，廊尽此矣。庭中有芍药台，墙外有竹径，遵径而南，修竹尽而丛桂见，用稼轩词意筑一亭，曰“云外筑婆娑”。亭之前，即荷池也。循池而西，至于山麓。由山洞数折而上，度石梁，登其巅，则“螺髻亭”也。自其左，履石梁而下，得一洞，有石天然如大士像，是曰“慈云洞”，洞中石桌、石凳咸具，石乳下注磊磊然。洞外多桃花，是曰“绛霞洞”。洞之北，即余所谓“古松之荫”也。出松林，再登山，有堂曰“小沧浪”，后垒为屏，其前俯视，又即荷池矣。兹园东南多水，而北多山。为池者四，皆曲折可通。山多奇峰，丑凹深凸，极湖嵌之胜。方伯手治此园，园成，遂甲吴下。精思伟略，即此征之，攀玩终日，粗述大概，探幽搜峭，是在游者。

曲园记

德清 **俞樾**荫甫

曲园者，一曲而已，强被园名，聊以自娱也。余牧里无家，久寓吴下。岁在己巳，

怡园

赁马医科巷潘文恭旧第而居之。至癸酉岁，太夫人自闽北归，以所居隘，谋迁徙而无当意之屋。适巷之西头有潘氏废地求售，乃以钱易之，筑三十余楹。用卫公子荆法，以一苟字为之。取《周易》“乐天知命”之义，颜其听事曰“乐知堂”，属彭雪琴侍郎书而榜诸楣。堂之西为便坐，以待宾客，颜以曾文正所书“春在堂”三字，别详《春在堂记》。春在堂后尚有隙地，乃与内子偕往相度而成斯园，即于春在堂后连属为一小轩，北向，颜曰“认春”。白香山诗云：“认得春风先到处，西园南面水东头。”吾园在西，而兹轩适居南，而认春所以名也。认春轩之北，杂莳花木，屏以小山。山不甚高，且乏透、瘦、漏之妙，然山径亦小有曲折。自其东南入山，由山洞西行，小折而南，即有梯级可登。登其巅，广一筵，支砖作几，置石其旁，可以小坐。自东北下山，遵山径北行，（有回峰阁。度阁而下，复遵山径北行，）又得洞山。出洞而东，花木翳然，竹篱简之。篱之内有小屋二，颜曰“艮宧”。艮宧之西，修廊属焉。循之行，曲折而西，有屋南向，窗牖丽楼，是曰“达斋”。曲园而有达斋，其诸曲而达者欤？由达斋循廊西行，折而南，得一亭，小池环之，周十有一丈，名其池曰“曲池”，名其亭曰“曲亭”。由曲水亭循廊而南，至廊尽处，即春在堂之西偏矣。大都自南至北，修十三丈，而广止三丈；又自西至东，广六丈有奇，而修亦止三丈。其形曲，故名“曲园”。所谓达斋者，与认春轩南北相值。所谓曲水亭者，与回峰阁东西相值。艮宧则最居东北隅，故以艮名。艮，止也，园止此也。然艮宧南有小门，自吾内室往，可从此入，则又首艮宧。艮固成终成始也。

嗟乎！世之所谓园者，高高下下，广袤数十亩。以吾园方之，勺水耳，卷石耳。惟余本窭人，半生赁庑，兹园虽小，成之维艰。《传》曰：“小人务其小者。”取足自娱，大小固弗论也。

其助我草堂之资者，李筱荃督部、恩竹樵方伯，英茂文、顾子山、陆存斋三观察，蒯子范太守，孙欢伯、吴焕卿两大令。其买石助成小山者，万小庭、吴又乐、潘芝岑三大令。赠花木者，冯竹儒观察。备书之，矢勿谖也。

鹤园记

吴江　**金天羽**松岑

鹤望生登包山之巅，徙倚来鹤之亭。山中之人走相诧曰：“来鹤，鹤来。此亭待子三百年矣，其天缘哉。”余曰：“缘定于有生之前，天韬其倪，神扃其钥，冥赴厥会，时触乃著，率然而名，不知名者之符乎几也。”清光、宣间，华阳洪鹭汀观察以宦橐所赢，卜宅韩家巷，而规其西为圃，取曲园所书“携鹤草堂”四字榜之，曰“鹤园”。方池镜平，修廊虹互，风亭月馆，媚以花药，地不溢三亩，而专林壑之美。乃斤斧之役未竟，观察不欲有其业。先王父中表屈庐庞公承是园也，以付于其孙蘅裳。蘅裳方橐笔游杭，则僦与沤尹。浙西古为词客渊海，沤尹善讽谕，忱悱婉丽，一师梦窗。而高密郑大鹤为词俊健，有白石之风。二子同居吴下，海内隐然，推词坛祭酒，四方名士踵接其庐。园有丁香一木，花时芬馥，则沤尹自宣南移种，寸根千里，来宠词伯。蘅裳于癸亥秋始葺是园而谋居之。蘅裳修且臞，与鹤望生相类，自号曰“臞鹤”有年矣。既宅于兹，乃改字曰“鹤缘”，缘与园音相谐也。自洪氏以鹤榜其园，又署其厅事曰“栖鹤”。有鹤之忏，无鹤之缘。缘证于十年之后，待修且臞者如蘅裳栖息焉，而为是园主。余向所谓“率然之名而符乎几几”动于初，而莫之知也。人生饮啄游息，官止神行，若当前之有物，赢粮奔赴，以趋其途，甚者毕世不能遘厥成功，后起者来食其报。圣哲之于道，豪杰志士之于名业，牵天系地，成于一范，条纷绪错，俟会而解，夫岂独是园为然哉？今观察长公子青立居士别构钵庵于彭耆巷，与其妇若子精修白业，其于释氏所谓缘法者，庶几闻而翕然矣。园中梅、杏、梧桐、枫叶离立数十本，皆有臞态，雅与鹤副。而俞氏春在堂、吴氏两罍轩，南北为邻，举足不十武而至。方春三月，丁香花。蘅裳将设席其下觞余，先索为之记，记此园沿革与夫名字之暗合，若有前定，然则余之得留文字于斯居焉，宁独无缘哉？

为《鹤园记》成，蘅裳排闼诧余曰：“子之叙沤尹而联及大鹤也，则缘之外，又有缘矣。大（鹤）初来吴下，实僦居马医科，巷在是园北。吾先王父既斥田千亩，立义庄赡族，而未有祠宇。癸亥九月，吾辟园北户，得某氏故居，立券购之。既汛扫池阁，因见名文焋者所临争坐位书六幅，壁间浥损矣。审其跋而后知为大鹤之兄，兄若弟寄迹于此也。彼亦一鹤也，此亦一鹤也。吾之生而与鹤为缘如此，虽然，吾有商瞿之恨，今所缘者皆鹤也，其能无望于将雏乎？”余曰：“子能绳祖武构祠宇，以竟庄事，而祀王父于中，有孝思矣。求之诗曰‘孝子不匮，永锡尔类’，其次章曰‘君子万年，永锡祚胤’，而《大易・中孚》之九二曰‘鸣鹤在阴，其子和之’，夫能孚其孝于天，而岂无胤以受其祚哉？子惟不孝，无惧不得后。夫有鹤，斯有雏缘至，而后祥生焉。”蘅裳悦，属缀其辞于尾。越日，天羽再志。

半园记

德清 **俞樾**荫甫

往岁，余卜宅于姑苏，得仓米巷老屋一区，议以千缗易之，而稍修葺焉。后得地于马医科巷，乃罢前议。未几，复经其地，则石工、木工咸集其门，筑之丁丁声达于外间。（问）之，则曰："史方伯所为也。"逾年，而方伯果来访余于曲园，则伟堂史君也。其人和调而不缘，溪盎而不苛，与余一见，如旧相识。越日报谒，登其堂，藻室华椽，绮疏青琐，赫然改观。余乃叹曰：地果以人美乎？使曩者为余所得，则因陋就简，不过环堵之室，辟润湿园风寒，其能崇丽若斯哉？已而，方伯索余书榜，曰"半园草堂"，余率然写付之，亦不知所谓园者何如也。今年春，余往过之，方伯欣然曰："吾园成矣，盍一游乎？"乃与偕往。

园在屋西，所谓"半园草堂"者，园中之主屋也。其屋南向，东北有小室，曰"安乐窝"。迤东，有屋三间，曰"还读书斋"。又以修廊亘之，中有小亭二，曰"风廊""月榭"。东南隅，有室正方，前临荷池，复栽修竹，以竹与荷花，皆有君子之称，因名之曰"君子居"。其西南隅，有屋如舟，颜曰"不系舟"。从其后绕出西廊，有楼屋三重，其下层颜以四字曰"且住为佳"；中曰"待月楼"；上曰"四宜楼"。凭栏而望，则阖庐城中万家灯火，了然在目矣。斯园也，高高下下，备登临之胜，风亭月榭，极桎柏之华，视吴下诸名园，无多让焉。余曰："此即所谓半园者欤？"君曰："然。"余曰："园至此，叹观止矣，奚以'半'名？"君曰："不然，吾园固止一隅耳，其邻尚有隙地，或劝吾笼而有之。吾谓事必求全，无适而非苦境，吾不为也。故以'半'名吾园也。"余因喟然而叹曰："美哉！君之名斯园乎！《老子》曰：'知足不辱。'《礼记》曰：'知不足，然后能自强。'君之名园具此二义矣。"君请其说，余曰："以君之力，固足以笼有余地，乃甘守其半，不求其全，此君之知足也。然君之园，视吴下诸名园，固无愧矣，君乃以'半'名之，曰'吾园固止一隅耳'，此又君之知不足也。合知足、知不足两义，而君进乎道矣。余于马医科巷手治曲园，辄援老子'曲则全'之义以解嘲。闻君之言，不禁爽然自失也。"

蘧园双鹤记

宁都 **魏禧**叔子

鹤千岁而元，又千岁更白，故禽之寿者，黑曰乌，白曰鹤，仙家多"骖鸾控鹤"

之说，故鹤尤贵。吴门中勖庵先生家有阁曰“来青”，阁前后有松有石有药栏，曰“蘧园”。岁戊申，有大鸟翩然降于南除，群笑而哗曰“鹤也，鹤也”。明年己酉，先生八十初度，月在仲春阁之后，复一鹤来，止而不去，盖一雌而一雄，客共惊曰：“此寿征也，天命之矣。”又三年，壬子，宁都魏禧来吴门，闻斯事既得父于先生，退而叹曰：“鹤精神洁清，虽处阛阓，翛然有山林之致。先生以长者翛皎皎之节，世无所缁其羽毛，物实以类应，岂惟征寿？吾又闻先生大父文定公当明农时治第吴，趋鞠二鹤，每宴客，则二鹤迎于门。坐定酒行，则展翅共舞，和鸣久之，下阶而就食，何鹤之多异也。文定年五十七致政，家食者又二十四年，而大司马、大参公皆年逾八十，申氏世多寿者，则以双鹤征先生之寿亦宜。”

汪氏耕荫义庄记

吴县 **冯桂芬**林一

事有创自晚近，不必为三代之法，而转足以维三代之法之穷者，士大夫家之建义庄是也。考之《仪礼》传曰：“大宗者，收族者也。”又曰：“异宫而同财，有余则归之宗，不足则资之宗。”此古宗法也。宋吕氏大临曰：“宗子法又不行，人虽士大夫亦无收族之法，欲约小宗之法，且许士大夫家行之。”苏氏轼亦有小宗之议，其实今古异，宜井田封建一废不可复，宗法何独不然？二公所论亦托诸空言而已。吾乡范文正公守杭郡，置义田，立义庄贮祖，迄今且九百年，世被其泽，说者谓得宗法遗意焉。公学问轩天地，勋名炳史册，区区衣食解推木节耳，奚足为公重顾大贤处世，建一策，举一事，往住为法于天下，可传于后世。是举也，前无所承，后有可继，补先王立制于已敝，开奕祀食德于无穷，洵非公莫能为，其为功德亦远矣哉。今义庄之设遍天下，吾吴为公故乡，闻风兴起者宜益众。乃素封有力之家，奚啻百十数，而合郡城之广，著录仅十余族。嘻，盖其难也。封翁汪小村、紫仙两先生奉尊甫中议大夫雨村先生遗命，谋于族，倡义庄之议。从子峨庭封君等若，而人咸欣然从之，捐常稔田一千亩有奇。又縻白金千流于郡城西偏申衙前购屋一区，建宗祠，立耕荫义庄。春秋享祀，岁月要会，咸于是乎集。庄法鳏寡孤独废疾有养，嫁娶凶葬有助，春关秋赋有赆。择族之贤者，司存之大略，准诸范氏详先生所自为规条。中汪氏系出鲁颍川侯汪，其后以名为氏，三十有一传为汉龙骧将军。文和始迁江南，又十三，传为唐上柱国越国公华，实汪氏别祖，今直省若姓者多公后人。又若干，传入国朝为武庠生。汝卿府君尚棂，自歙迁吴，是为先生五世祖，世以厚德闻于乡。百余年来族益大，叶渊先生首以名进士入翰林，则先生之世父而嘏庭封君之大父也。道光辛丑，紫仙先生子工部郎中藻嘏庭封君于庶吉士改吏部主事，堃同榜成进士，其余登贤书，贡成均，有声黉序者，人若而人，寖炽而昌，未有艾。异时不懈益虔，增其式廓，吾知是庄之盛，必继美高平无疑也。今建祠之地，相传即宋时乐圃，复为景德寺，为学道书院，为兵巡道署，为申文定公宅。乾隆以来，蒋刑部楫、毕尚书沅、孙文靖公士毅，迭居之。东偏有六小园，奇礓寿藤奥如旷如，为吴下名园之一。蒋氏掘地得古甃井，命之曰“飞雪泉”，今尚存。余尝僦于孙家者数年，通籍之岁始舍之北行。闻诸故老，毕尚书宅之入官也；孙氏售诸官，愿隐其姓，县令信笔署以汪，今终为君家有。从前更徙及兹而宅，噫，岂偶然哉？余与工部君道义切劘交久，而笃知其世德綦详，属记以道诸石，以尝居其地，附识此，以谂来者。

颐园记

吴江　**金天羽**松岑

坐我以华堂，饮我以美酒，而使我旷然游观乎山水之间，斯非异境与境之在于幽遐崭绝者，天之功也。天弛其功，地谢其能，灵驱秘助来献斯异崒，而巇陷，而谷间，而宫崖绝，而梁缭，而岞者、岭隈者、隩裂者、涧涧悬溜丁鸣而赴于溪。溪上有亭焉，实绾山之两口。溪南为堂，颜曰“环秀山庄”者，以其面山也。苏之城廛次而墉比，举薪之夕，十万家尘壒嚣然。而一入斯园之门则镜澜屏碧，纷夸罨蔼，朝岚倒影，夕彩晕光，隐几寂视，若出云表。其山皴瘦浑成，自趺至巅，横睨侧睇，不显斤斫。凡余所涉天台、匡庐、衡岳、岱宗、居庸之妙，千殊万诡，咸奏于斯。斯盖宋钱氏金谷园之古基，朱氏继有之而为乐圃者也。清道光朝，汪氏于此始建义庄，其先后易主，互详钱梅溪《履园丛话》及《冯敬亭耕荫义庄记》。园在义庄东偏，其阖之额署曰颐园者，汪西溪书也。构此山者，毗陵戈裕良为晚清名手，自诧以为驾狮林而上之，不虚矣。汪子鼎丞数邀余饮于兹园。戊午春，毕节路金坡、贵阳许肇南来苏，鼎丞复邀之饮，度由于补秋舫。舫位在山之北隩，余踞磐石听之。笛声摇曳，出翠微间，而涧瀑自墙外来，应节相和。时玉梅二株方怒花，辛夷亦垂折罄无，算爵，宾主尽欢。汪子因举觞属余为文，以錾之石。汪子有儒雅风，诺不可逋也。越一载，乃命笔志其胜，以备吴中名园掌故。

留园

游息园记 乙丑

元和　**袁学澜**文绮

苏郡闾丘坊巷有息园者，参军钱锋所筑，为钱武肃王分祠者也，中具水木亭台之胜。每春时，士女看花，扇纨扑蝶，柑酒听莺，备极笙歌游衍之乐，由来旧矣。自经丧乱，游事久废。乙丑暮春，尘事稍暇，余始得同子清杰游五松园敏画灵鹫诸寺。绿荫昼寂，僧坐掩关。还访息园，至则瓦砾碍履，亭榭毁圮于灌丛积莽。中惟见废池萍涸，乔木半枯，犹兀立于妙严台高阜之上。主人钱震山出谈于草蔓间。读钱泳书《武肃祠碑》及壁间东坡《过闾丘小圃饮酒诗》石刻，相与追忆昔日斯园之盛，不禁慨然叹息，有风流云散之感焉。昔在梁普通间崇信佛法，简文以妙严名其女，弃俗衣缁，峻启名蓝，立禅兴寺。蕣华萎谢，没余丘垄，至宋时黄州旧守闾丘孝终筑园居此。家蓄声妓，后房懿卿，兼擅才色。东坡尝雨中过，其《饮酒诗》中记波潋方塘、十眉列座、仙袂行雨、清歌驻云，其文宴欢娱情景概可想见，此一时也。国初，翰林顾嗣立即其地为依园。撕削荒秽，崇饰池馆，开秀野堂，招集名流觞咏，选集元诗，主盟风雅，流传文苑，著为美谈，此又一时也。乾隆时蒋白梁居之，后杨大琛复居之，至钱参军创立息园时，其荒芜亦如今日。震山为余言如是，余于是有悟盛衰兴废之理，迭相倚伏矣。

余尝旷观世间万事，须臾变易如大空浮云白衣苍狗，顷刻万状，转瞬之间旋就澌灭，归于无有。况歌舞娱游，楼观靡丽，极盛难继；高明鬼瞰，朱门甲第，再过为墟，大抵然矣。在有道者视之，满损谦益，日中必昃，富贵无常，豪赀籍没，炙手可热，门成罗雀，荣华寂寞，与时消息，实事理之恒，无足异者。则凡日息园之毁废，安知后日不复有振起之者耶？我为语震山，姑静守之，余侯之书称，《无逸》陈“稼穑之艰难”，《诗》咏“无荒刁”，《唐风》之“勤俭苟谨”。持此世德，名门百年，堂构绵延，累祀必有能兴复此园者。是为记。

敬亭山房记

宁都　**魏禧**冰叔

登州姜如农先生，有别业在吴门，曰敬亭山房。敬亭者，宣城之山也。盖先生以直言忤旨，廷杖，诏免死，戍宣州卫。未几国变，先生曰：“吾不可以归也。”转徙浙东，久之，侨吴门，得故相国文文肃公园居之，曰：“我宣州一老卒，君恩免死之地，死不敢忘。”遂以“敬亭”榜其堂云。当崇祯季年，先帝焦劳锐于为治，臣下不称任，使负上意，上寖疑群臣不可信。而言路是非贸乱，一二直言敢谏之臣又多议论失平，或迂疏无裨实用，上数有贬斥，疾威之下，罚不当罪者有之。从古偏听生奸，诛斥谏臣者往往至亡国。先帝不幸国亡，人每追咎于斥谏臣之故，然其得失，要当分别论列，不可徒徇君子虚名，全归其过。君父先生同时有名臣，亦尝论时相退，而补牍与面奏语前后不相蒙，上震怒，以为欺罔，几抵极刑。是以持两端得罪其事，与先生不同，而国亡后，犹悻悻然不能释，其怼怨先生盖不仅加人一等矣。先生抱膝读书山房中，不与世事者三十年，有二子甚才，教以古人之学。予至吴，慕其义，先谒先生，而先生油油然，和且直，又若未尝身之为忠节者。予因叹，近世士大夫登巍科，躐显仕，则德其座主及主爵之吏，稍所降黜，则怨君父，至迁谪外地，乃悼然敢不至官，而大吏且以贤能称职，首登荐疏，虽世有称贤者亦不免。嗟乎！天子可贵，人亦可贱，人可予人，亦可夺人也。善则归己，德则归他人，而过与怨则归君父，臣子之用心，当如是耶？先生名埰，中崇祯辛未进士，令仪真，以取擢礼科给事中。山房故美林水，前此为文肃公药圃，又前此为副使袁公祖庚之醉颖堂。三公者皆贤人，吾将比柳子之贺丘遭也，遂因仲君实即之请，为之记。

姜氏艺圃记

长洲 **汪琬**苕文

艺圃者，前给事中莱阳姜贞毅先生之侨寓也。吾吴郡治西北隅，固商贾阛阓之区，尘嚣湫隘，居者苦之。而兹圃介其间，时以胜著。圃之中，为堂、为轩者各三；为楼、为阁者各二；为斋，为窝，为居，为廊，为山房，为池馆，村寨、亭台、略彴之属者，又各其一。予尝最其大凡，则方广而弥漫者莫如池，迤逦而深蔚者莫如村，高明而敞达者莫如山巅之台。曲折而工丽者莫如仲子肄业之馆若轩。至于奇花珍卉，幽泉怪石，相与晻霭乎九席之下；百岁之藤，千章之木，干霄架壑；林栖之鸟，水宿之禽，朝吟夕哢，相与错杂乎室庐之旁。或登于高而揽云物之美，或俯于深而窥浮泳之乐。来游者，往往耳目疲乎应接，而手足倦乎扳历，其胜诚不可以一二计。盖兹圃得名也久矣，圃之主人亦屡易。其始，则有袁副使绝之，以高蹈闻于前；其次，则有文文肃公父子，以刚方义烈著于后。今贞毅先生复用先朝名谏官，优游卒岁乎此，而其两子则以读书好士、风流尔雅者绍其绪而光大之。马蹄车辙，日夜到门，高贤胜境，交相为重，何惑乎四方骚人墨士，乐于形诸咏歌，见之图绘，讫二十余年而顾益盛与！不然，吴中园居相望，大抵涂饰土木，以贮歌舞，而夸财力之有余，彼皆鹿鹿妄属人之所尚耳。行且荡为冷风，化为蔓草矣，何足道哉！何足道哉！

艺圃后记

长洲　**汪琬**钝庵

艺圃，纵横凡若干步。甫入门，而径有桐数十本。桐尽，得重屋三楹间，曰“延光阁”。稍进，则曰“东莱草堂”，圃之主人延见宾客之所也。主人世居于莱，虽侨吴中而犹存其颜，示不忘也。逾堂而右，曰“馎饦斋”。折而左，方池二亩许，莲荷、蒲柳之属甚茂。面池为屋五楹间，曰“念祖堂”，主人岁时伏腊、祭祀、宴享之所也。堂之前为广庭，左穴垣而入，曰“旸谷书堂”，曰“爱莲窝”，主人伯子讲学之所也。堂之后，曰“四时读书乐楼”，曰“香草居”，则仲子之故塾也。由堂庑迤而右，曰“敬亭山房”，主人盖尝以谏官言事，谪戍宣城，虽未行，及其老而追念君恩，故敢宣之山以志也。馆曰“红鹅”，轩曰“六松”，又皆仲子读书行我之所也。轩曰“改过”，阁曰“绣佛”，则在山房之北。廊曰“响月”，则又在其西。横三折板于池上，为略彴以行，曰“度香桥”。桥之南，则南村，鹤柴皆聚焉。中间垒土为山，登其巅稍夷，曰“朝爽台”。山麓水涯，群峰十数，最高与念祖堂相向者，曰“垂云峰”。有亭直爱莲窝者，曰“乳鱼亭”。山之西南，主人尝植枣数株，翼之以轩，曰“思嗜”，伯子构之，以思其亲者也。今伯子与其弟又将除改过轩之侧，筑重屋以藏弆主人遗集，曰“谏草楼”，方鸠工而未落也。圃之大凡如此。

主人谓谁？前记所谓贞毅先生是也。以“艺”名其圃者主人，而命予为之记者，仲子也。仲子名实节，字学在，余悉载前记中，不复著云。

留园记

德清　**俞樾**荫甫

出阊门三里而近，有刘氏寒碧庄焉。而问寒碧庄，无知者，问有刘园乎？则皆曰有。盖是园也，在嘉庆初为刘君蓉峰所有，故即以其姓姓其园，而曰“刘园”也。

咸丰中，余往游焉，见其泉石之胜，花木之美，亭榭之幽深，诚足为吴中名园之冠。及庚申、辛酉间大乱臻至，吴下名园，半为墟莽，而阊门之外尤甚。曩之阛城溢郭尘合而云连者，今则崩榛塞路，荒葛罥途。每一过之，故蹊新术辄不可辨，而所谓刘园者，则岿然独存。同治中，余又往游焉。其泉石之胜，花木之美，亭榭之幽深，盖犹未异于昔，而芜秽不治，无修葺之者。兔癸燕麦，摇荡于春风中，殊令人有今昔之感。至光绪二年，为毗陵盛旭人观察所得，乃始修之、平之、攘之、剔之，嘉树荣而佳卉茁，奇石显而清流通。凉台燠馆，风亭月榭，高高下下，迤逦相属。春秋佳日，观察与宾客觞咏其中，而都人士女亦或掎裳连袂而往游焉。于是出阊门者，又无不曰"刘园""刘园"云。

观察求余文为之记。余曰："仍其旧名乎？抑肇锡以嘉名乎？"观察曰："否，否！寒碧之名，至今未熟于人口，然则名之易而称之难也。吾不如从其所称而称之，人曰'刘园'，吾则曰'留园'，不易其音而易其字，即以其故名而为吾之新名。昔袁子才得隋氏之园而名之曰'随园'，吾得刘氏之园而名之曰'留园'，斯二者将无同？"余叹曰："美哉，斯名乎！称其实矣。夫大乱之后，兵燹之余，高台倾而曲池平，不知凡几，而此园乃幸而无恙，岂非造物者留此名园以待贤者乎？是故，泉石之胜，留以待君之登临也；花木之美，留以待君之攀玩也；亭台之幽深，留以待君之游息也；其所留多矣，岂止如唐人诗所云'但留风月伴烟萝'者乎？自此以往，穷胜事而乐清时，吾知留园之名常留天地间矣！"因为之记，俾后之志吴下名园者，有可考焉。

勺湖记

长洲　**沈德潜**确士

勺湖，方氏园池也。园方广六亩，池半之。池非湖，勺水亦湖，取齐物之义，因以湖名。

湖之中央，有亭翼然，曰"丹亭"，慕丹丘也。稍前而西，曰"西亭"，从其位也。又前，曰"广歌堂"，念故乡也。丹亭之东，屹然峙于湖，曰"楮荫轩"，楮树丛生，不攘不剔，取无用为用也。丹亭之西，藤木森布，石累累然，若突若仆，旁可列坐，曰"荫台"，以繁荫茂密也。台之西，有桥蜿蜒，与亭相连，曰"雁齿桥"，象其形也。园之隙地，半种竹，余治圃，圃植瓜壶、葱、韭、苋、芥，凡可为蔬者。旁多老木，若梧，若桂，若梅，若桃、杏，若榆、柳、槐、楝、桑、柘、檩、檀之族，数之，得数十株。卉为紫藤，为白萼，为萱，为蕉，为蔷薇、刺梅、金雀、木芙蓉之属，种类繁滋，与木相埒。凡人世贵重难得者不属也，主人之意，不在此也。水则芙蕖、菱芡、菰蒋、荇藻，牵引参错，摇漾缤纷。翡翠之鸟，往还翕忽；游鱼跃波，或聚或散；倒影天碧，淡涵云光；清风始生，翠烟欲动；月光澄照，凌空一色；日夕佳景，无不可玩。主人无事，辄来园中，或孑影自适，或偕昆弟友生，倚阑槛，坐高阁，弹琴咏诗，酌酒相乐，酣然欲卧，心游玄漠，若将有得焉，而老于斯也。

园在破楚门东，其地狭隘，其民奔利，屋宇鳞密，市声喧杂。而勺湖之地，翛然清旷，初不知外此为阛阓者。而阛阓往来之人，不知中有木石、水泉、禽鱼之胜。益可知也，旧为蒋氏地，向之习于园池者，其亦有乐于此耶？主人有之，适于斯地相宜，主人产南粤，迁吴中，粤与吴皆声华颓靡之俗也。而主人洁清贞正，潮如恬如，不绝物，不苟同，与世俗日相接而各不相喻，人与勺湖有契合焉。宜其乐乎此，而不知有人世之荣也。

主人名还，字蓂朔。名朝，字东华，其弟。

苕华书屋记

长洲　**汪琬**钝庵

康熙九年春，予自金陵命儿筠往卜居郡城之西郊，老屋二十余间，堂寝庖湢略具。俗传以为前明正德中尚书陆公完故居云。夏五月，予还，自西新关扫除旁舍一楹，迁几榻其中而寝处焉。地广袤不越数弓，庭前后杂花药三株，老梅各二本。前庭又有石直立，陵苕始华，其蔓循外垣而下，罗络石之四周，盖与梅皆数十年物也。予颇乐之，乃颜之曰“苕华书屋”。

今夫水万折，必东焉。鸟兽大者，丧其群匹越月逾时焉，则必过其故乡翔回焉，鸣号焉，蹢躅焉，踟蹰焉；小者至于燕雀，犹有啁噍之顷焉。今予自宦仕以来，无污莱以供饘粥，无室庐以荫庇风雨寒暑。袁宜人既殁于是寓，其孥于昏党委之，而食禄京师者殆十有三年矣！及其迁也，环顾耳目之前，井市半已改易，亲旧半已凋丧，故时所藏琴尊图籍玩弄，爱好之物半已零落，不知所在，而予亦遂初矣。幸有此一楹，以为读书歌咏之地，自分可以少休，顾独驰驱奔走，役役而不止，不亦大可太息哉！然则，予固困而思归矣，拂巾布袍，从容偃息于陵苕之下，必不苟且远矣。故记之。

塔影园记

长洲　**顾苓**云美

塔影园者，文基圣先生之别墅也。先生为待诏衡山之孙，国博三桥子，词翰奕世，宏长风流。初于虎丘南岸，诛茅结庐，名“海涌山庄”。凿池及泉，池成，而塔影见。张伯起赋诗落之，于是和州为之图，三桥题其上云：“篱豆花开香满园，赤阑桥畔塔斜悬。偶思小饮沽村酿，门外鱼虾正泊船。”园之萧条疏豁，大概可见。既而居士贞僦居之。士贞去后，败瓦颓垣中，风径霜林，依然如昔。寻山客至，不复停车。天启间，属松陵赵氏，往来读书，复临池结屋，稍贮歌舞。后出仕，闽乱乃归，遂为园择至（主人）。适余过而乐之，与割券而考室焉。忆《梁书》顾正礼随外祖游虎丘，以枕流漱石之语，为外祖所器，卒以志操见。予为文氏弥甥，葺此旧隐，似关宅相，亦有门风。彭城万若来又为予制《云阳草堂记》，四方过从，时留题咏。诗文多于水树，水树多于斋馆，乌足被园林之目哉？夫有所受之矣。

塔影园记

长洲　**沈德潜**确士

探名山之胜者，必梯嶔嵚，缒幽深，嗜奇者快焉。而或病其劳，且不能经久。而结构林园休憩者，平池小丘，鱼鸟翔游，一切巉岩秀削之状，又不能游目而即得。惟因名山为名园，斯两者兼之。摩诘辋川庄因乎蓝田，白太傅草堂因乎庐山，其最著也。赋琴主人为园于虎丘东南隅，山之明丽秀错，园皆得而因之，名曰“塔影”。山巅浮图，隐见林隙，故名。园本程氏故居，几为废壤。主人有之，刜蒙翳，蠲荒墟，构新依故，崇卑决淤。经营有年，断手伊始。敞者堂皇，俯者楼阁，缭者曲廊，静轩闲龛，邃窝深房。峙乃亭台，环乃垣墙。向背适宜，燠寒协序。隙地植梧、柳、榆、桧、桃、杏，来禽、芍药满畦，寒梅成林，藤萝交络，桂树丛阴，馣馤蓊荺，葱蒨深沉，此南岸之胜概也。迤北，通以虹桥，沿以莎堤，突以高冈。冈杂松、杉、乌柏、银杏之属。石级萦绕，虎络连缀。洗钵有池，翻经有台，窈窱有敦，篨篨萧疏，连绵鹤涧。第三泉注白莲池，泻入涧中。乍舒乍咽，幽幽淙淙，云垂烟接。最高处旧名。睇视涵空，浩然天成，非由人功，此北岸之胜概也。园三面绕河，船自斟酌桥进，丛生茭荷，朋聚凫鸥。回塘纡余，沓溆分流。山遥青而点黛，水绕白而曳练。直溯长荡，疑闻棹歌。此园以外周遭之胜概也。主人养闲园居，寤对名山。凡伯主鱼肠，美人黄土，高僧谈空，道流轻羽，凭吊前迹，如同晤语。而都人士之计春寻秋，携琴挈侣者，亦若点缀以风华，掩映乎丘圃。则林居之逍遥，与探历之旷奥，一俯仰而交集吾所也。又主人庋书数千卷，兴到，随手一编，有得于心，然蹄筌客至，或谈讨金石，或娱情诵弦，此更有得于身心之乐，而岂徒获名山之助，相与濯缨而晞发，颐性而忘年也与？昔顾高士苓居塔

耦园

影园，高士结志区外，洒心清川，所云畏荣好古者也。今异其地而同其名，殆有尚及前民之意焉。主人名重光，字子宣，姓蒋氏。园成，为乾隆某年月日。

凫溪渔舍记

长洲　**蒋恭棐**维卿

出金阊门，山之可日涉者，莫如云岩。方塘滔波，万瓦鳞次，花晨月夕，画舸填塞，广场胜会，亦时喧嚣之嫌。近山村落，小渚萦回，野田疏豁，与云岩之平远秀丽，足相映发。而游迹罕逮，半塘迤北，清浏数折，土名“鸭脚浜”。鸭脚，银杏树名，吴中处处有之，独被是何耶?

余从祖父绣谷先生，暇日与客过而乐之，购地筑室，题曰“凫溪渔舍”，自营寿藏其旁，命为之记。

西溪别墅记

嘉定　**钱大昕**晓征

吾友陆君豫斋，唐高士甫里先生之三十四世孙。承先贤遗绪，敦本睦族，勇于为善，既建甫里先生祠于虎丘山塘之南，又构小园于祠之侧，颜之曰“西溪别墅”，属予记之。

考甫里先生，卜居吴郡之临顿桥，其《幽居赋》云：“门临鹤市，地接虎丘。”又尝与皮袭美西溪闲泛倡和之作，载于《松陵集》。则兹山为先生流连觞咏之地，九原可作，其必有乐乎此矣。相传，甫里祠其清风亭、光明阁、双竹堤、杞菊畦、垂虹桥、斗鸭池诸胜，今皆鞠为茂草。豫斋矗然伤之，爰于别墅，仿其名目，随地势曲折而布置之，高者为堤，洼者为池，杰然者为阁，翼然者为亭，水石清旷，卉木敷荣，拓地仅数百弓，而宛得笠泽、松陵之趣，盖不徒存甫里之故迹，无兼得甫里之性情者也。

予尝读《唐书》本传，称李蔚、卢携皆与善，及当国，召拜左拾遗，诏方下而卒。疑若少假以年，不必以高士终者。及至两人入相年月，参以《笠泽丛书》《唐诗纪事》，而知史之未可信也。两人之并相在乾符二年乙未，至五年戊戌而相继罢去。拾遗之召，当在数年间，而《丛书》之成，在乾符己亥，则其时，先生犹无恙。计敏夫谓卒于中和初，中和又在乾符之后，卢、李二公皆先没矣。然则先生虽以拾遗召，而坚辞不起，终全肥遁之操，岂藉终南为捷径，而捧檄色喜者哉?

士人高尚其志，必不慕乎一时之荣，而复能收千年之报，迄今过西溪而瞻拜祠下者，流连慨慕，共仰为百世之师。而又有贤裔如豫斋者，咏芬咏烈，克绍家声。祠得地而盈彰，地有墅而愈胜，高山景行，俎而豆之，将终古而无极，视左掖之荣，所得为何如也！世徒惜先生之不及应召，而不知先生乃召而不出，此所以为真高士。古人以三高并称，予谓少伯功名中人，固非其匹；季鹰虽知几，犹多入洛之举，较先生尚逊一筹也。试质之豫斋，其以我言为然否？

挹秀楼记

吴县　**亢树滋**铁卿

由海涌峰而南行，过斟酌桥百余步，有楼翼然踞七里塘之上，则挹秀楼也。旧名“聚远”，为吴玉松太守别业。当承平时，画船箫鼓，络绎楼下，无虚日，太守恒坐卧其中为乐。未几，归于王氏，兵燹后，屋室莽为丘墟，惟楼仅存。光绪初元，余弟树楠既割其地为家祠。落成之后，又新作是楼，为登眺之所，颜曰“挹秀”，属余书其额，并为记之。方余弱冠时，逢春秋佳日，恒随侍先君子泛舟山塘，数过楼下，见珠箫翠幔，掩映于山光塔影之中，可望不可即，未尝不叹楼居者之不啻神仙若也。乃俯仰之顷，楼则犹是，而已三易主矣。先君子既久弃养，余亦齿危发秃，景迫桑榆，欲寻少时随侍之乐，而湖山阒寂，兰桡桂楫，鬓影钗光渺焉，不复可睹，盖几几乎有时殊世异之感焉。惟天平诸峰，耸然遥拱于十里之外，峥嵘秀异，依然在目，历盛衰如一日也。因以知纷华靡丽之境，有时而变迁，固不若清虚闲寂、淡泊宁静之足以乐吾志于无穷也。风月清朗、烟雨晦冥之夕，先君子之灵爽或亦凭依于兹，而不忍去欤？然则吾亢氏世世子孙安可不思所以永保之哉！

渔隐小圃记

青浦　**王昶**德甫

枫桥之水，从梁溪来，过桥分支西南流，别为西塘，又有桥，名“江村”，其南则袁子又恺“渔隐小圃”在焉。圃之先，为王冈龄居，名“江村山斋”。冈龄师沈文悫公，工小诗，画仿文待诏，往往招集胜流名士，作文字饮，具见所刻《西塘唱酬集》中。又恺之兄，冈龄女夫也，故是圃归袁氏，其宗人兰斋大令曾为记，又恺拓而新之。

入门，“贞节堂”三楹，后为“竹柏楼”，諠节母韩太夫人，抚孤居此竹柏以况其节也。楼旁有“洗砚池”，池水湛碧，芙蕖花时，香满庭户。沿池遍植木芙蓉，有径达“梦草轩”。傍柳荫，驾横石，名“柳江徛”。由徛而入，左为“系舟”，右为“水木清华榭”，再进为“五砚楼”。又恺嗜藏书，兼嗜砚，获砚五，皆元、明间袁氏名人手泽，故以名楼。登楼，远山出没，平畴如方罫，可供吟眺。楼东“枫江草堂”。南并草堂者，“小山丛桂馆”，前有小阜突起，建“吟晖亭”于上。亭下接“稻香廊”，廊尽为“银藤簃”，西向最高者，为“挹爽台”。草堂之后，栽牡丹、芍药，名“锦绣谷”。东则“汉学居”，又恺著书之地，又恺穷经必本注疏也。再后为“红蕙山房”，钮布衣非石自洞庭山移红蕙树此，故名。凡十六景，而统谓之“渔隐小圃”，盖视冈龄在E，固已胜矣。

于是春秋佳日，吴中胜流名士，复命传啸侣来元虚日，而远方贤士大夫过吴者，挐舟造访，填咽于江村桥南北，樽酒飞腾，诗卷参互，吏非冈龄所能逮矣。忆庚午岁，余从文悫公至此，迄今已五十年，西塘唱酬卷中，凡四十余人，无一存者，独予齿危发秃，乃得乞身投老，盘跚踯躅其间，以续文悫诸公之后，且见夫亭榭之更新，图书之美富，宾朋之戳盍，将与“乐圃”“南园”并美，既以志感，又窃自幸也。故因又恺之请记，而叙其大略如此。

五砚楼记

嘉定　**钱大昕**晓征

袁子又恺，向居金昌亭畔，题其读书之室，曰“三砚斋”。予尝为之题匾“三砚”，皆其先世所诒：一为介隐先生物；一为谢湖草堂砚，则尚之先生物；一为列岫楼砚，则永之先生物也。丁巳岁，青浦王侍郎以所藏清容居士砚赠又恺，钱塘奚铁生为作《归砚图》，一时侈为嘉话。未几，又得谷虚先生廉吏石砚，并前所藏而五。是夏，又恺移归枫桥旧居，甫卸装，即谋藏书之所。唯兹楼宜，乃奉先世手泽及古今载籍收藏，唯谨名其楼曰“五砚”，属余记之。袁氏四姓五公，著于东汉。晋南渡后，门望亚于王谢。吴中之袁，则自明嘉靖六俊以文行相砥砺，与三张、四皇甫齐名。迄今三百年来，诗礼之传入而未替。又恺承其父兄之绪，益以通经敦行，孟晋匪懈，凡先世遗迹流转它姓者，辄重价购归，弆之斯楼。生平笃好文史，聚书数万卷，多宋、元旧椠及传钞秘本。暇日坐楼中，甲乙校雠，丹黄不去手。予尝论世少藏书之家，藏矣未必能读，读矣未必能校，能读且校矣，而或矜己妒彼。如许慈、胡潜所为，亦未免通人讥议。独又恺兼三美而无一病，予心重焉。其楼四面洞达，迴出埃壒，灵岩、天平之紫翠，望之如可摘也。支硎、法螺之钟磬，招之若相答也。前俯澄碧，旁植花竹，挹风土之清嘉，屏丝管之嘈杂，予盖尝裴回徙倚焉，而不能去也。列岫楼又废，今无能指其所在者，而砚尚存斯楼，主宾文酒唱酬之盛，不减于曩时，此吴中世族所难得者，予所以乐为记也。

广居记

戈宙襄

余居枫江寒山寺之东，门外水环之。入门折而西，余书室三椽在焉。纵二寻，有五横倍之茅屋，纸窗仅蔽风雨。余于左置长几，积书其上，下一小榻，倦即卧。中容方几、短椅，供三四人坐，客来小饮，恒肩摩而趾错然。右有书橱五，无他物。前庭深五尺，植大香橼树一。后有一小室，室外即小圃，不半亩，杂莳草木，四时皆备。凡庭外花最繁。室中器具以及需用者，皆寡甚，而书则无算。性好整，不杂乱，读罢必归原次，以故书虽多而不见其烦，人过者恒曰：隘哉，隘哉，今则日夕独居其间，左图右史，前花后竹，校读之余，继以诗酒，兴趣所至，直不知天地之大，古今之远，宫室之盛，品物之繁，其心泰然自足，其身亦若宽然有裕。遂取孟夫子之意，名之曰“广居”。岂徒以为天下之居不遍如此乎？始以为隘者见之，更蚩然笑予妄。

嗟乎！人患不读书明道耳！不读书则市井之习易染，而识遂深于猥鄙；读书而不明道，则文雅之名虽归，而学终入于伪杂。若而人，虽日处通都大邑，崇台峻阶，甚而堂高数仞，榱题数尺，非不自谓华侈可尚，顾盼生光也。余视之，真若局天蹐地，而日无容其足焉，何也？中无所有，外虽盛而莫当也。余读书三十余年，始犹思耀时自用，汩没于词赋中数年，继更旁骋于诸子百家，以自丰衍，近乃顿悟，前非服膺圣教，游乎仁义之源，涉乎诗书之囿，固思登程朱之途，上周孔之堂，斥异端而回其狂澜，屏伪学而归之正路，立志既坚，加以造诣，时作古文昌明其理，遂觉富贵、贫贱、威武之境，举不足以入吾心，而循循然，惟圣贤之大道是务。盖广居者，本在内而不在外也，故虽环堵之室，寻丈之间，而天下之广，若皆瞭然于心目，而无所遁焉。如是，而道有不明者乎？心有不广者乎？外特其迹，尔人徒见吾之外，而不见吾之内，毋怪乎以为湫嚣迫仄，而不可一日居也。吁！重文章而轻道德，世途其日隘哉！

荆园记

程廷恒

我原籍休宁，清乾隆年间迁昆，始祖琴山公经商昆山，遂家焉，昆城遗有祖宅。迨光绪中季，壬寅科先兄调侯乡闱中举人后，受苏州大石头巷洪氏聘荐为抚院幕府，乃迁苏城，我随兄攻读。光绪庚子，山西李文诚公殿林号荫墀，辛未进士，由礼部侍郎任江苏学政。我为秀才后第一次岁试，拔置一等第二名，誉为荣世，文章奖励备至，咨送京师大学堂肄业。

我四岁失怙，恃赖叔父资政公教养成立，求李公可否就近造就，以使养亲，许荐京师大学堂上海译书分局任编辑员，局长张菊生元济太史异常优待。迨光绪三十四年戊申之夏，天津徐菊人世昌以军机大臣特任东三省总督，承徐总督请调辽沈补用，乃自牧令荐擢监司。未及二十年，开府龙江，风沙冰雪，久役东陲，内政外交，因应不易，年将五十，衰病侵寻，军阀专横，诸难进行。我兄康民力劝急流勇退，诵陶渊明《游斜川》诗"开岁倏五十，吾生行归休"，亦抱同情之感，旋于民国十六年丙申之冬，乞归省，退隐吴中，迎吾兄同居。

先得钮家巷邹咏春太史旧宅，眷属子女诸侄众多，不敷分住。丁卯冬，由祁陶甫、张久余诸君介绍，得城中护龙街九胜巷口对面有旧称陆家墙门田氏大宅。房主田绍盦陪视房地，进园转西，即见有"荆园"砖额在焉。园地约有三四亩，荒圮失修，略具池亭花竹。园东朝南有大厅及后厅，楼东西院有客房、书房、厨房、浴室等四十余间。田君称此宅，其先人得之陆氏，陆乃得之有明长洲文彦可枕烟旧宅。归告阿兄，康民谓《齐谐记》载京兆田真兄弟怡怡，紫荆重开，千百年来传为佳话，不图吾垂老，兄弟得此荆园，何乐如之？议遂定。

此宅前门坐落护龙街，朝东近市喧嚣，乃又商之西邻曹君幼卿，愿以马医科朝南房屋十余间、地基七八分让归我用，得与荆园南墙联络开通，于是护龙街前门改作副门，以马医科新得之地改作朝南前门，辟大荆园用地，以本宅原有西北长安街、景德路之后门，改作第二副门，门内小园亦有修竹嫩桑，别饶清趣。经之营之，不久而木工告成。闻之绍庵，当太平天国军队攻进苏城，陆氏男女老弱尽殉荷池，将近百年，时露枯骨。我乃以池滨湖石迁堆假山数座，掩骼埋胔，填平全池，义所当为。平池拆桥后，以池址起点处起建西式四面厅，朱古薇侍郎题赠"蘧庐"匾额，位置琴书，招邀亲朋，如张仲仁云搏昆仲、吴颖芝、邓孝先、林黼桢、费玉如、王严士、费仲深、彭子嘉、王仁山、邱荫甫、王炽甫、王受尹、姚威伯、沈麟石、毛艾孙穀孙昆仲、连慕秦、周炳卿、姜证禅、陈公孟、冯赓甫、

艺圃

陶小柳、张挥苏、冷天雄、陆颂侯、姚君玉、徐印若、吴臞安、闵采臣、蔡云笙、尤鼎辰诸先生，啸咏其中，极文酒宴游之胜。

园之西北，有屋三楹，传是明代旧筑，邓孝先太史题额“补读斋”，康南海先生题赠“退思”横额。补读未读之书，思补已往之过，素愿幸偿。斋有前后廊，前廊辟左右两门，左曰“锄月”，右曰“枕烟”。我髫龄，叔父资政公命名“廷恒”，读《诗经》曰“如月之恒”，又读林逋诗“笑指后庭风味好，自锄明月种梅花”，因号“月锄”。今得文枕烟旧宅，以“枕烟”而对“锄月”，为先后三百年来园主人遇合称奇。斋西地甚幽静，有屋一幢，添栽松柏，以立家庙，孔子曰：“祭如在，祭神如神在。”因乞郑苏戡解元题额“僾见敬”，为岁时祭飨追远之所。同时并劳苏戡题赠斋联，曰：“五亩桑园高士宅；四时花供读书楼”。后厅西楼窗正临荆园补读斋，书声琅琅可传达也。园之西南角落假山后，新建三角亭，拟名半亭，亲家崇明冯紫罗司马题额曰“求阙”，即席挥毫付刻。紫罗笑谓我一门鼎盛，如此园林，苏城罕觏，藉寓谦益满损之意，良堪感佩。太仓老友王炽甫学博刻赠亭联“三竿两竿之竹；一寸二寸之鱼”，尤为生色。北京顾治仲中书临赏斋前，指为全园胜境。园东大厅有父执王严士先生赠联“解组归田园林小筑；乐天知命岁月长春”。常熟赵古泥先生书“宝善堂”大字堂匾，蔡云笙孝廉赠西书房“养正书屋”额、东客房“可止轩”额。琳琅满目，美不胜收。我自题后厅楼匾额曰“春融草堂”。

统计园地房地，得有四亩八分。颓者屹然，缺者初完，植基弥固，绿化葱茏。花则有紫荆、红绿梅、迎春、玉兰、辛夷、绣球、牡丹、芍药、樱桃、铁梗海棠、雪梅、山茶、紫薇、木香、杜鹃、月季、蔷薇、建兰、万寿菊、大利菊、木犀、晚香玉、红蓼、虞美人，各种荷花、水仙、蜡梅；树则有核桃、樱花、红绿枫、松柏、女贞、梧桐、桃、李、杏、橘、葡萄、黄红天竹等等。春红数曲，秋馨一山，幽鸟弄声，关关嘤嘤，四时佳兴，与人同可咏之矣。

马医科巷西有俞氏曲园，我荆园在巷东，余生也晚，仅晤曲园孙郎陛云探花，未及与曲园老人相晤。然曲园衡宇相望，窃自欣幸，犹忆老人《春在堂集》有诗曰：“马医长巷巷中央，正是吾家薜荔墙。墙内小轩题印雪，雪泥踪迹在青箱。”想见老人好学，至老不倦。

讵丁丑日寇陷苏，挈眷避地京津，我园为日寇骑兵占据，书籍字画、细软物品，被劫靡遗。壬午南回省视，几如丁令威化鹤归来，城郭犹是，风景已非，防空洞开，乱砖山积，园林亭台，其毁于寇与戕于人者，皆不可历历追印旧迹，悲从中来，我先兄康公在天之灵当亦怆然，以此可叹。林之在天地间，成之至难，而毁之甚易。

数年来重加葺治，记其经过，虽不能复旧观，狗碎鸡零。一日有园，一日有责培养爱护，愿我后人毋忘此日之艰难。

中华民国三十三年甲申春日，退思老人年六十有六。

艺圃旧影

20 世纪 80 年代初，山顶朝爽亭

20 世纪 80 年代初，旸谷和延光阁

20 世纪 80 年代初，延光阁外景

艺圃假山

拙政园旧影

20 世纪 50 年代，修复后的中花园景观。近景为香洲船头面南小桥（跳板），远景由左至右为荷风四面亭、雪香云蔚亭、倚玉轩

20 世纪 50 年代，西花园（补园）卅六鸳鸯馆北面山池

20 世纪 50 年代，中花园海棠春坞全景

网师园旧影

20 世纪 30 年代，张善孖在冷泉亭旁

20 世纪 50 年代，樵风径

20 世纪 50 年代，殿春簃庭院

20 世纪 50 年代，竹外一枝轩

20 世纪 50 年代，月到风来亭

吳門園墅文獻卷二

文藪

勾吳 范廣憲 君博輯

滄浪亭記

銅山 蘇舜欽 子美

予以罪廢無所歸扁舟南游旅於吳中始僦舍以處時盛夏蒸燠土居皆褊狹不能出氣思得高爽虛闢之地以舒所懷不可得也一日過郡學東顧草樹鬱然崇阜廣木不類乎城中並水得徑於雜花修竹之間東趨數百步有棄地縱廣五十六尋三面皆水也矼之南其地益闊旁無民居左右皆林木相虧蔽訪之舊老云錢氏有國近戚孫承祐池館也坳隆勝概遺意尚存予愛而徘徊遂以錢四萬得之構亭北

一

碕號滄浪焉前竹後水水之陽又竹無窮極澄川翠幹光影會合於戶軒之間尤與風月為相宜予時榜小舟幅巾以往至則灑然忘歸觴而浩歌踞而仰笑野老不至魚鳥共樂形骸既適則神不煩觀聽無邪則道以明返思向之汩汩榮辱之場日與錙銖利害相磨戛隔此真趣不亦鄙哉噫人固動物情橫於內而性伏於外寓於物而後遣寓久則溺以為當然非勝是而易之則悲而不開惟仕宦溺人為至深古之才哲君子有一失而至於死者多矣是未知所以自勝之道予既廢而獲斯境安於沖曠不與眾驅因之復能見乎內外得失之源沃然有得笑傲萬古尚未

能忘其所寓故因是以為勝焉

崑山 歸有光 熙甫

浮圖文瑛居大雲庵庵環水即蘇子美滄浪亭地也亟求予作滄浪亭記曰子美之記記亭之勝也請子記我所以為亭者余曰昔吳越有國時廣陵王鎮吳中治園於子城之西南其外戚孫承祐亦治園於其偏迨淮海納土此園不廢蘇子美始建滄浪亭最後禪者居之此滄浪亭為大雲庵也有庵以來二百年文瑛尋古遺事復子美之構於荒殘滅沒之餘此大雲庵為滄浪亭也夫古今之變朝市改易嘗登姑蘇之台望五湖之渺茫群山之蒼翠太伯虞仲之所建

二

闔閭夫差之所爭子胥種蠡之所經營今皆無有矣庵與亭何為者哉雖然錢鏐因亂攘竊保有吳越國富兵強垂及四世諸子姻戚乘時奢僭宮館苑囿極一時之盛而子美之亭乃為釋子所欽重如此可以見士之欲垂名於千載不與其澌然而俱盡者則有在矣文瑛讀書喜詩與吾徒遊呼之為滄浪僧云

重修滄浪亭記

商邱 宋犖 牧仲

余來撫吳且四年蔚與吏民相安於無事而吏民亦安余之拙簡壯事以寬少故雖處劇而不煩暇日披圖乘得宋蘇子美滄浪亭遺址於郡學東偏距使院僅一里而近間過之則野水瀠洄巨石頹仆小山叢翳

於荒煙蔓草間人跡罕至余於是亟謀修復構亭於
山之巔得文衡山隸書滄浪亭三字揭諸眉復舊觀
也亭虛敞而臨高城外西南諸峰蒼翠吐欲檐際亭
旁老樹數株離立挐攫似是百年以前物循北麓稍
折而東構小軒曰自勝取子美記中語也迤西十餘
步得平地爲屋三楹前互上岡後環清溪顔曰觀魚
處因子美詩而名也跨溪橫略彴以通游屐溪外菜
畦民居相錯如繡亭之南石磴陂陀欄循曲折翼以
修廊顔曰步碕從廊門出有堂翼然祀子美木立其
中而榜其門曰蘇公祠則仍舊屋而新之余暇輒往
游杖屨獨來野老接席鷗鳥不驚胸次浩浩焉落落

三

焉若游於方之外者或者疑游覽足以廢政愚不謂
然夫人日處塵坌困於簿書之叢纏神煩慮滯事物
雜投於吾前憧然莫辨去而休乎清冷之域寥廓之
表則耳目若益而曠志氣若益而清然後事至而能
應物觸而不亂嘗誦王陽明先生詩曰中丞不解了
公事到處看山復尋寺先生豈不了公事者其看山
尋寺所以逸其神明使不疲於屢照故能決大疑定
大事而從容暇豫如無事然以余之駑拙何敢望先
生百一而愚竊有慕乎此然則此亭也僅以供游覽
歟亭廢且百年一旦後之主守有僧飯僧有田自是
度可數十年不廢嗟乎當官傳舍耳余有時而去而

斯亭亡恙後之來者登斯亭豈無有與余同其樂而謀所以永之者歟子美事詳宋史與茲亭之屢興廢宜別有記者皆不書經始乙亥八月落成以明年二月買僧田七十畝有奇並著之碑陰令後有考

長樂 梁章鉅 茝林

其二

予初由淮海道任兩權蘇臬過滄浪亭下惜其傾陊思復焉皆以公代去未果丁亥春藩牧是邦簿書稍暇謀諸大中丞安化陶公暨郡守江夏陳君鄒平李君等僉曰可遂庀材鳩工扶仆易朽凡六閱月頓還舊觀宜有記按亭址本吳越錢氏宋蘇子美得之創置亭名厥後屬章公又屬韓蘄王更數百年荒蕪已

四

甚至我朝商邱宋公撫吳重新梲桷仍挈而歸之子美從其朔也雖然天下事茍可傳布不關乎名位豪貴如唐裴晉公李贊皇勳業爛然乃午橋平泉遺迹或無考而北渚之歷下亭孤山之放鶴亭訖今如故足徵畸士嘯歌動人憑弔爲倍深地係子美而不係章韓猶此志哉且商邱肇修以後踵而行者不乏人士大夫衹艷稱商邱意者尋常與藝亦有幸不幸之數存乎抑吳人眷懷商邱非僅以亭乎則一亭之修而異日民情因之可見其何敢不勖焉顧子營是役不特侈觀美耽燕游所弗願焉即好古自命振厲風雅與商邱輝映後先向無與於敷政庇民之要竊謂

守土吏惟舉墜補闕戒因循耳前則既葺可園以快講
舍修名宦祠以崇祀典近復有疏濬吳淞之役而亭
適洽成蓋斯亭為然劇宸蹕所經天章頒寵照耀川
谷倘失時不治人益荒廢將何以宣上德況伏覩聖
製濯纓記意而諄飭於大法小廉勉實副名是尤予
小臣循環莊誦夙夜求所以報稱而無負者矣亭左
舊有子美祠暨新王商邱二祠皆為整飭並有蹕路
之東規取隙地為同人觴詠之所均略識其興復緣
起於右若吾宗伯鸞先生實吳門寓公之首曷風遠
韵來世也瞻仰乃就亭側建樓奉其祀俾他日修亭即
東修之庶永永無替事嘗別記不備書

五

其三

合肥 張樹聲 振軒

蘇子美滄浪亭自宋至明季興廢之不常也久矣國
朝康熙間宋中丞犖葺而復之為觴詠之所風流文
采稱甚盛於時迨巡撫吳存禮恭奉聖祖皇帝賜詩御
書勒碑建亭於其地高宗南巡駐蹕仍題即滄浪自
取之旨往復申警訓誡臣工於是縉紳學士攘没衡
臺與夫寓公過客遠方之人莫不瞻眺歎誦以斯亭
為寵而官斯土者典守景式尤不敢以或忘道光丁
亥布政使梁公章鉅重修巡撫陶公澍復得吳郡名
賢畫像五百餘人鈎摹刻石建名賢祠於亭之隙地
址歲以時致祭蓋祠與亭不相襲人之指目者猶曰

滄浪亭云同治癸亥樹聲從軍來吳維時公私百物
一切蕩盡求所謂亭者已不可復指識壬申八月被
命權撫吳郡則壇廟祠宇公廨試院官司所有事者
皆次第修建而是亭亦初作越歲重來工作告竣將
舉祀事於名賢祠先期往觀近水遠山光景會合益
歎昔人之善於名狀登石之上有亭翼然可以登眺
者即滄浪亭也亭之後南向三楹地最敞堂取子美
記中觀聽無邪則道自明之語名曰明道堂堂右偏
北即祠其他軒館庭榭或仍舊題或隨今宜而面橋
臨流階閣北向顏曰五百名賢祠者則名宦諸祠賢
亭所從入之門也西南盡處有佛龕曰古大雲庵別

六

南其戶以通街若庵隸於亭凡所有事委僧司之大
抵今所建者唯亭在山巔仍宋中丞之制餘則以意
為之不將非子美舊觀也歟然即登景物土木之勝僉
謂視昔無遜焉嗚呼吳中於東南都會最稱繁盛名
園古墅梵宇琳宮往往前代之遺閱世而不廢獨亭
逆之亂為大兵營此者四年汙穢毀滅殆盡滄浪亭
基今千載靈秀所鍾宸翰天章重光累耀即名賢祠
創建以來亦為邦人耳目所屬規度與復宜若無待
於今茲然而亂定以還訪遺補佚至十年之久始謀
厥成此非以物力之艱而事之興廢固有其時哉是
役也布政司恩君錫署臬應時寶始創議而集資則

前署布政使按察使應君寶時監作則徐補知府錢
寶傳劉文蔚直隸知州汪常中五凡用人之力六萬一
千五百工有奇良材堅甓金鐵竹漆之屬其用材略
相當焉落成之日城鄉來觀咸樂還承平之舊而遂
忘其勞費之多蓋諸君之用心惟兢兢焉以作無益害
有益為戒雖故役成而勸勤用嗇而度盡其慊於人心
也如此樹聲霽霸廟貌新亭也因重建之匪易為益思名
德之必不終湮沒實循名飭承列聖彝訓都人人景
行先哲群有奮乎百世之心治道懋而風化美於以
上迓天和亭成已經百歲其舉將遠追百年以前之
隆則是亭之成實為之兆其非吾望也夫其尤當共
之
勉也夫

遊南園滄浪亭記　　元和　袁學瀾　春圃

乙丑暮春廿七日同子清太游南園桃李花已殘芳
柳披拂風搖草葉遠近一碧若尋芳流水居已遠其處已
家園亦荒蕪頹圮不堪遊矚陳以又一村往亡已據為
軍營四圍立柵乃繞出其亭尋大雲庵訪野堂云近
為軍械局禁行人其旁得小庵有老禪衲深居之僧
主大雲庵方丈若菩草書得長沙道員法耕以自懺於
庵之被據為局狀焉嗟焉是真其託庇諸所有者也出
門從西諸羊太守元保祠折無寸椽而道堂以諱為
商府極雄壯亦為軍火局經南禪寺綠樹成陰入中

州三賢祠都料匠聚為工作所殘毀過半登滄浪亭老樹當搭殘碑仆草石棋枰蕪沒剝蝕中望郡學巍然新建隔岸紫正兩書院及可園僅存敗堵目之所見蓋無非毀者有二家子手秉持籠鳥置石上坐聽其鳴啾嚶春有寒鴉作陣飛集於郡學林木客指謂余曰此鴉從闤外隨撫軍招取牛而來留此弗去者余為誦蘇叔黨牛帶寒鴉過村句以證之詢及五百名賢祠云毀盡石碣為民家作甃甓矣又指兩石橋為王雪軒方伯時所建以通遊屐夾岸雜樹桃柳修葺雨淡而亂作焉今已淪為邱墟榛莽欲訪尋往日之池臺亭館已渺不可得矣而況於春游士女觴花

八

裙屐讌集笙歌之陳迹哉在昔錢氏據有吳越廣陵王元璙治第於子城西南創立苑園經營三十年花木亭臺盛甲一時其近戚節度使孫承佑亦治園於其旁迨淮海納土園尋曠廢或鉏為菜園清池喬木往往雜次於民居所在皆有游者過之世歎息其富貴繁華之不可常享如此繼子美而居者有章申公增築山亭買黃土錢貫至三萬緡紹興間韓蘄王號兵過吳以軍檄脅奪之章以君迫獻園而曰一朝驟歟則以園亭之美致遭脅奪之禍又何取焉其後為大雲庵禪者居之僧文瑛復址築滄浪亭國初商邱宋中丞增葺之今復見於奧亭冠園之興廢成毀與時

轉移循環無休息居之者非一人惟長史以罷廢遊
吳買地築亭僅以吟弄風月藉忘其放廢之憂求其
自勝之道寂寞人世較諸元瓌申公蘄王諸人其勢
位之懸殊殆不可以數記而諸人者乃皆不為世所
尚至今滄浪之名常藉藉於人口有不與臺榭俱毀
則以斯人之文章品節能卓然自立於天壤為百世
師表也以人重有非兵燹之所能磨滅者也則夫士
生斯世其亦勉求為自立不可磨滅者斯可也矣

可園記　涇縣朱珔玉存

余於丁亥春主吳中正誼講席初至見檐宇規制俱
備獨寢室隘甚西偏有園頗敞而近供使節讌集之

九

需漸歆損同年梁茝林方伯涖任乃稽故牘仍還之
書院并加繕葺自為記竊以弦誦之地為優戲之場
不可也師弟子所周旋為賓從僕隸所踐蹂不可也
方伯此舉誠知大禮哉工竣余移寓姑與園習園之
堂深廣可容堂前池水清泚可挹故顏堂曰挹清池
畝許畜鯈魚可觀蒹可種荷緣涯磊石可憩左平臺
臨池可釣右亭作舟形日坐春艫可風可觀月四周
廊廡可步出廊數武屋三楹冬日可延客曰濯纓處
蓋園外隔溪即滄浪亭故援孺子之歌可以濯纓也
迤北復有小園有小池池上啟軒列碑五六可考襃
跡餘內含可讀書可居眷屬而園境盡矣或曰世之

置園者率務徑曲樹崇樓臺可花卉木不可殫狀而今
殊樸略謂之園可乎余曰可哉園固以可名也嘗論
聖人無可無不可而孟子稱孔子仕止久速各準以
可也嘗論語記子貢之問貧富曰可子桑伯子之簡亦曰
可焉者似僅可之詞雖然當其可之謂理適於可之
謂義可無以求耳季文子三思而子曰再斯可言大
過則不可也晏子以君所可臣亦曰可而非諂近偏
若必否其所可虞廷安得有都俞且天下可行而不
可藏可喧而不可寂者皆非素位如余固陋王值乎
可上則上之時矣孔子居處服御宜亦苟可以安而止
則斯園也於分為稱雖陋亦樂莫比可者與之不可

者亦豈庸非之在詩其不可以進於可是余之責也夫
方伯曰記但叙創建靜修之由他未及茲為補述吾又
聞可園本名樂圃取之諸知仁樂山水而人或謂為
行樂之樂乾隆間大吏謂行樂不可訓也遂易之曰
可園云

墨莊記

長洲　李　果　碩夫

朱君愚溪比部員外萃園公之六子博雅好古居郡
城之南新治小軒於其堂之後藏書頗多遂取宋人
劉式事以墨莊名之而搨岳忠武王書墨莊二字重
摹勒石軒前嘉木蒼鬱以疊石為小山繞壁下有清
池池甚雨過投以石欄擊有聲自溢池水相激越息機靜

對待佛游魚鳴鳥時來窺人軒之北牆外為崇阜當
風日晴朗雲霞澄鮮遙望西北秦餘穹窿諸山浮青
翕然集披襟把袂其境若與書卷相融洽非必躋遠涉
危夸可覽夸以求嵁巖穹谷於數十里之外此豈易
得哉則非筆硯之人未有不好山水蓋山水遠俗之物
也俗者與道相背俗遠而後可以讀書研理可以見
道俗不遠則求詩可以起曠之境於以滌塵氛而遺
世俗令愚溪之居雖不離城市而心固常在邱壑之
間宜其所好之有以異於俗也堅壯若式於大宗朝
掌邦計有年身後惟遺書數十卷夫人指謂其子此
乃父堅壯也其後人若敬欲並起高閣為名區愚溪

十一

之所以名軒者以此若忠武書忠義之氣如見昔人
已言之茲不具論云

網師園記　　長洲彭啟豐芝庭

予表弟魯儒字宗元築園於滄浪亭之東名曰網師
沈尚書曾為之記方其以養親歸也有隱居自晦之
志既親沒終喪再上長安授天津道雖掌主事而田
園之樂芒去適予歸里復悲寡至止俯仰之間息家
於林魚游沼而昔時絲竹之聲詠吟之會不可復得
為憮然若久之予嘗泛舟五湖之濱見彼之為網師
者終其身出沒於風濤傾側中而不知止彼志不得
魚而已矣乃如古三閭大夫之所遇者又何其超然

志遠也曾儒於斯二者將何從焉

網師園記　嘉定錢大昕辛楣

古人為園以樹果為園以種菜詩三百篇言園者曰
有桃有棘有樹檀非以侈游觀之美也漢魏而下西
園冠蓋之游一時誇為盛事而士大夫亦各有家園
羅致花石以豪舉相尚至宋而洛陽名園之記傳播
藝林芸然亭臺樹石之勝必待名流讌賞詩文唱酬
以傳否則闢疆驅客徒資後人嗢噱而已吳中為都
會城郭以內宅第駢闐肩摩趾錯獨東南隅負郭臨
流樹木叢蔚頗有半村半郭之趣帶城橋之南宋時
為史氏萬卷堂故址與南園滄浪亭相望有巷曰網

十二

師者本名王思巷三十年前宋光祿慤庭購其地治
別業為歸老之計因以網師自號並顏其園蓋託於
漁隱之義亦取巷名音相似也光祿既沒其園日就
頹圮喬木古石大半損失惟池水一泓尚清澈無恙
瞿君遠村偶過其地憫其鞠為茂草也為之太息問
旁舍者知主人方求售遂買而有之因其規模別為
結構疊石種木布置得宜增建亭宇易舊為新既落
成招予輩四五人談讌為竟日之集石徑屈曲似往
而滄波渺然一望無際有堂曰梅花鐵石山房曰小
山叢桂軒有閣曰濯纓水閣有燕居之室曰蹈和館
有亭於水者曰月到風來有亭於崖者曰雲岡有斜

軒曰竹外一枝有齋曰佳處皆遠村曰嘗手畫而名之者也地祇數畝而有紆迴不盡之致居雖近塵而有雲水相忘之樂柳子厚所謂奧如曠如者殆兼得之矣園已非昔而猶存綱師之名不忘舊也予嘗讀松陵集亦賦任氏園池云池容淡而古樹意蒼然僻不知清景在盡付任君家顧欣然神往令乃於斯園遇之予雖無皮陸之詩才而遠村之勝情雅尚視任晦實有過之爰記其事以繼二游之後古今人何遽不相及也

揖青亭記　　長洲尤侗同人

亦園隙地耳問有樓閣乎曰無有有廊榭乎曰無有

十三

有巖巒怪石乎曰無有無則何為乎園園之東南巋然獨峙若有亭焉問有窗櫺欄檻乎曰無有有簾幙几席乎曰無有無則何為乎亭曰此吾之園與亭皆以無為貴者也月令云可以居高明可以遠眺望夫登高而望遠未有快於是者忽然而有丘陵之隔焉忽然而有城市之蔽焉忽然而有屋宇林莽之障焉雖欲首搔青天皆洪濛沆洞而勢所不能今亭之內既無樓閣廊榭之類以束吾身亭之外又無邱陵城市之類以塞吾目廓乎百里邈乎千里皆可招其氣象攬其景物以獻納於一亭之中則夫白雲青山為我藩垣丹城綠野為我屏翰竹籬茅舍為我菜圃名花

語焉為我從來樂大地所有皆吾有也又無乎哉由
斯以論雖有亭如沉香不以易吾亭園如沁水不以
易吾園矣或曰亭名得月者何亭之西南欲然相望
者有山焉亭為主人則山其客也吾聞山有木工則
度之賓有禮主則揖之豈有終日相對而不以禮相
接者乎米南宮云吾何嘗拜乃揖之耳

水哉軒記

長洲尤　侗展成

家有小園十畝之間中有池占其半焉予閒居多暇
構軒其上顏曰水哉每客至則與之立而望坐而嘗飲
食盤桓偃臥而不能去也客曰仲尼亟稱水哉水哉
子又何取於水也予曰吾何取哉夫水之為物也大

十四

者海有四湖有五江有三澤有七推而至於津梁溪
沼溝澮泓涇瀨之類不知其幾千萬也今以吾池當之
不猶之載芥蛙乘涔處乎雖然亦吾與子枕流而洗
耳淩波而濯足清風生於蘋末明月照乎遊漪鴈鶩
交飛魚蝦覓溯遊然自得不知崖涘雖納四海五湖
三江七澤於其中而曠若有餘也即安得以海若河
伯之見微我濮上乎水哉水哉亦取諸此而已若夫
當暑而澄凝冰而冽排沙驅塵蓋取諸潔上浮天際
中隱靈居窈冥恍惚蓋取諸虛肩雨奔雷穿山越洞
鏗訇有聲蓋取諸動潮迴汐轉瀾合淪分光采泥漾
蓋取諸文客曰子之取於水也備矣予曰有進吾嘗

學易而感焉乾坤之後也象需訟師比具既皆水也六十四卦多涉用者十有二三至於終篇一曰既濟再曰未濟噫古何居賢人出險聖人入險見險能止蓋取諸坎容曰大乎水哉古哉子之取於水也其有憂患乎其亦吾子之似夫子也

寫韻軒記　　長洲　王芑孫念豐

唐人所載吳彩鸞寫韻及夫婦登仙入新興山中事類乎神仙誕謾者所為然彩鸞所書韻本至今往往在人間虞伯生亦記成都寫韻軒遺址豈當時果有是人而非蓋亦與柳言其人遁迹物外如莊子所稱有道者子常得從樂者也或不然而託以仙者歟之

十五

歟又言其人有所不適于中不能如異球泥淵之間嬉遊然悲遯躋涉荒怪乃自託於仙歟又豈飲食男女雖仙人者不免不得已而託諸世間文字以傳歟獨怪彩鸞以書自見而文辭者無所知名豈文辭固能銷聲匿影俾真其閟光以與夫悠忽希表者游於無何有之鄉而彩鸞乃不免以書見蹟余嘗上下其事求其說而不得為悵然者久之余婦墨琴少而好詩長而好書既歸余因甚居京師十有餘年朝士大夫求書者日至於門或以充四方饋遺墨琴輒了妙作硯席間所作書輒自署寫韻軒今大學士諸城劉公因為作三大字懸諸室間之余出為華亭校官墨琴

從余渡泖又三年余上春官不第復還余既紛洽無
容倦於再出而思返亦飄然有倦隱之心其年秋遂
營葺治舊門老屋為居室以待老仍以劉公所書三字
榜之於是有好事者為作寫對軒圖雖然彼彩鑿夫
婦何如人余卒不得而知之也聊記其說以俟知者
論焉

移居園記

元和朱綬仲潔

吾自辛丑之四月始從縣橋老屋移居纔闢巷之東蔣
君子延繪圖為贈其在郡城之中少偏於西南地甚
湫隘與販脂賣漿者相雜處吾之所以為居者門不
能容一騎有堂無軒手可接檐上瓦庭方不四五尺
十六

不宜蒔花果有樓四楹上貯積書暨妻子於下衣枷
之屬無所置堂之前則有絲移界於堂者又尺許牆外為
鄰爨風吹突煙輒入戶就樓左隙地劃二小屋安灶
鄃可煮粥飯有井可汲有桑樹曲蔭其上凡夫湢浴
之室米鹽酒醬之所庋皆闕如也吾所為居者如是
子延之園邱壑深窈林木蔚嶶迥與吾所居不類也
烏虖吾竊因之感身世也矣方吾年少氣銳謂科名可
戾契致少抒吾胸中所欲為者退耕於隴畝之內既
連試有司不得志則又思山巔水涯結數椽屋如今
茲園中之所有者獨因嘗為子延言之也年過三十
遊憂憔悴不得已而卜居於此如鷦鷯棲於一枝之

上烏虖是豈吾志也哉城東舊廬先人所手築經營拮据垂四十年始克有此子孫不能保一旦委去此又吾所為隱痛者也凡人不經危苦則懼心不生吾數年來內訌外侮流離極矣今茲之僅有此居猶是先人之澤之所為留也其何敢不詘然知止而游思於不可必得如所畫之所有者哉雖然鰐溪之濱吾先祖之所游釣也南北兩莊基之間又吾父母妥骨之所近也其地皆臨水而宜漁有竹樹之勝他日者終將擇鄰於是以寫吾志則又以斯圖為息壤之盟已是為記

移居第二圖記

同前

十七

余居城西幽蘭巷之次年春疹秋瘠親舊慰問咸謂門兆不吉商所以易之者余聽然笑曰此天地之邪氣適相值而吾身自有所受耳於宅何尤然以其近市而湫隘也亦厭苦之沈君式如來告余其鄰有李氏廢園者方覓主可卜居也余固甚好園居而力不能構問其直五百緡與今所居適相抵因過而周覽之屋卑淺且甚頹損而池水一泓廣可及畝喬木五六株皆百年物屋皆繞池軒戶洞達池旁有隙地可雜樹花竹瓜蔬之屬私自省曰是宜為余所居矣考諸舊志是為孔氏園俗所稱墨池園也明末歸周嘉定青初既割嘉定宅為南織造局而李之先得其餘

地仍之以為園今余所欲居者又園之一隅也水木
清華悠然有會得其券如數遂於又次年三月廿有一
日移家具焉嗟乎余豈憂懼降之人也身世交喜已
知之矣而天若預設此芝淙窈寞之境以游我於城
比之外雖地不越城市猶不能不與衣冠之士往來
而東然清曠魚鳥親人其不能脫販賄賣鬻之流相雜
處焉可矣抑余思之世人酣豢名利恒樂喧而惡寂
寞於彼者余病不能而余亦未見彼於彼者之盡有所得
何如取適吾好以無凋於性情在易履之六二有幽
人貞吉之象必曰貞所履而後心與境無不幽也則
然乎履坦而无咎也余又以此自箴焉矣

十八

寶樹園記　　　上海　李寔　錄

寶樹園者余友顧宜五先生所構棲隱地在吴郡臨
頓里之東偏廣不踰數畝然層峰叠巘之奇然廣厦
華堂之美而澗石玲瓏雲林掩映至其地者超然有
城市山林之想殆古人所云會心不必在遠翳翳林
木魚鳥自來親人者耶憶此園創始於明太學歸退
初顏其堂曰米丈後為水部胡汝嘉所得易其堂為
洽隱山房甲申後屢經兵燹日就荒穢先生肘買山
錢購得之自營歌里徙居其間芟榛刈棘種竹蒔花
燦然復為名勝地而余自華亭游吴門嘗至此園放
風晨月夕得園中之趣者為多顧自蘇遷以來風景

不殊湖山頓異黍離麥秀觸目生悲不獨金谷玉津煙飛灰滅即騷人逸士流浪天涯賦無家別者不知幾何人矣而先生以前朝黨人名振復社乃能息心塵外與一二名流俯仰其間享詩酒林泉之樂世事不知浮沉莫問非高尚其志者何能若是哉余既重先生之行又愛先生之園故執筆為記之

小林屋記

元和 韓是升東生

予家世居陸墓萬曆初六世祖蘇臺府君始遷宮巷有存誠齋竹右居著聲明代再由宮巷遷婁門高王父黃巖府君分為二宅曾王父貞文府君授居東宅曾叔祖誦先公授居西宅即今閒雲堂也申酉之際

十九

土冠焚掠宅成煨燼值馬阮與復社搆怨曾王父名在黨籍嘗忤阮自度不免偕顧孝清先生天朗晦跡徐莊順治六年復入城購歸氏廢園為棲隱地雲壑出邃竹樹蒼涼堂曰洽隱往來觴詠皆遺民逸士龍門之游甘陵之部世艷稱之康熙丁亥春弗戒於火凡法書名畫與花亭月榭同付祖龍存者惟東南半壁奇峰秀石湮沒於雨垣風棟間先君子追溯釣游不勝今昔盛衰之感乾隆辛未葺二楹於古石洞口地不滿十笏積書供靜玩以娛晨夕蔣文蟠澥篆書小林屋三字顏之洞故倣包山林屋石牀神鉦玉柱金庭無不畢具歷二百年苔蘚若封煙雲自吐碧梧

飲古朱刹翠柏春夏之交濃陰蔽日時初露巖乳欲滴有水一泓清可鑒物哉空架樓登眺自適游其中者幾莫辨爲匠心之運石林蒼古不知暑豈且虛語哉越三載先君即世計與伯兄讀書其中俯仰流連心毋念先貞文運丁陽九流離播遷先君所新未久遂歸道山則此已屺明片石何莫非先靈可護遺我子孫撫嘉樹而思遺澤庶無忘冠劍佑啟從人一邱一壑宮甯徒爲游觀之地耶按郡邑志園爲歸太學湛初所築臺榭池石皆周時臣布置時臣名秉忠字時臣精繪事洵非凡手云

蕙蔭園八景圖序

寶應　王凱泰　幼軒

二十

蘇城名園辟疆爲最古次若獅林若拙政若網師若蕙蔭皆名擅勝境蕙蔭初名洽隱其基明之歸氏從爲韓氏有其小林屋風踞勝概與諸園異面目記所謂岩巒若封煙雲自生可想也（園故有小林屋記）繼歸侃方伯蓮坊咸豐酉戌間燬於賊或有增損致失其舊今祀李伯相撫吳時奏請爲忠烈程公祠並爲皖人士讌息之所而副太守子範因增構添葺事各勝水碧染衣天遠樓儀鳳亭疏以曠今中丞張公又即祠之西奏建昭忠祠巍煥堂皇勢益壯園則因其舊而改葺之樸實於伯相購改專祠時總實我既殿或借杖履修讌展今以觀進新假泰何是園者幾兩月凡其邱

其發觸境情關一石一花問名心曉熟人鷗鷺爭迎不繫之舟識面林泉為賡招隱之賦熱境生涼頓息塵鞅即小觀大如親湖山園中勝景不一致或名賓已稍異如玉虹翠浪鷗寄山莊樾蔭堂桂苑諸勝重傑閣概從略焉躡屐探根得景有八列如左補帆王凱泰序

柳陰繫舫

舫在忠烈祠後左為桂苑重樓峻宇最整豁由廊繞西側舫翼然背河臨沼題額出李筱川制府手迴廊曲岸多植桃柳梅桂芭蕉之屬每茶煙午熟臥短榻聞鳴榔咿啞戛履舄之下直走濤聲蘆竹

二十一

之際隱積花霧溽暑開北牕則又風露襲襟羲皇恬夢矣近面作斷橋蹲石倘欹綠陰俯碧砌撫掌引鯈魚真不減戴文進紅衣垂釣圖也故曰柳陰繫舫

松陰眠琴

由桂苑經鑒馨閣入雲竇石徑深曲苔青滑人拾級登琴臺臺左側有老松懸根石罅百年矣虬拏空際海風易秋鱗裂半身日色皆綠由臺左循迴廊北迤藏書樓最為幽靜每聞棋枰落子聲與松子聲相應臺下作石障叢花雜果綴欲破煙春陰秋霽碎若鋪錦鶴延趾以天高蟬度枕而風謖比

問宜眠琴亦宜聽月括擇其尤者著之

屏山聽瀑

由琴臺折而下面北即石壁面西則攢石為峰即琴臺左側老松盤根處也於空而作小樹映隔彼崎群巒巉巖然若納日牖故曰一勺之山西面荷沼一碧石虎坐溢群芷風倒瀉蘿蒼青陽谷濕途迷小留雲樓雙畔谿翠臥游聽瀑一枕先秋昔宗少文作山水懸壁間此則地闢半弓嶂狀千疊真一撫操而衆響答也

林屋探奇

由琴臺背面曲折側身穿重樓邃户其樓迴環數

二十二

十楹曰收雲處至成紆迎雲母迤隔循級而下松色純綠下達曲池石峰環繞儼壓危路此小林屋洞外境也大抵一院中蘚峭疊撐株竿怒茁為雲奇為從曲紐欲崢空涼若雨濛游至此已快詠老杜石角藤枝句云又循橫石橋捫蘿入洞石乳倒結其徑莖華嵌陰若深其竅及危處如棧水深足盤空泱淋寒人立影失窮丈一舟入幾不測神鉦玉秘在幾許幽折境也游人至是以碎石投淵中輒洞然作響若石虛無底者

藤屋佇月

出小林屋石磴迤南有敞軒踞石作屈藤獅子狀

石左右黃楊翠柏皆百年前物石中裂有古藤如
怒龍穿石而上盤空夭矯結蔭碎浴背藤作百屋
屋側古銀杏一株大可三四人合抱大約樹及藤
為尤古皆三百年外物也登屋望城東一帶瓦鱗
煙縷隱現若織近則對身碎巾片片紫英鴨腳清
露霜寸寸秋色衫履所染者清翠沁胸次所窗月白
天遠爾時一烟呼秋三影對契竹桂陰若浴襟袖
幾不減陶隱居三層樓上矣

荷岸觀魚

此小林屋繞欄迤北作荷池左則一帶山西即碧石
環小舍也方塘半畝碧石甃砌周髮淨漣百莖紅亞深

三十三

行得鷗鷺親人喜魚鳥識面移磁磯坐花外益適
微波身鬢羽深翠雲水交盪風露龍鬚綠是亦快境也
然而觀水有術知魚之樂莫知會心所期濠濮之
風未遠隨人領取又不僅以觀魚限濠濮也已

石實吐雲

循荷岸左行數十武曰雲實實在其奈喜室之背即一
帶山石陡谷巖嶽分支而別名者林壑嶂如風氣清
若岩痕陰清石骨直寒曲折縱行烟靄無覺參差
衣礙雲寒有聲危欲語於樹端亂響於腳下入
此者頭頭道通究究面值止則斜陽隱影暮霭收
林矣

棕亭觀雪

玩雪景最宜遠勝園林之若無隙地則棕亭尚已棕亭在湛然精右鳥瞰之峰頂由磴迴巒叢林深以條道有額曰爽挹西山蓋極目則觀山谷嶺約鬟歟在望也俯視煙火萬家接於欄楯白谿巍然與虎邱斷塔影明滅斜陽煙際天宇澄霽帆出林陸襟懷豁踈鶴遠空碧若此間足樂宜作玩公長嘯聲賞雪景於霽霧渺彼然當春水冠對暑秋月浣露衣香林語引諸觸像心想倚欄會心處正又不在遠也

獅子林菩提正宗寺記

吉州 歐陽玄 原功

二十四

姑蘇城中有林曰獅子有寺曰菩提正宗天如禪師之門人為其師創造者也林有竹萬個竹外多怪石有狀如狻猊者故名獅子林且師得法普應國師中峰本公中峰唱道天目山之獅子巖又以識其授受之源也寺名菩提正宗者帝師法旨與以是額也其地本前代貴家別業至正二年壬午師之門人買地結屋以居其師焉因地之隆阜者命之曰山因山有石而崛起者名之曰峰曰含暉曰吐月曰立玉曰昂霄者皆峰也其中最高狀如狻猊是所謂獅子峰其膺有文以識其名也立玉峰之前有舊屋遺址容石磴可坐六七人即其地作棲鳳亭昂霄峰之前因地

窪下濬為瀾作石梁跨之曰小飛虹也石或跂或蹲狀如狻猊者不一林之名亦以其多也寺左右前後竹與石居地之半然而崇佛之祠止僧之舍延賓之館香積之廚悉如叢林規制外門扁曰菩提蘭若安禪之室曰卧雲傳法之堂曰立雪舊有相曰勝蛟今曰指柏軒有梅曰卧龍今曰問梅閣竹間結茆曰禪窩即方丈也上肖七佛下施禪坐間立八鏡光相互攝期以普利見聞者也大概林之占勝其位置雖出於天成其經營實出於智巧亦師之願力所成就

予聞師所說法不設崖險不輕揄揚不自衒悟解緣由以啟學人捷出蹊徑故自中峰以來化機局段

二十五

為之一變焉師舊多論建有楞嚴會解若干卷有語錄別錄剩語若干卷行於世師俗姓譚氏吉之永新人江浙諸名山屢請主席堅卻不受遁跡松江之九峰間十有二年道價日振帝師與以佛心普濟文忠大辯禪之號兼與金襴僧伽梨衣

畫禪寺記

長洲 彭啟豐 翰文

在昔元至正間有大德天如禪師者得法於天目師子巖幻住和尚已而駐錫於蘇之東城壘石為山名曰獅子林識法原也禪師既得教外別傳復大宏淨土之教作為或問以破群疑而堅正信斯真人之寶筏安養之導師矣禪師既示寂後二百餘年當明神

宗朝有住持僧清庵者行脚至京師求頒龍藏書請皇
太后聞而賜之當崇禎末了居士陳日新自會稽來閱
藏於此首倡建藏經閣復構大殿又百餘年常住如
故而殿宇圮壞不治乾隆十二年果徹上人來住於
此修念佛三昧日夜勤懇德聲普聞四眾歸仰於是
重整正大殿革新三門聖駕南巡親幸茲寺敕名畫禪
復賜以內府新刊大悲經而禪師墜緒乃復振焉居
數年上人示寂以後事付監院宏通而勇正念洵然
而逝已而宏通介里中徐翁羽宣初述斯寺修舉本末
而屬余為之記余惟佛說法方便多門其教人橫截
生死速證涅槃者莫要於淨土一門而欲淨其土先

二十六

淨其心隨其心淨則佛土淨嗚呼眾生無始以來貪
著形軀繫戀愛色彼固以為生人之道宜爾也孰知
此不淨之身本非實有識風動作妄生欲愛以臭為
香以苦為樂智者視之無異蛣蜣之轉丸蜉蝣之羅
羽也如斯人者又安知五濁之外有淨土之可生乎
夫惟心濁故土濁心淨故土淨彼不信有淨心也不
信有淨心者其可謂之真心者與上人既而歸宏通
能守其家法六時禮誦無怠住持頃募建大悲閣不踰
年而觀成其有足多者乎願宏通發宏誓願攝諸眾
生同歸極樂庶幾淨土之教大昌於今日以證明天
如或問之旨豈非末法中一大事因緣也哉若夫護

持法寶莊嚴佛事則固宏通所自具也予無容贊言已

游獅子林記

郡城東北隅任蔣橋畔有五松園疊石聳峭峰巒起伏巖洞奧窔玲瓏透闢陽開陰闔妙絕端倪五松嵗久枯朽石之奇為吳中冠庚申之亂粵冦據城幾閱四載園林殘毀不知凡幾而此園遺構尚存乙丑暮春余兩次入游同游者為潘子馨生亢君鐵卿也考朱象賢聞見偶錄稱園為淮張貴婿潘元紹所居前後皆其園林第宅至今其地名潘氏巷園中位置東半多山西半多水渟峙境分智仁動靜交相為用類

二十七

有道者之所設施國朝翠華臨幸園池草木盡渥龍光堂中奉宸翰真趣榜額猶存輝煌天藻歷劫不磨非有神物護持能如是歟園建於元至正間為天如禪師唱道所寺本名菩提正宗其徒維則買前代貴家別業修築以居其師運太湖石入城延朱德潤趙元善倪元鎮徐幼文華共商疊成假山有含輝吐月立玉昂霄等名最高者為獅子峰倪迂為繪圖其地位置雖出天然其經營實由人巧皆維則願力之所致也昔在宋道君時朱勔運花石綱於東南所過橋梁阻礙毀拆以通其路民間有一花一石列入賞格者即加黃封毀垣取去增益艮嶽之築天下騷然致

有清康之禍民獄之奇品志伏廢石之用是疊石為山法貴民力無裨正務僅足資游觀之娛目焉而已要非學道君子之所尚也吾於維則之為此無取焉且凡物之美好者鮮不為豪力所奪在昔沁水名園為梁冀宅馬燧賜宅作奉誠園是以蕭何築第惟事樸陋謂子孫不賢無為人所奪意深遠哉惟獅林以花石之奇突亭榭之幽深洪武初兼并入承天能仁寺嘉靖間為勢家所據上存彌陀院萬曆間奏請追復為聖恩寺康熙間殿撰黃軒購為涉園劃其半歸畫禪寺昔人以營造鉅麗為土木之妖獅林以名著而屢經易主然則為園圃者亦無取乎美好以致後

二十八

人不能守也余舊聞維則之說法不設座險不自衒悟解惟啟學者捷出蹊徑似近於坦易者之所為而營築疊石乃一至嶔空窈曲如是是誠不可解矣因敘其說以質同遊諸君能為下一解語否耶

重修師子林記

長洲　貝仁元潤生

我吳園亭滄浪最古師林次之顧滄浪建於子美因在師林百餘年以前而規複於文瑛實在師林百餘年以後是雖謂師林古於滄浪亦奚不可仁元世居茂苑橋寓淞濱市塵闤闠非無鱸膾之思林壑怡情敢效菟裘之築庀工之歲因事稅里時因有建祠之議胥宇度地軌以詢諸邑人而舊家宅第與夫荒墟

故址足以當我意而適於用者殊不數覯或有以師林告曰是林甯黄氏之廢園也久而莫能修迨至民元始歸王峰李氏擬修葺而未果今待價而沽焉仁元心識之未幾晤李巽以詢慨然允諾夫以數百餘年荒蕪之區不越十稔而一再易主殆無事之偶然者耶雖然園之廢也固無非荒榛蔓草碎瓦頹垣增後人之感喟即其興也亦惟是畫棟雕甍名花嘉卉悅時人之游觀滄桑變幻物理循環了無足異矧余以建築祠宇購覓墓址於園之或有或無初不介意又奚暇經營土木以自取娛樂耶園之四傍多隙地而東南隅為尤廣適於其間建家祠焉祠左有餘址

三十九

復築室若干楹以為校舍載閱寒暑次第工竣由是斯園之荒穢殘廢得從事於繕葺矣園以山石著故為吳中名勝之一自有元至正以迄於今中更兩代垂四百餘禩而諸峰如舊邱壑依然愈獻靈光若有呵護師林之名所以不致湮沒者惟此而已至於車駕南巡翠華臨幸當年盛蹟回首茫然惟真趣御額暨御碑各一雖剝落殘缺而宸翰猶存謹即舊額而新之懸諸廳事仍曰真趣廳別築一亭植碑其中曰御碑亭志聖蹟也舊有指柏軒問梅閣臥雲室立雪堂諸勝悉循故址重建新楹俾復舊觀也此外若堂若廡若樓臺館閣以至亭榭池沼凡今所布置者皆隨

地點綴而已不足數也夫因襲陳迹本無匠之可言
況陸事增華未能免俗謬為紀載能勿慚惶所冀廟
貌寄軒蓋為詳者於其課褉詠歌不輟宏教宣猷於從人俾
區區物表得因茲勝地名園而賦詩久遠固所願焉
不才揣謭陋爰為斯記以申徵情云爾

拙政園記

長洲 文徵明 徵仲

槐雨先生王君敬止所居在郡城東北界婁齊門之
間居多隙地有積水亙其中稍加浚治環以林木為
重屋其陽曰夢隱樓為堂其陰曰若墅堂堂之前為
繁香塢其後為倚玉軒軒北直夢隱絕水為梁曰小
飛虹踰小飛虹而北循水西行岸多木芙蓉曰芙蓉

三十

隈又西中流為榭曰小滄浪亭亭之南翳以修竹徑
竹而西出於水澨有石可坐可俯而濯曰志清處至
是水折而北滉漾渺瀰望若湖泊夾岸皆佳木其西
多柳曰柳隩東岸積土為臺曰意遠臺臺之下植石
為磯可坐而漁曰釣䂬遵釣䂬而北地益迥林木益
深水益清駛水盡別疏小沼植蓮其中曰水花池池
上美竹千挺可以追涼中為亭曰淨深循淨深而東
柑橘數十本亭曰待霜又東出夢隱樓之後長松數
植風至泠然有聲曰聽松風處自此繞出夢隱之前
古木疏篁可以憩息曰怡顏處又前循水而東果林
彌望曰來禽囿囿縛盡四檜為幄曰得真亭亭之後

為珍李坂其前為玫瑰柴又前為薔薇徑至是水折
而南夾岸植桃曰桃花沜沜之南為湘筠塢又南古
槐一株敷蔭數弓曰槐幄其下跨水為杠逾杠而東
篁竹陰翳榆槐蔽虧有亭翼然西臨水上者槐雨亭
也亭之後為爾耳軒左為芭蕉檻凡諸亭檻臺榭皆
因水為面勢自桃花沜而南水流漸細至是伏流而
南逾百武出於別圃叢竹之間是為竹澗竹澗之東
江梅百株花時香雪爛然望如瑤林玉樹曰瑤圃圃
中有亭曰嘉實亭泉曰玉泉凡為堂一樓一為亭六
軒檻池臺塢澗之屬二十有三總三十有一名曰拙
政園王君之言曰昔潘岳氏仕宦不達故築室種樹灌

三十一

園鬻蔬曰此亦拙者之為政也余自筮仕抵今餘四
十年同時之人或起家至八坐登三事而吾僅以一
郎倅老退林下其為政殆有拙於岳者園所以識也
雖然君於岳則有間矣君以進士高科仕為名從直
躬殉道非久被斥其後旋起旋廢迄擯不復其為人
豈嶷嶷自守視時浮沈者哉岳雖漫為閒居之言而
諂事時人至於望塵雅拜乾沒勢權終罹咎禍考其
平生蓋終其身未嘗暫去官守以即其閒居之樂也
豈惟岳哉古之名賢勝士固有有志於是而際會功
名不能解脫又或升沉遷徙不獲遂志如岳者何限
哉而君甫及強仕即解官家處所謂築室種樹灌園

鬻蔬逍遙自得享閒居之樂者二十年於此矣究其
所得雖古之高賢勝士亦或有所不逮也而何岳之
足云所為區區以岳自況亦聊以宣其不達之志焉
耳而其志之所樂固有在彼而不在此者矣故高官
膴仕人所慕樂而禍患倚伏造物者每消息其中使
君得志一時而或橫罹災變其視末殺斯世而優游
餘年果孰多少哉君子於此必有所擇矣徵明漫仕
而歸雖蹤跡不同於君而潦倒末殺略相曹耦顧不
得一畝之宮以寄其栖逸之志而獨有羨於君既取
其園中景物悉為賦之而復為之記

復園記　　長洲沈德潛確士

三十八

吳中婁齊二門之間有名園焉園以復名蔣司馬葺
舊地為園而名之者也前此為拙政園創於王侍御
歸於陳相君先後隸於一嚴二鎮將其地飛樓突廈
麗棟朱甍崇山廣池與夫靡顏盛鬋揚清謳拂妙舞
窮旭繼夕極一時聲色嬉娛之樂百餘年來廢為蕪
區既已叢榛莽而穴狐兔矣主人得其地而有之謂
荒宴可成而名區不容棄捐也於是與客商略因阜
疊山因窪疏池待賓有堂眺遠有樓有閣讀書有齋
燕寢有館有房循行往還登降上下廊榭亭臺碕沜
村柴之屬既已經營締造歷有年所矣戊午庚申余
兩經其地謂是園告成將豐而不侈約而不陋百里

之內可以接蓮樂郊而鄉者學山繭園也時予方之
京師未及候其斷手何日日月既久常往來於心丁
卯春以乞假南歸復游林園覽山增而高水浚而深
峰岫互回雲天倒映堂宇不改而軒窗高朗若有加
於前樹杝依然而居然蔭合者疑新交於目樛柯蔽日
低枝寫鏡岸欹怪狀之石砌列不名之鳥主人舉酒
酌客詠歌談詩蕭然泊然翕然翔游物亦同趣不離
軒裳而共履閒曠之域不出城市而共獲山林之惟
迴憶初游心日倍適至指數之蓋園之成已四五年
於茲矣諸觀仍復即以復名其園予嘗思古來名園
如辟疆如金谷如銅池如華林如奉誠平泉綠野獨

三十三

樂一切樓臺勝景中者時登覽詠歌形諸記載然既廢
以後無人焉起而新之求如宋玉故居復歸之庾信者
尠矣林泉得不可多見今園址改廢園而復之雖林麓
息影棲情頤神遊前人之蹤裏仿飾土木者若名目
樂其所樂而不欲自標其名以使前此之羣心規畫
者因我而遂歸為有之鄉其用心之厚匪戔戔者所
能與窺也已且主人用心又不止此主人高祖為兵
憲雖園公雖園文章風節義樹德焯焯一時後之
子孫故嘗思貽前光而揚清芬者主人承先人庇蔭
本無窮於復業而斂柳之懷嘗有事於復德則夫奉
世澤而繼述之味道風而涵泳之以修身之不遠復

進於中行之獨復允惟之敦復有曰惓惓於寸衷而不能斁釋者也取以名園其即謝康樂述祖德意乎主人名咏字誦先官次司馬今陞伏未止匪以人爵為貴者云乾隆十二年丁卯夏日同學弟歸愚沈德潛撰虞山弟王峻書

八旗奉直會館記

長白世勳錫之

往歲備官京師交游中有至自蘇者道及吾鄉會館之勝輒神為之往嚮於光緒九年秋奉膺簡命治織斯邦數與鄉人游宴于中向之所聞歷歷在目流連光景欣慨交心館界吳衙二門間在明為王氏別墅名拙政園國初海寗陳氏得之旋入官為駐防將軍

三十四

府又為兵備道館繼為吳三桂婿王氏所有籍沒後入官改蘇松常道新署署裁散為民居歷蔣氏查氏最後歸吳氏咸豐庚申粵匪入踞為偽府城復由善後局發白銀三千作值付吳氏而以園歸公暫為巡撫行轅同治十年冬今南皮相國來撫吳適德靜山尚衣恩竹樵方伯英茂文觀察三君詒同鄉乃倡建立會館之議以價銀三千修理銀二千滙交藩庫改稱會名其中文楹參差修廊迤邐清泉貼地曲沼綺交峭石當門群峯玉立吳中園亭之美未有出其右者當夫風日清和迎神迓福衎杯佳詠冠蓋偕來于以觀少長之儀而申桑梓敬恭之義甚盛事也獨念

斯館剏於明嘉靖中迄今二百餘年天運易于上人事遷于下煙雲變態迭廢迭興也後湖前感慨係之計為吾鄉會館又十餘年矣日月不居風摧雨蝕保無有井幹甯侈來窗隙剝者手動還吳三載雖與諸君子經紀其事將為修葺之謀然猶願我鄉人同心斷金合力潤色俾斯館之美輪美奐歷久恒新毋令後人更笑其拙斯則撫哀深念而屬望無窮者也爰泚筆而為之記光緒柔兆閹茂之歲暮月下浣

讀書亭記

長洲張大受日容

自結繩以來修身齊家治天下之道未嘗廢書下至農工負販醫卜小技舍此無以為適後世也文字治繁

三十五

耳目雜亂不教不學求書不觀詔聞惟道亦或多讀而不識其源流朱子云三代禮樂教士之具獨有書存若蔑此而冀之人才焉得不壞風俗何由醇也大受少稟先人之訓曰抽五經諸子令肄誦屏俗學而從古文兼授詩賦箋啟之律狀狀既久竊不自惴肆之益勤嘗請業先達巨公交游内名士晨夕討論折中然後知不及矣天子巡將至吳江召試舉人吳廷楨詢及吳中人材始舉大受以對二三扈從臣僉曰然因命入御舟進詩文一冊溫語得旨褒稱讀書人者三大受俯伏惶悚汗自惟固陋未克發明遺經乃蒙群賢之推薦九重之數嘉感激莫報退而繇事匠門

之倫賴曰讀書益發遂中止久之主心研口講惟日不暇矣著書之為教守先正法從遊學人到備嘗枝在野扶人倫古之儒林童而誦習以省吾身其指歸父作子述專守家為師故久而彌篤學大受之為斯真吾信道器之必兼舍忿名實之難則庶幾哉士人無敢忘而已而沾沾自云已得夫何哉學記云獨學而無友則孤陋而寡聞程氏有分年讀書之法居斯事也日就月將習以精漸達通同志之士相與切磋勤而弗惰虛而勿盈德業進而悔吝寡斯事所以勗也

封泊草堂記　　　　長洲李果碩夫

康熙丁亥世父省庵先生葬石里徙居予凡三遷居

三十六

封門之鷺鷥橋初得屋十餘楹後得樓三楹書堂高敞有軒有齋中庭有枸櫞香橙石榴予補植梅樹桂樹疊石為坡陀藝蘭其下何義門侍講為書封泊草堂屋之後隔巷即青松菴菴前喬木一林濃陰交布盛夏無暑坐書堂後軒以望則蔚蒼森鬱如在深山門臨河有古榆六大株行人嘗於此憩息東西有橋夾人橋而居者十餘家頗淳樸又其前則隔河對侍講詩濂尤贊善洽沼湄居甚邇其後則明吳文定公之東莊折而過為施吏部覺菴之高酣真予當春時桃花垂柳映帶原野則皆在屋後之東隅究村落也予自先君奄棄勞苦二十餘年而乃得經營是屋奉吾世為叔

之蒼蓋廢遷而聚書凡樹無有遺者及蔓草剷茶修其地塊然吾妻助之子年壯無嗜好惟積書二三千卷陳於齋壁延老友以課吾子方是時予客兩淮李御史所後三年庚子乃得偃息其間所往還者惟詩漁滄洄覺菴及朱處士赤城而覺菴蓋親善以文字相質疑庶幾南村素心之樂因歎宿昔渡黃河涉大江二十年來風濤多怒登陸則歎崎嶮但人生百年歲月有幾何為逐逐不少休焉少游謂致求贏餘徒自苦耳吾方幸吾母康強而子從事詩書復有素心以討論蘇城方隅寄澗壑此地殆可久居遂作封溪草堂記

三十八

青芝山堂飲酒記　長洲　李果　碩夫

友人張子艮思有異才志趣高遠官直隸新樂令歸居城東封溪之上戊午秋七夕前一日招諸故交四五人飲酒青芝山堂予與焉山堂為明冢宰毅韓公故園艮思新葺之堂屋爽塏疊石為山雜樹茂密其傍有荷池酒人多閒適從潔不雜留連永日樂盡而返康熙中艮思以詩賦召試給札內廷修書書成出為令和而有守縣故有驛通南北路符檄旁午肅清無譁歸而治湖田種秫暇則鈔宋元人小集聽二子讀書間與客對弈其意蓋恬如也昔晉之陶公宋之蘇子或意不在酒或好客飲皆得酒之趣艮思豈同高

而意趣能兼之可以與之飲酒矣彼適其地猶況埋其中嗜之如狂泉者亦獨何哉予往因居鷺鷥橋去山堂不數武良思來而予已遷無能與為鄰然予無閑於世又不知酒之趣者也涼風將至菊有黃花姑與良思誦淵明之詩託於醉鄉而與之飲酒

月滿樓記

元和 顧宗泰 景嶽

樓在星橋草堂南余祖所營築焉稍葺治之以貯書日夕嘯其上可望遠而得月焉況尚書歸愚先生名之曰月滿樓今夫古來之以樓著者百尺之峻三層之幽以及庾亮之乘輿王粲之思鄉沈約之寄詠雖所處各異豈不遐覽四表攄抱披襟故風流足千古

三十八

而余是樓者面城背市僻在婁水之曲亦叢林一枝耳無古人才分而境又與古人異更何記之足云抑吾聞志趣所存境遇殊而領取則視乎其人耳人苟中無所自得雖日處飛簷畫棟不足以為娛人苟中有所自得雖日坐半軒一閣亦足為樂樂不因於境而因於心也況夫升高之下景與神會曠然有得人仰古之思焉由是言之樓亦可以記矣予當其曉露初收殘月未落餘光耿耿斜照疏櫺朗然清明之氣之在懷抱也及其夕陽歸岫碧漢橫空皓魄一輪正當三五將湛然澄虛不特星辰之可摘而夜光之可攬也登斯樓也神怡心曠流連歌嘯而不能自已也

至夫朋友不我遐棄而主斯樓者淮南之士吳楚之
英齊魯燕趙閩粵蜀秦之客未嘗不投縞贈紵減燭
閉軒過千里之緣論詩書之美哉而客去而獨處於樓
則六藝百家術事窮究望古遙集愧然以對古作者
嘗清光之入戶往往以詩寫其情緒焉非敢謂有所
自得於此也聊以為樂已爾余昔游劍門過渤水登
任城太白樓樓不必百尺三層之宇岌而謫仙飛觴
寫興所謂謝朓裁詩月滿樓者意概正復同之余仰
止焉而無以希風也知謫仙不徒以樓重也嗚呼余
又何以樓為哉今古茫茫修名不立余之所謂樂者
轉而為懼將明月笑人而登焉自失其為樓中人也

三十九

退園補記

吳縣 吳嘉洤 清如

予自京師歸買屋於城東井儀坊巷有水木明瑟之
勝名之曰退園無何粵寇陷城遂舍之而去未有記
也移家海外賃廡湫隘輒思舊居而為之志曰李太
白有言天地者萬物之逆旅人之所居多或數十年
少或一二十年尤逆旅中之逆旅也況遭難以來遷
徙無定與則退園之不必有記也亦因其所然人情
於服御飲食有不能適然忘者況於栖息之所與豈
予之欲得園也久矣嘗謂人之一生於天之風月地
之花木無日而不在吾心也而有時不能寓諸目者
境拘之也今雖無園而即向之娛吾目者一舉念而

如在焉蓋能奪之於目而不能奪之於心也地不過數弓而有池方廣百步向南有室曰縱波樹折而左曰秋綠軒遠望叢桂數株紛披襲人園之偏右曰儀宋堂蓋取予古文學宋意也園池之北有室三楹曰初日芙蓉館池中植荷夏日風來香遠而清憑欄眺望紅衣翠蓋亭亭綠波碧沼間足以消暑又有楓楊二株大可合抱循樹右轉三分其室左則家祠在焉春秋享薦遐念祖澤右為曲室以時憩息而吟詠其中中室之庭廣可丈八尺縱亦書室其上植牡丹數本花時張燈宴客於此顏之曰群玉山房堂之偏右曰思樹齋夏日移榻於此逭暑焉此園之大概也遂堂半子

四十

宦遊十餘年解組後得有此園不可謂非經營手葺而成者也迄於今乃委棄於郝眉壽擴之手可不為之痛惜與今夫季倫之金谷贊皇之平泉裴晉公之午橋莊當時賓從之盛觴詠之樂載在書冊千百年後猶神往其間焉況退園之為予所居者與又嘗觀洪稚存太史之於故居也亦時時憑吊而作賦以述之殆亦情之中於所習然歟予故於遷徙從役輒援筆而記之亦跛人不忘起盲人不忘視之意云爾

退園續記　　同前

予既為退園補記存諸集中以示毋忘隱居之意因思所述者皆經營位置之事而未言朝夕游覽之勝

與過冠以後之事也乃復記之曰始得園時在咸豐辛亥之秋與吾妻居最後一廛數輒往園游眺迨吾妻沒子即移居外寢獨處寥寂恒日涉而盤桓焉予以詩文為當世所知四方賓客及吳中知名之士往往過從無虛日輒置酒其中以相娛樂當時以為境遇之適然無足異也迨今思之如游十洲三島可望而不可即矣園中花木四時備具每至春日則繁英璨然如入桃源鼠姑數叢天香馥郁若游穆天子傳所謂群玉之山不知為塵世矣入夏則方池荷花蕩漾綠波翠蓋間紅日朝霞掩映可愛秋月皎潔時叢桂著花芬郁襲人冬日將盡臘雪飄漾縞袂仙人若

四十一

招我於羅浮山頂也佳客不來時率小兒女衣青紅衣穿徑循橋緣折花笑語徹於戶外間命庖人治酒肴相與園坐泥飲其樂殆非世所恒有曾幾何時而粵寇陷人舍之而去豈天之於人亦有所顧惜而不容耶予生平好為古文而於歸震川先生之書嗜之尤篤先生在明時文章為當世第一雖以王弇州之重名先生尚斥之為妄庸子然先生年逾六十始獲一第又不得在文學侍從之列沈滯邑令者數年及為太僕寺丞而先生老矣予文於先生無能為役而嚮往之誠實有出於中心之說服者他日得附驥尾以傳斯則予之至幸矣先生所居項脊軒僅容一人

坐而志之若不忍舍去者而予之園則大過之其為
賊所據蓋天也而非人也雖然天道循環有時而復
寇之所為必為天之所深忌其殄滅當在指顧間而
予之園或有時而仍為所居亦事之不可知者也然
自避難以來鄉人來者皆言園為所毀門戶一切不
可復辨審是則園雖廣將不如項脊軒之完好矣豈天
以予文遠不逮先生而所居過於先生故使之遭此
厄歟若然則予當坦然處之而不復有所致憾矣

雙塔影園記　　元和袁學瀾文綽

壬子歲秋余營別宅於吳門太尉橋冷香溪其宅本
盧氏舊居堂樓宏深度比百椽其東北隅有廢亭三
四十二

楹頹其楣曰鄰草江花室為羅列文史會聚朋友談
藝之所亭有隙地盈畝舊廢為菜畦瓦礫榛莽不堪
游憩乃鳩工庀材草剗數楹闢舊址廣其庭庭有花
木玉蘭山茶滇棠金雀之屬叢植於假山磊石間具
有生意井列寒泉可供灌溉繚迴廊以蔽風雨構高
樓以迎朝旭芟剗蕪穢清景呈露鄰寺雙塔影浮南
榮丁位據形家言謂主居者多壽嫻於文藝以塔之
秀氣所聚也昔文基聖於虎邱築塔影園三橋題詩
有蔬雞一豆花香塔影橋懸之語後顧雲美居之自為記
云詩文多於水樹多於齋館今余所闢之園亦能襲塔
影之名特別以雙數聊記其實其園蕭條疏曠無亭

觀臺榭之崇麗綠墀青瑣之繁華大抵與雲美之園等耳其蹊徑爽塏屋宇樸素師儉足以自守不爲豪貴攘奪入城寓居往來多素心淡水之交披文析義瀹茗清談欣然忘倦如康節行窩之設淵明易安之居地偏心遠其在斯乎攷郡志范石湖舊居柯九思宅惠周惕紅豆書莊皆與余園相近則此地固昔賢卜宅之所余得居之有深幸焉吴中固多園圃恒爲有力者所據高臺深池雕牕碧檻費貲鉅萬經營累年妙妓充前狎客次坐歌舞乍闋荊棘旋生子孫棄擲蕪沒無限殆奢麗固不足恃與今余之園無雕鏤之飾質朴而已鮮輪奐之美清寂而已杜陵詩云避

四十三

人成小築乘興即爲家雪泥鴻爪偶然留迹正如鷦巢萍寄托興焉耳因爲記以序其始末如此

韜園記

吴江　金天羽鶴望

壬申夏改僦新居於濂溪坊相樓陰得隙地規以爲園構亭焉翼然西向花竹環其趾復盡撤江鄉笏園之石浮載而葦致其間以爲巒嶂壑谷面勢既定乃舒兩膊屈折抱亭以東反觀則張之如弧易曰弧矢之利以威天下今天人舉無厭亂心余方守括囊無譽之戒安用張之以矜保雄故字之曰韜園既觴客有起而贊者曰鶴望生少負經世志治兵農禮樂河渠家說長而逢世多難兵革屢起往往先事策成敗

亦多奇中論中外政制憲法學術性理積五六十萬言顧未嘗詘節騏驕餌千世用吾子曩者不自韜其華猶之韜也言既不見約於世言固立也言之繁與子曷潔之言之不純與子曷節之世變亟天人不悔禍不第中土也中土治願子以先民内聖外王之術詔世界中土不治願子以先民内聖外王之言詔後世蓋期之百年敬極當返返則子以其言故必為後世尸祝是子今者亟自韜其鍔猶之不韜也余曰客之言壯矣美矣善為辭矣雖然此非余之敢承也余少多疢疾壯而離世昏濁今歲月不居而老且至將永弛其學術政理之肩卜宅於長林遂谷彈琴詠詩

四十四

以適吾性而篠吾沖蓋韜之中又益韜焉茲園其寄爾吾與子且日飲無何以為樂仰觀浮空而俯察萬變以待大化之推遷而無與相迕其可乎賓既退姑書其問答以為記

怡園記

德清 俞樾 蔭甫

顧子山方伯既建春蔭義莊闢其東為園以頤性養壽是曰怡園入園有一軒庭植牡丹署曰看到子孫軒之東有屋如舟署曰舫齋賴有小溪山涪翁句也其前三面環水左則蒼松數十株余摘司空表聖句顏之曰碧澗之曲古松之陰其上有閣曰松籟憑檻而望郭外西山隱隱見眉嫵矣繞廊東南行有石壁

數仞翠亭面之右曰面壁又南行則祠途翳然中藏
精舍是為碧樓鳳又東行得屋三楹前則石欄環繞
梅樹數百本艷成林後臨荷花池石橋三曲紅欄與
翠蓋相映俗呼其前曰梅花廳事後曰稱香樹主梅
花廳事之西鑿坏於垣曰遯窟窟中一室曰延時月
色亦余所署也循廊東行為南雪亭又東為歲寒草
廬有石筍數十株蒼翠可愛其北為拜石軒庭有奇
石佐以古松又北為坡仙琴館以藏東坡琴也館之
右有石似老人傴僂而聽琴狀室其旁曰石聽琴室
又西北行翼然一亭顏以坡詩曰綠綺回廊還獨坐
廊盡北岸庭中有芍藥臺墻外有竹徑蓮徑而南修

四十五

竹盡而叢桂見用稼軒詞意築一亭曰雲外翠婆娑
亭之前即荷池也循池而西至于山麓由山洞數折
而上度石梁登其巔則鬱鬱亭也由其左履石梁而
下得一洞有石天然如大士像是曰慈雲洞洞中石
阜石機成具石乳下注磊磊然洞外多桃花是曰絳
霞洞洞之北即余所謂古松之陰也出松林再登山
有堂曰小滄浪後壘為屏其前俯視又即荷池矣蓋
園東南多水而北多山為池者四皆曲折可通山多
奇峰醜凹深洑凸極湖嵌之勝方伯手治此園園成遂
甲吳下精思傑略即此徵之攀玩然曰粗述大概俾
遊攬崎是在游者

曲園記　　　　德清俞樾蔭甫

曲園者一曲而已強被園名聊以自娛也余故里無
家久寓吳下歲在己巳賃馬醫巷潘文恭舊宅而居
之至癸酉歲太夫人自閩北歸以所居隘湫遷徙而
無當意之屋適巷之西頭有潘氏廢地求售乃以錢
易之築三十餘楹因衛公子荊法以一曲字為之取
周易樂天知命之義顏其廳事曰樂知堂屬彭雪琴
侍郎書而揭諸楣堂之西為便坐以待賓客顏以曾
文正所書春在堂三字別詳春在堂記春在堂後尚
有隙地乃與內子偕往相度而成斯園即於春在堂
後造屋為一小軒北向顏曰認春白香山詩云認得

四六

春風先到處西園南面水東頭吾園在西而茲軒適
居南而認春所以名也認春軒之北雜蒔花木屏以
小山山不甚高且乏透瘦漏之妙然山徑亦小有曲
折自其東南入山由山洞西行小折而南即有梯級
可登登其巔廣一筵支竹作几置石其旁可以小坐
自東北下山遵山徑北行又得洞山出洞而東花木
翳然竹籬圍之籬之內有小屋二顏曰艮宧艮宧之
西脩廊屬焉循之行曲折而西有屋南向牕牖麗廔
是曰達齋曲園而有達齋其諸曲而達者歟由達齋
循廊而行折而南得一亭小池環之周十有一丈名
其池曰曲池名其亭曰曲水由曲水亭循廊而南至

郎書壺處即春在堂之西偏亦大都自南至北修十三
丈而廣止三丈又自西至東廣六丈有奇而修亦止
三丈其形曲故名曲園所謂達齋者與認春軒南北
相值所謂曲水亭者與回峰東西相值艮宧則最居
東北隅故以艮名艮止也園止此也然艮宧南有小
門自吾內室往可從此入則又若艮宧艮固成終成
始也嗟乎世之所謂園者高高下下廣袤數十畝以
吾園方之勺水耳卷石耳惟余本寒人半生賃廡茲
園雖小成之維艱傳曰小人務其小者取足自娛大
小固非所論也其助我草堂之資者李眉生廉訪恩竹
樵方伯英茂文觀察顧子山陸存齋二觀察蒯子範太守
四十七
孫歡伯吳清卿兩太史其買石助成小山者萬小庭
吳又樂潘酒之芝三大令贈花木者馮竹儒觀察備書
之以志勿諼也

鶴園記

吳江 金天羽 松岑

鶴望生登己山之巔徙倚來鶴之亭山中之人走相
詫曰來鶴鶴來此亭將子三百年矣其天緣哉余曰
緣定於有生之前天錫其魄神而畀其鑰冥然默會時
觸乃若契然而名不知名者之付乎幾也清光宣間
華陽洪鷺汀觀察以宦橐所贏卜宅韓家巷而規其
西為園取曲園所書偕鶴草堂四字榜之曰鶴園方
池鏡平修廊虹互風亭月館媚以花藥地不溢三畝

而專林壑之美乃斤斧之役未竟觀察不欲有其業
先王父中表丞廬麗公承是園也以付於其孫蘅裳
蘅裳方橐筆游杭則僦與漚尹浙西古為詞客淵海
漚尹善諷諭恍悱婉麗一師夢窗而高密鄭大鶴為
詞復健有白石之風二子同居吳下海內隱然推詞
壇祭酒四方名士踵接其盧園有丁香一木花時分
韻則漚尹自宣南移種十根千里來寵詞伯蘅裳於
癸亥秋始葺是園而謀居之蘅裳修且臞與鶴望生
相類自號曰臞鶴有年矣既宅於茲乃改字曰鶴緣
緣與園音相諧也自洪氏以鶴贈其園又署其廳事
曰棲鶴有鶴之讖無鶴之緣緣證於十年之後待修

四十八

且臞者如蘅裳棲息焉而為是園主余向所謂率然
之名而符乎幾幾動於初而莫之知也人生飲啄游
息官止神行若當前之有物贏耗奔赴以趨其途甚
者畢世不能遺廢成功役起者來食其報聖哲之於
道豪傑志士之於名業事天繫地成於一氣條紛緒
錯綜會而解夫豈獨是園為然哉今觀察長公子青
立居士別構鉢庵於彭者巷與其婦若子精修白業
其於釋氏所謂緣法者庶幾聞而會然矣園中梅杏
梧桐楓葉離立數十本皆有臞態雅與鶴副而俞氏
春在堂吳氏雨罍軒南北為鄰舉足不十武而至方
春三月丁香花蘅裳將設席其下觴余先索為之記

記此園沿革與夫名字之闇合若有前定然則余之得留文字於斯居焉甯獨無緣哉

為鶴園記成衡裳排闥詫余曰子之叙漚尹而聯及大鶴也則緣之外又有緣矣大初來吳下賓僦居馬醫科巷巷在是園北吾先王父既斥田千畝立義莊贍族而未有祠宇癸亥九月吾闢園北户得某氏故居立券購之既汛掃池閣因見名文烺者所臨爭坐位書六幅壁間浥損矣審其跋而後知為大鶴之兄兄若弟寄迹於此也彼亦一鶴也此亦一鶴也吾之生而與鶴為緣如此雖然吾有商瞿之恨今所緣者皆鶴也其能無望於將雛乎

四十九

余曰子能繩祖武構祠宇以竟莊事而祀王父於中有孝思矣求之詩曰孝子不匱永錫爾類其次章曰君子萬年永錫祚胤而大易中孚之九二曰鳴鶴在陰其子和之夫能孚其孝於天而豈無胤以受其祚哉子惟不孝無懼不得後夫有鶴斯有雛緣至而後祥生焉衡裳悦屬綴其辭於尾越日天羽再誌

半園記

德清　俞樾　蔭甫

往歲余卜宅於姑蘇得倉米巷老屋一區議以千緡易之而稍修葺焉後得地於馬醫巷乃能前議未幾復經其地則石工木工成集其門築之丁丁聲達於

外聞之則曰史方伯所為也逾年而方伯果來訪余於曲園則侔堂史君也其人和調而不緣鶩盍而不苛與余一見如舊相識越日報謁登其堂滌室華椽綺疏青瑣赫然改觀余乃歎曰地果以人美乎使曩者為余所得則因陋就簡不過環堵之室辟潤澀園風寒其能崇麗若斯哉已而方伯索余書榜曰半園草堂余率然寫付之亦不知所謂園者何如也今年春余往過之方伯欣然曰吾園成矣盍一游乎乃與偕往園在屋西所謂半園草堂者園中之主屋也其屋南嚮東北有小室曰安樂窩迤東有屋三間曰還讀書齋又以修廊亘之中有小亭二曰風廊月榭東

五十

南隅有室正方前臨荷池復栽修竹以竹與荷花皆有君子之稱因名之曰君子居其西南隅有屋如舟額曰不繫舟從其後繞出西廊有樓屋三重其下層額以四字曰且住為佳中曰待月樓二曰四宜樓憑欄西望則闤闠城中萬家燈火了然在目矣斯園也高高下下備登臨之勝風亭月榭極樓柏之華視吳下諸名園無多讓焉余曰此即所謂半園者歟君曰然余曰園至此歎觀止矣奚以半名君曰不然吾園固止一隅耳其鄰尚有隙地或勸吾擴而有之吾謂事必求全無適而非苦境吾不為也故以半名吾園也余因喟然而歎曰美哉君之名斯園乎老子曰知

足不辱乎禮記曰知不足然後能自强君之名園其此
二義我矣君請詳其說余曰以君之力固足以羅有餘地
乃甘守其半不求其全此君之知足也然君之園視
吳下諸名園固無愧矣君乃以半名之曰吾園固上
一隅耳此又君之知不足也合知足知不足而義我而
君進乎道矣余於焉賢薔老手治曲園輒援老子曲則
全之義以解嘲聞君之言不禁爽然自失也

遂園雙鶴記　　甯都魏禧叔子

鶴千歲而元又千歲更白故食之壽者異曰烏白曰
鶴仙家多騎鶴控鶴之說故鶴尤貴吳門中翁菴先
生家有閣曰來青閣前後有松有石有藥欄曰遂園

五十一

歲代中有大鳥翩然降於南余群笑而譁曰鶴也鶴
也明年己酉先生八十初度日在仲春閣之後復一
鶴來止而不去蓋一雌而一雄客共驚曰此壽徵也
天命之矣又三年壬子甯都魏禧來吳門聞斯事既
得見於先生退而歎曰鶴精神潔清雖處闤闠脩然
有山林之致先生以長者脩跂跂之節即世無所繼其
羽毛物賓以類應豈惟徵壽吾又聞先生大父文定
公當明累朝時治第吳趨坊二鶴從盤客則二鶴迎於
門坐定酒行則展翅共舞和鳴久之下階而就食何
鶴之多異也文定年五十七致政家食者又二十四
年而大司馬大參公皆年踰八十申氏世多壽者則

以雙鶴徵先生之事亦宜

汪氏耕蔭義莊記

吳縣馮桂芬林一

事有創自後世不必為三代之法而轉足以維三代
之法之窮者士大夫家之建義莊是也考之儀禮傳
曰大宗者收族者也又曰異宮而同財有餘則歸之
宗不足則資之宗此古宗法也宋呂氏大臨曰宗子
法又不行人雖士大夫亦無收族之法欲約小宗之
法且許士大夫家行之蘇氏軾亦有亦小宗之議其
實今古異宜井田封建一廢不可復宗法何獨不然
二公所論亦託諸空言而已吾鄉范文正公守杭郡
置義田立義莊貯祖范今且九百七十世也被其澤說者

五十二

謂得宗法遺意焉公學問軒天地勳名炳史冊豈豈
衣食卹財推末節耳然足為公重顧大賢處世建一策
舉一事往往為法於天下可傳於後世是舉也前無
所承後有可繼補先王之制於已敝開萬禩食德於
無窮斯洵非公莫能為其為功德亦遠矣哉今義莊之
設遍天下吾吳為公故鄉聞風興起者宜益眾乃素
封有力之家累富百十數而合郡城之廣著錄僅十
餘族甚矣其難也封翁汪小村紫仙兩先生奉尊甫
中議大夫雨村先生遺命謀於族俾義莊之議從子
徵庭封君若等若而人咸欣然從之捐宅總田一千畝
有奇又購以金千流於郡城西偏中街前則購屋一區

建宗祠立耕隱義莊春秋饗祀歲月要會氏於是乎
佳朱莊法贍寡孤獨廢疾有養嫁娶凶葬有助春闈秋
賦有膏擇族之賢者司存之大略準范氏詳先生
所自為規條中汪氏系出自潁川侯汪其後以名為
氏三十有一傳為漢龍驤將軍文和始遷江南又十
三傳為唐上柱國越國公華實汪氏別祖今直省若
姓者多公後人又若干傳入國朝為武庠生汝卿府
君尚標自歙遷吳是為先生五世祖世以厚德聞於
鄉百餘年來族益大叶淵先生曾以名進士入翰林
則先生之世父而椒庭封君之大父也道光辛丑絫
仙先生子工部郎中濂椒庭封君子庶吉士改吏部

五十三

主事登同榜成進士其餘登賢書貢成均有聲譽序
者人若而人浸熾而日未有艾異時不獨益彥增其
式廓吾知是莊之盛必繼美萬年無疆也今建祠之
地相傳即宋時樂圃後為景德寺為學道書院為兵
巡道署為申文定公宅乾隆以來蔣刑部楫畢尚書
沅孫文靖公士毅迭居之東偏有六小園奇礎壺勝
異如嬴如為吳下名園之一蔣氏掘地得古甃井命
之曰飛雪泉今尚存余嘗假於孫家者數年通籍之
歲始舍之北行聞諸故老畢尚書宅之入官也孫氏
佳諸官願隱其姓縣令信筆署以汪今然為君家有
徵則更代及茲而定焉豈偶然哉余與工部君道義

切劉交久而舊知其世德甚詳屬記以道諸石以嘗居其地附識此以答來者

頤園記

吳江 金天羽松岑

坐我以華堂飲我以美酒而使我曠然游觀乎山水之間斯非異境乎異境之在於幽遐斬絕者天之功也天縱其功地稱其能靈驅秘助求獻斯異萃而嶮隘而谷開而宮屋綴而梁椽而岸者嶺限者輿到采者硐硐瀑溜丁鳴而赴於谿谿上有亭焉實踞山之兩口谿南為堂額曰環秀山莊者以其面山也蘇之城屋次而鱗比櫛新之夕十萬家廬墻闐然而一人斯園之門則鏡瀾屏紹紛落寒苞錦刺嵐風佳景夕彩峯光隱

五十四

几寂視若出雲表其山皴瘦渾成自然至巔特睨側睇不覩斤斸几余所涉天台匡廬衡嶽岱宗居庸之妙千珠萬態咸萃於斯斯蓋宋錢氏金谷園之古基朱氏繼有之而為樂圃者也清道光朝汪氏於此始建義莊其先從易之五詳錢梅溪履園叢話及馮狀亭耕蔭義莊記園在義莊東偏其闢之額署曰頤園若汪西溪書也構此山者毘陵戈裕良為嘉清名手自詫以為駕獅林而上之不虛吳江子暃丞數柬余飲於茲園戊午春畢節路金坡貴陽許肇南來蘇暃丞從邀之飲度曲於補秋舫舫位在山之北與余踞攀石聽之[illegible]聲從怪[illegible]出翠微間而硐瀑自牆外來應

節相和時玉梅二株方怒花辛夷亦垂折罄無算爵賓主盡歡汪子因舉觴屬余為文以鑿之石汪子有儒雅風諾不可逋也越一載乃命筆誌其勝以備吳中名園掌故

游息園記 乙丑

元和 袁學瀾文綺

蘇郡閶邱坊巷有息園者參軍錢鋒所築為錢武肅王分祠者也中具水木亭臺之勝每春時士女看花扇紈撲蝶柑酒聽鶯備極笙歌游衍之樂由來舊矣自經喪亂游事久廢乙丑暮春塵事稍暇余始得同子清杰游五松園故畫靈鷲諸寺綠陰晝寂僧坐掩關還訪息園至則瓦礫礙履亭榭毀圮於灌叢積莽

五十五

中惟見廢池萍涸喬木半枯猶兀立於妙嚴臺高阜之上主人錢震山出談于草蔓間讀錢泳書武肅祠碑及壁間東坡過閶邱小圃飲酒詩石刻相與追憶昔日斯園之盛不禁慨然歎息有風流雲散之感焉昔在梁普通間崇信佛法簡文以妙嚴名其女棄俗衣緇峻啟名藍立禪興寺蘇華姜謝沒餘邱壠至宋時黃州舊守閭邱孝終築園居此家蓄聲妓後房懿卿兼擅才色東坡嘗雨中過其飲酒詩中記波瀲方塘十眉列座仙袂行雨清歌駐雲其文讌歡娛情景概可想見此一時也國初翰林顧嗣立即其地為依園斬削荒穢崇飾池館開秀野堂招集名流觴詠選

集元詩主盟風雅亦非傳文苑者為吾鄉此又一時也
乾隆時蔣白溪居之後歸大理陳復居之至錢參軍副
立息園時其荒蕪亦如今日張山為余言如是余於
是有悟盛衰興廢之理然相倚伏亦余嘗臨觀世間
萬物事須臾變易如大空浮雲白衣蒼狗頃刻萬狀轉
瞬之間旋就澌滅歸於無有況歌舞縱游樓觀靡麗
極盛難繼豈明鬼瞰朱門甲第再過為墟大抵然矣
在有道者視之滿損謙益日中必昃宜其無常矣豈
獨沒炙手可熱門成羅雀往榮華寂寞與時消息要事
理之恆無足異者則此日息園之興廢安知後日不
復有振起之者耶我為語張山姑靜守之餘俟之書

五十六

稍無逸陳宋樣楷之類雖詩詠無荒習唐風之勤儉可
謹持此世德名門百年堂構綿延罔替必有能興復
此園者是為記

敬亭山房記　　甯都魏禧冰叔

登州姜如農先生有別業在吳門曰敬亭山房敬亭
者宣城之山也蓋先生以直言忤旨廷杖詔免死戍
宣州衛未幾國變先生曰吾不可以歸也轉徙浙東
久之僑吳門得故相國文文肅公園居之曰我宣州
一老卒君恩免死之地死不敢忘遂以敬亭榜其堂
云當崇禎季年先帝焦勞鋭於為治臣下不稱任使
則負上意上寖疑群臣不可信而言路是非貿亂一二

直言敢諫之臣又多議論失平或迂疏無裨實用上數有貶斥疾威之下罰不當罪者有之從古偏聽生奸誅斥諫臣者往往至亡國先帝不幸國亡人毋追咎於斥諫臣之故然其得失要當分別論列不可徒狥君子虛名全歸其過君父先生同時有名臣亦嘗論時相退而補牘與面奏語前後不相蒙上震怒以為欺罔幾抵極刑是以持兩端得罪其事與先生不同而國亡後猶悻悻然不能釋其懟怨先生蓋不僅加人一等矣先生抱膝讀書山房中不與世事者三十年有二子甚才教以古人之學予至吳慕其義先謁先生而先生油油然和且直又若未嘗身之為忠

五十七

節者予因歎近世士大夫登巍科躐顯仕則德其座主及主爵之吏稍所降黜則怨君父至遷謫外地乃悍然敢不至官而大吏且以賢能稱職首登薦疏雖世有稱賢者亦不免嗟乎天子可貴人亦可賤人可子人亦可奪人也善則歸己德則歸他人而過與怨則歸君父臣子之用心當是耶先生名埰中崇禎辛未進士令儀真以取擢禮科給事中山房故美林水前此為文肅公藥圃又前此為副使袁公祖庚之醉潁堂三公者皆賢人吾將比柳子之賀郎遭也遂因仲君實即之請為之記

姜氏藝圃記

長洲　汪　琬苕文

藝圃者前給事中萊陽姜貞毅先生之僑寓也在吳
郡治西北隅因商賈闤闠之區塵囂湫隘居者若之
而茲圃介其間時以勝著圃之中為堂為軒者各三
為樓為閣者各二為齋為窩為居為廊為山房為池
館邨砦亭臺略彴之屬者又各居其一予嘗取其大凡
則方廣而瀰漫者莫如池迆邐而深蔚者莫如邨高
明而敞達者莫如山巔之臺曲折而上邃者莫如仲
子肄業之館若軒五主於奇花珍卉幽泉怪石相與旋
繞乎几席之下百歲之藤千章之木干霄架壑林栖
之鳥水宿之禽朝吟夕哢相與錯雜乎室廬之旁或
登於高而睇乎雲物之表或俯於深而闞浮泳之繁來

五十八

游者往往目疲乎應接而手足倦乎扳歷其勝誠
不可以一二計蓋茲圃得名也久矣圃之主人亦屢
易其姓則有袁副使繞之以高蹈聞於前其次則有
文文肅公父子以明節著於後今貞毅先生復
用先朝名諫官優游卒歲乎此而其兩子則以讀書
好古士風流爾雅若繼其緒而光大之焉馬蹄車轍日夜
至門高賢勝揖交相為重何啻乎四方騷人墨士縱
於形諸咏歌見之圖繪記二十餘年而顧益盛與不
然吳中園居相望大抵塗飾土木以貯歌舞而誇財
力之有餘彼皆庬庬亡妄屬人之所尚耳行且蕩為冷
風化為憂者乎亦何足道哉何足道哉

藝圃後記

長洲 汪琬 鈍庵

藝圃從橫凡若干步南入門而徑有桐數十本桐盡得重屋三楹間曰延光閣稍進則由東萊草堂圃之主人延見賓客之所也主人世居於萊雖僑吳中而猶存其顏示不忘也踰堂而右曰餺飥齋折而左方池二畝許蓮荷蒲柳之屬甚茂面池為屋五楹間曰念祖堂主人歲時伏臘祭祀燕享之所也堂之前為廣庭左穴垣而入曰暘谷書堂曰愛蓮窩主人伯子講學之所也堂之後曰四時讀書樂樓曰香草居則仲子之故塾也由堂廡迤而右曰敬亭山房主人蓋嘗以諫官言事謫戍宣城雖未行及其老而追念君

五十九

恩故取宣之山以誌也館曰紅鵝軒曰六松又皆仲子讀書行炙之所也軒曰改過閣曰繡佛則在山房之北廊曰響月則又在其西橫三折板於池上為略彴以行曰度香橋橋之南則南村鶴柴皆聚焉中間壘土為山登其巔稍東曰朝爽臺山麓水涯群山十數最高與念祖相向者曰垂雲峰有亭直愛蓮窩者曰乳魚亭山之西南主人嘗植棗數株翼之以軒曰思嗜伯子構之以思其親者也今伯子與其弟又將除改過軒之側築重屋以藏主人遺集曰諫草樓方鳩工而未落也圃之大凡如此主人謂誰前記所謂貞毅先生是也以藝名其圃者主人而命予為之

記者仲子也仲子名賓郎字學在餘悉載前記中不復著云

留園記

德清俞樾蔭甫

出閶門三里而近有劉氏之寒碧莊焉而問寒碧莊無知者問有劉園乎則皆曰有蓋是園也在嘉慶初為劉君蓉峰所有故即以其姓姓其園而曰劉園也咸豐中余往游焉見其泉石之勝花木之美亭榭之幽深誠足為吳下名園之冠及庚申辛酉間大亂洊至吳下名園半為墟莽而閶門之外尤甚曩之闤城溢郭塵合而雲連者今則崩榛塞路荒葛罥塗一過之故蹊新術輒不可辨而所謂劉園者則巋然獨

六十

存同治中余又往游焉其泉石之勝花木之美亭榭之幽深蓋猶未異於昔而蕪穢不治無修葺之者兔葵燕麥搖蕩於春風中殊令人有今昔之感至光緒二年為毗陵盛旭人觀察所得乃始修之平之攘之剔之嘉樹榮而佳卉茁奇石顯而清流通涼臺燠館風亭月榭高高下下迤邐相屬春秋佳日觀察與賓客觴詠其中而都人士女亦或掎裳連袂而往游焉於是出閶門者又無不曰劉園劉園云觀察求余文為之記余曰仍其舊名乎抑肇錫以嘉名乎觀察曰否否寒碧之名至今未熟於人口然則名之易而稱之難也吾不如從其所稱而稱之人曰劉園吾則曰

留園不易其音而易其字即以其故名為吾之新名
昔袁子才得隋氏之園而名之曰隨園吾得劉氏之
園而名之曰留園斯二者將毋同余歎曰美哉斯名
乎稱其實矣夫大亂之後兵燹之餘高臺傾而曲池
平不知凡幾而此園乃幸而無恙豈非造物者留此
名園以待賢主乎是故泉石之勝留以待君之登臨
也花木之美留以待君之攀玩也亭榭之幽深留以
待君之游息也其所留多矣豈止如唐人詩所云但
留風月伴煙蘿者乎自此以往窮勝事而樂清時吾
知留園之名長留天地間矣因為之記俾後之志吳
下名園者有可考焉

六十

勺湖記　　　　長洲沈德潛　碻士

勺湖方氏園池也園方廣六畝池半之池非湖勺水
亦湖取齊物之義因以湖名湖之中央有亭翼然曰
中亭象中孚也稍前而西曰西亭從其位也又前曰
廣歌堂念故鄉也中亭之東北然峙於湖曰楮蔭軒
楮樹叢生不稂不莠取無用為用也中亭之西藤木
森林布石纍纍然若笑若仆若可列坐曰藤室以紫蔭
茂密也室之西有橋蜿蜒與亭相連曰偃蓋橋象其
形也園之隙地半種竹餘治園圃植瓜蔬葱韭莧亦
凡可為蔬者芳多老木若梧若桂若梅若桃杏若榆
柳槐棗桑柘楂榴之屬數之得數十株材為柴藤為

曰菴予為亭為館為臺蕊刺柚金桂木芙蓉之屬植之繁滋與木相將凡人世異寶重難得者不屬也主人之意不在此也水則芙蕖菱芡蘋萍荇藻牽引參錯縱漾續紛翡翠之鳥往還倉息游魚躍波或躍或散倒影天碧若波遠雲光清風吹生翠煙微動月光澄照淩空一色日夕佳景無不可玩主人無事輒來園中或孑影自適或偕昆弟友生倚闌檻坐高閣彈琴詠詩飲酒相樂酣然欹卧以游玄漠若將有得焉而老於斯也園在城婁門東其地狹隘其民人多利居宇鱗密市聲喧雜而與湖之地偏然清曠初不知外此為闤闠者而闤闠往來之人不知中有木石水泉禽魚之

六十八

勝蓋可知也嗟為將以地向之習於園池者其亦有樂於此耶主人有之適於斯地相宜主人姓南粵選吳中粵與吳蓋皆聲華綺靡之俗也而主人潔清自正澍如恬如不絕物不苟同與世俗日相接而俗不相喻人與湖有契合焉宜其樂乎此而不知有人世之樂也主人名選字寔湖名潮字東華其弟

苕華書屋記　長洲汪琬鈍菴

康熙九年春予自金陵命兒歸往卜居郡城之西郭老屋二十餘間堂寢庖湢略具俗傳以為前明正德中尚書陸公完故居云夏五月予遂自西新關歸除茅舍一楹遂几榻其中而寢處焉地廣袤不逾數弓

庭前則從雜花叢三株老樹各一本前則庭又有石直立
陵空若蛇若筆其蔓循外垣而下羅絡石之四周若蓋與樹
皆數十年物也予賦樂之乃顏之曰若華書屋今夫
木高而折必東焉鳥獸大者其群必起日晦時焉則
必還其故鄉翔迴焉鳴號焉蹢躅焉踟躕焉小者至
於燕雀猶有啁噍之頃焉今予自定仕以來無污萊
以供饘粥無室廬以蔽風雨寒暑者家宜人既沒於
吳寓而其孥於閭巷之間而食祿京師者將十有三年
矣及其還也得顧曩日之前井市半已改易親舊半
已凋喪故時所藏琴尊圖籍玩弄愛好之物半已零
落不知所在而予亦遂初矣幸有此一楹以為讀書

六十三

歌詠之地自分可以少休顧猥馳驅奔走役役而不
止不亦大可太息哉然則予固困而思歸矣佛巾布
襪從容偃息於陵岩之下必不可且遠矣故記之

塔影園記　　　長洲顧苓云美

塔影園者文墨聖先生別墅也先生為待詔衡山之
孫國博三橋子詞翰世其家宏長風流初於虎邱南岸
購茅結廬名小溥上莊鑿池及泉池成而塔影見張
伯起賦詩落之於是和州為之圖三橋題其上云雞
三叉花開香滿園亦閒橋畔塔斜懸偶思小飲沽村釀
門外魚蝦正泊船園之蕭條蹤跡大略可見既而居
士貞毅居之士貞云從叔氏稍增中風徑畫林依然

如昔尋山客至不復停車天啟閒蜀松陵趙氏往來讀書復臨池結屋稍貯歌舞後出仕閩亂及歸遂為園擇至適余過而樂之與割券而考室焉憶梁書顧正禮隨外祖游虎邱以枕流漱石之語為外祖所器卒以志操見予為文氏彌甥葺此舊隱似闕宅相亦有門風彭城萬若來又為予製雲陽草堂記四方過從時留題詠詩文多於水樹水樹多於齋館烏足被園林之目哉夫有所受之矣

塔影園記

長洲　沈德潛　確士

探名山之勝者必梯巘巇緪幽深嗜奇者快焉而或病其勞且不能經久而結構林園休憩者平池小邱

魚鳥翔游一切巉巖秀削之狀又不能游目而即得惟因名山為名園斯兩者兼之摩詰輞川莊因乎藍田白太傅草堂因乎廬山其最著也賦琴主人為園於虎邱東南隅山之明麗秀錯園皆得而因之名曰塔影山巔浮圖隱見林隙故名園本程氏故居幾為廢壤主人有之剗蒙翳蠲荒墟構新依故崇卑決浚經營有年斷手伊始敞者堂皇俯者樓閣繚者曲廊靜軒間龕邃高深房峙廼亭臺環廼垣墻向背適宜燠寒協序隙地植梧柳榆檜桃杏來禽芍藥滿畦寒梅成林藤蘿交絡桂樹叢陰馣馤蓊蔚蒨深沉此南岸之勝概也迤北通以虹橋沿以莎隄突以高岡

因雜松杉島柳銀杏之屬石級縈繞花絡連綴流跡
有池翻經有臺霽對脩有歆聲林蕭疎連綿鶴澗中三
泉注白蓮池瀉入澗中左舒右迴繼繼淙淙雲蒸煙
接〔臺屋搓高名處〕歸跡迷空浩然天成非由人功此北岸之
勝概也園三面繞河船自對面橋進叢佳美何明聚
見飄回塘好餘水鳥叙分流山邃青而點綴水繞白而
見練直湖長蕩疑開梓歌此園以外周遭之勝概也
主人蕭閒園居寄對名山比伯主易勝美人黃土高
借談空道江流輕羽想予前則賢如同昭語而都人士之
詩春尋韻秋排琴挈伯者亦若點綴以風華擅姚李郎
園則林居之道遂與樸塵之觀異一俛仰而交集吾

六十五

許也又主人庋書數千卷與到隨手一編有得於心
悅然歸然含容至或談詩金石或談性情辨證此更有得
於身心之樂而足供據名山之助相與濯纓而晞髮
頤性而忘年也與昔顧高士今居於彭園高士結志
區外寫懷心清川許云異崇好古者也今異其地而同
其志殆有尚及前民之意焉主人名重光字子宣姓
蔣氏園成為乾隆甘未年月日

見漢漁舍記　　　長洲 蔣恭棐 維御

出金閶門山之可以游者莫如虎丘方塘迷波萬瓦
鱗次花晨月夕畫舸娛眾盛場勝會亦時當買貨之嫌
近山村落小若叢迴野田琳路與虎丘之平遠秀麗

足相此發而游蹟罕逮半塘迤北清劉數析土名鵰脚浜鵰脚銀杏樹名吳中處處有之獨被是何耶余從祖父鏞公先生嘅曰與客過而樂之購地築室題曰皂見溪漁舍曰豈壽藏其事命為之記

西溪別墅記

嘉定錢大昕 曉徵

吾友陸君豫齋迺高士甫里先生之三十四世孫承先賢遺緒敦本睦族勇於為善既建甫里先生祠於虎邱山塘之南又構小園於祠之側顏曰西溪別墅屬予記之考甫里先生卜居吳郡之臨頓橋其幽居賦云門臨闤闠市也接虎邱又嘗與皮襲美西溪閒泛倡和之作載於松陵集則茲山為先生流連觴詠之

六十六

地九原可作其必有樂乎此矣相傳甫里祠其清風亭光明閣雙竹堤杞菊蹊垂虹橋鬥鴨池諸勝今皆鞠為茂草豫齋盡然傷之矣於別墅擬其名曰隨地勢曲折而布置之高者為陂窪者為池儼然者為閣翼然者為亭水石清曠卉木敷榮拓地僅百弓而究得於笠澤松陵之趣蓋不徒存甫里之故蹟兼得甫里之性情者也予嘗讀唐書本傳稱李蔚盧攜皆與善及當國召拜左拾遺詔方下而卒疑若少假以年不必以高士終者及至兩人入相年月參以笠澤叢書唐詩紀事而知史之未可信也兩人之並相在乾符二年乙未至五年戊戌而相繼罷去拾遺之召當

在數年間而叢書之成在乾符己亥則其時先生猶
無恙計歲夫謂卒於中和初中和又在乾符之後盧
李二公皆先没久矣然則先生雖以拾遺召而堅辭不
起終全肥遯之操豈非鄙終南為捷徑而捧檄色喜者
哉士人高尚其志必不慕乎一時之榮而後能收千
年之報迄今過西溪而瞻拜祠下若洪遠慨慕其仰
為百世之師而又有賢裔如豫齋者詠芬詠烈克紹
家聲祠以得地而益彰地有墅而愈勝高山景行想而
見之將終古而無極視左拾之榮所得為何如也世
徒謂先生之不及應召而不知先生乃召而不至此
所以為真高士古人以三高並稱予謂少伯功名中

六十七

人固非其匹季鷹雖知幾猶多人洛之舉較先生高尚
遜一籌也試質之豫齋其以我言為然否

挹秀樓記　吳縣元樹滋鐵卿

由游湧峰而南行過甚西橋百餘步有樓翼然踞之
里塘之上則挹秀樓也猶名之取義為吳王松太守別
業嘗西承平時畫船簫鼓絡繹樓下無虛日太守恆坐
卧其中為樂未幾歸於王氏兵燹後屋宇荒為邱墟
惟樓僅存光緒初元余弟樹楠既割其地為家祠復
成之後又新作是樓為登眺之所顏曰挹秀屬余書
其額并為記之余方弱冠時逢春秋佳日恆隨侍先
君子從舟山塘泛過樓下見珠簾翠幰掩映於山光

塔影之中可望不可即未嘗不歎樓居者之不啻神仙若也乃俯仰之頃樓則猶是而已三易主矣先君子既久棄養余亦星星之髮花晨迫登樓欲尋少時隨侍之樂而湖山間寂闌桃柱楣鬢影釵光渺焉不復可想盡幾幾乎有時殊異之感焉惟天平諸峰猶然遥拱於十里之外崢嶸秀異依然在目歷盛衰如一日也因以知紛華靡麗之境有時而變遷固不若清虛閒寂淡泊寧靜之足以樂吾志於無窮也風月清朗煙雨晦冥之夕先君子之靈爽或亦憑依於茲而不忍去歟然則吾之心也世世子孫安可不思所以永保之哉

六十八

漁隱小圃記

青浦 王昶 德甫

楓橋之水從胥溪來過橋分支而南派別為兩塘又有橋名江村其南則袁子又愷漁隱小圃在焉圃之先為王因齋居名江村山齋因齋師沈文慤公工小詩畫仿文待詔往往招集勝流名士作文字飲其見所刻兩塘唱酬集中又愷之兄因齋女夫也故是圃歸袁氏其宗人簡齋大令曾為記又愷拓而新之入門首即堂三楹後為竹柏樓蓋即故址太夫人撫孤居此竹柏以況其節也樓旁有洗硯池池水湛碧若芙蕖花時香滿庭戶沿池循植木芙蓉有徑達茆亭軒傍柳陰翼焉橫石名柳江荷由荷而入左為繫舟右為

水木清華榭再進為五硯樓又愷嗜藏書兼嗜硯獲硯五皆元明間袁氏名人手澤故以名樓登樓遠山出沒平疇如方罫可供吟眺樓東楓江草堂南並草堂者小山叢桂館館前有小阜突起建吟暉亭於上亭下接桐香廊廊盡為銀藤簃西向最高者為挹爽室草堂之後後栽牡丹芍藥名錦繡谷東則漢學居又愷研經必本注疏也再後為紅蕙山房鈕布衣非石自洞庭山移紅蕙樹此故名凡十六景而總謂之漁隱小圃蓋視園齡在日固已勝矣於是春秋佳日吳中勝流名士促命儔嘯侶來無虛日而遠方賢士大夫過吳者繫舟造訪填咽於江村橋南

六十九

北樽酒飛觴詩卷參互更非因盛所能逮矣憶庚午歲余從文懿公至此迄今已五十年而撫唱酬卷中凡四十餘人無一存者獨予齒危髮禿乃得以身扶老蹣跚躑躅其間以續文懿諸公之後且見夫亭榭之更新圖書之美富賓朋之盛蓋將與樂圃南園並美矣既以志感又竊自幸也故因又愷之請記而敘其大略如此

五硯樓記　　　　嘉定錢大昕撰

袁子又愷向居金昌亭畔顏其讀書之室曰三硯齋予嘗為之題面三硯皆其先世所詒為介隱先生物一為謝湖草堂硯則尚之先生物一為列岫樓硯則

之先生物也丁巳歲青浦王侍郎以所藏清容居士硯贈又愷錢塘奚鐵生為作歸硯圖一時傳為嘉話未幾又得谷虛先生康吏石硯并前所藏而五是夏又愷移歸楓橋舊居甫卸裝即謀藏書之所唯茲樓宜乃奉先世手澤及古今載籍收藏唯謹名其樓曰五硯屬余記之袁氏四姓五公著於東漢晉南渡後門望亞於王謝吳中之袁則自明嘉靖六俊以文行相砥礪與三張四皇甫齊名迄今三百年來詩禮之傳人而未替又愷承其父兄之緒益以通經敦行孟晉匪懈凡先世遺跡流轉它姓者輒重價購歸弆之斯樓生平篤好文史聚書數萬卷多宋元舊槧及傳

七十

鈔秘本暇日坐樓中甲乙校讎丹黃不去手予嘗論世少藏書之家藏矣未必能讀讀矣未必能校能讀且校矣而或於己媢彼如許慈胡潛所為亦未免通人譏議獨又愷兼三美而無一病予心重焉其樓四面洞達迥出埃壒靈巖天平之紫翠望之如可摘也支硎法螺之鐘磬招之若相答也前俯澄瑠旁植花竹挹風上之清嘉屏絲管之嘈雜予蓋嘗裴回徙倚焉而不能去也列岫樓又廢今無能指其所在者而硯尚存斯樓主賓文酒唱酬之盛不減於曩時比吳中世族所難得者予所以樂為記也

廣居記

余居楓江寒山寺之東門外木瀆之人門折而西余
書室三楹在焉縱二尋有五橫倍之茅屋數間僅蔽
風雨余於左置長几積書其上下一小榻倦即卧中
容方几短椅然三四人坐客來小飲恒肩摩而趾錯
然右有書櫥五無他物前則庭深五尺植大香櫞樹一
後有一小室室外即小園不半畝雜蒔草木四時略
備凡庭外所取置室中器具以及書用者略寓甚而
書則無算性好甚不離亂讀雖必歸原次以故書雖
多而不見其煩人過者恒曰隘哉隘哉余則日夕獨
居其間左圖右史前則花後竹於讀之餘繼以詩酒興
趣所至直不知天地之大古今之遠宮室之盛器物

七十

之繁其心泰然自足其身亦若寬然有餘遂取孟夫
子之意名之曰廣居豈從以為天下之居不過如此
乎殆以為隘者見之更甚然笑予之士嗟乎人患不讀
書明道耳不讀書則市井之習易染而識遂深於根
器讀書而不明道則文雅之名雖歸而學然入於偽
雖若而人雖日處通都大邑崇臺峻閣甚而室高數
仞楹題數尺非不自謂華侈可為顧盼生光也余視
之其若局天蹐地而日無容其足焉何也中無所有
外雖盛而莫與當也余讀書三十餘年始稍思維時自
困汩沒於詞疏中數年繼更縱騁於諸子百家以自
豐衍汗乃頓悟前非服膺聖教游乎仁義之淵澤乎

詩書之園固思登程未之達上周孔之堂斥異端而
迴其狂瀾屏佛學而歸之正路立志既堅加以造詣
時作古文以明其理遂覺富貴貧賤威武之境舉不
足以入吾心而循循然惟聖賢之大道是務蓋廣居
若本在內而不在外也故雖環堵之室尋丈之間而
天下之廣若皆歸然於心目而無所遁焉如是而道
有不明者乎心有不實者乎外特其跡爾人徒見吾
之外而不見吾之內咄咄怪乎以為樊籠迫仄而不可
一日居也吁書之文章而與道德也宜其日益盛哉

荆園記

我原籍休寧自前乾隆年間遷崑始祖琴山公經商崑

七十二

山遂家焉崑城遺有祖宅迄光緒中李主宣科狀元
調任鄉闈中舉人後官蘇州大石頭巷洪氏聘為西
繼院長春府乃遷蘇城我隨兄投讀光緒三庚子山西李
文誠公殿林號蔭墀辛未進士由禮部侍郎任江蘇
學政我為秀才後第一次歲試拔置一等第二名譽
為蘇第也文字獎勵備至咨送京師大學堂肄業我四
歲失怙恃賴叔父資政公教養成立求李公可否就
近往就以便養親許薦京師大學堂上海譯書分局
任編輯員局長張菊生元濟太史吳尚儀侍御光緒
三十四年戊申之夏天津徐菊人世昌以軍機大臣
特任東三省總督奏派總督署調查委員乃自狀

令游擢監司未及二十年開府龍江風沙冰雪久從
東陲內政外交因應不易年將五十衰病侵尋軍閥
專事構釁難進行我兄康民力勸急流勇退誦陶淵明
游斜川詩開歲倏五十吾生行歸休亦抱同情之感
遂於民國十六年丙寅之冬乞歸省退隱吳中迎吾
兄同居先得鈕家巷鄒詠春太史舊宅眷屬子女諸
姪眾多不敷分住丁卯冬由祁陶甫張久餘諸君介
紹得城中護龍街孔勝巷口對面有俗稱陸家墻門
田氏大宅事主由紀盦嘗視之地進園轉西即見有
荊園樓窗在焉園地約有三四畝荒圮失修略具池
亭花竹園東荊南有大廳及後廳樓東西院有客房

七十三

書房廚房浴室等四十餘間田君稱此宅其先人得
之陸氏陸乃得之有明長洲文彥可故址舊宅歸吾
阿兄康民謂齊諧記載京兆田真兄弟怡怡紫荊重
開千百年來傳為佳話不圖吾垂老兄弟得此荊園
何樂如之議遂定此宅前門出沿護龍街荊東近市
嘈雜乃又商之西鄰曹君幼卿願以馬醫科荊南房
屋十餘間地基七八分讓歸我用得與荊園南牆聯
絡開通於是護龍街前門改作副門以馬醫科新得
之地改作荊南前門闢大荊園用地以本宅原有西
北長安街景德路之後門改作第二副門門內小園
亦有修竹峻峯別饒清趣經之營之不久而木工告

成間之絡盦當太平天國軍隊攻進蘇城陸氏男女老弱盡殉荷池將近百年時露枯骨我乃以池濱湖石運堆假山數座掩骼埋骸填平全池美哉所當為乎池折橋後以池址起點處起建兩式四面廳朱古微侍郎題贈遂廬匾額位置竣書招邀親朋如張仲仁壽博詩昆仲吳穎芝鄧孝先林鐵楨費玉如王戴士貫仲深宋彭子嘉王仁山孫陸甫王鐵甫王受宇姚咸伯沈韞石毛汶孫穀孫昆仲連纂秦同炯卿姜登禪陳公孟馮康甫陶小柳張揮孫令天雄陸頌侯姚君王徐印若吳瞿安劉采臣孫壽芝生尤非欣諸先生嘯詠具中極文酒讌游之勝園之西北有屋三楹傳是明

七十四

代御理崇鄧孝先太史題額補讀齋康南海先生題贈退思樓額補讀未讀之書思補已往之過素願幸償齋有之前後廊之前廊關左右兩門左曰鋤月右曰枕煙我髯翁叔父湞段公命名延恒讀詩經曰如月之恒又讀林逋詩笑指後庭風味好自鋤明月種梅花因號月鋤今得文枕煙遺宅以枕煙而對鋤月為先後三百年來園主人遇合稱奇齋西地甚幽靜有屋一楹添栽松柏以立家廟孔子曰祭如在祭神如神在因乞鄭蘇戡解元題額僾見敬為歲時祭饗追遠之所同時並荷蘇戡題贈齋聯曰五畝桑園高士宅四時花供讀書樓後廳西樓牕正臨前園補讀齋書牘

琅琅可傳達也園之西南角落假山後新建三角亭擬名半亭親家崇明馮紫羅司馬題額曰求闕即席揮毫付刻紫羅笑謂我一門鼎盛如此園林蘇城罕覯藉寓謙益滿損之意良堪感佩太倉老友王熾甫學博刻贈亭聯三竿兩竿之竹一寸二寸之魚尤為生色北京顧治仲中書臨賞齋前指為金園勝境園東大廳有父執王嚴士先生贈聯解組歸田園林小築樂天知命歲日長春常熟趙古泥先生書寶善堂大宗堂匾蔡雲笙孝廉贈西書房養正書屋額東客房可止軒額琳鄉滿目美不勝收我自題後廳樓匾額曰春融草堂統計園地房地得有四畝八分頹者

七十五

屹然缺者初完植基彌園綠化蔥蘢花則有紫荊紅綠梅迎春玉蘭辛夷繡球牡丹芍藥櫻桃鐵梗海棠雪梅山茶紫薇木香杜鵑月季薔薇建蘭萬壽菊大利菊木犀晚香玉紅蓼虞美人各種荷花水仙臘梅樹則有核桃櫻花紅綠楓松柏女貞梧桐桃李杏橘葡萄黄紅天竹等等春紅數曲秋馨一山幽鳥弄聲關關嚶嚶四時佳興與人同可詠之矣馬醫科巷西有俞氏曲園我荊園在巷東余生也晚僅晤曲園孫郎陛雲探花未及與曲園老人相晤然曲園衡宇相望竊自欣幸猶憶老人春在堂集有詩曰馬醫長巷巷中央正是吾家薜荔墻墻內小軒題印雪雪泥蹤

跡在吉同紫相想見老人好學至老不倦話丁丑日寇陷
蘇垣挈眷避地京津我園為日寇騎兵佔據書籍字畫
細軟物品被劫靡遺壬午南回省視幾如丁令威化
鶴歸來城郭猶是風景已非防空洞開亂磚山積園
林亭臺其燬於寇與毀於人者皆不可歷歷追印舊
蹟悲從中來我先兄康公在天之靈當亦愴然以此
可歎林之在天地間成之至難而燬之甚易數年來
重加葺治記其經過雖不能復舊觀拘碎雜零一日
有園一日有資於養痾後顧我後人毋忘此日之艱
難

中華民國三十三年甲申春日退思老人年六十
七十六
有六

吴门园墅文献新编（下）

范君博　编著

苏州市园林和绿化管理局　编

文匯出版社

吴门园墅文献卷三　诗籁

余故里无家，久寓吴下。去年于马医巷西头买得潘氏废地一区，筑室三十余楹，其旁隙地筑为小园，垒石凿池，杂莳花木，以其形曲，名曰“曲园”。乙亥四月落成，率成五言五章聊以纪事。

五言五章

德清　**俞樾**荫甫

吾家乌巾山，旧有先人屋。四龄即迁徙，至今遂难复。
东华挂朝籍，中州忝使竹。自此称宾氓，十有八寒燠。
天地本蘧庐，何者我邦族。吴中五柳园，昔曾寄游瞩。
乱后废为墟，止余水一掬。幸兹马医巷，有地吉可卜。
爰自去年秋，辛勤事版筑。居然告成功，止阅弦望六。
但取粗可居，焉敢穷土木。吾学公子荆，一苟万事足。

其二

其前辟为门，门小绕通车。合肥李文华，署曰著书庐。（李少荃相国书“德清俞太史著书之庐”九字，今榜之门）
其中为听事，颇觉宽有余。是曰乐知堂，老彭为我书。（谓彭雪琴侍郎）
乐天而知命，斯义聊自娱。由此入内室，居处全家具。
上以奉老母，下以容妻孥。宾朋别有馆，仆媪各有居。
幽隐为屏匽，明敞为庖厨。规模罔不具，曰陋则有诸。

其三

自听事而西，有春在堂焉。文正所题榜，墨彩今犹鲜。

四方君子至，皆于此周旋。（曾文正曾为余书“春在堂”三字，今于乐知堂西，为便坐以待宾客，即以此颜之）此内有隙地，不能成方圆。

自南而北东，有若磬折然。书坐侧好事，所乐惟林泉。

爰因地一曲，而筑屋数椽。卷石与勺水，聊复供流连。

名之曰曲园，为钩不为弦。吾闻之老子，所谓曲则全。

其四

曲园虽褊小，亦颇具曲折。达斋认春轩，南北相隔绝。

花木隐翳之，山石复嵲屼。循山登其巅，小坐可玩月。

其下一小池，游鳞出复没。右有曲水亭，红栏映清冽。

左有回峰阁，阶下石凹凸。遵此石径行，又东出自穴。

依依柳荫中，编竹补其阙。筑屋名艮宧，广不逾十笏。

勿云此园小，足以养吾拙。别详曲园记，吾兹不具说。

其五

昌黎三十年，辛苦成屋庐。作诗夸儿曹，意溢词之余。

东坡读而叹，谓不渊明如。嗟余本无似，碌碌章句儒。

年华逝水迅，往事搏沙虚。乾坤逆旅中，偶此留须臾。

若复相炫耀，大可相揶揄。有记更有诗，姑以存区区。

窃示高平君，不用书示符。

徐花农秀才琪为余绘《曲园图》，赋此谢之

同前

一曲园林布置粗，盆池拳石自嬉娱。

忽烦妙手来描写，遂使全家住画图。

康节行窝原是寄，放翁团扇岂堪摹。（因《曲园图》标饰未竟，先缩写齐纨一握见贻）

得君点染居然好，始信文人笔墨殊。

小浮梅

同前

厉樊榭《湖船录》云：黄贞父仪部用巨竹为桴，浮湖中。编蓬屋其上，朱阑，周遭设青幕障之，行则揭焉，支以小戟。其下，用文木斫平若砥，布于桴上。中可容六七胡床位置，几席觞豆，旁及彝、鼎、垒、洗茶铛、棋局之属，名曰“浮梅槛”。余频年主讲诂经精舍，春秋佳日时至西湖，每思纠同志数人仿此制为之，而迄不果，有《造浮梅槛议》一篇，存《宾萌集》中。乙亥初夏，吴中曲园落成。园有曲池，乃于池中截木，为桴屋于其上，朱阑绿幕，略如黄制，然周围止十一丈，仿之西湖直杯水耳。故此桴广止四尺，修止五尺，渺乎小矣，因名曰“小浮梅”。赋十二韵，记之。

十年雅慕浮梅槛，试手经营到此才。只惜量来不盈丈，故应唤作小浮梅。
纵横箨栰三层积，前后轩楹四面开。惟幕绿随风反侧，阑干红与水徘徊。
一绳摇曳呼孙挽，半席宽闲倩妇陪。偶欲曲肱宜竹几，或思润吻有茶杯。
平如画槛移春去，轻似□槎贫月来。萍到舷边堪掇拾，鱼游舄下莫疑猜。
蒲团布处成禅榻，笭箵携将即钓台。试与临流弄寒碧，胜于扫石坐莓苔。
曩时创议传朋旧，此日环观诧仆儓。问讯天南老开府，乘桴海上几时回。

闽抚王补帆同年频有书来，问浮梅槛成否，故及之，时补，帆方驻台湾也。

和寄俞阶青太史都门，昨过苏州，怅望曲园，徘徊不能去也

贵阳 **陈夔龙**筱石

长安闻似奕，岁晚盍归来。
且共陶潜醉，宁为庾信哀。
知交三载别，怀抱几时开。
蓬阆风流歇，空怜著作才。

其二

摇岳凌沧笔，高风杳谪仙。
庐犹书太史，迹已判人天。

秋雨重阳客，春花都讲筵。
马医科咫尺，一过一流连。

马医科巷为荫甫丈旧宅，门榜“德清俞荫甫太史著书之庐”等字，乃李文忠公所题。

题顾子山文彬方伯怡园图

中江　**李鸿裔**眉生

叠石疏泉不数旬，水芝开出似车轮。
石幢一尺桃花雨，便有红鱼跳绿蘋。

千夫邪许立奇礓，万石夥颐山绕廊。
更展袖中修月手，挽将银汉作银塘。

重叠银台衬玉趺，风清月晓一尘无。
敢将翠盖红妆句，涴尔神人冰雪肤。（池中白莲皆重叠异种）

匆匆红紫去来忙，惟有芙蕖寿最长。
初夏荷钱晚秋菂，还留春藕隔年香。

榭南香雪霏成海，榭北云根翠荷天。
眼底风光阳便得，笑人思颍忆平泉。

苏家饮马桥头水，君住水西侬住东。
一样沧浪草亭子，愧无三叠好屏风。（园中三叠屏风最奇）

顾子山方伯蓄湖石五峰于可自怡斋，为图征诗

同前

尘事都无累，高斋可自怡。
琴边众山响，花外片云奇。

书画成清癖，溪山寿大痴。
家风传万石，借喻不支离。

其二

碧玉环中坐，疑君是偓佺。
一庵如海岳，五老共周旋。
好饮注尊酒，还参雪窦禅。
底须双不借，才到阆风巅。

顾艮庵文彬邀同人于金石居作坡公生日，即席次韵

同前

我生纱縠行，距公八百载。
异代认同乡，披图人宛在。（次潘季玉韵）

岁岁腊嘉平，与公一尊同。
来岁或添请，南郭沧浪翁。（次彭讷生韵）

苏邻生于眉山书院，距公纱縠行旧居一鸡飞地耳，家于中江，又与苏沧同里因宜并寿，二苏公也。

立夏后三日，游怡园

吴县 **沈敬学**习之

词谱名园主费吟（哈园主顾艮庵先生有怡园，好词千首），我来城市得山林。
倏闻为语动清与，刚过花时有缘阴。
依样水窗牵岸住，多歧岩窦误人寻。
廿年经始原非久，杨柳池台尔许深。

岂必为山定有由，荆榛赤手辟荒丘。
云林秘阁图书富，洛下平泉洞壑幽。
几树浓荫凉借水，四时佳景媚当楼。

怡园

泥融草长无多日，犹见春人履迹留。

甲申重九，登元妙观弥罗宝阁，还游顾氏园口占

桐乡 **严永华**少蓝

又是登高会，西风上寺楼。
全家涵道气，九日得佳游。
兰若层霄近，葺城列户稠。
凭阑间觅句，莫负此勾留。

其二

名园通曲水，乘兴一徜徉。
游赏忘宾主，经营羡构堂。
壁琴饶古韵，篱菊有清香。
去去犹回首，亭阴已夕阳。

秋夜饮顾氏园有感

高密 **郑文焯**叔问

涧松夜弦孤鹤哽，危立空池吊秋影。露花红滴不成泪，九叠石屏绣苔冷。
衰兰送客朝暮哀，珠栏玉砌多蒿莱。邻声纵有山阳笛，听到白头能几回。
华年乐景残杯促，庭角春烟冷阶玉。暗闻蕉雨滴愁心，屋傍无因题梦绿。

国历三月三日，与巽堪、弹民、潜庵、家翼、霄叔游怡园，茗坐甚久

常熟 **庞树阶**拂云

小坐高斋可自怡，风流诸老系我思。
人间不必知何世，壁上犹留绝妙词。
生意自怜枯树赋（园中有老树一株，已枯），旧人谁唱渭城诗。（弹民与巽堪谈昔时昆曲之盛，感慨系之）
酒悲未敌禅心寂，无语相看抚鬓丝。

是日，先至觉林素餐，坐中除潜庵外皆戒酒。

题草庐茗话图

同前

吴中自古名园多，遗迹皆足资诗歌。梧桐馆娃霸业起，石湖参政夸烟蓑。

就中顾氏名尤盛，辟疆尚矣谁能那。子敬无人转而赏，狂态一抑因识诃。

连及有唐园犹在，况也假此曾婆娑。（辟疆园唐时犹在，顾况曾假居之，见《一统志》）玉山旁及数阿瑛，草堂老铁时经过。

清初秀野足继起，戎葵清露石成窝。所惜侠君不工画，小山给事为磨螺。（《秀野堂图》为王给事原祁作，见《曝书亭诗注》）

近代怡园复此盛，万千气象皆包罗。主人功成参微管，晚年退隐居松萝。

画师列席皆上品，词客结社能长哦。光绪初叶世未衰，手泽足使人观摩。

虎头况有君家笔，西津老人导先河。寸缣尺幅世所宝，重名早已冠嵬峨。

迩来六法仍未绝，群从复欲推听波。西津公子亦绝伦，公雄公硕人中和。

三君好客皆所同，嘉会结夏邀茗柯。兹会宾客多能者，郑虔三绝均不颇。

传神时时可破壁，临池往往思笼鹅。有时闭门若觅句，元祐体或追涪皤。

坐中蔡侯（巽堪）善笑谈，酸咸与俗殊四科。庄生（炳汉）寓言有十九，闻之抚掌人呵呵。

当其兴酣至忘晚，恨不返日挥阳戈。愧我录录一无能，其间但识唯与阿。

惟有一事未敢后，能效屈子（伯刚）持弥陀。棕鞋桐帽同是累，几疑骚制衣芰荷。

公雄昆季图示我，令我起颜蠲衰疴。（图中有帽者指余鞋小，异者则伯刚也）从此中吴续纪闻，后之视我当恁么。

忽忆康熙王尚书，酦醅征士许傀俄。文贞待士逊益都，礼数尚知宽不苛。（宛平王文贞公崇简有怡园，康熙己未，宴诸征士于此）

今之衮衮又何者，平泉饮啄纷傞傞。披图掷笔三叹息，生不逢辰可奈何。

偕屈伯刚游怡园

吴县　**吴兴让**竹林

吾乡风雅峙东南，前有匏庵后艮庵。平泉花木皆贤主，百年雅称如靳骖。

我来时正值暮春，入门已扑三斗尘。长廊宛转围修竹，一片琅玕戛寒王。

倚栏小憩吸清灵，肺肝似向冰壶濯。听琴仙馆敞高轩，奇石一庭间古木。

长桥平划半湖光，荷榭对饮遥山绿。策杖忽彀登临兴，攀藤拾级缭且曲。

洞壑阴森凝石髓，石室嶐㠑供佛屋。（洞内石成佛像）蜀道行旅图仿佛，狮林不数云林筑。（相传狮子为倪云林筑，仿《蜀道行旅图》也）

穿林渡涧境更幽，小池清可数鱼游。画舫玲珑窗三面，疑是张融岸上舟。

琼岛仙种不可见，但见园图作者尽名流。（牡丹厅额题“琼岛飞来后轩”，壁悬《怡园图》，皆吴中名手）宋词集句尤精妙（楹联大半集宋词），纵有名园无与传。

风流儒雅倏卅年，盛时裙屐等云烟。流风未沫西津老，三绝传家老郑虔。

丹青陶冶宋元笔，黄痴倪迂及米颠。子昭门廷趋若市，腕脱手茧笔褪尖。

能事促迫古所叹，何不日日园中醉石眠。

独游怡园，闻有诵陶诗者欲归，复留园观董书石刻，率成一诗

同前

意行无定所，近园闲屡游。静坐参众妙（石刻为“静坐参众妙，清谈适我情”十字），未厌寂无俦。

晴光泛玉兰，素艳明且稠。孤鹤伴我吟，幽鸟鸣相酬。

虽无携手欢，孤赏颇自由。忽闻诵陶诗，欲去且少留。

我志在寥廓，夙盟唯白鸥。义熙今岁起，得休且便休。（“寥廓”用联中原句）

怡园再观董书石刻

同前

闷来便上习家池，两载几吟百首诗。

最爱董书完未泐，王延亭下立多时。

别怡园

同前

亲故别已惯，往来苦有无。此园缘独深，踪迹殊不疏。

临别重殷勤，独往不嫌孤。久雨荫益绿，无人景更殊。

晴光泛木杪，云影相卷舒。独坐正翛然，暮色忽催余。
更往玉延亭，一别文敏书。沈吟不忍去，且复立须臾。
竹风响瑟瑟，松月影徐徐。黯然似魂销，虽恋不能居。
怅怅舍之去，回首犹欷歔。

题吴中七老怡园雅集图并序

吴县 **张一麐**仲仁

图为顾艮庵方伯、潘西圃侍读、吴引之观察、蒋心香水部、潘玉泉方伯、彭讷生都转、吴语樵观察。光绪己卯，在怡园雅集，年皆六十以上，余十三四岁，时先兄寅皋馆于吴语樵太世丈家，课其诸孙，今匆匆四十余年，不胜沧桑之感，为题一绝，以归之。

城东游钓记前尘，老辈风流迹已陈。
想见园林裙屐盛，贞元朝士更何人。

怡园小集，公雄昆季合作草庐若话图，为题二首

平湖 **屈爔**伯刚

眼底新人所识稀，儒酸臭味更相违。
平携一席逃尘俗，收拾余年脱世鞿。
雨后搏沙聊聚袂，风前积翠欲沾衣。
渚茶饮罢腾腾睡，尧舜浑忘有是非。

贤主才高半画师，一门风雅竞风姿。
颇怀耆旧壶觞日，喜见先生酩酊时。（谓听波）
倦客犹谈盛世事，茅斋聊慰谷音思。
愧余老守青鞋贱，坐对苍官未恕迟。

访孙伯南同游怡园（用震伯怡园即景韵）

长洲　**张荣培**植甫

偶访兴公冒著过，绿荫一径入藤萝。
小桥九曲随峰转，古木千章占地多。
竹影节烟遮午日，荷香浥露泛晴波。
试披吴下名园记，丘壑如斯有几何。

重九日，秋心招颂尧、间梅及余集怡园登高，并赴酒家小饮

同前

招得同心侣，来游顾氏园。高秋风日丽，荒径菊松存。
小坐联茶话，闲行印屐痕。客稀寻鹤伴，林静听禽言。
丛桂留人住，修篁避俗喧。何年同橘隐，此境即桃源。
幸脱兵戈险，全叨覆载恩。清谈退晋代，雅谑斗斋髡。
乌帽成佳会，黄垆访近村。其欣螯入市，聊泛酒盈樽。
兼味饶虾菜，幽芳滞蝶魂。归途新月上，扶醉叩柴门。

怡园

元和　**陈任**公孟

爱此寻诗地，容偷半日闲。
林风禽语碎，花雨蝶魂孱。
茶到吟边永，棋收劫后艰。
清池犹可鉴，重对鬓丝斑。

东坡生日集鹤园，用坡集生日和王郎见庆韵，余素不步韵，韦斋以是命题斗健遂强，效颦焉

吴江　**金天羽**鹤望

诗仙卓笔万灵趋，八百年来首唱于。流转江湖成韵事，峥嵘笠屐想形模。
称心书翰开宗派，玩世诙谐赫腐儒。帝座斗魁星列仗，仙山楼阁海环郛。

虎丘

三吴胜迹泥留爪，百代豪吟鼓应桴。揽揆呼朋谋妇酒，尖义斗韵劫骊珠。
梅开腊月花常细，砚着寒冰墨近枯。雪后园林寄嘉会，红炉相对面生腴。

复庭、醒华中秋夕张饮鹤园，座客十一人，以一规清影，中有天香相比并为韵，余拈得“比”字

同前

举头观空月在指，低头观心月在水。人天幻景一嘲弄，哪晓月堕酒杯里。
年年中秋人望月，几度中秋乐无比。去岁危城占风角，仰见青天薄如纸。
强扶残醉看月色，天上如娥惨不喜。人生相聚且痛饮，悲欢易地心所使。
犹记冷朋十二开，酒社共道先期庆。甲子讵知欃枪降，吴越毗陵父子惊。
转徙老谷物故雪，滩痪当时宁复能。料此绮髯扪腹诩，铺啜三日前头吐。
不止我辈疏狂幸，健在又惜龙慧去。千里鹤园掌故殿，吴群桂子飘香落。
盈几阖座共参无（隐禅），况我禅心皓月似。举杯邀月贺诗成，又有月向杯中起。

鹤园晚坐

长洲　**张荣培**蛰公

一角回廊膝易安，藤荫满架压阑干。
新茶有味清于水，多竹生凉夏亦寒。
宿鸟争巢知夜近，秋蝉咽露觉声干。
疏钟摧得游人尽，独向空亭待月看。

雨后游鹤园

同前

为爱清游冒雨来，小园花木尽徘徊。
绿荫如洗苍苔滑，好鸟一声天忽开。

携鹤堂前鹤已无，依然韵事托林逋。
我来辜负寻春约，空对梅花醉几壶。

回廊曲折抱荷池，半榻茶烟老鬓丝。
消受清闲无事福，一枰棋局一囊诗。

松径岩扉别有天（园中有此题额），一庭空翠落檐前。
吟情到此清无比，胜作冰壶濯魄仙。

重九日，值三九诗钟社百期，同人宴集鹤园，分韵得“身”字

元和 **陈任**公孟

百忧如霰集，斯人患有身。登高极旷望，祲氛塞八垠。
九日依时至，慨然伤兹辰。几年多好怀，壶觞送主宾。
分笺互酬唱，百回斗清新。操戈时靡已，室毁岂无因。
灾患纷侵迫，哀哉黄虞民。金飙吹惨慄，万籁同一呻。
开尊复此会，暂以遣悲辛。茱萸虽辟恶，酣饮良未仁。
彼苍独何意，谁能苏邅迍。墙根数丛菊，旧识汐社人。
狂来欲雪涕，斜岸漉酒巾。

听风园秋集，即席有作，兼送赵尧生侍御北上

武陵 **陈锐**伯弢

积雨鸣廊秋叶深，天容人意晚沉沉。
无多斟酌杯中物，各有漂摇世外心。
北极云山迷断雁，东门钟鼓托微禽。
俊游胜侣知难再，坐听啼螿惜烛阴。

园居

吴县 **宋垚寿**云皋

园以涉成趣，经营趣始浓。
梅花分邓尉，池水剪吴淞。
好鸟驯堪狎，粗蔬馔可供。
芳邻喜相接（距遂园、鹤园甚近），载酒一过从。（趣园）

二百余年物，层楼什袭藏。

堂颜垂御笔（先文恪公以次，多有赐额，现仅静永堂、蹇谔老成两额犹存），宸翰灿天章。（仁庙赐有御书，临董其昌嗣画《桃李园序》及诗篇各幅）

东观琅函叠（御选《古文渊鉴》《佩文斋书画谱》，先七世祖少司马公纂修、校对，赐版藏家，余多赐书不备载），南巡粉本长。（圣祖南巡园，先少司马公董其事延王石谷商略，所绘家藏粉本甚长）

传家期永宝，况复感沧桑。（奉恩楼）

叠石成山处，危亭四望遥。
溪流香水香，塔影瑞光招。（盘门、瑞光塔遥遥相对）
俯视花如捧，高攀月可邀。
披襟一长啸，豪气欲凌霄。（啸亭）

幽窟开诗境，天然自有真。
聊堪容膝地，恰受耸肩人。
得句旋题石，参禅似隔尘，
耽吟郊岛辈，来此最相亲。（诗境）

宛在水中央，风波雨不妨。
升沉非我事，漂泊看人忙。
未必飞同鹢，谁能叱化羊。
济川无用汝，弃掷听娲皇。（石舫）

怕听残秋雨，池空不种莲。
垂钓牵荇藻，洗砚散云烟。
鱼戏波同活，鸥闲画自眠。
此中清可濯，本是在山泉。（清池）

重过宋氏趣园

宝山　**舒昌森**梅庵

燕子依然款款飞，杏花池馆正芳菲。

主人仙去空凭吊，未识何年化鹤归。

与朱江秀同游遂园，园为慕天颜府第旧址，今为刘君淡庐所得

长洲　**张荣培**蛰公

大好园林最后开，今朝初喜入门来。
风廊曲折疑无路，湖石玲珑巧作堆。
几朵红莲擎佛座（池中荷花名佛座莲），一杯绿茗助诗才。
阑干倚遍西南角，欲别仍留看几回。

重游遂园

同前

我来两度扣园扉，试认苍苔屐印稀。
花鸟有情曾识面，林泉无恙暂忘机。
小亭漾月题仍旧（有漾月亭、延秋台、映红轩、琴舫诸胜），丛桂延秋景已非。
最是不堪向首处，西风黄叶满阶飞。

甲寅正月九日，游遂园

同前

东郊今日正迎春，春到园林景便新。
小草向阳多喜气，寒梅无雪亦精神。
座供茶话留佳客，风送衣香过丽人。
准备看花撑老眼，韶光恐负再来身。

遂园遇舒问梅、王文伯，并约访虚生上人

同前

几日春光转绿杨，名园喜作管弦场。
诗人初识王贻上，词客争交舒白香。
尽有新茶清俗虑，可无浊酒荡吟觞。

出门更约参禅去，古寺钟声送夕阳。

遂园观佛座莲

同前

绰约红蕖带露开，园林恰好晓凉催。
雅怀尽寄琴三叠（园中设有琴会），俗念能消茗一杯。
鼻底幽香参自在，眼前妙相悟如来。
此间得少清闲趣，不厌凭栏坐几回。

秋晚游遂园

同前

秋入园林爽气多，回廊绕遍夕阳过。
败荷贴水浮枯叶，丛桂迎霜挺绿柯。
一缕衣香闻暗麝，半瓯茶味试春螺。
敬亭绝技今何在，弦牵徙传捉搦歌。

春晓游遂园

同前

满园春色怅飘零，一径苍苔屐齿经。
压架藤花疏缀紫，傍池杨柳倒垂青。
绝无游女乘油壁，尚有词家续敬亭。
几曲回廊倾折处，不堪重睹倚娉婷。

立秋日，七游遂园

同前

昨夜双星已渡河，今朝秋意动林柯。
池莲渐老红衣褪，岸柳将衰翠线拖。
千古园亭随主换，中年丝竹感人多。

启园

我来七度留鸿爪，暑序匆匆一瞬过。

遂园晓坐瀹茗

同前

绿天深处对荷池，最好朝阳未下时。
露滴运房犹腻粉，风回柳岸尚萦丝。
凉台先作延秋想，水榭争题消夏词。
静听鸣蝉偏得意，残声曳过碧梧枝。

立秋日，登遂园延秋台放歌

同前

暑气逼人门欲绝，招凉谁进嵰山雪。闻说延秋旧有台，我来况逢立秋节。
台高数仞宽且平，檐前老桂森排列。但看赤日丽当空，那有清风起骚屑。
秋入园林何处寻，鸣蝉若咽干欲裂。酷吏肆威竟不去，蓐收疑阻西行辙。
吁嗟乎！疫厉之毒猛于虎，郁蒸都半在文热。营营逐臭多青蝇，传染如将媒介设。
不观饥驱苦力辈，道左奔走汗流血。猝然倒地势莫救，蝼蚁死生真一瞥。
安得阵雨下倾盆，到处疫氛皆扑灭。招来秋意满人间，重向平台杯茗啜。

遂园观梅兰

古吴 **潘敦先**叔重

颇怪今年未有诗（谨用西湖集成句），春光忽已透南枝。
花吟幽谷堪同调，园遂初衣不入时。
虎阜冷香添韵事，狮林雅集问先期。
老荛仙去风流寂，影外寒芳影外知。（“梅花影在梅花外”，小浮山人句也）

潘叔重敦先以遂园梅社诗见示，步韵和之

阳湖 **恽炳孙**季文

藐姑仙向绿天来（君之绿梅，置绿天深处最高座，佳品也），倚竹人还立水隈。
罗岭欲寻飞蝶梦，草堂喜见咏花才。
俯看群艳千枝绕，默吐芳心一点开。
自是空山怀雨露，独标高洁睹风裁。

游汪氏耕荫义庄

长洲 **张荣培**蛰公

天然幽境绝尘寰，咫尺峰峦近可攀。
留得涵云高阁在，四石秀色恰遥环。

水清疑挟沧浪胜，石怪如探狮子林。
好向问泉亭畔坐，一泓流澈醒尘心。

我来正植暑初残，几叶芭蕉映石栏。
一缕茶烟清似水，补秋舫里小盘桓。

游半园偶成（园为史观察伟堂别墅）

长洲 **张荣培**蛰公

何须土木广经营，好处都由得半成。
泉石安排三亩小，亭台结构十分精。
几株老树天然古，一路游人水样清。
我羡主翁风雅甚，曲园记内早知名。

重九游半园，即呈园主

同前

小园一角淡秋光，桐叶初凋菊未黄。

却喜今年寒信晚，绝无风雨过重阳。

试踏苍苔访旧踪，花前一笑故人逢。（遇陆瑞伯、潘藏山）
欣然瀹茗情无眠，话到僧楼打晚钟。

曲廊回合草堂幽，裙屐联翩结胜游。
恰好例逢休沐日，兰闺雅集亦风流。（园中设文学研究会）

满壁新诗妙剪裁，吟坛高峙压邹枚。
鲰生雅有推敲兴，呈佛先携四绝来。

半园晤朱古薇祖谋太史

方远　**方泽久**佛生

睽违念载若劳形，今日相逢坐草亭。
君长一龄头未白，身经两世眼还青。
凤飞翰苑遭时变，龙跃天池避水腥。（君辞民国参政）
犹忆量才凭玉尺，光摇南海聚文星。（前清官广东学政）

喜隐社诗人荟萃半园，信笔占此

同前

半园门设不曾关，裙屐联翩去复还。
逝水从今□大壑，隐流自古住名山。
耐寒松柏三冬茂，碍路荆榛一例删。
高筑吟坛招胜友，忙人到此亦须闲。

初夏半园印景

同前

花事阑珊节候和，浴蚕天气嫩寒多。
锄携鸦嘴排红雨，帘卷虾须扬绿波。

堕地榆钱风鼓铸，沿堤柳绿鸟搓挪。
池塘一带添新碧，曲曲清溪点点荷。

午后半园茗话，忽大风雨，顷刻放晴，偶成二绝

同前

到耳雷声响不休，饭余又向半园游。
黑云一片随风卷，雨天如拳乱打头。

云消雨散忽天晴，好鸟枝头偶一鸣。
阅报谈诗无别事，不穷安得见交情。

双荫轩晚眺

留得残荷荡小池，闲吟捻断几茎髭。
藤盘枯树花开艳，竹倚虚窗月上迟。
赤舄老翁还曳杖，红裙幼妇正投诗。
恼人最是堂倌懒，呼唤声声若不知。

乙卯五月望日，半园女诗社成立

旌德　**汪权**筠仙

五月陂塘雨乍收，轩开双荫集名流。
空林滴翠新诗境，夕照翻红旧画楼。
隔院笙歌添雅兴，满池菡萏快清游。
晚来裙屐翩翩去，翰墨余香四壁留。

五月廿七，半园偶成

同前

寻幽选胜来到园，照眼榴花树树红。
绝妙浓荫穿曲径，盈盈一水小桥通。

茗碗移来傍画阑，深红浅碧隔帘看。
风来竹院凉于水，初试罗衣觉袖单。

丙辰新正廿五星期（日），双荫轩开第一次女学研究会

廿五星期日，烹茶到半园。
红梅肥满树，绿竹瘦当轩。
风雅联翩至，文章子细论。
今朝开胜会，归去已黄昏。

偕桐先女士双荫轩茗话，园丁送花来，口占二绝

同前

春到人间昼正长，春归我欲问东皇。
园丁天赋清□兴，手折花枝满袖香。

来游士女总文明，花事阑珊鸟语清。
我到名园一回顾，落红满地雨初晴。

半园即景

乐痴女士

名园日涉趣偏长，竹韵松声夏景凉。
池馆清幽尘虑绝，薰风时送煮茶香。

四围绿树草堂幽，竟日徘徊任我游。
诸老新诗题满壁，羡他儒雅自风流。

碧阑人倚晚凉天，梅雨初晴积翠连。
澈底清池鱼可数，新鲜荷叶小于钱。

林泉隔断软红尘，消暑寻幽乐趣真。

移座绿荫襟袖碧，清歌一曲鸟窥人。

秋日游半园，读乐痴女史诗有感

兰陵 **陆征敏**酉芝

结习耽游笑我痴，平泉风物最宜诗。
玲珑石径遮红树，曲折桥梁架碧池。
半壁青纱笼艳什，一行新雁动秋思。
是谁闺阁留佳句，惆怅缘悭晤面迟。

公园东斋茗坐，和费韦斋树蔚，用筒斋晚步顺阳门外韵

常熟 **庞树阶**拂云

积惨难排废此生，问天无语看阴时。坐忘浑欲过千劫，晤对事如拥百城。

剩有心情茶后梦，了知世事酒间兵。思归散策江乡路，平楚苍然率意行。（吾乡公园在城北，倚山麓女墙，建筑无恙。顾小谢语题茗坐额曰：平楚苍然）

余和迁璜用筒斋晚步顺阳门外韵，蔡君巽堪颇赏之，诗中“茶酒作对日”嫌凡近，然余衣凡材不能作惊人语也。爰另用韵，仍以茶酒作对，示巽堪及同坐诸公

同前

散尽终南不掇忧，婴姗顾景立池头。
胜中疑得无生忍，佳处能容半日留。
寂寞今知茶有味，衰颓渐视酒成仇。
二三可与言人在，何用王官谷始休。

公园夜游，士女甚盛，偶感有作，仍次迁璜用筒斋晚步顺阳门外韵

同前

虚期今日嫩凉生，尚喜薰风莫恨晴。
看尽欲天魔女相，输他不夜化人城。（姑苏士女夜游公园风气，较沪上稍逊）

天平山

凌波罗袜争微步，倒景银河望洗兵。
野老私忧宁有补，嬉游聊逐少年行。

无恙寄示《初夏池塘》诗，极潇洒出尘之致。余迁居郡城，入夏后，常徘徊于东斋荷池间，俯仰今昔，时作遐想，虽境若殊致，而神有同会矣。辄用原韵奉和一首

同前

亭亭荷叶比西施，笑我官池独立时。
结夏空言从此始，青春已去却谁知。
最怜粉蝶犹工舞，坐看饥蛛自结缘。
亦有襟期恨已老，缓寻芳草得归迟。

晨至东斋散步，池头悄焉，成咏，用简斋游葆真池上韵

同前

有境稍胜幽，即此名蓬莱。高荷如媚予，轻飔导香来。
披襟试一洒，烦忧若为开。支离托养中，顾景犹徘徊。
翻笑波斯匿，面皱伤年催。往年二三子，大去已不回。
逝者云如斯，尼父焉达哉。所嗟结习余，得句复思裁。

东斋眺雪同栎寄拂堂，用坡公聚星堂雪诗韵

平湖　**屈曦**伯刚

槎枒秃尽霜林叶，一夜无声吹满雪。起看天宇无纤尘，洗我肝肠真净绝。
是时衢巷行人稀，踏步如防峻坂折。茶丁开门冻欲僵，为燃松叶吹明灭。
好事讶吾鼎足三，余客不至何牵掣。定知围炉芋火香，亦或唐砚冰花缬。
盍不须臾酒一尊，来与仙子餐玉屑。世人颇不耐严寒，吾道奚须嗟飘瞥。
仰视虚空成粉碎，坐定细参禅家说。我问梅花花不言，但竖脊骨硬如铁。

立秋日，公园散步

长洲 **张荣培**植甫

散步园亭里，新凉袖底生。
湿云含雨点，高树挟风声。
茶话凭栏久，荷香入座清。
露蝉饥欲绝，似作不平鸣。

中秋夜，公园踏月

同前

今夜一轮月，清光万里明。
烟尘含杀气，风露酿秋情。
地旷萤无焰，天高雁有声。
东斋凭吊处，皓魄几亏盈。

中秋夜游公园

同前

园林点缀借秋花，夜色空明淡月华。
插架图书辉四壁，满城灯火闹千家。
歌场咫尺调丝竹，祭馔纷罗具藕瓜。
时样新妆夸剪发，当头不见髻盘蛇。

西亭约凉

同前

凉风一角占西亭，树影垂垂远送青。
好共积薪谈奕谱，更从桑苎订茶经。
荷香习习芳塘挹，钟响迢迢古寺听。
小坐已教烦暑涤，不须冰水注银瓶。

东斋晚步

同前

闲向东斋过，招凉趁晚风。
篱根荒草碧，栏角夕阳红。
宿鸟投三两，鸣蝉曳半空。
茫茫兴废感，花月吊吴宫。

胡未云公园东斋招饮

同前

东斋成小集，对酒发高歌。
芳草停油壁，新茶泛碧螺。
篱根秋意早，荷背夕阳多。
极目长天外，微云浣薄罗。

公园即景

无锡　**王南城**运新

为访芙蕖破晚行，相携儿辈足娱情。
二三同志须题咏，莫负花中君子名。

公园池荷盛开，和韦斋，用简斋夏日集葆真池上韵

元和　**陈任**公孟

触热褦襶子，苦于夏畦病。不如北窗卧，手执蒲葵柄。
壁上风莲图，游目动幽兴。东斋盛芰荷，南池尤僻静。
云笙善品题，持论独得正。别具静中观，此意难持赠。
倘入人天眼，物物形过镜。是花与非花，强说本无定。
人生亦如斯，何衰更何盛。我为下一语，庶或义无剩。
追陪池上游，辄续池上咏。凉风吹梦醒，欠伸屋如艇。

东斋分茶，和韦斋，用陈简斋晚步顺阳门外韵

同前

茶烟低袅尽廊生，蝉噪声催雨外晴。
片席暂客分我辈，一瓯端可破烦城。
荷香自绕花成国，鱼乐安知世斗兵。
千百年来清啸绝（地为唐时郡斋），莫辞遣负锦囊行。

自题红豆新居图

长洲 **惠周惕**元龙

三间湫隘草元亭，不置勾阑不作屏。
好是吾庐无一物，教君何处着丹青。

辋川虽好图难肖，履道虽佳画不存。
何似阿侬红豆宅，东涂西抹便成村。

吾家小小著墙东，指似新图约略同。
一事比渠差过分，琅玕多占两三弓。

东邻红豆无人爱，我得闲吟载酒过。
多事诗人添故事，长洲桃李妒如何。

三见中都陌上春，芒鞋踏破软红尘。
披图今日真成笑，何物茅斋独坐人。

南园销夏，和伯瑜中丞原韵

太仓 **顾晞元**子雨

一番疏凿辟榛芜，远翠浓于画几层。
纵饮近邀池上月，钞诗偶借佛前灯。
兴来结夏寻鸥侣，旧忆行春过马塍。

褦襶笑人忘觞热，何如此地试敲冰。

壬寅中秋前二日，伯瑜中丞、秋士大令招集南园，分得“沼”字

同前

秋风馨桂林，秋水镜荷沼。选秋胜买春，招邀屏尘扰。
南园隐城南，径曲深以窈。不逢贤主来，水木失窈窕。
中丞与大令，鹤立出尘表。肯以簪笏尊，易我林泉小。
佳时展良会，风流未云渺。水调歌和苏，青山句怀眺。
匪徒酒食具，将以风雅绍。余兴访旃林（是日同游潮音庵），宗风畅音晓。
人生六凿深，尘网苦纷绕。尘谈奉仁风，新篘沉清醥。
绿梦墙阴蕉，红认水边蓼。孤悰坐饥驱，家弄居恒少。
及兹秋气佳，领略讵轻掉。客散庭乌喧，月出东方皎。

南园席上叠人日忆园探梅韵，呈伯瑜中丞

同前

蓬莱仙境抵瑶林，纵饮何辞醉堕簪。
槛外鱼行吞絮影，水边鸥梦入秋心。
闻香自得忘言旨，留带须知用意深。
此地由来盛文献，一编风雅耐微吟。

别墅城南记晋公，后先忧乐古今同。
乞湖曾揽江湖胜，挽俗终期风俗通。
潭水情深和酒绿，平泉境远息尘红。
园林金粟开芳社，引玉深惭句未工。

癸卯正月十二日，南园小集，以“一日不可无竹”分韵，得“无”字

同前

谁家门巷换桃符，又向城南问酒壚。
宰相平泉当日重，中丞风雅近今无。

石湖

一时鸥侣争拓韵，十样蛮笺待补图。
更喜王孙归昨夜（谓小孟），玉梅如雪忆西湖。

赏秋此地话莼鲈，令节更新感故吾。
怨别有时锄芍药，怀人何处寄文无。（商山在浙东未回）
春浮暖气禽声软，风动枯荄草意苏。
入社预商排日饮，招邀重许问僧厨。（中丞预约奔西精舍之集）

南园消夏，分得“魏”字韵

同前

怀归梦亦劳，合群心所慰。来从山水窟（时余自吴兴归），结夏得清气。
园古足放怀，交真耐寻味。画笔点倪黄，诗格追汉魏。
酒夸千石多，食戒万钱费。饮酣披好风，茶铫隔帘沸。

别墅溯南园，风雅一编汇。百年文酒场，余馨扇仿佛。
眼中鸾鹤群，世外烟霞气。却惭韵义温，肯诗拙藏魏。
雨脚忽散丝，绿荫凉有味。所思横暮云（数年前偕秋士频宴于此，今闻引疾将归，因忆及之），菡萏花开未。

南园看菜花

新阳　**陈笠生**松瀛

满地黄花锦织成，百番时高呀新晴。
路于绛雪堆中见，人向春风暖处行。
四面穿渠通略彴，十绳分罫错棋枰。
携瓶挈榼知多少，醵饮偏余话旧情。

南园晚步

长洲　**彭翰孙**南屏

久违故里思依依，重访南园景物非。

流水声悽添别恨，浮图影秃立残晖。
相逢话旧人惊老，投宿无林鸟乱飞。
空剩昔时明月在，清光取次照柴扉。

敬和大人岁晚南园闲眺原韵

同前

劫后荒田二三顷，无多村落野炊通。
虹腰笼雾遮归路，鸦翼翻风认秃枝。
饯腊人还携羜酒，送穷客岂慕糠麼。
吴侬望岁家家切，安得春来新雨滋。

莼庵移尊作消寒第八集，同至南园闲眺，硕庭先成五古，因广韵和之

同前

廿年去乡国，劳劳役轩冕。归耕愿人虚，自缚嗟作茧。
昨岁海上来，家山骋游眄。南园雪满胜，苍茫路难辨。
西望一抹云，隐约露层巘。景物剧荒凉，彳亍愁肠转。
春光忽熙和，应候莺声软。吟客来两三，迎门有鸡犬。
风前新箨圻，雨后野蔬剪。洗盏话桑麻，相看笑颜展。
醉余步郊原，桥危水清浅。独树喧归鸦，颓垣封古苏。
零落数荒村，半苦罹兵燹。欲求民病复，谁欤是庐扁。
吾庐对青山，劫灰幸而免。二顷负郭日，屋后连畦畎。
开轩恣吟眺，得意秃毫吮。闭户息营求，述德藐躬勉。
优游垄亩间，世虑足消遣。呼僮拾败叶，烹泉试香荈。

同友游南园

长洲　**李文通**听雨

且携柑酒听黄鹂，村北村南望欲迷。
绿树园林经雨暗，黄花时节觉天低。
泥融麦垄踏成路，春重柳丝飘过溪。

幸有二三知己乐，韶光如许尽留题。

南园晚步

元和　**张京度**莲民

暝行苦雾中，闻钟知有寺。野航上晓光，布帆收露气。
村落鸡四鸣，林扉尚深闭。平畴积水明，参差动烟穗。
溪灯红欲灭，渔商寂未至。终日似此时，人间自无事。

南园过陈后庚故居有怀

同前

野菜落黄雪，板桥溪水寒。
重游昔年地，不见平生欢。
失路我何借，依人尔亦难。
江南今夜月，空在马头看。

夜过南园

同前

风劝残芦瑟瑟鸣，荒烟尽处隐孤城。
秋萤数点宵深出，照见寒鱼水面行。

南园春步

元和　**彭希涑**乐园

南园山色晚苍苍，步屧寻春野趣长。
几尺桃花添涨暖，谁家燕子落泥香。
川原路似藏丘壑，蓑笠人如到古皇。
偶寄一廛萧散地，好随渔父答沧浪。

南园泛舟

玉峰　**顾韫玉**绛霞

泛泛南城水，轻舟动桨痕。
香知花满岸，阴喜竹成园。
赛社歌稌黍，晴郊散犬豚。
沧浪歌一曲，凭眺我思存。

南园晚眺，用王昌龄秋兴韵

阳湖　**恽炳孙**季文

松风送夕凉，雨洗娟娟竹。
暑退秋色来，大地一清肃。
水澄鱼戏多，霄回鹤飞独。
孤芳只自赏，幽兰在空谷。

南园同秦云有作

吴县　**汪芑**燕庭

嬉春裙屐自年年，春到南园景倍妍。
霸主河山销铁券，诗人风月买青钱。
漫悲吴越兴亡史，且学欧梅唱和篇。
乔木荒池都入画，濯缨亭畔尽留连。

南园

吴县　**钱辰**秋潭

倚城云树郁苍苍，流水小桥花自黄。
老屋三间名士画，横山一角美人妆。
村中日暖幽禽语，陌上风薰细草香。
觅得谁家好泉石，遗踪莫问广陵王。

南园

吴县 **朱惠元**枫隐

隐居城市若乡村，钱氏南园旧址存。

鸡犬桑田随处有，何须世外觅桃园。（南园旧址在葑、盘二门之间，其地半村半郭，风景绝佳）

南园

同前

一村一村又一村，村村鸡犬声相闻。一章古木青园屋，一曲清溪绿到门。
吾吴风土木清嘉，景物南园更足夸。南园旧是钱王有，迄今遍地皆桑麻。
每逢春二三月天，菜花如金阡陌连。踏青士女来摄影，散学儿童闲簸钱。
此时锦绣满林薮，姹紫嫣红无不有。声声布谷雨催耕，处处鸣鸠晴唤妇。
乡村四月蚕事忙，家家女伴出携筐。笑声时出藤篱径，梯影斜敧薜荔墙。
菜子已收大麦熟，秧田水满玻璃绿。菰叶苗抽翠羼齐，新荷出水青钱簇。
绿树荫浓夏日长，栏朝雨过昼生凉。两部蛙声如鼓吹，千林蝉噪协宫商。
七月秋风吹户牖，水田赢利十倍厚。鸡豆凫髭茨菇菱，雕胡玉黍莲莲藕。
中秋才过又重阳，桂子飘香菊绽黄。篱豆开时虫促织，稻花香候蟹输芒。
十月霜高风陨箨，禾稼登场罢田作。牛羊散牧卧斜阳，鸡豚出栏迎朝旭。
南园风景信无伦，四季随宜把酒樽。山光塔影朝朝见，樵唱渔歌日日闻。
吾闻人生贵知足，骛利求名徒碌碌。人间自有武陵源，何必三山访仙躅。

亦园十景竹枝词

长洲 **尤侗**展成

朝闻百舌唤游春，柳醉花眠总殢人。

无数红裙踏步去，烧香为赛二郎神。（南园春晓东有二郎神庙）

八尺高台四面空，解衣修礴快哉风。

侍儿不用歌团扇，自有封姨伴醉翁。（草阁凉风）

狮子林

家住城南采葑溪，月明夜夜小塘西。
清歌自不烦丝竹，笑煞苏堤斗白堤。（葑溪秋月）

千村万树白皑皑，日未烘干风舞回。
忽听儿童拍手笑，草棚装出狻猊来。（寒村积雪）

菜色惊看布地黄，春眠习习更吹香。
东边吃酒西边唱，三月田家作戏场。（绮陌黄花）

水哉亭子俯清流，六曲阑干坐雨头。
莲叶莲花并莲子，只无美女采莲舟。（水亭菡萏）

才看栽秧又刈禾，晴时锄把雨时蓑。
桔槔尽说田家苦，却喜悠扬打枣歌。（平畴禾黍）

西山爽气朝来好，及至斜阳晚更佳。
缥缈穹窿都一望，不须竹杖与芒鞋。（西山夕照）

睥睨周遭绕九逵，万家烟火树参差。
已拚月夜谯楼鼓，哪禁霜天晚角吹。（层城烟火）

千古沧浪水一涯，平常小巷识苏家。
寻军遗迹南禅寺，惟有钟声噪暮鸦。（沧浪古道苏家巷在园左）

壶园杂咏

高密　**郑文焯**叔问

填门香雪乱峰迷，纸帐排春索醉题。
满地诗痕无著处，舫齐度梦五湖西。

祠山才送落梅风，又放春愁到海红。
向晚拗花人不见，一痕苔屐数弓弓。

绿屏残梦淡芳菲，鸥社春闲旧侣稀。
零落琴尊收不得，空园一雨长林衣。

小鸟萦红语药寮，行鱼吹绿上花桥。
闲云触处成孤趣，支枕水风吹一瓢。

曲曲清澜抱竹庭，樵风晚径补空青。
汉槎若凿天西空，何似虚舟伴客星。

壶园饮席

同前

冷红薇帐绿尘滋，麈叠清愁涨酒卮。
歌板更谁传绛树，舞筵未分夺琼枝。
隔年花蝶慵春梦，再熟桑蚕触断丝。
遮莫相逢重惆怅，夕阳芳草路多歧。

题壶园饯春图，客为潘瘦羊、金冷香、吴若铁与余四人，各赋一诗，以寄逸兴

同前

瘦羊藃立诗骨寒，清吟如酒壶天宽。黄发槁暴穷且鳏，一禅枯木无还丹。

冷香抱景梅花国，镂冰生事空吃墨。刀圭亦经肱三折，不能自疗齑盐色。（冷香工画，兼精医）

学吴郎一官隐于手，寸铁铸人文字寿。填胸古味烂科斗，芜青梦饱蹋破缶。（若铁藏一缶，甚古，醉则叩之以歌，自号“缶庐道人”，其乡有芜青山）

偶同一醉论三益（用山谷句），遂使狂名落陈迹。他年还我樵风籍，认取芝崦图瘦碧。

易实甫兄弟过饮壶园，因而赠答

同前

闲门寝迹闭年芳，媚尔蹬蹬逮草堂。
偶坐竹荫成六逸，醉携兰气泛三湘。
聊拼酒洗宗陶社，漫讶春迟角绮乡。
相对岸巾发吴咏，宽池心已五湖忘。

乙酉冬，壶园大雪中作东坡生日，会者七人饮席赋此示龚易园、姚觐元两司使

同前

虚庭曲宴鸣神弦，丹荔紫芝词洞仙。仙乎八百五十年，胡然堕我壶中天。
蘧园耦园旧香火，清兴一逋追不还。天与诗人洗愁魄，散作琼花春火迫。
眼前群雅白战才，抵似聚星堂上客。聚散行作鸿爪泥，酒星炯炯悬虚霏。
就中潦倒两醉翁，坐据骚席哦风松。不愁客俎食无肉，苦思元鼎丹还功。
万事茫如雪打灯，我来但醉寄苏酒。海山呼吸灵风长，瘦句无功苦凋朽。

易实父同年，见过寓园赏菊

同前

江南秋实足衡门，晚径流烟破屐痕。
送影瘦来霜作骨，吹香清极水为魂。
尽容冷眼窥篱落，且放狂愁人酒尊。
岁宴知谁惜芳色，多应楚客荐盘餐。

园居杂感，再叠前韵简易实父同年

同前

樵风家世记儒门，一卧烟萝复旧痕。
山雨横琴通石气，篱花残酒猎风魂。
梦回峡洞仙芝熟，秋老霜庭独树尊。

湖海狂名今退士，灌园长拟足蔬餐。

九秋风物冷柴门，南菊重逢有泪痕。

酒树摧残吴苑梦（年来潘丈玉淦、彭君南坪相继怛化），诗星零落蜀江魂。（时方校补中江李使君苏邻遗稿）

时清翻著幽忧病，地僻方知拙养尊。

有道由来贵真放，岁寒煮字倘忘餐。

园居春晚

同前

江国急阴作寒食，暮庭间雨劝吟觞。

窥篱且喜竹新活，堕砌犹怜花烂芳。

残卷独弦俱意永，流莺乳燕但春忙。

郑叔问竹，槅桥西宅落成奉寄

武陵　**陈锐**伯弢

香山昔赋东城桂，大鹤今餐西崦梅。

吴下后先传故事，尘中魂梦好归来。

独无五石浮江瓠，去访三高避世台。

颠酒恼花春又过，青云望眼为君开。

罗申田长荷观察以和陈筱石夔龙中丞与汪柳门鸣銮少宰同游网师园作见示，次韵和之

吴县　**朱惠元**枫隐

名园幽僻近城东，何幸纡尊遇列公。

鱼呗隔墙声隐度（地邻圆通禅院），沧浪有水路堪通。（与沧浪亭一水可通）

梅传春早仁风被，菊傲霜寒晚节同。

胜地名流忻并合，倩谁绘入画图中。

冬日网师园宴集

吴县　**吴嘉洤**清如

江湖小集系人思，高会欣逢到网师。
各有传家富文字，可无吟社与支持。
远林欲雪倪迂画，老树初花退听诗。
谁共山公常载酒，风流未减习家池。

游瞿氏网师园

新阳　**陈松瀛**竺生

修径凿幽邃，壶天结一庐。
亭台诚小有，竹木尽相于。
树古能栖鹤，池深好养鱼。
风流前辈绩，恺爽快新居。（园为宋慤庭观察旧业）

网师园

元和　**张京度**莲民

春人如海蝶如潮，曲折亭台宛转桥。
猛雨乍经花颓颊，暖风无力柳伸腰。
铜街宝马回珠勒，镜阁明妆整翠翘。
看取牡丹好颜色，倾城须让玉环娇。

游瞿氏网师园

仁和　**周光纬**孟昭

名胜博闻旧，芳园说网师。
绣衣行乐处（园为宋慤庭观察故居），侧帽独来时。
地向称歌舞，人令易履綦。
杏花红亦老，高见出墙枝。

翡翠楼三面，琉璃水一方。草熏栏槛碧，花晕管弦香。

幽鸟喑深树，虚庭恋夕阳。偶然成小憩，遐想结沧浪。

路转有桥通，云窗雾阁中。但教随曲折，浑不辨西东。

石几泻浓绿，瓶笙吹小红。隔窗蜂蝶暖，时一觞帘栊。

瞿园（即网师园丙辰夏日曾寄题二诗）

遂宁 **张问陶**仲冶

题诗曾寄网师园，万里来游一践言。

何止画图开绣轴，真从城市见桃源。

诗书气涌山逾秀，花竹丛深鸟不喧。

十八年如春梦香，照人春水尚潺湲。

三月廿八日，网师园看芍药

吴县 **范来宗**翰尊

杨花扑面已成园，取次风光转药栏。网师折柬招诸老，肩舆络绎报当关。

回廊逦迤花光起，泼浪殷红并姹紫。绕径千层露带珠，翻堦五色霞成绮。

列坐高张樱笋筵，鲥鱼出水间江鲜。豪情拇战人争胜，大户鲸吞酒涌泉。

白日堂堂不常午，赏花及早迟难补。主人坛坫昔频开，公子今番推第五。

仙源仿佛武陵溪，重到渔郎路未迷。庵名结草园名李，两地寻芳莫与齐。（先过李园及结草庵看花，未至网师，有观止之叹）

苏邻园元日云和儿侄辈作

中江 **李鸿裔**眉生

岁星来士若风帆，林居不觉三年淹。小园得雪已欣快，丰稔况在王正占。

一冬融煦无粒霰，遗蝗动投人为痁。（孝舆患肺热）距春十日乃逾盼，破腊三白何曾霑。

履端云物时固好，既晴而雪二美兼。东皇留瑞作元旦，北斗斟玉欢穷阎。

抟雪筛云一俄顷，飞花剪水纷秾纤。鬌鬌苍龙角方刿，滟滟白兽撙频添。

养慵谢客坐清昼，笑看冰柱排风檐。晃漾窗光照开卷，温暾香炷供垂帘。

网师园

静中萧萧人籁肃，空际漠漠天容严。迩来丘壑兴疏懒，偶因节候成窥觇。

翠屏未觉妍韶转，朱履一任幽菭黏。湿云冻雨勒春暖，绿池新涨笼轻缣。

梅绽迥迷双鹤缟，宇净忽点千鸦黔。香雾空濛影璀璨，仰见璎珞垂高枏。

捉襟细数瑀萼辨，驻屐兀对萝峰尖。孤松霜颠冰脱髯，论世应阅羲与炎。

欣立不受缁尘涴，劲节合伴潜夫潜。街泥一尺深没踝，左辖朱纛衣襜襜。

扣门剥啄鸟惊散，名刺甲乙留红签。穿篱步杓归已晚，我倦欲睡君勿嫌。

夕阴冥冥天坠幕，小阁朗朗冰开奁。夜明不虑绛烛短，瓦沟恍惚凝凉蟾。

楞伽略涉目已眩，屠苏不御欢无厌。但聆风竹度昏旦，欲返韦布甘齏盐。

前年汾沁鱼露脊，嘉澍点滴如浆甜。去年重阳雪过顶，破屋摧倒无茅苫。

故人忧国当食叹，山肩瘦立须鬑鬑。南中水乡旱涝浅，秋熟屡喜农腰镰。

敢于饮啄不自检，窃恐转薄为神歼。百年甫半衰方始，万事皆废口欲箝。

非贤幸脱龙蛇厄（星家谓予壬运甚危，今幸免矣），无竞回看鸡犬恬。诗编闲适兴愈澹，秾章冶句戒弗招。

汝曹新硎初发刃，莫邪应较铅刀铦。文章根源衹一脉。昆仑到海流渐渐。

培高益下勿退耎，洗瘢涤垢勤攻砭。瑶台圣母授尧历。乾坤清晏朝阳暹。

汝曹汇征在稽古，闭门试考璇玑钤。秘书著作古有谚，谁向舟中寻孝廉。

上巳日，刘逊夫慎诒、费韦斋树蔚招集网师园修禊

元和 **陈任**公孟

暮春好天气，上巳尤清新。古来传嘉会，流杯曲水滨。

东风摇骀荡，绮陌多游人。稚柳长新条，芳草展绿茵。

招邀到吟侣，游衍及兹辰。言为修禊事，来访苏东邻。（园今归杭县张锡銮将军，旧为李观察鸿裔别业，以在沧浪亭东，故自号“苏东邻”）

苏邻有名园，结构依城闉。缅想觞咏日，冠盖何纷耘。

音响久歇绝，池台生暗尘。至今城南隅，寂寞伤芳春。

茧园消寒，敬和大人元韵

长洲 **彭翰孙**南屏

消寒倒有一尊开，旧雨还联今雨来。（陈让泉广文一初次入会）

编竹诛茅成小隐，闲云野鹤许相陪。

霜华肥尽南园菜，风味淡于东门梅。
二百年前读书地，眷言先泽倍低徊。

敬和大人茧园雪后元韵

同前

残雪留檐冻未干（成句），春生杖履不知寒。
百花破腊合晴旭，万箨摇风助翠澜。
世事漫惊棋受劫，诗情肯与岁俱阑。
西山一白凝眸望，有约寻梅跨晓鞍。

寿苏后一日，同人小集茧园，小坡舍人见示长歌，次韵奉酬

同前

青阳转律万汇苏，檐端鸟语催提壶。草堂胜集屏俗徒，一篇索和如追逋。
小坡吾友秀采都，恰与老坡捧寿觚。梦游瘦碧诗清臞，笑挥尘神蘧蘧然。
老坡往矣衣钵余，咳唾泽我枯肠枯。词坛拔帜振臂呼，气敚三峡吞五湖。
有约食我壶园（君僦居园名）蔬，且迟梅萼开庭除。瑶琴三弄谁与俱，知音除却云间无。（虎丘诗僧，君琴友也）
大好林泉入画图，此乐何羡纡金朱。

诗社同人饯别李宪之嘉乐方伯，于茧园即席奉柬

同前

草堂风雨送秋来（是日立秋），侵晓呼僮扫绿苔。
地僻却宜文字饮，心间岂畏简书催。
折将杨柳离怀共，话到桑麻笑口开。
欲向天涯寻旧友，披尽书卷一低徊。（宪之写同社诸君小景为诗梦图，各赠一本留别）

茧园落成，书示翰孙

长洲　**彭慰高**讷生

二百年间几废兴，乱余版筑渺何凭。
枳篱竹屋聊容膝，野鹤闲云喜得朋。
胜有乔柯先泽远，重栽桑拓古风仍。
舍南咫尺弦歌地，只许羊求偶策藤。

乙巳仲冬四日，茧园雅集，限“曹”字呈伯瑜中丞

太仓　**顾晞元**子雨

重阴酿微霰，中野风声号。乔柯辞病叶，归鸟鸣其曹。
索居郁不欢，咫尺思同袍。茧园有贤主，逸兴林泉高。
招陪及下走，洗酌焚蚖膏。旨酒讵不厚，厚谊逾醇醪。
秋人一寸心，寸寸绒离骚。

神仙亦为官，游戏下九皋。皤然厌尘事，海上恣游敖。
或命俦啸侣，吹笙而弹璈。俯视六合中，扰攘徒喧嘈。
今夕不饮酒，何以成吾曹。故人幸良会，饥渴思君劳。
犹犹漏鼓促，历历酒星高。

甲申十二月十九日，洪阁学文卿、陈同知嵩佺集余寓壶园作东坡生日。次日，彭君南坪复有茧园之招，醉后作此诗示之

高密　**郑文焯**叔开

昨日春酒兼寿苏，禅魔醉戏壶公壶。南园彭子园客徒（葛洪《神仙传》有园客者，济阴人，种蚕得茧大如瓮，缫讫，客忽仙去），作园如茧网酒逋。
清空坐我琳琅都，饮以琼縻腾百觚。我生苦落齏盐朧，有如寒蚕僵在蘧。
春梦再熟委蜕余，吐丝自缚肠为枯。一笑人瓮君莫呼，泛胸活云忘江湖。
世间野老争席隅，玉局香火无乘除。笑酹髯仙一醉俱，此乐八百年来无。
石芝梦饱倘可图，安用丹井回颜朱。

可园探梅时，胭脂红古梅著花正盛，步彬士姻丈雪后探梅诗韵

海盐　**沈祖模**楷亭

嫣然颓颠醉春风，清影亭亭一水东。
倾国只因颜色好，胭脂浓抹十分红。

偕劢叟、雪子可园探梅，赋呈侍庐姻丈

同前

可园同访古红梅，照眼繁枝正半开。
想见孤高遗世俗，墙东一老不凡才。
临水花开见早春，琼英清艳迥无尘。
几生修到嫏嬛地，自有诗书气袭人。

可园赏荷，卢彬士先生引观所植佳种及钵莲，赋呈一首

常熟　**杨廙**潜庵

天怀澹定卢居士，缽纳莲花赋小园。
入室几人穷宛委，当门一水自潺湲。
风荷露柳宜秋赏，苦茗寒泉与客温。
却羡邻苏通寤寐，知翁诗境薄西昆。

梦游植园（园为余守苏时所创，诗中所叙皆园中实景）

古闽　**何刚德**肖雅

梦中忘却卸朝衫，游眺芳园眼尚馋。
唼渌群鱼贪饼饵，放青五马脱镳衔。
分区佳植攒梅杏，夹道新阴拥桧杉。
美政明农惭过誉（园中题句），苍生托命失长镵。

于野自苏州来，谈及植园旧种树木荟蔚可观，梅花一丛，枝干高耸，竟有参天之势，书此志感

同前

十年树木本因时，今日阴成慰梦思。夹道绿杉梁栋选，交柯翠柏雪霜姿。
杏林经雨光逾艳，梅干参天事更奇。荒冢手民认梨枣，游人指点漫相疑。
禁中剪伐似当时，不尽邦人系去思。已见千章留美荫，悬知廿载转春姿。
岁深群享乘凉福，土沃应惊敏树奇。他日重寻鸿爪迹，讨春倘质耳闻疑。

守苏州时，因厉行新政，在植园内植树二万余株，大者桧、柏、椿、杉及罗汉松五种，皆夹道分行，余以散种桑秧为多。花则梅及桃李，为苏之美产，每种划地数亩，各种小秧数百株，杂树尚不计数，非专意种梅也。于野所见，特指其盛者言耳。此外，丛冢一区为刻字匠丛葬之所，手民吁请保护，因周围种枣、梨以志其处。事隔二十年，未知荣悴如何耳？

植园小山

同前

意期庙貌肃观瞻，岂许蓬蒿迹久淹。
因冢成山青不断，贴泥蓄草翠如黏。
殇余枯骨心常廑，岁久残魂惠共霑。
一篑未成原有愧，权宜亦自喜沾沾。

植园创始，因文庙左近为殇余丛冢，大府力促修治，而惮于迁寻，乃度地，得二百一十四亩，缭以园墙，相其丛葬疏密地势，绘成山形。然后锄地面民砾，堆积于上，加以土坯，逐一掩盖。一雨之后，草活泥匀，苍翠可观。殇余残魂，居然青山埋骨矣。于野谈次，以树木已成而山不数仞为憾，则未知当日经营之苦也。

程雪楼中丞植园公宴，赋诗代柬以醉之

长洲　**叶昌炽**鞠赏

天行错迕值丁辰，世事论甘更忌辛。

可园

鸥鹭虽训难遽狎，龙蛇已蛰不求伸。
操挝急鼓谁为吏（晨起即有柬速客），缝掖深衣愧作宾。
此是商丘觞咏地，旧时图史想青纶。（谓宋牧仲中丞其藏书画有“青纶馆”印）

游吴门植园

贵池 **刘慎诒**逊甫

跨街炎氛中，寻园傍斜郭。入门照清漪，瓜芋散篱落。
耽此野趣饶，幽构宜简约。一亭翼林丘，四山献云壑。
冥冥桑拓交，塔势凌鹳鹤。稻肥绿如云，坐想试镰锷。
微闻邦吏贤，买地资共醵。荒秽变膏坏，循阡督耕作。
日斜骑马来，飘髯一冠箨。都人拜清风，豆棚围茗酌。
贵贱无町畦，翛然忘名爵。珍羞五鼎前，何如菜根嚼。
新翻种树书，物理穷奥博。讲明利导之，庶以起贫弱。
举国苟皆然，何畏强邻搏。

过植园（是程雪楼中丞抚吴时所筑）

同前

富贵俄成一聚尘，白头避世佛灯亲。
狐鸣夥涉终灰灭，成就黄衣拜匮人。

曲石阁揆招饮，阙园索诗

吴江 **金天羽**鹤望

忍饥诵诗书，所学在匡济。经纶始大孝，寸心寒天地。
曲石西南英，干镆非农器。高举迕时会，艰危气益厉。
南山豆荒秽，慈母当归寄。金阊绾南北，名流欣执訾。
爱此南园胜，百指搜蒙翳。花药媚春阳，照见婴儿戏。
娱亲抚金石，碑版罗四裔。客来商政略，但道菜根味。
猖狂借诗酒，贱子托末契。敦盘当九合，梅萼舒清丽。
把酒望楞伽，远青出睥睨。觞政有伦序，兵氛缠兖冀。

群儿自相贵，贤豪分捐弃。鸣禽上园柳，天倪弗终秘。

板舆日将迎，喜见高旻霁。寄语东山人，长吟休拥鼻。

右任挈姬人来阙园，印泉烹羊款之，煮法精绝，余得陪座因赋

同前

驼裘冷逼风霜节，葅菜酸填书传胸。

射虎旧思随李广，买羊今许唤卢仝。

淋池斫鲙风流歇，戎帐椎牛兴味同。（右任游历内外蒙，自言能煮各种牛肉，甚美）

更说斑鱼疏掌故，市楼曾醉一髯翁。

斑鱼肺汤，吴羹也。印泉邀右任饮木渎石家酒楼，啜之而美。右任有诗，吴音呼“斑”为“鲃”，不知其典，余为诵竹垞诗及注中各条，乃恍然。

阙园（李印泉为母阙太夫人作此园）

吴县　**张一麐**仲仁

吴中流寓多名贤，曲石先生此息肩。卫公功业轩天地，邺侯栖遁拟神仙。

风尘澒洞何时已，泉石徜徉别有天。先生产自滇南徼，期门子弟夸彯狡。

投笔非荣万里侯，请缨尚是三河少。碧鸡金马仗喑呜，风虎云龙起壮图。

西陲经略苏卿节，南粤勋名马援珠。敭历承明依大树，又薰丹穴篼天枢。

相贵群儿镇相斫，砉然长啸归林壑。试问横金盖世功，何如舞彩依亲乐。

城南绿水敞名园，瑶草琪花缭短垣。白下争墩陋安石，衡山学道祖长源。

图书插架呼龙犬，金石罗庭付鹤猿。太君日涉娱清景，呼僮扫花婢瀹茗。

甲第相望界绿柳，金镶不闭纡丹轸。坐中宾客酒盈樽，苏梅皮陆茅茹引。

东西庑下两家春，我亦华笙韵里人。同章板舆祝眉寿，良辰美景属天伦。

伍园看菊（主人伍佰谷菊多异种）

吴江　**金天羽**鹤望

平生爱菊不莳菊，秋回花农借菊赏。城南楚客谙菊趣，过门掉臂觉心痒。

霜风吹袂两肩耸，篱落纵横气瘦爽。嵇阮疏狂彭泽傲，泥饮逢人醉俯仰。
绝缨散发俱入画，萧然望古动遐想。始怪花农培俗艳，担向街头供拊掌。
秋士知秋不谐媚，闭户对菊施弘奖。归吟诗句梦灵均，冷月寒泉荐用享。

清明后三日，游罗佶子园，继赴青阳地赏樱花。先过阙园问印泉病，晤印泉师孙少元丈。观樱兴尽，随至留园，得十八韵

一月不走城南路，东风绿树黄鹂语。罗家园子花照眼，丁香海棠相媚妩。
锦江春色炫天地，不买归艎占比土。禅观未免堕色相，唪经余事锄花圃。
云阳幕府声华剧，独抱孤耿守庭户。（罗从雪楼都督来苏）娇女应客有风范，背窗手把清琴抚。
风吹好语墙外落，说道繁英绚晴浦。高径车轮绕东郭，搴芝采药眠病虎。（印泉元旦获芝于上方山，既为颂，以志孝感。余亦紫芝并赠印泉，使双芝相守，时印泉方病）
兴公近发归滇兴，滇海虞衡数计簿。江南好春无百日，捉臂春游软遭拒。
平田麦秀紫英吐，鸥鸟风帆江上舞。扶桑邸阁媚晴昊，花枝骈植森部伍。
暄阳嫩炙须瓣脱，布席张饮命俦侣。鲜肥笋蛤伴酒醺，去年好事今年补。
铁蹄又蹴遐城草，花奴自打名园鼓。嘶骢更造寒碧庄，曳谷飘香粲交午。
西山落日云阴暮，归踏沙堤白袷污。明朝更约三九伴，诗酒园棋取次赌。

三九吟社韦斋栎寄弹民等所结。

重游沧浪亭

阳湖　**吴镛**卓铭

携客山亭上，问君何所之。
更无人迹处，惟有落花时。

拂晓步沧浪亭即景

吴江　**金天羽**松岑

月堕沧浪水，亭前少行客。

东望结草庵，水气浮浮白。
露条凉蝉嘒，烟堵流萤织。
何处时香吹，莲房晓风圻。

游沧浪亭

吴江 **李龄寿**君锡

朝来宿雨霁，微风摇新绿。好鸟偶一鸣，林客净于沐。
一亭自千古，阅世笑局促。坐念姑苏台，转眼走麋鹿。
苏梅两诗老，唱和此留躅。栏楯故无恙，风月令谁属。
人事多变迁，城市几华屋。唯有身后名，百年寄乔木。
芒鞋记此游，我怀在幽独。

沧浪亭

震泽 **吴山嘉**愚甫

略存丘壑胜，长史昔投闲。
地僻杂尘市，亭空瞰远山。
宦情流水外，乡梦落花间。
壁有欧公记，高风不可攀。

沧浪亭次欧阳公韵

松陵 **朱逢泰**柳塘

沧浪之亭东吴胜，名流先后题诗篇。小山上下路盘折，周遮竹树森森然。
亭临曲水水映亭，四时最好清光环。奇花沿岸俱倒影，晓含宿雨何鲜妍。
地本南园邻泮水，终日不闻车马喧。蒸炎难到夏亦深，阑槛面面围云烟。
水声潺湲供清听，胸襟荡涤无尘缘。登高扶策延远眺，欲乘黄鹤招飞仙。
忆昔子美迁谤谪，得此佳胜吴城边。幅巾短棹得真趣，萍踪偶寄如归田。
星霜转眼几改易，惟此带水常沦涟。文瑛曾结大云庵，漫堂为驻载酒船。
风月无价亦得买，但须四万囊中钱。前此元璙后申公，废兴不一诚可怜。
濯缨育客独延伫，风动水底玻璃天。高歌一曲坐盘石，长竿不设鱼潜渊。

日夕酒杯常在手，醒时啸傲酣时眠。麋鹿为侶鹤为伴，此中日永真如年。
不似桃源隔人境，千秋以后名空传。

登沧浪亭

海盐 **陈其淜**桐舫

曾闻名胜说沧浪，此日登临感倍长。
高树斜阳喧鸟雀，平原衰草卧牛羊。
林泉雅许羁臣隐，诗酒仍招过客狂。
我欲留题继先哲，不胜怀古意茫茫。

沧浪亭久废不治，吴子深斥资修复，己巳送春前一日招饮，为赋诗，刻之石

吴江 **金天羽**鹤望

孤春恋余花，密阴媚清流。沧浪池馆新，泥醉呼朋俦。
忆昔城南居，排日为佳游。隔岸万柳丝，罨画在上头。
入夏清风多，菡萏波上浮。人事苍狗幻，兵氛缠九州。
纲纪一朝弛，樵牧来相求。荒祠窜狐兔，危栋巢鸺鹠。
暮闻茄吹音，朝见森戈矛。马矢丘陵高，榓户供薪樵。
成坏理有常，八荒同一丘。自非吴刚斧，丹窟谁能修。
恣意对风花，霍若泥疴瘳。堂堂面水轩，展席豁远眸。
樱笋及时新，不用宰肥牛。醉歌张韵事，石墨长镌留。

沧浪亭

吴县 **钱辰**秋潭

独坐观鱼乐，沧浪水正清。
忽添垂钓意，漫动濯缨情。
一代风骚客，千秋仕宦名。
棋枰空世局，不著与谁争。

登沧浪亭谒苏公祠，次孙大麟趾韵

元和　**韩崇**元芝

水云罨城南，春半杂风雨。清游得未曾，泥途兴可鼓。
乔柯竦高冈，杂花映深坞。一亭俯清涟，胜地照今古。
忆昔苏与梅，酬唱评菊谱。（子美有和圣俞庭菊诗）至今风月清，犹闻夜深语。
禅僧惬幽境，香火伴神宇。春秋荐蘋藻，昏旦驱雀鼠。
护持赖长官，松竹免樵斧。徘徊不知暮，渔灯吐前渚。
归舟雨未时，濛濛湿柔橹。

沧浪亭小憩，示同游诸君

吴县　**张鸿基**仪祖

信步寻秋不待招，沧浪精舍净烦嚣。
暖蒸桂栗黄霏雪，静送湖渡绿过桥。
明月清风空有价，英雄名士总无聊。
相期一醉逃尘网，目断青旗柳外飘。

连日至沧浪亭外闲眺，偶成三绝

吴县　**朱惠元**枫隐

沧浪亭外水潆洄，大好园林面水开。
山石嵌空楼阁靓，宛如海上睹蓬莱。

只缘隔水望烟鬟，益显玲珑窈窕颜。
始信天风船被引，三山妙在即离间。

鸟雀声喧游屐断，风吹落叶卷成堆。
莫嫌此境荒寒甚，好引幽人日日来。

连日苦热，屡游沧浪作

同前

苏台幽静城南独，沧浪一亭尤绝俗。我因逃暑屡经过，到此顿祛尘十斛。
沧浪亭子南水开，水边涌出金银台。环亭荷花植万柄，清香阵阵随风来。
花乡水气雨溟濛，一碧涟漪东复东。外港渔舟乘涨入，渔歌唱彻声玲珑。
是时亦日正行天，我倚亭栏独听蝉。万树垂杨涵倒影，清凉沁膈心悠然。
呜呼！长史当年性亢直，饮食细故遭迁谪。四百万钱买此园，屡经兴废今犹昔。
今犹昔，望不得，岂徒烟水足流连。为有名贤曾寄迹，乃知丈夫树立期。
千秋一时穷通显，晦无庸忧君不见。赵家宫阙今何在，只有沧浪亭子万古留。

沧浪亭

阳湖 **伍宇昭**青望

沧浪亭畔虬松横，山僧为我开轩楹。
片片龙鳞映空出，亭亭车盖当风撑。
竹外微闻幽籁响，檐前吹落妙香清。
帘虚日薄倚高阁，时有格磔春禽鸣。

独游沧浪亭

太仓 **顾晞元**子雨

如此亭台竟寂寥，咏歌人去鹤难招。
小桥流水门双板，夕照西方柳万条。
千古知公轻谪宦，十年老我尚吹箫。
东阳（归愚尚书）旧节苍凉甚，衰草寒烟一例消。

题沧浪濯月图并序

沧浪亭成于苏长史，亦传为韩蕲王故居。后易为大云庵，庵僧文瑛修复之。洎商丘宋漫堂中丞抚吴，又新其故址。亭之兴废屡矣！丁亥夏，郡人增其规制而补葺之，湖山佳胜得复旧观。仆与蘅乡同客吴下数年寓居，去沧浪亭不百步，辄往游焉。游必有诗，诗或存或不存。暇属蘅乡作是图，图成适当月夕，遂以濯月名之。游无定时，且不必皆月夕也，并搜两人前后纪游之什，录册中，复题数绝以纪鸿爪云。

春风吹水绿生波，曲径弯环载酒过。
同是软红尘里住，到来便觉会心多。

选秋买夏互题笺，鸿迹长羁感世缘。
赖有沧浪亭子在，清风明月不论钱。

夕阳鱼艇入新图，沽酒人归隔水呼。
一树大桃数行柳，此间便拟小西湖。（今春，于水际新植桃柳）

三吴自昔繁华地，水竹城南旧隐家。
何处红旌移柳外，官蛙声里听排衙。（吴中大吏多游宴如此）

名贤五百勒贝珉（壁间置石刻五百名贤像），也算须弥入转轮。
付与山僧勤管钥，好花空锁一园春。

湖上骑驴鬓有丝，还从诗老借牺枝。
多情只有韩司寇，修到丛残襄毅词。（中设韩蕲王像，祔祀于苏长史。韩襄毅祠在沧浪亭后，岁久倾圮，近闻桂舲尚书有修葺之意）

尚禅（寺名）遥听打钟声，烟水苍凉画不成。
欲问东阳旧诗社，乱飞蝴蝶乱啼惊。（亭左有吉草庵，昔归愚诗老选诗处）

长史风流五百年，独余胜赏在林泉。
纪游留得新图卷，明月番番客里圆。

僧寄航以所绘沧浪亭图拓本属题

吴县 **潘祖同**谱琴

胜地名贤竞说□，旧游鸿雪半模糊。（咸丰乙卯曾一游沧浪亭）

谁得北苑丹青笔，更续南园耕读图。（道光癸未，吴中岁叹先伯父功甫公倡为区田之举，文星住持真觉见而说之，为绘《南园耕读图》）

从此临摹传万本，岂惟题咏遍三吴。

一公清望延陵系（唐诗僧灵一吴姓），先世渊源记得无。（吴柳桥年文纶，寄航之祖父也。道光甲午，与先少宰公同举京兆。辛丑，又与先叔绂庭公同取内阁中书）

寄六舟僧达受沧浪亭

镇海 **姚燮**某伯

古树斜阳袅古藤，名贤别墅住名僧。

画苔绮院莺新宅，佛社青莲我旧朋。

花柳春光初地转，寂寥琴语夜天澄。

上修不惜清钟课，贝叶钞诗满带塍。

同奚虚白游沧浪亭

元和 **张京度**莲民

荒烟明断墙，风吹枯树亚。窘步忽鱼路，满地霜叶卸。

瓦砾堆废基，当年或台榭。石壁藏佛龛，一灯光暗射。

有亭如鸟巢，突兀松顶架。苔花沿砌生，溪流入阑泻。

缅怀濯缨人，于此结精舍。名高速官谤，才大遭世骂。

挂冠作浪游，买山哪论价。沧浪水尚清，世事已代谢。

隔水闻渔歌，夕阳催暝下。苍茫客忘归，众星寒入夜。

沧浪亭怀古

元和 **彭希涑**乐园

院落春深绕绿筠，曾传子美结幽邻。
雨闲风月供诗客，一曲沧浪老逐臣。
片石钓余红涨暖，高斋开处碧芜新。
子城日莫长吟望，仿佛扁舟载酒人。

沧浪亭枰石歌

吴县 **倪渊**半陶

沧浪亭边逗夕阳，古树修竹何苍苍。坦然平铺一枰石，苔封藓蚀十九行。
流传云是宋长史，遭谗迁谪来吾乡。手谈不少同心侣，玩此世事聊相忘。
昔人一去七百载，空留片石增荒凉。忽忆当年宋天圣，感喟坐觉填中肠。
契丹西夏雨敌手，争道互劫须周防。中朝筹画仗诸老，群小谗访何披猖。
浮云蔽日蝇止棘，黑白错置堪嗟伤。奸谋肆欲锄善类，一网尽矣连苏王。
朝局变后日沦弱，不平胜坐弹棋傍。想君爱奕颇有癖，秋灯夜雨时相将。
牧奴之嘲每不顾，野狐有譬辞何妨。今来石畔重扪弄，怀古转使心茫茫。
便呼子美起对局，却笑烂柯真荒唐。

沧浪亭枰石歌

吴县 **徐熺**梦白

苏仙性好弹棋戏，石枰巧制铺林际。
刮破苔纹别纵横，落子翠清无声腻。
玲珑一片凝碧苍，月入文楸浮玉光。
人去局空岁几更，雨淋霜剥心难平。

沧浪亭谒苏长史祠，是日与同人修秋禊于观鱼舫

长兴 **朱紫贵**立斋

流寓都因迁谪来，诗人身世剧堪哀。

当时尚有欧阳九，咏到蟠桃苦爱才。
乔木苍烟秋入画，新诗美酒生临窗。
水禽会我踌躇意，低趁斜阳渡竹杠。

沧浪亭（地为广陵王钱元璙故园，庆历间苏子美作亭于水上）

高密 **郑文焯**叔问

城南池馆水风夕，一雨残荷秋尽碧。庆历犹余迁客亭，广陵无复前王宅。
古来名迹多荆榛，苏翁好事岂异人。清时自有济胜具，佳地长托风波民。
推烟垂月此何世，吴侬争诩藏山智。寻常水石足清娱，大好林泉成活计。
我亦洁癖坐胸云，故山荒绿不可耘。得钱但觅渔樵醉，辟地空思鸾鹤群。
悠悠蓬海几清浊，况复兹流在尘俗。奔觢将谁阅世情，闲波聊可濯吾足。
莫道隐人城市无，尊前歌激白云呼。西风一夜菰芦梦，更拟扁舟卧五湖。

晚步沧浪亭，同陈嵩佺太史作

同前

霑衣细雨晓廉纤，乳鹊声声晚霁占。
浅碧半湾迟鹭浴，落红一片冷鱼噞。
柳桥竹港通烟艇，水阁云廊掩画帘。
行乐不妨春尽日，看君好句换吴缣。

沧浪亭

德清 **俞樾**荫甫

子美昔罢官，流寓来吴中。僦屋住民舍，炎暑忧虫虫。
寻幽偶至此，爱此一水通。乃捐四万钱，买得地数弓。
旧木孙氏园，岁久埋蒿蓬。稍稍修葺之，泉清山玲珑。
遂令千载下，过者怀高风。嗟余一无似，敢与先生同。
文章与学问，不足希遗踪。如何失职归，亦来称寓公。
寓庐苦逼仄，无以开心胸。安得五亩地，不染尘氛红。
引泉作清沼，叠石成奇峰。所愿嗟未遂，寄迹仍鹅笼。

狮子林

且复蹑游屐，来此披蒙茸。振衣登危亭，一览秋天空。

偕同人泛舟吴门，夜泊沧浪亭（四首录二）

长洲　**王韬**仲弢

小泊沧浪侧，邻船笑语闻。
联诗多未竟，中酒已微醺。
思为离乡杂，情偏与友殷。
昔贤曾此隐，想像感遗文。

其二

灯灺更阑后，纷然酒欲醒。
去家原未久，此路亦频经。
乡梦如云住，人生隔水听。
岁华空复逝，惭愧鬓丝青。

游沧浪亭纪之以诗

宝山　**侯庚吉**寅伯

沧浪亭亦渺小耳，千古留名何至此。再三废兴震川记，只重诗人苏子美。
王侯第宅盛一时，过眼烟云存有几。名贤五百尽可传，食客三千奚足恃。
阿蒙生长海东隅，朅来凭吊情无已。吴趋风俗清且嘉，亭外读书堂逦迤。
维新守旧门户分，一样栽培天下士。清浊自取有名言，濯足濯缨视此水。

月夜登沧浪亭

丹徒　**郭家驹**千里

孤亭独上俯危廊，晚霁松杉更老苍。
苏子不来禅榻冷，一轮明月洗沧浪。

沧浪亭怀古

昭文 **严本中**位兹

我闻子美古之狂，跌宕琴酒雄词章。故纸区区过亦小，一朝被逐去庙堂。
青蝇非祸乃玉汝，遣作江山文字主。竭来姑苏得地偏，手斫荆榛开苑圃。
草亭七尺名沧浪，俯瞰清流鱼可数。春笔白菘夏紫莼，呼酒高歌醉起舞。
自言下笔古为徒，聊与欧梅间旗鼓。沧桑变幻余千年，翛然雅韵留人间。
池馆低徊犹旧迹，山青水碧流潺潺。暮春三月景物好，沿溪迤逦人摩肩。
就中独有烟霞客，步碕矫首心悠然。清风明月随时有，不假苏侯四万钱。

沧浪亭

秀水 **钱载**坤一

泼火雨过花洲新，欧阳诗中寻好春。章家韩家偻指尘（龚明之云：沧浪亭，予家旧与章庄敏俱有其半，今尽为韩王所有矣），高林翠阜犹然真。

石为我几苔为茵，暖香袭袂风生蘋。当年一网收冠盖（黄文节墨迹《观秘阁》、苏子美《题壁诗》有“一网收冠盖”之句），集贤之狂亦狼狈。

西陲用兵事则大，同状而攻莫予奈。遂令占反拔茅泰，兖郓邓滁出诸外。

先生既放吴中居，幅巾小艇来徐徐。浩歌仰啸亭不虚，江东李白乐只且。

磨鉴不灭光有余，彼谐人者今何如。

沧浪亭修禊，同汪丈铭甫恭寿、卢小凫昌祚、曹曹村德馨、徐石林夔典、赵花雨大樟分得“清”字

仁和 **王乃斌**吉甫

浴兰时节天气晴，金阊门外闻啼莺。看花昨爱虎丘好，棹歌今去沧浪听。
昔贤偶所到，亭亦千秋石。胜地以人重，不与时废兴。
百年春光九千日，逝者欲系无长绳。前年刁池逢上巳，接䍦倒著醉不醒。
去年樊口幽绝处，流觞笑掬寒溪清。卷蓬身世迄靡定，竭来又赋吴趋行。
范公祠前拜石丈，邓尉山下访梅兄。是间风月价四万，青钱哪惜囊中倾。
碧桃含笑玉兰媚，柳眉舒绿麦脚青。春云骀荡劝客饮，春禽睍睆催诗成。
眼中之人故乡子，浇酒能使磈磊平。闲身幸不衰老病，悦目讵必萧管筝。

赵家天下误花石，蕲王亭子空棋枰。过客但问苏子美，园林未许章惇争。

名贤五百共一堂（亭左新建五百名贤祠，始吴季札，终国朝计甫草），要使后来景慕生。元气所在今古合，忠孝为重富贵轻。

不信且看亭外水，浊斯濯足清斯缨。

游沧浪亭

同前

晴暄燕莺忙，春酿花柳醉。
游丝解引人，丝竹自弹吹。
吴娃荡轻舟，但说虎阜寺。
高咏何处寻，荒亭草烟翠。
风月不论钱，独赏有真意。

苏州沧浪亭

醴陵　**傅尃**钝根

沧浪原自在，清浊不关渠。
亭近宜招鹤，溪深可养鱼。
斯游兴不浅，怀古意何如。
物我俱忘适，尘羁得暂舒。

过沧浪亭书感

元和　**陈任**公孟

胜地篇章昔已多，行吟不记几经过。
重来风景殊前日，一抚阑干感逝波。（往年屡作社集于此）
老柳丝丝愁鬓发，斜阳惘惘挂林柯。
校书讲肆浑余事，横涕江河复奈何。

次韵东雷九日沧浪亭

同前

柳老荷残野色苍，小桥依就跨回塘。
青山绕郭秋如画，黄菊欺人鬓早霜。
可起诗魂呼子美，欲成僧服号沧浪。
只今莫作茱萸会，且对孤亭酹一觞。

可园独游，梅花盛开，为赋长句

仪征 **严玉森**鹿溪

文襄（左）文诚（右）去已远，嵩雪衡云来作花。疏篱密护断人迹，铁骨横空群鸟嗟。

当年觞咏倏泡影，天山剑戟今桑麻。此花阅世将二纪，冷极无言听晚鸦。

衡山雪薄梅亦少，泉根几树微烟遮。（戊寅冬，居衡山）炎荒孤赏抱冰雪，乾坤一气春萌芽。

可园人散尔清寂，空廊不断新云霞。夜深脉脉来鹤语，门外时时喧马挝。

湘上何人吟水涯，黄河西北无悲笳。绕花千转伤心极，白发青门长种瓜。

狮子林

吴县 **张绍松**啸泉

风雨酿春寒，阻我寻芳意。今朝天气晴，杖策名园至。
迤逦曲径通，岩壑惊神异。怪石盘松根，凌云结寒翠。
一水绿成染，倒影花光媚。天巧与人工，罗列争奇势。
谁道倪君迂，却具过人智。玲珑荡心目，玩赏不忍置。
流连暮忘归，钟声起邻寺。

雪霁游狮子林联句

钱塘 **戴熙**醇士

奇境不在多（吴珩），所取惟险绝。昔发苏门舟（戴熙），未及松园臬。

约伴春初游（许乃裕），共赴夙愿切。蹑足溅泥泞（熙），连袂互提挈。
园丁导行筇（珩），远客觅故辙。云封添盘纡（裕），雪释露�。
地窄势郁怒（珩），水曲声呜咽。跨蹬烟露改（熙），穿洞气候别。
杳然石树隐（裕），豁若眼界裂。咫尺迷天梯（熙），灵怪劈地穴。
豕腹胀澒洞（珩），鬼脸幻凹凸。挂星千乳垂（熙），割云一片截。
荡胸变奥旷（裕），诳目弄诡谲。日罅寸碧补（珩），烟棱远翠孑。
石髓风未凝（熙），山口月才缺。树撑夜义臂（裕），泉漱广长舌。
秃柏褪古黛（珩），病松支寒铁。幽镜照面颓（熙），脩绅误手抉。
远塔卓霄汉（裕），回阑驾虹蜺。藤蔓惊蛇蟠（珩），松子看鼠窃。
岩阿不可穷（熙），屐齿何惜折。势拗一步窘（裕），眼馋双足劣。
仄径窅以深（珩），危亭圮犹设。花石忽然瞑（熙），坐啸聊以悦。
崭岩极勾留（珩），烟霞转飘瞥。三堕复三登（裕），九曲叠九折。
如入鱼腹浦（珩），神秘八阵泄。如注羊肠坂（熙），天险五丁掣。
如李愿盘谷（裕），鬼神竞罗列。如柳州西山（珩），熊罴肆嚼啮。
或如蜗旋房（熙），或如蚁穿垤。或跻如猱升（珩），或偻如蚓结。
始知一尺天，百怪幻不竭。（裕）又如顷刻梦，万事得尽阅。
依木相牵连（熙），印苔恐倾跌。归途忽平坦（珩），想象犹兀臲。
倪迂曾手图（熙），米颠遗袵襭。旷代邀今古（珩），真迹惜磨灭。
独此异境存（裕），犹挺高士节。不觉身入画（珩），绝胜口授诀。
高怀波涛翻（裕），奇句日月揭。解衣坐上歌（熙），把酒灯前说。
兹游亦偶然（珩），鸿爪印残雪。（熙）

狮子林话别

阳湖 **吴镛**卓铭

驱车薄娄门，梅风雨后温。天语煌煌在，玄石龙蛇文。
云是倪瓒地，拜手挹清芬。东园累云石，西匠累石云。
云生青叆叇，映水幻龙鳞。似我胸礌磈，回肠蚴蟉纹。
陆生思入洛，抗志凌高雯。添我一重愁，寂寞书窗芸。
池荷如解意，吹香弥见殷。小桥话别处，孤亭已夕曛。

狮子林

游狮子林

华亭 **顾翰**孟平

万山搜出玲珑石，排空罗列真奇特。画手叠成狮子形，是狮非狮动魂魄。
云林居士信高雅，一点俗尘染不得。剪裁意匠出天然，海内园林失颜色。
一峰高耸一峰低，浑似群猊坐山脊。喷云吐雾动秋风，烟霞围住幽居僻。
长啸一声万窍鸣，清风习习生顷刻。七百余年历劫过，吴宫焦土连云黑。
乔松古柏犹尚存，精灵呵护非人力。摩挲古石旧题痕，好趁情光染醉墨。
一杯清茗涤烦襟，雪泥爪印留鸿迹。

狮子林

慈溪 **戎金铭**古慎

柱折共工僵，窍凿混沌死。心造绝傍依，妙幻乃成此。
五松如盖张，危垒特中起。袅碧双螺鬟，敷青九连蕊。
回梁抱龙脊，斜岨衔凤嘴。穿穴归玲珑，补砌藉层累。
盘旋迷心神，变化呈奇锐。上忽高峰巅，下倏幽谷里。
其状类狻猊，形似后神似。布置夺天工，空灵若海市。
荆关善图画，恐未喻其旨。盘桓玉鉴（池名）头，呀呀叹观止。

狮林吴门咏古之一

元和 **袁宝璜**环禹

凿池叠石称疏狂，清闷倪迂处女庄。
买夏园开成小筑，巡春辇驻锡宸章。
香车晴陌招游侣，邻寺晨钟礼法王。
回首旧游云散后，更谁幽胜话沧浪。

狮子林

吴县 **朱惠元**枫隐

园林大好画图开，道是倪迂手创来。

幸得东西衡宇接，尽堪蜡屐印苍苔。（相传系倪云林所建）

狮子林十二咏，和青丘韵

长洲　**沈清瑞**芷生

何来青狻猊，偃卧霜林夜。
得非鹫岭头，天风吹送下。（狮子峰）

峰前吐曙晖，峰下敛朝霏。
踏破梧桐影，山僧午后归。（含晖峰）

天净碧琉璃，催起一轮月。
皎皎度寒林，影漏前山缺。（吐月峰）

达摩面壁日，懒残煨芋时。
朗然大辨悟，不待放参知。（立雪堂）

钟声散绀宇，松下禅关开。
白鹤飞一群，闲云去复来。（卧云堂）

问讯到梅花，春光漏几许。
疏影月横窗，默默不得语。（问梅阁）

悟彻最上乘，轩内谈经客。
客有禅喜心，坚贞如此柏。（指柏轩）

窈窕围石槛，空濛蘸碧波。
缘知定水里，活泼游鱼多。（玉鉴池）

梧叶金井落，井底水花冷。
取煮碧螺春，银床动脩绠。（水壶井）

几个碧筼筜，月斜人定后。
风吹环佩声，萧萧响谷口。（修竹谷）

霁后渴虹饮，一饮暮复朝。
至今古涧下，波影卧长桥。（小飞虹）

仿佛巨灵掌，擘开古石纹。
屋中寒气聚，日夕迷烟云。（大石屋）

狮子林

镇海 **姚燮**某伯

昔闻狮林奇，高与梵宫埒。卓地逾寻丈，摩天自巇嵲。
灵迹偶一经，神工嗟独绝。始入道萦纡，少停情卼兀。
万窍峰络房，七盘蚁缘垤。空罅知下凹，回磴翻上岊。
侧窦光渐通，下步涧忽截。晦明互俄时，东西移寸辙。
久旋路每重，覆行径疑别。势危基赖安，奥穷境转澈。
虚廊拂晴筠，平沼交文缬。夕景斜垣沈，风林过鸟瞥。
流细生古欢，清闷渺高节。孤心何介贞，千载此蕴结。

五松园赋松三章

同前

亭台都废尽，兀兀五松存。
巢有新鸟语，墙多老藓痕。
风声如水至，日气与阴昏。
百岁东邻叟，掀髯让尔尊。

其二

花月沸笙歌，繁华瞥电过。
输君离世立，奚止阅愁多。
剩有蒙茸茑，来缠屈曲柯。

买山频易券，奈尔旧人何。

其三

山林无稚蔸，斤斧自相求。
大器将谁晦，危生亦幸留。
贞心天月皎，壮气海涛秋。
岳观奉时树，凭君当卧游。

狮子林斋寓杂兴

元和　**张京度**莲民

百年池馆感沧桑，金地犹传古道场。
出屋乱峰横岜崿，梯空危石坠石礓。
林亭稿说张三叟，花木春寻黄四娘。
我爱水西厅一角，呼鱼残夜立回廊。

一春难得是新晴，拾翠湔裙韵事并。
镜里明壮中妇艳，水边珠袯丽人行。
倪迂入画枯松在，季迪题诗败壁倾。
惟有幽栖尘外客，楞伽一卷注初成。

同人游狮子林

吴江　**金黄钟**律初

狮林古胜地，探幽入吴城。园公迎倒屣，为客启云扃。
一转一境迁，一顾一回惊。回廊嵌古碣，楼阁耸苍冥。
林花映日红，堤柳含烟青。池中列峦岫，欲渡隔沧溟。
晴波石桥卧，上覆珠藤棚。过溪画山径，怪石天生成。
变幻猛兽伏，利爪争相迎。狰狞不一状，松风假之鸣。
空洞凿山坳，昏黑昼不明。褰裳伛偻下，恍带龙涎腥。
初入势逼仄，跪跪步还停。渐进觉宏敞，足底亦坦平。
偶尔一呼答，四壁齐应声。不信人工就，或疑擘巨灵。

日光一线漏，金碧耀双睛。华堂山之腹，临流两三楹。
到此一小憩，兀坐风泠泠。芒屩苔痕湿，布袍岩花馨。
乔木哗鼪鼬，寒潭下鸡鹡。缅彼倪高士，结构此园亭。
风流今已杳，岁月倏几更。灵境一朝觏，使我心神清。
夕钟催客返，薄霭疏林横。欲寻来时路，曲折非前程。
始知一洞入，诸洞皆通行。同游兴不浅，各各斗心兵。
归来风雨夕，梦寐苦相萦。倘余买山钱，千金亦为轻。

和西村从父游狮子林

元和 **彭希涑**乐园

狮林我未游，读诗境了了。昔闻迂道人，于此成林沼。
流疏震泽清，石破灵岩巧。仇池藏曲折，未觉壶天小。
鬼斧镵空青，惨淡经天造。出门闾井喧，入门山水绕。
秋飞孤鹤回，春浴轻鸥娇。幽谷隐浓花，闲庭铺浅草。
拾级闻人声，穿空出林杪。东西屡歧误，回惑苦难晓。
乐圃有亭台，沧浪足鱼鸟。非无诸构筑，未若此深窈。
何时撰杖行，探幽从问道。光风佛面来，无量春光好。

游狮子林

吴县 **吴兴让**竹林

幼曾游狮林，虽荒非俗物。废亭炊湿烟，露苔缘破壁。
五峰苍老姿，曲水清幽色。名手所经营，犹可得仿佛。
客中过北人，往往夸口说。归来亟一过，满眼堆金碧。
明妃事胡儿，不如长门泣。才人嫁厮养，堪犬蛾眉惜。
方今长安富儿多风雅，法书名画尽入游伙窟。

狮子林

长兴 **朱紫贵**立斋

一石成一峰，众峰并一石。石石意态殊，峰峪径路辟。

虎丘

堆垛藏玲珑，浑成寓襞绩。降下先陟高，东行乃西辙。
造意得诸先，作势取其逆。丈石乍迎面，尺波忽赴舄。
想当缔造初，丑怪不可择。一朝位置成，灵境讶创获。
从知天机精，不苦地势窄。老僧知其然，因材妙变易。
胸中九州山，眼底五亩宅。纵横罗列中，匠心极明姻。
我来当春韶，云根媚诗魄。想先经营心，至理在咫尺。

游狮子林作歌

德清　**俞樾**荫甫

佛伸手化五狮子，偶然游戏到吴市。五百年来僵不起，至今崭然成石矣。
我来摄衣登其巅，奇奇怪怪言难传。五覆五反看不足，九上九丁游未全。
地既弯环学盘古，水亦曲折成斜川。可笑吾侪竟如蚁，乃于九曲珠中穿。
书生立论怕随俗，偏向美中求不足。虽然山势喜空灵，未免游踪愁逼促。
蛇行匍匐伍出关，鱼贯攀援邓入蜀。昌黎有言我能诘，屈自世间何肯低。
头入山腹石兄间，而笑君言何嗷嗷。米颠所见一拳耳，相对必具笏与袍。
何况千岩万壑罗堂坳，非上片石堪论交。请君来此一平视，早已游遍东岱西华北恒南霍中嵩高。
君曾饱看新安大好之山水，又曾驱车远度奉函殽。试向此中寻取旧游处，一丘一壑无能逃。
更比壶公缩地好，翻笑愚叟移山劳。纵不敢下伯暋务人足，似亦宜稍折元章居士腰。
吾闻石言亦点首，凭栏啜茗不嫌久。坐听邻寺斋钟鸣，疑是林间狮子吼。

狮子林

顺德　**蔡有守**哲夫

有客胥台归，语我狮子林。奇石甲天下，叠寘尤巧心。
直以数弓地，幻作丘壑深。非出云林手，孰其此胸襟。
吾生有石癖，闻之安可禁。今日嫁吴门，弛檐辄访寻。
但见错楚间，乱石支苔岑。一览已无遗，浅率浑布碪。
肇允陈迹改，结构全殊今。譬媲一名画，复为庸工临。

不辨真与赝，闻名徒仰钦。世之耳余辈，珷玞混球琳。

和王小竺狮子林晚步，次原韵

太仓　**蒋铭勋**亦谢

名园仍傍市廛开，闻道林亭半草莱。
欲发野花难问主，已阑游兴未成灰。
年前风月供谁赏，劫后登临迟我来。
兵火沧江史何似，旧游如梦首频回。

病足初愈，狮子林社集呈诸公

元和　**陈任**公孟

倚杖跰跹踏浅莎，屡孤佳约惜蹉跎。
昔闻高士结丘壑，几见幽人来咏歌。
鸥鹭莫惊诗钵响，荷渠只对醉颜酡。
坐看白雨跳珠急，回首东斋怅惘多。（韦斋殁已四月矣）

省园　旧为顾都宪汧风池园，半归荥阳相国家

元和　**袁学澜**文绮

一园分作两园春，此境幽闲迥绝尘。
放鹤风摇邻院竹，养鹅水长石池蘋。
传家忠孝簪缨替，阅世亭台草木新。
喜接纪群同胜赏，佛香茶味笑言亲。（陈顺庵父子奉佛）

避暑皖公别墅（墅为程学启祠园，曰“惠荫”，叠石奇古），邀晓浦痛饮，越日，晓浦诗来，挥翰奉答时，晓浦有调江宁推官之讯，冀其不往也

吴江　**金天羽**鹤望

舫斋卧对皖公山，失喜诗人两扣关。
暑饮百觚傲河朔，秋吟四韵绝尘寰。

巧逢乱世斯文贱，独遇深交礼节删。

琴淡自生山水意（琴淡生凉萸，舫中额语），几时偕隐唱渔蛮。

游洽隐园

元和　**袁学澜**文绮

虎窟尘兵战斗回，名园重认劫余灰。

图书散佚倪清閟（园旧为倪廉访宅），松石流传社党魁。（晚明韩贞文先生，名馨，字幼明，少有声，南雍党事起，几罹于祸，鼎革后隐居于此园）

槐国衣冠成幻梦（庚申之变，园为听王府），云台勋绩著奇才。

千秋俎豆留吴苑，甲马灵旗月夜来。（此园今为程忠烈祠）

屡楼不隔远山青，往事开寻草满庭。

三友名高争犄角（韩幼明居此园时，与郑敷教、金俊明皆为胜国遗老，互砺名节，沈宗骞绘《洽隐园三友图》），半州豪去散谭邢。（此园赏为豪贵所居）

壶觞时集浓春赏，花石犹余战血腥。

无限虫沙沉浩劫，一庵香火奉神灵。（僧衡峰今为守祠奉香火）

重游皖山别墅

长洲　**张荣培**蛰公

不到游踪二十年，坠欢重拾渺如烟。

楼台缭曲还依旧，花未凋零却逊前。

试剔苔痕摹古篆，且邀茶话瀹新泉。

此中雅有天台胜，笑我刘郎骨未仙。

偕凤生、凤池游皖山别墅，并呈吴劭甫园主

同前

共访名园趁午晴，主人好客喜相迎。

春光欲老群芳歇，夏令将新众绿生。

味饱郇厨供薄醉，欢联陈榻荷深情。

欣看兰玉庭阶满，都是亭亭后起英。

再叠前韵答劭甫

同前

为赏名花喜嫩晴，敢劳玉趾两番迎。
芳园尽启无遮会，诗老欣逢太瘦生。
聊学志和甘小隐，得交季札倍多情。
啼莺不把春留住，重倚雕栏数落英。

立夏日，偕诸秉彝、王仲骅游皖山别墅，倒叠前韵

同前

园林春尽歇繁英，款客偏深地主情。
劫换一枰消永尽，闲偷半日寄浮生。
趋衙久懒黄蜂散，入幕重劳紫燕迎。
最是清谈香茗熟，鹁鸪声里听呼晴。

倒叠前韵似劭甫（二首之一）

同前

一庭兰玉正含英，道广能联四海情。
胜国龙头推逸老，骚坛骥尾属鲰生。
落花香逐春流逝，布谷声催夏令迎。
天与名园资管领，呼童著意课阴晴。

皖山别墅课余口占

同前

名园消暑爱清幽，聊作平原十日留。
片席琴书欣得地，满庭风雨似惊秋。
烦襟涤去尘三斗，诗味分来茗一瓯。

却笑南皮开盛宴，竞将瓜李侈沉浮。

吴门过程学启祠

松陵　**陈去病**佩忍

作贼非贼官非官，一身反侧空盘桓。
江湖血战总何事，徒令八杰丧其元。

壬申重五前两日，濂溪坊韬园落成，晓浦有诗见贺，即答。时入秋，将为滇中之游，来诗及之

吴江　**金天羽**鹤望

弓衣无句且韬穷，花药孤亭石菴封。
格古书宁三犊载，觞宾酒仅一鸱容。
生涯大好搬薑鼠，家食难为酿蜜蜂。
欲趁图南装未辨，采芳携子拄秋筇。

游将氏复园旧名拙政

松陵　**朱逢泰**柳塘

九曲红桥映水清，昔贤于此订诗盟。
人行竹外惊松鼠，雨歇林端啭谷莺。
石壁摩挲看旧记，危楼遐览小吴城。
凭栏且莫催归去，夕照衔山一带明。

下榻复园旬日，阴雨连绵，未得遍历胜处。三月四日始开霁，畅游竟日，爰记以诗

吴江　**顾虬**青庵

春风一棹来吴门，眼中花柳经村村。复园主人雅好客，留我下榻当西轩。
西轩窗几极明净，市尘隔断声无喧。须臾金盘灿银蜡，殷勤召客开瑶尊。
酒酣笑向主人道，曷不移席游芳园。主人语我始少待，今宵无月天昏昏。

花光须及向晨丽，秉烛岂若乘朝瞰。夜阑客散就床卧，窗前细雨愁无那。

十日五日不肯休，便恐残春等闲过。今朝屋角鸣刍尼，急起视天忘披衣。

初日烘花呈笑靥，和风拂柳舒颦眉。柳眉花靥示人意，迎人直过平桥西。

危峰数叠呈嵚寄，晴川一碧明玻璃。高阁孤亭互即离，朱栏画槛相参差。

层楼更上凌丹梯，长廊窈窕烟云迷。斜阳忽已坠栖鸟，争相语尚有奇胜。

未尽探余兴，更约来朝补。归坐书窗听漏鼓，短童挑镫酌清酹，轻风又作潇潇雨。

立夏后一日，远香堂宴集

同前

雨后园林夕照微，堂开文宴敞双扉。

嘉宾四座金龟佩，着我中间白纻衣。

残影尚翻阶芍药，远香初送院蔷薇。

回思烂醉浓春日，已觉繁华过眼非。（一月十九日，曾赏桃花于此堂）

复园春霁

同前

酿春十日雨廉纤，春色名园细细添。

晴昼强扶中酒病，画楼高卷却寒帘。

柳丝婉婉牵衣袂，花片零星堕帽檐。

轻岁栖迟成熟客，游鱼飞鸟总无嫌。

题复园嘉会图

同前

嘉会兰亭后，西园与玉山。

蒋侯多逸兴，此事又人间。

云集思群彦，风流见一斑。

文孙能历历，画里指容颜。

虎丘

其二

传家六十载，什袭卷犹新。

太史才华擅，尚书面目真。（予幼时以未识沈归愚先生为憾，今得于图中见之）

看诗兼读画，先友亦周亲。（沈、袁两先生于主人皆亲串也）

为道分题处，拈豪各有神。

其三

幸下陈蕃榻，居然入画图。

题词客后进，抚卷念前模。

径杳元卿客，诗传颖士奴。（图中合宾主、仆从凡二十九人，今惟诗仆朱商山尚在）

名园重展眺，高柳乱烟芜。

喜方大章燮、王子乘炘过访复园

同前

春风无限好，吹送故人来。

一笑愁城破，重帘特地开。

工诗寒到骨，善病瘦于梅。

牢落方三拜，何人识此才。

其二

王朗风雅士，经岁此重逢。

约略还相识，分携感旧踪。

山塘双画桨，落日一声钟。

记听吴娘曲，春波如酒浓。（去岁正月二十八日，始识子乘于山塘舟次）

复园观荷

同前

水气清泠花气芳，晚来随意步银塘。

露零浅草青鞋湿，月上平栏白石凉。

濯锦几枝新菡萏，滞人双宿野鸳鸯。
便应移个玻璃枕，小藉蘅芜梦也香。

正月望后五日，至复园

同前

去来刚一月，已是隔年人。
又作名园客，重探胜地春。
琴书各无恙，花鸟自相亲。
六载淹留惯，都忘羁旅身。

陶凫乡樑过访复园，留饮荷亭作

同前

佳客登堂惊玉立，新诗题壁生光华。
羡君才如李供奉，折赠一朵青莲花。（凫乡乞花，以青莲赠之）

长城到眼怯相攻，且折新荷饮碧筒。
浇得枯肠诗思活，吟声才不似秋虫。

留别复园

同前

六年栖息一毡寒，欲别林亭意渺欢。
已定归期增惝恍，重寻佳处一盘桓。
迹原无着成行脚，情不能忘类罢官。
哪更北风吹猎猎，山客水色带愁看。

萧条景色逼残年，替主留宾欲雪天。
敢说春风生杖履，借地福地作神仙。
束装绿绮犹无恙，照水朱颜不似前。
只恐桃源难再到，武陵人漫刺回船。

关心最是好春时，三径常开日影迟。
不远客争趋北郭，愿输钱比看西施。
夭桃作态憎憎笑，蝴蝶成团款款随。
如此名园如此景，累侬难下董生帷。

此地名贤手泽留，烟垂雾接榜高楼。（楼中“烟垂雾接”四字匾额为吴梅村先生所题）
每因登览钦前哲，未敢题诗在上头。
临顿里连芳草合，望齐门近女墙幽。
凭栏景物都堪忆，临别抽豪纪胜游。

余既有诗别复园矣，临行设饯，主人复订明年之约，即席更赋一律

同前

前度刘郎犹未去，殷勤重订隔年期。
应知宾主终投分，想为园林尚欠诗。
残岁喜闻春到早（是日为十二月十九日，已于昨日立春），寒梅似笑月来迟。
一言报与诸同好，入座依然某在斯。

三月三日之复园，值陶凫乡樑方集同人修禊园中，即事二十四韵

同前

朝来五两风，飞渡吴淞江。推蓬忽抵岸，系艇溪桥桩。
款关入名园，隔花惊吠龙。园中人大笑，绿酒正泻缸。
拉我坐临池，流觞水淙淙。主人今蒋诩，三径喜足跫。
陶潜吾畏友，床下夙拜庞。余子亦同调，臭味通兰茳。
便进无算爵，怒鲸吸奔泷。投壶矢策策，催花鼓逢逢。
杯行令严肃，谈深语纷哤。酒半更移席，登楼辟虚窗。
仰观彻云岫，俯察穷藓矼。兹晨传袚禊，右军序无双。
眼前公等在，望古讵肯降。又手各成咏，笔力鼎可扛。
铿金与戛玉，四座声铮鏦。绘图属吴生（竹虚），拂缫明夜釭。
兰亭所未有，别建骚坛幢。而我愧才薄，曹桧陋小邦。

未甘金谷罚，觅句循画杠。窘急聊出奇，险韵斗缘橦。
如和阳春曲，杂以嘲哳腔。定遭大雅嗤，援笔心已悚。

复园楼外菜花甚盛，主人招同皃乡小饮，即送皃乡之武陵

同前

一下南州榻，频开北海尊。
当春足佳日，览胜对遥村。
匝地黄金散，凭阑白石温。
漫劳歌折柳，有客黯销魂。

其二

魂弱不胜销，愁肠借酒浇。
飞扬同此志，离索转无聊。
乐府今三影，游踪古六桥。
去逢朱与郭，湖上定相邀。（朱铁门春生、郭频伽麐时俱客武林）

三月十九日，吴竹虚履、邵无咎騄、魏霞城标共饮园中，即席和竹虚韵

同前

风雨相催春欲老，赏春人亦渐华颠。
飞来燕子寻残垒，长出龙孙带晓烟。
对酒当歌须卜夜，新交旧友总忘年。
也知放手抟沙散，且结尊前一晌缘。

复园饯春小饮和韵

同前

厨开樱笋簇鲜新，一洗胸中万斛尘。
剩有蝶衣萦柳絮，并无花雨点苔茵。
放宽眼界都诗料，署出头衔是酒人。
莫更关情春已去，当筵且赏月如银。

复园壁上题有二绝句，前首点画工秀，次首字微纰缦而姿媚逸出，玩其题款，知为广陵闺秀同人，以未睹芳容为憾，余因次韵二首并原作录存之

同前

莺绿花来人未归，知他燕瘦与环肥。
遥怜石滑相扶处，蹴损苔台一径衣。

此间小住亦为佳，底事匆匆返钿车。
约略一声长太息，从来倾国爱名花。

庚申三月晦日，偕幼珊妹雨中游蒋家园作

广陵　**萧珞**仲璎

春光草草送将归，细雨如丝绿正肥。
却喜静无蜂蝶闹，不妨微湿薄罗衣。

同作

广陵　**萧瑚**幼珊

闻说园亭此最佳，今朝偶尔驻香车。
秾桃艳李漂零尽，开到风前姊妹花。

蒋园易主歌

吴县　**范来宗**翰尊

踏青挑菜旭日晴，杂花满树群莺鸣。齐女门边结队去，其中亭馆旧知名。
探寻孰把洞天塞，满眼风光隔咫尺。贴门红纸写行行，蒋家园付查家得。
冶游裹足尽惊猜，迷却仙源莫溯洄。野老踌躅不能已，为言往事动新哀。
此园肇如称拙政，岚光池月交辉映。侍御先侵选物场（侍御王献臣侵大宏寺基创造），相公继占神仙胜。（海昌相国陈之遴得之）
两度从军辽海边，征夫何处问平泉。为陵为谷频频改，复起乾隆十一年。（陈

拙政园

遣戍后，辗转归于蒋氏，改名“复园”）

乐安富盛甲闾里，为爱山林在城市。天教卜宅吉无双，众庆专城看鹊起。（蒋子为平阳守）

朝増月榭暮风廊，竹树干霄水溢塘。宗伯书碑留记序（沈归愚先生），名流击钵竞词章。

买田阳羡论千万，久远贻谋符素愿。公子征租岂赠舟，先生市义休烧券。

荏苒韶华六十春，嬉春士女集城闉。黄花散漫铺金地，翠阁流连倚玉人。

不定盛衰又转毂，于斯歌者于斯哭。旧德先畴弹指非，丘山华屋伤心速。

君不见，娄东祭酒饮山茶，今昔依稀共叹嗟。好事他年重过访，未知春更属谁家。

吴晋德招同张训导千里饭拙政园

长兴　**朱紫贵**立斋

主人亭馆不轻开，一饭今朝笑语陪。
新柳绿分桥畔水，残梅白糁竹边苔。
君从陶岘船中到，我自梁鸿庑下来。
各抱五湖三亩意，名园相对转低回。

拙政园春风槛戏示吴晋德

同前

钩帘夕照四窗空，曲径弯环曲院通。
只有风窠人到处，不留一路过春风。

山情野意有谁娱，人影衣香未可无。
簇拥花枝飞不去，朝来忙煞玉腰奴。

吴园

江山　**刘履芬**彦清

拙政山搽怨老梅，百年池榭几遗栽。

碧桃临水才三尺，犹背东风滴泪开。

吴园为南皮相国驻节处，抚今思昔，系之以诗，并答月汀观察四叠韵

归安　**朱福清**修庭

相公罢镇久居吴，一幅春风侍坐图。
杨柳小桥青箬笠，梧桐院落碧纱厨。
凭君写入生花笔，使我重拈记事珠。
今日远香堂畔立，徒教鸿雪印名都。（堂有楹联，系师相命撰，陆凤石书）

用前韵戏柬广庵同岁，速其入社，以张我军

同前

月里仙人旧姓吴，已登桂籍列仙图。
摩挲金石常携袖，断烂文章不入厨。
我有良朋沙割玉，时随上客履衔珠。
钓游少小同乡里，忍使城郓射子都。

月汀世仁兄招同文小坡孝廉、朱修庭观察夜话，出近作督和，率尔操觚，聊供喷饭云尔

吴　**广庵**

沧溟稳渡揖天吴，箧里新携述职图。
满袖香烟杜陵句，消寒美酒步兵厨。
多君手有生花管，老我胸无记事珠。
一曲阳春难属和，行看纸贵比三都。

五叠前韵，简荣虞臣尚衣

同前

名园城北旧称吴，十景曾题上相图。（南皮相国有《吴园十景图》）

手掌丝纶勤补衮，性耽林壑惯移厨。（君常于园中宴客）
无端见猎思张袂（余久不作诗，故云），有客探骊已得珠。
使节他年周岭峤，还应山水眷兹都。

虞臣尚衣招陪寄鸥丈午饮，九叠前韵

同前

抟沙何幸聚中吴，诗社应摹主客图。
云树人怀千里月（忆立甫、贡三两榷使），韭菘味压万钱厨。
围垆促坐温如玉，对酒当歌累似珠。
时向此间得佳趣，浑疑身到皇帝都。（暖屋两间，极似京师）
博按，广庵咏怀诸什，因与本园无关，故未录入。

张子青之万制府属题吴园图十二册

中江 **李鸿裔**眉生

远香堂
浓香旌节花，胜地蓬莱苑。
堂中隐几人，心与江湖远。

兰畹（远香堂临水一面）
妙香通画禅，名花当佳客。
百兰方菲菲，来作鼻功德。

玉兰院（一名“笔花堂”）
山茶遗宝珠，木笔传琼杯。
停云真吾师，祭酒安在哉。
王御史园成，文待诏为之记，待诏家亦有“玉兰堂”也。国初，归于海宁陈相国，中有宝珠山茶三四株，连理交柯，吴梅村祭酒为诗记之。

柳堤
柳浪接双桥，荷风来四面。

可似澄怀园，近光楼下看。

东廊

伽蓝化金谷，成坏真一霎。
不见骢马坊，斜阳在高塔。
拙政园旧为元大宏寺。嘉靖中，王御史献臣侵其地以营别墅。

枇杷坞

五月洞庭波，低航压高篓。
谁移一树金，东园供载酒。

水竹居（亦作梧竹）

十亩荷芙蕖，映此一弓宅。
时见柳弯腰，还疑竹请客。

菜花楼

楼中琼树歌，楼外芜成泪。
春风若有知，黄金为布地。

烟波画船

樽开画舫东，月桂花楼西。
翩翩太常仙，清斋醉似泥。
五六月中于此作蝴蝶会时，方祷雨斋醮，但食素而已。

芍药坡

身退韶光永，人祥花气和。
宜倾婪尾杯，媚兹春梦婆。

月香亭

姮娥驾老蟾，踏花作香尘。
公毋渡江去，丛桂欲留人。

最宜处

官梅宜鼎实，不升桃李盘。
但许凌霄雀，飞来伴岁寒。

六月六日消夏第一集，饮子青制府拙政园，周存伯闲大令即席画纨扇，遍贻座客，作诗谢之

同前

周侯画笔风雨驰，颠张醉素兼得之。眼中哪有荃与熙，空厨无烟日亭午。
我诗时作秋虫语，怪尔霜髭遽如许。名园胜日双玉壶，万荷喧雨凉生肤。
翛然坐我于江湖，既醉尚书浮蚁酒。更看周侯斩蛟手，批风抹月出花柳。

乙亥春日，侨寓拙政园，即景有作

桐乡 **严永华**少蓝

挽鹿相期赋遂初，名园小憩乐何如。
争夸谢傅东山胜，容得梁鸿赁庑居。

曾以山茶得重名，我来刚及吐繁英。
亭台依就枝柯改，想见苍茫异代情。

复阁环桥曲曲通，清游宛在尽图中。
自惭六法粗能解，欲貌平泉笔未工。

柳荫路曲碧罗罗，损却愁眉奈客何。
一样春风舒翠黛，横斜水面寄情多。

远岫斜阳淡有无，半帘飞絮乱平芜。
疏林新霁苍苔滑，折得杨枝当婢扶。

钩连石栈忽登楼，水木清华一望收。
此景最宜凉月夜，桂花香里约重游。

拙政园

儿童遥指水西亭，行过回廊倦屐停。
翠竹连云千万个，窥窗瘦鹤自梳翎。

鬼斧神工叠嶂连，槎材老树不知年。
扫苔石上思题句，此亦东南一洞天。

拙政园歌

德清　**俞樾**荫甫

张子青同年前辈开府三吴，驻节拙政园，承询斯园故事，因作长歌诒之。

销烽熄燧东南定，定后东南非昔盛。鹂坊鹤市半荒芜，吴下名园惟拙政。

名园拙政冠三吴，远溯前明创造初。骢马王公新卜宅，衡山行诏旧留园。（园始明代王御史献臣，文衡山有《拙政园记》并图）

昭代龙兴开甲第，海昌别墅人犹记。泉石无端籍县官，流传史属平南婿。（国初为海昌相国别业，籍没后，曾为吴三桂女婿王永宁邸舍）

百年依旧此楼台，三径重为蒋诩开。（吴三桂败后，此园曾为粮道署，其后复为郡人蒋诵先所得，因易名“复园”，有《复园嘉会图》）见说复园盛游宴，屡招名士共尊罍。

是时正在乾嘉除，吴会承事多胜事。头白尚书访旧来，风流大令看花至。（沈归愚尚书即园中人之一，袁子才大令亦屡至是园）

自古园林有废兴，又闻风月属延陵。春风秋月游人口，只解吴园两字称。

吴园花木还稠叠，水竹平分王与叶。（后为武林吴氏所得，是称“吴园”，其左右割为“王”“叶”两园）王叶园中半绿芜，不及吴园盛蜂蝶。

痴蜂醉蝶弄芳菲，忽见漫空妖鸟飞。净洗腥膻消战血，重看金鼓建牙旗。

□□暂驻仍萧瑟，欣遇安昌来建节。琼铺珠箔奉慈舆，水阁风帘停宦辙。

我幸园中一再游，聊将往事数从头。作歌愧乏梅村笔，莫问茶花如旧不。

游拙政园

平湖　**屈曦**伯刚

亭台还值宾车驻，旧燕如寻王谢堂。

一树宝珠歌舞冷，三春词客鬓毛苍。
销沉花气垣衣密，小坐松荫茗碗凉。
说鬼莫须惊故垒，鼓声齐女又斜阳。

偕宋季筱游拙政园

长洲 **张荣培**蛰公

几日骄阳放老晴，新荷一水透盈盈。
随风蝶影联翩过，绕树蝉声历乱鸣。
久坐亭阴消暑气，闲凭栏曲得秋情。
一瓯清茗千竿竹，不惹尘埃半点生。

同黄颂尧、顾巍成游拙政园，并至临顿路酒家小饮

同前

名园深处惬幽寻，满座清凉暑不侵。
一朵红莲标独秀，四围绿树补新荫。
茶香细领闲中味，松籁时闻静里音。
更喜吟期招饮去，临河水阁畅尘襟。

朱绶青约游拙政园，并承园主松涛留饮

同前

晦翁招我复园游，为爱荷香竟日留。
况遇主人偏好客，得消暑气胜于秋。
开怀小饮浑忘醉，捉席清谈足解愁。
最是夕阳红渐淡，嫩凉一味占茶瓯

和震伯游拙政园韵

同前

不用诗囊负小童，招来俊侣赏心同。

梦寻槐荫清虚里，香悟莲花自在中。
老树参天延古绿，新妆隔水映娇红。
名园毕竟多幽趣，能使尘襟一洗空。

五游拙政园感赋

同前

远香堂畔满荷香，一阵风来四面凉。
鱼戏无心穿翠荇，蝉嘶尽力曳垂阳。
山茶幸入梅村咏，水榭谁窥柳氏妆。（牧斋先生娶柳如是，尝藏娇于此）
一月游踪经五度，胜地三宿恋空桑。

拙政园喜晤铜士有赠

同前

名园小劫话桑田，领略荷香又一年。
偏是催诗来急雨，胜如拄杖听飞泉。
半池凉气清于水，一缕吟魂荡作烟。
怪底东阳腰瘦损，河鱼抱恙尚缠绵。

六月四日，偕风生游拙政园，忽遇天阴作阵，黑云翻墨，白雨跳珠，烟霭还离，如一幅米家山水，洵奇观也。走笔赋之，恐不能状其万一耳

同前

入园数步大暑去，烧空赤日回羲驭。鸣蝉四噪万木噤，荷香征逗花深处。
蓦地浓云黑满天，芙蓉塘外轻雷旋。打头忽放雨脚粗，万荷叶上听鸣弦。
是时满园阴四合，凉风卷地来萧瑟。竹翠松云黯不分，烟光水气虚相雍。
坐观此景真仙乎，依稀濯魄从冰壶。如游龙女灵虚殿，如揽襄阳水墨图。
四围檐溜跳珠急，阑干绕遍临风立。为耽幽赏入空濛，雨花不怕粘衣湿。
炎歊一霎涤茶瓯，云散天青雨渐收。剩有蜻蜓飞不去，夕阳红挂柳梢头。

拙政园避暑

同前

雅有山林胜，名园暑气清。
茶瓜留客话，鱼鸟助诗情。
虚碧松廊合，浮青竹坞生。
荷风招四面，幽寂破蝉声。（亭有额荷风四面）

拙政园赏荷

同前

一缕清香一阵风，荷花初放水当中。
乱蝉噪树破空碧，瘦蝶穿篱堕小红。
四壁亭台疏入画，数声箫笛远飘空。
此间雅有山林气，门外炎歊便不同。

拙政园藤花歌（相传为文侍诏手植）

同前

白杨萧萧红桐老，吴宫人去埋花草。迄今相隔近十年，繁华犹说当时好。
偶探名胜话风流，尚有衡山手植留。紫藤满树垂垂发，谁复看花到白头。
海昌当日承恩遇，规模仿佛平泉具。娇鸟枝头时一鸣，骋怀游目都成趣。
独有藤花夹路开，时牵蜂蝶过墙来。红氍百尺铺歌席，锦帐千里覆酒杯。
一场梦醒沧桑变，花落花开人不见。舞罢空思杨柳腰，妆余莫问芙蓉面。
几许芳菲堕劫尘，池台寂寞倍伤神。彩云委地浑无主，壁月当空不算春。
春秋雨度停游屐，谁领花晨与月夕。一代争传相国家，百年犹记空王宅。
古藤一架摇春风，珑珑结串花垂红。晴霞匝地辉千丈，香雾漫天湿半空。
对此奇花重于色，古来韵事多收拾。碧潭曾咏李文饶，花坞争传独孤及。
至今相赏一年年，剩有新诗付管弦。只怜未入梅村笔，留与山茶共斗妍。

拙政园瀹茗

同前

偶入园林便赏心，四围夏木影沉沉。
清香一缕浮荷榭，浓翠千重锁竹林。
小蝶晒衣轻坠粉，新蝉曳树乱鸣琴。
茶瓯满注消烦渴，槛外风来暑不侵。

拙政园

常熟　**杨无恙**

堂榭梧篁迹半仍，豪华曾此碎珠灯。
荒塍梦梦秋荷雨，镜影茶花夕照藤。

吴芗研太守招饮拙政园，即席赋谢

阳湖　**恽炳孙**季文

新阴犹是养花天，喜向名园预绮筵。
廿载清风怀旧德（余承先德，又乐夫子见赏，受知最早），一时雅集步前贤。
小桥流水春犹好，满座飞觞醉即仙。
多谢高情饶眼福，愿从翰墨结因缘。

邹咏春约同朱古微、曹智涵及紫封上人至瑞莲庵观荷，晤仰慈上人，乘醉至拙政园，咏春赋诗，依韵和之

同前

避嚣来佛地，豁目水天长。
入座境逾静，未秋心已凉。
清淡蔬笋美，淡意芰荷香。
忽听樵歌发，琅琅音绕梁。（咏春朗吟朱希真《樵歌》数阕，声琅琅出金石）

拙政园与梦华、尧衢、冕士啜茗

贵阳 **陈夔龙**筱石

高会当年集汉貂，到门今见草萧萧。

松撑老干穿危涧，荷拥枯根补断桥。

旧雨久同棋局散，好风不送酒旗飘。

芳园尚有兴衰感，忍向茶坊话四朝。（是日，闲话顺、康、雍、乾四朝故实，感慨系之）

过拙政园访山茶花不得，和梅村祭酒韵

吴县 **潘观保**辛芝

园在府治东北。明王御史献臣因大宏寺址，创为别墅。海昌陈相国得之，在政府十年不归，籍入为苏松常道署。缺裁，复为民居，归蒋氏，又归查氏。寻归平湖吴相国，亦未一日居，子孙守之。庚申后又为公廨。梅村先生所咏宝珠山茶为江南仅见者，不如萎自何年。流连光景，感慨系之，因次其韵。原诗丹砂、流沙并用，麻韵，无“砂”字，以“家”字易之。

大宏寺里曼陀花，嫣红斗雪枝交加。万古冰霜贝多树，六朝金粉梵王家。

叶分羽葆晓含露，花明火齐晨流霞。青骢御史爱游眺，经营别业争豪华。

沧桑转眼红羊劫，甲第重开说白沙。不道楼台无地起，精蓝改作东平里。

承明出入侍君恩，十载光阴若流水。漫向平泉看鹤头，旋遭迁谪贬熊耳。

道路争称独乐园，华堂谁见尚书履。花开花落几经春，护持敢与甘棠比。

从此名园易姓多，有时荆棘时罗绮。宝花零落知何年，粗俗漫山剩桃李。

延陵族望重瓯东，如燕营巢定新垒。风流拟似午桥庄，蜂蝶争狂鸥鹭喜。

功名忙煞里头公，奚暇看花傍佛宫。好似灵岩山馆里，年年花草锁春风。（灵岩山馆，毕秋帆尚书别墅，寻归南沙相国）

承平先不知兵事，蓦地飞来劫火红。满目蓬蒿怨狐兔，凄凉门巷墓烟中。

功成一鼓吾能说，鹅鸭声喧蔡州雪。上将旌旗落日高，王侯棨戟英风发。

偶为莼鲈忆故山，亭台重到夕阳殷。荒池水涸留荷叶，瘦石烟皴认苏斑。

旧时裙屐知多少，故家乔木难长保。泉明松菊幸犹存，满院飞花红不扫。

叹息名株久作薪，灵根埋没随荒草。无限空山耐冷花，冬春阅尽青天老。

艺圃

寻花此地露需衣，寂寞惟余柳絮飞。待补画图传韵事，卷中赢得好春归。

拙政园文衡山手植古藤歌

吴江 **金天羽**鹤望

秀州城中李唐舞蛟石，竹垞据典强改名蛇蟠。旁有藤花一架气清郁，讵如此藤拗怒直作蛟蛇看。拙政园中山茶僵且斧，剩有西堂笔千朵攒。入门左顾压屋藤阴重，筋张骨屈古藓苍皮干。虬枝上天根络地，五龙拘绞腾掷缘橦竿。鲜英紫萼密缀千万缕，妍华香胜披拂成妙鬘。衡山高节古风调，隔世相望齐凤鸾。艺圃池莲一往表清逸（艺圃，即今七襄公所，在文衙前），更看此藤万古真气完。春来婆娑席地此觞客，攲倒坐卧地窄诗肠宽。游人鼎鼎不挂眼，枉跨宝马驮金鞍。名园忍付伧楚手，偷闲尘外追清欢。臃肿婵娟妍丑不相蔽，虽非孤松翳影长盘桓。

早起，拙政园看芍药同伯秋

同前

初阳上屋山，绿荫转庭砌。名园久无主，花药诩清秘。
境寂物态真，诗心即物寄。百舌语春归，门外断吟髻。
吴宫美人出，组练光照地。月窟霓裳舞，仙袂当风曳。
香清粉著瓣，露重花倾蒂。花事艳丰台，芳郊蹴嘶骑。
吴会金粉场，兵峰逃五季。冷淡索天趣，造化免嗔忌。
怀贤抚古藤，真气一蟠际。

拙政园

吴县 **朱惠元**枫隐

名园烂缦茶花放，犹记梅村作咏年。
得赋遂初非易事，海昌当日未归田。（园在北街，与新居潘儒巷仅一水之隔）

拙政园观剧，易笏山方伯佩绅出近题诗《梦钟声图》《醉太平》四阕见示，词中目予为潘郎斑白之党，不觉转愧为喜，即于座上戏成一绝，聊自解嘲

吴县 **潘祖同**谱琴

年来雕尽鬓苍苍，姓氏还沾宝墨香。

敢向江东夸独秀，潘郎前更有周郎。

拙政园籐花歌

吴县 **沈敬学**习之

园为前明王御史献臣因佛寺废地所营别墅，文侍诏有图有记。其子以负博进钱归徐氏，虞山钱尚书曾居之。厥后为陈、为王、为蒋、为吴，数易其主，今为八旗奉直会馆。向之连枝山茶已不可问，而门内老藤一枝，蜿蜒如龙，固数百年物也。花时作歌，用梅村山茶诗韵。

阖闾城内多好花，花花相对枝交加。皎如班姬捣素练，艳若句漏烧丹砂。

遂使青韶九十日，金谷璀璨蒸晨霞。拙政园里古藤古，独标冷艳夺铅华。

老干岂撑太湖石，繁英乱落恒河沙。斯园数典从头起，骢马王公耀闾里。

再传巨室若浮云，一掷名区付流水。是时弱蔓已蒙茸，庭角墙阴等闲耳。

曾看赏艳倒金卮，曾见寻芳错珠履。后来嘉会图复园（郡人蒋诵先得之，易名复园，有《复园嘉会图》），裙履风流盛莫比。

绿杨一树有秋千，画阁三层绮罗绮。当年花侈曼陀罗，春风不斗闲桃李。

竹肉方销战鼓声，楼台早易将军垒。梅村集里赋长歌，海内流传差可喜。

我忆后先两相公（陈相国之遴虽有斯园，全家谪戍辽左，未一寓目；南皮张相于赭寇平后，抚吴，实居之），恩威事异承明宫。荷戈饱看边关月，开府争趋旌节风。

丰沛枌榆客判白，蓟辽桑梓人批红。藏猱忽露花架底，如龙欲攫歌筵中。

陈祠咫尺一株说（陈忠烈祠有大藤，颇古），紫裘掩映酴醾雪。我家洞庭亦有此，罗汉寺前今艳发。（包山罗汉寺一株，尤古，横荫树十亩）

斧斤不到老空山，阅世原无泪血殷。此地沧桑数易主，如何依旧开斓斑。

辟疆而下名园少，历劫平泉幸能保。九亩身横若结绳，园丁花径难为扫。

我歌既终别有怀，吴宫莫问闲花草。回黄转绿事无定，百年鼎鼎催人老。

戎菽同披绀色衣，藤花应逐柳花飞。年年罨画溪相似，春送天涯何处归。

重阳日，偕拙庵游拙政园

吴县 **亢树滋**倜卿

掩关忽报故人过，欲往登高奈懒何。
把臂园林寻北郭，回头花月付南柯。
空梁燕去香泥冷，荒径虫喧蔓草多。
小坐漫深兴废感，摩挲树石且高歌。

新秋谒悔庵九丈，邀游拙政园

贵池 **刘慎诒**逊甫

一夏疏慵阙起居，新凉喜挹道颜腴。
寥天吟思来风雨（公近有题《叶天寥遗像》及吴愙斋中丞《牛头山访碑》诸诗），泻露秋声到竹梧。
邻榭歌弹纷断续，傴场笑貌孰贤愚。
斜晖挈我危亭坐，待送归桡月满途。

冬至日，丹徒赵蜀琴宗抃偕上海聊社友顺德梁彦田永思、东莞祁武垣正、三水陈觉是鸣谈、番禺赵兰石元澧过访，约卢彬士同年文炳游拙政园、狮子林，归觞酒楼，即席赠梁、祁、陈、赵

元和 **陈任**公孟

静里灰飞六琯芦，朝来门外听驺呼。
神交得见今何晚，吾道由来总不孤。
雪后园林泥印爪，尊前欢笑古为徒。
峤南自昔多名士，欲往从之共赵卢。

己酉上巳，邀同人涉园修禊，集兰亭字

元和　**郭凤梁**季虎

视听幽情畅，兴怀癸丑年。
觞流修禊日，人咏暮春天。
兰气欣相遇，竹风来惠然。
虽无弦与管，亦足会群贤。

丁未上巳，集同人涉园修禊之作

同前

小园魏紫晕花颙，招我吟朋修禊来。
手执巨觥征酒量，毫挥华纸验书才。
瓣香人谒右军缘，彩笔花看名士开。
犹忆去年逢此日，横云山馆共衔杯。

按，季虎，元和人，桂舲太史弟。梦老人授以笔，遂工书。飞白隶草，名冠一时，求书者日不暇给。腕底敏捷，尝雨窗刻烛寸余，挥各种数十联。家城东涉园，招集名流饮酒，赋诗极盛，年三十三卒。

郭季虎重事修禊于涉园，简余诗时，余尚留钱塘，归乃报两绝句和其韵

吴县　**程寅锡**仲虎

西湖柳色牵人住，负却邻园诗酒天。
归梦一帆刚上已，背吟君句忆前年。

瑟瑟春寒花事迟，一朝新暖换芳时。
兰亭我欲寻名迹，不与同人较量诗。（曾欲东之山阴，因病遽返，故云）

寒日曲与郭别驾季虎

同前

桃花如雨柳花雪，燕燕莺莺作寒食。东风隔夜偷一帘，一地香痕独狼藉。

涉园才人诗酒豪，爱春入骨春亦骄。桃边柳边阁春住，娱春宴春吹饧箫。

饧箫吹得东君喜，特为清明开上巳。湔裙挑菜旧风流，更许尊前补修禔。（修禊一本作修禔，衣袂也）

青苔绣上阑干脚，红绳系冷秋千索。娇车细马办游春，何似兰亭理残酌。

一醒一醉赚年华，赢得风流莫太奢。红桥烟月杨家队，多许宫人陌上斜。

唐人每于寒食节集宫人斜作诗酒会。

放翁生日第四集，宴郭别驾涉园，即用放翁北窗韵

高风积雁声，寒日下鸦背。醉向重阑前，合与菊相对。

新粳况初熟，珠色动春碓。平田若无收，雪浪犹硙硙。

郭郎好园圃，畦头足寒菜。樽俎亦既具，招邀集吟旆。

文字饮落落，动辄与古会。上呼老学仙，乃说诗三昧。

北窗有同情，何弗谢银艾。一笑问远云，意气真度外。（园左数楹，黄树老新题“北窗”二字为额）

闰月三日，诗社第十集，会饮吴鉴翁斋中，午后至涉园，遍览诸胜

元和　**韩崇**元芝

初晴人意舒，朝光曜林旭。会饮展上巳，觞咏屏丝竹。

酒酣客忘归，逸兴寄水木。名园喜密途，一往骋游目。

入门风廊斜，历磴山径曲。漾碧转孤亭，数帆登杰阁。

俯瞰水四周，远抱城一角。天桃呈艳姿，弱柳媚新绿。

林花及盎卉，远近递芬馥。冶春能几时，丽景看不足。

感往主屡易，娱闲客来数。同游各健步，济胜具清福。

徜徉泉石间，绝胜抗尘俗。

网师园

涉园

元和　**袁学澜**春巢

近水园林更面城，樯枝帆叶记分明。
卅年胜景虚寻蝶，数友春游入听莺。
池馆旧营廉石俸，儿童今识细侯名。（园为陆暗亭太守所筑，今为郭凤梁参军赁居）
云烟满壁游仙句，眷属依稀住玉京。

郭季虎自吴来杭，以移居诗索和，并道雪中游庐山及泛洞庭诸胜事，时君即还吴

仁和　**高锡恩**古民

指点平桥路，幽人此卜庐。
本为鲁望宅（园为陆暗亭太守所筑），如入辋川图。
堂上荣萱色，园中燦鄂柎。（君与仲兄藕舲最友爱）
团圞真乐事，仙境拟何殊。

怪石崎岖列。奇书部帙分。
临池留妙墨，琢句即殊勋。
绣阁能工画（谓画香娣夫人）佳儿总不群。（君令嗣皆已能文）
瑶琴闲抚处，榻畔贮凉云。

一别倏四载，君颜渐老苍。饱观庐岳雪，远泛洞庭航。
踪迹壮逾阔，襟怀拓更强。尊前纵高论，逸思倍飞扬。
大好西湖在，端宜帀月游。如何遽成别，不复此勾留。
来往闲云共，苍茫古迹搜。兰陔勤孝养，合与昔贤俦。

奉命按察河南，旋调蜀臬，以病辞，侨寓吴门，葺城东旧园，名曰耦园，落成纪事

归安　**沈秉成**仲复

不隐山林隐朝市，草堂开傍阖闾城。
支窗独树春光锁，环砌微波晚涨生。
疏传辞官非避世，阆仙学佛敢忘情。
卜邻恰喜平泉近，问字车常载酒迎。（时南皮师寓拙政园）

石公山人葺小园成诗，翁覃溪阁学书其诗中“宽”字韵一联为楹帖，并次其韵。蒋心余、程鱼门、吴谷人、潘德园诸名公皆有和章，一时传为韵事。此联今归耦园，即用其韵联句，得三章

同前

清光门外一泓寒（少蓝），地隔尘嚣梦亦安。
杰阁秘藏彝鼎古（仲复），小楼环顾水云宽。
市防蜃气翻鲸浪（少蓝），我狎鸥盟谢豸冠。
双管联吟聊寄兴（仲复），底须屈宋作衙官。（少蓝）

拈毫不畏指尖寒（少蓝），几净窗明斗室安。
旧句未妨新句续（仲复），诗肠好藉酒肠宽。
闲情镇日催铜钵（少蓝），谠论盈庭有铁冠。
笑我杞人忧未已（仲复），空谈扪虱等稗官。（少蓝）

不嫌城曲太荒寒（仲复），绕屋新篁竹径安。
万卷图书传世富（少蓝），双雏嬉戏老怀宽。
每思京国常依斗（仲复），为恋家山早挂冠。
自挈饤柈花底座（少蓝），嘉蔬侑酒问园官。（仲复）

耦园访主人不值，纵游而返，清士侄得句，依韵和之

长洲 **彭翰孙**南屏

一棹娄江去，波摇鸟篆文。
诗情乐群从，春意逗三分。
邃谷回桥水，浮丘挹袖云。
横窗梅数点，伴客独殷殷。

耦园用青士韵

长洲 **彭慰高**讷生

金阊佳丽地，都被寓公分。
风送楼头橹（楼名听橹），晴蒸槛外云。
杈枒藤适体（室有古藤屋），磊落石成文。
春信寒犹勒，催花欲倩殷。

沈仲复招饮耦园，即席有作

高密 **郑文焯**叔问

文人相见自青眼，尊俎能容一客豪。
大隐由来盛年德，狂愁遮莫反离骚。
未妨诗酒酬肝胆，宁拾侯王易骭毛。
一笑忘年得真契，青松白石闭门高。

耦园禊饮即事

同前

鸥社频年足宴酣，梨花吹雨又江南。
林泉胜引耦园耦，觞咏嘉招三月三。
四座岚光横古雪，半瓢诗味泻清谈。
未妨扶病营春事，狂点风流一笑堪。

题耦园所见巨石

同前

老狂诗骨秋铮铮，酒浇肝肺芒刺生。
醉吸天风吹海立，神器夜堕芙蓉城。
俗眼未脱模棱壳，猛看奇崛诧雕斫。
空山真宰泣琼瑶，雷雨鞭龙放头角。

饮耦园放言

同前

火云西沉迅商肃，林于高馆悬生绿。天与诗人清肺肝，老雨作秋十日足。
故人斗酒书见招，醵饮两三客不速。花潭叶屿纷离楼，清凉坐我筼筜谷。
脆管繁弦促酒巡，银屏醉倚人如玉。酣酣香吹沁骨醒，钏动花飞波曼睩。
但能下凿养空游，不用縻蝉抵死促。云雨荒荒渴梦多，幽兰白雪今谁续。
自惭弱质饮香名，愁对倾城一杯属。平生四海沈隐侯，雾隐文章窥豹伏。
会见龙象驱奔霆，轩空一奋青云躅。袖中正有南风弦，莫餍东山旧丝竹。

为沈仲复题明制时壶

同前

曲园书隐老壶东（曲园丈题句在前，其所著书有《壶东漫录》，故云），细辨名陶小录同。我亦壶天一诗影（余僦居汪氏壶园，吴士金彩为作《壶天诗影图》），笑从四大叩空空。（四大名陶皆明代，以博埴名者）

螺碧春香数洞庭，凤团聊可补茶经。佳人佳茗元相似（时壶铭有“美人颜色凤团茶”之句），漫乞三浆玉女灵。

荆溪老瓦诧雷鸣（余旧藏明李茂林壶，腹大如瓠，受水十合，围径倍此壶），负腹壶兄只强名。（《名陶录》李大仲芳制一壶，俗呼为“老兄壶”）何似耦园清秘供，一瓯花乳泛春晴。

旧说嘉名汤蕴之，渐涵兰鼎证心期。狂生不分文园渴，常忆清风饮德时。

和外子耦园落成纪事诗韵

桐乡 **严永华**少蓝

小歇才辞黄歇浦，得官不到锦官城。
旧家亭馆花先发，清梦池塘草自生。
绕膝双丁添乐事，齐眉一室结吟情。
永春广下春长在，应见蕉阴老鹤迎。

庚辰季冬，许星台按察招集同人寿坡仙于耦园之城曲草堂。酒半，潘季玉观察高唱“大江东去”，响彻内室，诗以纪之

同前

消寒雅集属良辰，玉局重联香火因。
双塔题云留胜迹，一尊喝月问前身。
知音海内惟难弟，忧国天涯有逐臣。
解唱大江东去曲，髯翁疑是再来人。

途中见桃花忆耦园

同前

茅屋疏篱曲涧东，数枝娇艳笑春风。
故园桃李应须忆，孤负花开一度红。

秋晚耦园独坐

长洲 **张荣培**蛰公

偶从忙里一偷闲，胜坐天然山水间。（堂中有额曰“山水间”）
鸟语钩辀含雨涩，林容萧瑟带霜斑。
图书已逐寒烟散，池馆犹存乱石环。
绕遍回廊还独坐，西风落叶打松关。

耦园

过沈仲复中丞耦园有感

同前

巍巍门第访东阳，松菊依然径就荒。
一角小亭余鹤寿，三楹旧馆冷蛤香。
石桥有路横秋草，水榭无人倚绿杨。
四十年来兴废感，不禁回首话沧桑。

同友雅园闲眺

吴县 **陈镔**竹俦

鸟向青云飞，鱼自清波跃。
我心羡鸟飞，子亦知鱼乐。

博按，竹俦为吴县诸生，忠厚仁慈，手不释卷，客闽十载，了无所遇，归隐于医，自署门上曰“治所知病”，可谓不自欺矣。年六十四卒，著有《抱膝吟》。

依园并序

元和 **袁学澜**文绮

在闾丘坊巷，为顾侠君选集元诗处。今属钱氏，名息园，建钱武肃祠，中有妙严台，相传为梁妙严公主葬所。

名园春试踏春鞋，探胜闾丘散酒怀。
乔木百年悲主换，荒陵六代有香埋。
绕台池水沉金枣，碍路花枝罥玉钗。
秀野风流文宴歇，华堂盛事访诗牌。

陌上花开依旧春，地消禅磬翠苔新。
绿荫寂静聚游客，碧酿芳甜能醉人。
粉碓脂田归蔓草，画裙纨扇拥香尘。
妙严台上凭高望，古迹孙玚宅已湮。

上巳日过钱氏息园作

镇海 **姚燮**某伯

伧也多金穷土木，改葺名园极华缚。（园本依园故址。乾隆时，蒋、杨二姓先后居之。嘉庆十六年，钱参军锋改筑，即以其地为武肃王分祠）游者讶为神仙宫，啧啧从人夸眼福。

晴天上巳三月三，闾丘坊巷吾停骖。腰囊解纳扫花费（凡游园者，阍人索扫花钱少许，始纵人游览），随例入门穷讨探。

苍苔屏风万仞石，粉色栌张玉鸾翮。竹浮廊面不见根，花过人头但留隙。

红罘四缭山心台，燕睇远摄春翠来。摇柳钗光作星动，飐荷扇影如云颓。

万人海中十亩地，古麝风吹六朝气。荡人眼底冶靡思，拒我胸中丘壑意。

今年几家园放春，八门宝马驰麴尘。夕阳递续梦后梦，逝水谁感陈人陈。

兹园主人凡四易，武肃王孙今所宅。轩南奉作栗主祠，断础凄烟散瞿麦。

我持寸心为瓣香，只一转步生悲凉。耳听西院唱白纻，钿筝锦瑟筵方张。

徘徊独抚墙隅桂，露叶浮浮濯吾袂。十三桥下鸳鸯魂，哪管临安杜鹃泪。

英雄岂逐豪华沉，羁客别有千秋心。明朝春去园芳老，佳酒生刍来独吟。

独游息园

元和 **袁学澜**文绮

韦娘梳髻出新裁，贵主埋香有旧台。上日闲游罗绮感，清明风雨有谁来。

六朝遗迹水流香，梵呗声销旧影堂。人面桃花浑昨日，有谁题句似崔郎。

孙玚遗宅旧踪淹，春草荒台访妙严。（禅兴寺在乘鲤坊，旧为梁天监时孙玚故宅。玚曾尚主，寺后有妙严公主遗墓。向为顾嗣协依园，今为息园，属钱氏）赏遍园池还读画，碧桃吹落雨廉纤。（与王曲池涟息园，阅崔子忠《洗象图》，是日游人极多）

博按，此首为吴苑春游，时在己亥，共七章，今选其一

访息园废址

同前

笙歌阒寂妙严台，宿雨春芜长瓦堆。
六代繁华沉梵磬，百年池馆厌兵灾。
钱王碣断童敲火，秀野堂倾鸟啄苔。
惆怅名园成积莽，不堪承福过墟来。

偕任明经丈瑛游息园

吴县　**金兰**子春

晓雨歇残滴，烟光注众绿。闲游臻胜区，吟赏陪耆宿。
石窦呀然闯，水槛缭而曲。幽轩大树当，断岸小桥续。
娵隅戏澄陂，夸夷媚晴旭。岂期尘市中，有此好林麓。
三间天爵堂，插架富巷轴。画帧腾烟岚，诗牌莹珠玉。
童移晒药床，客拥弹棋局。居停果何修，栖迟擅清福。
园林虽未深，点缀颇不俗。古墓草青青，谁与荐兰菊。（中有妙严公主墓）

息园看花行

长兴　**朱紫贵**立斋

园为顾侠君秀野草堂故址。

春泥净洗春云晴，深巷笑语皆春声。借人池馆讨春去，接罱敧倒花前行。
桃花李花无踪迹，杨丝柳丝作深碧。石阑芍药苞坼红，香径荼蘼蕊抽白。
花开花落年年好，只惜看花人易老。花开三月太匆匆，人到百年终草草。
君不见，妙严台下春草平，妙严台上花枝明。（台下有梁妙严公主墓，故名）春光不照下泉路，游人吊古徒为情。
又不见，东吴文学选诗客，钟鼓园林集裙屐。旧井犹传贾傅名，诛茅已作兰成宅。
人生贤愚何有哉，伯夷盗跖皆尘灰。且与同岑四五辈，笑口自向尘世开。
栏街小儿不解事，笑我嬉春日游戏。岂知我有填胸愁，饮酒被纨聊适意。
无言独立花阴中，花光照耀花气浓。唤起三春蝴蝶梦，只销一夜雨兼风。

息园饯春，复得三绝句

同前

帘卷东风燕子飞，呢喃也似惜芳菲。
一杯婪尾空招怅，花自无言春自归。

闲寻芳草板桥西，一曲明波照杖藜。
独有杜鹃不解事，夕阳影里尽情啼。

饱啜三杯谷雨茶，闲听一曲浪淘沙。
春来懒散无情思，尽有功夫送落花。

息园访妙严公主墓

太仓 **顾晞元**子雨

残碣凄凉旧记梁，一池烟水影苍苍。
鬘天位业归禅定，尘海莺花笑世忙。
侵案虫丝销古篆，回廊鹤迹恋余香。
晚钟催上峨眉月，曾照当年绝代妆。
录自太仓顾子雨（道光时）《且饮楼诗选》。

甲申冬日，移居皮袭美故里，小具亭沼之胜，颜之曰“秋绿园”。明年上巳，家人于园中修禊，仍用癸未岁韵

吴县 **吴嘉淦**清如

陋巷深僻鲜客骖，轩题味谏寻回甘。今年相宅避城市，地远周北邻张南。
慰情小圃差足喜，日涉之趣粗能谙。绯桃烂漫映碧水，参差高下欺层岚。
为渠悭囊屡一破，时于花下谋沉酣。微嫌足音等空谷，妇孺不办谐清谈。
但言古有祓除礼，湔裙令复逢重三。池流娟娟净可挹，家人娱乐非为耽。
剧思琢句宠台沼，茧枯绪窘羞春蚕。扪心自揣何遽尔，回肠历乱增如惔。
颇闻时事急筹运，印绶碌碌人怀惭。谁似贾鲁竭智计，献彼一得资台参。
任非当轴徒发愤，仰天空见云昙昙。韶华瞥眼已绚彩，即景近若怀中探。

望晴须见杲日出，携侣选胜吾犹堪。更期风暖长宿麦，沟塍溢水归空潭。

北园春游即事

吴江　**顾虬**青庵

春风着面如醇酒，春色殢人如好妇。春睡初醒来故人，唤我寻春共携手。
菜花棱棱黄金铺，买得春光不去无。玉勒尘生游客骑，布帘风飐酒家垆。
夙帘飐处勾心目，闻道当垆人似玉。拚解春衫抵鹔鹴，醉来便借糟床宿。
哪知今日此门中，零落夭桃花不红。绿蚁空劳浮玉碗，紫燕未许窥雕栊。
掉头惘惘出门去，陡觉阑珊春已暮。一般春色与春风，却惹想心逐飞絮。

博按，北园在阊门内后板厂，为苏怀愚御史所建，名“苏家园”，今皆废为菜塍。春时黄花散金，游人群集，犹称胜景云。

三月初六日，北园看菜花

吴县　**范来宗**翰尊

谷雨时初届，声停苦雨吟。
遥天开白日，大地布黄金。
古寺游人熟，名园拒客深。
当年相赏处，喧寂感于今。

壬申春仲，亢偶卿树滋招饮于艺圃，与张伟甫鸿章及张师筠燮承、潘麐生钟瑞、秦肤雨云、王懒鹤廷鼎同集。伟甫先有诗，即步原韵

元和　**陆懋修**九芝

征逐多面朋，应求有良友。饮醇已心醉，况真共杯酒。
多君感筵间，此会良非偶。夙闻张司业，清词压苏柳。
裙屐得叨陪，愚蒙赖启牖。诸君尽雄奇，汇作人文薮。
时月见叔度，此心觉无垢。鲰生抑何幸，步此芳尘后。
诗肠叹久枯，瑟缩思敛手。见猎心复喜，忽自忘其丑。
他时万口传，毕竟知谁某。把酒且眼前，此腹先无负。

一笑作豪语，君意然乎否。阳春曲勉和，聊答君情厚。
过此定成诗，誓不为君诗。所恐斗心兵，兴发或更陡。
不若向陈思，乞分才一斗。

沧浪原韵赋诗见贻，依韵奉答

同前

倜卿笔有神，其迅若风雨。诗筒迭往还，肯让苏梅侣。
五律更精炼，四十贤人聚。能事本无尽，少更胜多许。
入园一思古，幽情欲何语。往迹虽已湮，文采若可睹。
因忆旧园林，屈指试一数。或久叹零落，花石未能补。（谓寒碧山庄）
或移作官廨（谓瞿园、吴园），或竟成荒土。（谓息园及桂馨阁）独此遗泽留，追寻首屡俯。
白莲冒一池（吾苏白莲花纯少闻，此自湘南移来），赤日欲忘午。开轩面沦涟，还当胜场圃。
心羡园主人，得入此室处。（谓吴君树屏）晨夕闭户居，于止知其所。
更喜有邻翁（谓张君研香招同宴饮），隔篱可呼取。

先是麐生招饮，未赴。至此，亦以原韵索诗，补赠

同前

积阴遣不开，萧斋日坐雨。故人趁新霁，观荷命寿侣。
方苦尘网羁，未同德星聚。良由俗骨多，不得比茅许。
君诗虽未读，度必有好语。诸君各骋才，连篇快先睹。
钟吕既在前，筝琵焉足数。君意却嗜痂，催今一诗补。
因之索枯肠，奈几同焦土。况逢谢宣城，一见首先俯。
勉和君诗成，人事又错午。清游客我续，近可寻艺圃。（艺圃白荷七月方盛）
小隐虽未能，亦知所自处。及时且行乐，庶几得我所。
荷净纳凉时，杜句断章取。

艺圃

费韦斋肃政树蔚招集艺圃观荷，席间有诗兼为张仲仁、汪甘卿诸君六十寿，不佞滥与其列。实五十九岁人也，不可无诗，依韵答谢

江宁 **邓邦述**正暗

高会名园岂偶然，疑年喜藉锦篇传。
半雕渐似穿垣树，不染何如出水莲。
壮日甘随之武去，中流敢著祖先生。
也知一岁争无几，甲子重稽只自怜。

四座叨陪菡萏风（原诗为寿者五人），寿杯只合酹群公。
易占大衍原虚一，礼溯肩随许适同。
雌笑甲辰殊晋国，穷劳丙子说坡翁。
卯君（诸君皆丁卯生）且尽殷勤意，我在潜龙（余生年值辰）勿用中。

艺圃图

吴县 **范来宗**翰尊

姜莱阳给谏居此，图为恽寿平画。

十亩闲园别有春，焚香却扫寄闲身。
清宵已洒铜仙泪，硕果犹留旧谏臣。

破楚门西落照寒，濡毫貌出小林峦。
名园中第纷无数，谁向图中仔细看。

谏草楼图

同前

莱阳仲子增建，吴期远画。

古木周遭上拂云，高楼百尺倚斜曛。
黄门封事依然在，有草何曾劫后焚。

血洒丹墀命似丝，珍遗残墨数行垂。
千秋同调杨忠愍，疏稿流传日下祠。（宣武门外有杨忠愍公祠，刻疏稿于壁）

艺圃观荷

元和 **陈任**公孟

圃在文衙前，为明文文肃、姜贞毅故居，今归商人，改作“七襄公所”。

曲径门深迹未荒，重来面皱照芳塘。
穿空云木耸高节，纳槛风荷收夕凉。
寂寞池台谁管领，低徊尊俎小沧桑。（十年前，吴颖芝丈屡约社集于此）
鸥盟聚散成追忆，地主何须问辟疆。

艺圃观白莲题壁

吴县 **汪芑**燕庭

乔木荒池都入画，劫余重吊草堂灵。
赁舂隐士邻皋庑，拜杖孤臣泣敬亭。（莱阳姜贞毅旧隐于此）
鸥席自分菱叶渚，蝉声时度夕阳汀。
莲花未许污泥染，禁体何人学聚星。

唐家园怀子畏

吴县 **徐应雷**声远

借问桃花坞，新栽几桃树。
园中老树根，昔人箕坐处。

其二

盛暑断不出，门外有车马。
公卿排闼入，裸体松竹下。

其三

名士故逃名，谁与共明月。
夜半闻叩门，知是祝希哲。

其四

漫应千金聘，笑掷千金装。
空手归故园，正值菊花黄。

其五

不买青山隐，却写青山卖。
物外有知心，人间徒问画。

过子畏别业

吴县 **王鏊**济之

十月心斋戒未开，偷闲先访戴逵来。
清溪诘曲频回棹，矮屋虚明浅送杯。
生计城东三亩菜，吟怀墙角一株梅。
栋梁榱桷俱收尽，此地何缘有佚材。

唐氏园观荷

长洲 **黄省曾**勉之

虚阁中天携酒攀，芙蓉烂漫芳溪湾。
绿竹高浮翡翠羽，白云四结璚瑶山。
风蝉雕槛近人响，霰露清尊傍汝间。
欲折秋风惜迟暮，花前徙椅不知还。

唐家园口占

张霦

一径纸迷半草菜，双扉虽设镇常开。

桃花满树浑无主，惟有游人自往来。

又

同前

吴宫花草传千年，鸡陂鹤市随云烟。
武陵桃源空想象，此地筑坞非偶然。
偶来瞻眺百无有，但见野水环平田。
东吴才人踵相望，风流谁继桃花仙。

桃花园宴

吴县　**袁帙**永之

灵雨晨复夕，新水满陂池。轻凫骇纤鳞，朱榴耀锦葵。
嬉游悦今节，嘉宾咸在斯。畅然神飙至，暑气清华榱。
芙蕖临绮疏，菖蒲泛羽卮。围棋闲六博，既醉无愆仪。
遂献蓼萧什，还称頍弁诗。尝闻西园宴，佚乐宁异兹。

饮子畏小楼

长洲　**文徵明**衡山

今日解驰逐，投闲傍高庐。君家在皋桥，喧阗井市区。
何以掩市声，充楼古今书。左陈四五册，右倾三两壶。
我饮良有限，伴子聊相娱。与子故深密，奔忙坐阔疏。
旬月一会面，意勤情有余。苍烟薄城首，振袖复踌躇。

检斋

吴县**唐寅**伯虎

检束斯身益最深，检身还要检诸心。
鞠躬暗室如神在，恭己虚斋俨帝临。
视听动言皆有法，杯盘几席尽书箴。

遥知危坐焚香处，默把精征义理寻。

长洲高明府过访山庄，失于迎迓，作此奉谢

同前

重茅小构向城陬，杖杜何须顾道周。
题凤在门惊迅笔，驱鸡上树避鸣驺。
望尘有失迎车拜，扫径还期下榻留。
莫道腐儒贫彻骨，浊醪犹可过墙头。

社中诸友携酒园中送春

同前

三月尽头刚立夏，一杯新酒送残春。
共嗟时序随流水，况是筋骸欲老人。
眼底风波惊不定，江南樱笋又尝新。
芳园正在桃花坞，欲伴渔郎去问津。

除夜坐蛱蝶斋中

同前

灯火萧萧岁又除，盘餐草草食无鱼。
衰迟日月辞残历，憔悴头颅咏后车。
一卷文章尘覆瓿，两都踪迹雪随驴。
明朝转眼更时事，细雨荒鸡漫倚庐。

唐家园

吴江　**凌泗**磬生

明弘治间，唐寅宅今宝华庵。家福按，《府志》：唐解元宅在桃花坞后，仅存六如古阁。又有桃花庵，改准提庵，是庵与宅本非一处，庵在寥家巷内，宅在五亩园西。今宝华庵即沈明生所构之唐家园也。原志以长宁池诸胜属桃花庵，兹

师俭堂

特考正。

瀼东复瀼西，垞南又垞北。
何处唐家园，百城烟水录。（《百城烟水》成于康熙初，犹称“唐家园”，若桃花庵，天启时已改“准提”矣）

梦墨亭

同前

在唐家园，下同。

—

九鲤贶仙缘，京兆为作引。
花管笑江郎，梦还才亦尽。

唐子畏乞梦仙游，九鲤神梦惠之墨一担，终以文业名，因作“梦墨亭”。祝枝山允明有记载《涌幢小品》。

检斋

同前

检勘平生过，才名合退藏。
琵琶盲女唱，冤煞蔡中郎。

《桴庵琐录》云：秋香事，实吉氏子冒六如盛名而得之事。闻于六如，谓生平知己，无逾秋香。因误人自误，深自尤悔，杜门不出。读近思录者一月，颜其室曰“检斋”，并赋其诗。宁藩聘至，遂复出，佯狂以归，始课佛于桃花庵。

跳唐楼

同前

却聘掉头归，跳楼避客俗。
彼哉莽大夫，美新亦投阁。

宝华庵

同前

在周孝子祠西，本唐家园，乾隆间僧禅林道心改建，有屋十余椽，水阁环池，颇极清旷。

水阁涵虚境，环池略彴横。
老僧谈故事，不记沈明生。

沈时誉，字明生，华亭人，工医。徙苏，得长宁池，筑桥亭，在松之著书之后。府志谓顺治初，误。

宝华庵

吴江 **任艾生**友濂

小阁临池此读书，宁藩垂饵走鲸鱼。
当年竞说诗书画，谁识千秋唐六如。

宝华庵

吴县 **杨引传**薪圃

才人故宅认无差，改作僧庵号宝华。
悟到如如真不动，此心安处便为家。

宝华庵

秀水 **沈景修**蒙叔

六如参妙谛，诗书画通神。
雄藩不能饵，佯狂乃全身。
春夙一藻缋，桃花红于人。

宝华庵

吴县 **潘钟瑞**瘦羊

树荫合深翠，清湍环四周。
此境赴此画，亭午含早秋。
读书坐小阁，六如皈静修。

桃花庵歌

吴县 **唐寅**伯虎

桃花坞里桃花庵，桃花庵里桃花仙。
桃花仙人种桃树，又摘桃花换酒钱。
酒醒只在花前坐，酒醉还来花下眠。
半醒半醉日复日，花落花开年复年。
但愿老死花酒间，不愿鞠躬车马前。
车尘马足贵者趣，酒盏花枝贫者缘。
若将富贵比贫者，一在平地一在天。
若将贫贱比车马，他得驱驰我得闲。
别人笑我忒疯癫，我笑他人看不穿。
不见五陵豪杰墓，无花无酒锄作田。

桃花庵与希哲诸子同赋

同前

石无刓刻古顽苍，名借平泉出赞皇。
合置宾筵铭敬德，从来沫郡戒沈荒。
屈原特立昭忠节，王绩冥逃入醉乡。
付与子孙为砥砺，岂因快适纵壶觞。

傲更难容俗客陪，对谈惟鹤梦惟梅。
羽衣性野契偏合，纸帐更寒晓未开。
长啸九皋风淅淅，高眠一枕雪皑皑。

满腔清思无人定，付与诗篇细剪裁。

万叠奇峰一片云，纤纤鸟道合还分。
江山只在晴时出，笑语传从别处闻。
遥望尽疑蛟蜃气，近来每有鹿麋群。
登临未拟何时节，我欲一探星斗文。

准提庵八咏

钱塘　**释莲峰**超源

桃花坞

坞在桃何在，春来感倍生。
野田芳草绿，古树夕阳明。
世事空陈迹，人仙浪有名。
可怜红粉面，犹自见流莺。

跳唐楼

水云早湿地，先达爱居楼。
高筑平江上，名因一跳留。（六如先生跳楼避客）
轩窗环绿沼，花柳接芳洲。
我岂□官寺，投间老便休。

度云桥

桥接金阊路，时闻王佩音。
我无通世术，谁识度云心。
来去不留迹，朝昏空复寻。
江边山外夜，寒集草堂深。

瘗文冢

七子庵边墓（准提庵亦名“七子庵”），残碑记六如。
文章何日瘗，烟草有谁除。
流水空呜咽，浮云自卷舒。

人传明月夜，光烛斗牛虚。

然灯塔

为问同观者，生平见未曾。
半窗寂阒处，一塔万千灯。
香霭迷金殿，清辉散玉绳。
俨然从地涌，坐久不知层。

培莲室

拟结东林社，还培曲港莲。
清香盈丈室，不藉散花天。
九品观初就，一生行始圆。
红衣飞动处，日鼓向人悬。

击竹轩

一击忘所知，更不假修持。
此语凭谁委，香严是我师。
临轩无俗韵，对客动禅思。
声色威仪外，非关耳目迟。

醉月湾

水与月如是，先生醉醒无。
夜台应见觉，春涨满菰芦。
鸥梦光偏远，吟怀影自孤。
澄波涵皓魄，曾不费招呼。

桃花庵图

爱新觉罗弘历

吴中爱看吴人画，况是吴人画最高。
世上只期为散木，庵前疑复绽新桃。
松风寒处安茶铫，石冻春深试酒糟。

古松园

七字志怀颇见道（爱其“善亦懒为何况恶，富非所望不忧贫”二语，不堕书画家习气），宁云溪壑兴堪陶。

桃花庵

山阴　**金礼嬴**云门女士

撩乱长门一盏灯，准提庵院剩残僧。
桃花死占仙源福，好色生参佛地乘。
醇酒妇人三了语，缰名锁利一缠藤。
书生亦有冬青树，不独唐衢哭六陵。（闻真墓在横塘，此为疑冢）

大罗天上竟无名，浪饮何分酒浊清。
龙虎榜高遭鬼击，鸳鸯冢小被人平。
碑留死友胡中议，情迫穷交祝允明。
踢尽绣鞋尖上土，踏青时节拜先生。

鸳鸯句，云九娘墓为上人所占。
九娘者，传称六如姬人葬桃花庵后。

桃花庵

元和　**方策**静之

不祀唐侯祀准提，分明此处住阇黎。
六如居士冢何在，遥指桃源西复西。

桃花庵

吴县　**杨引传**薪圃

桃花庵畔辟池亭，文祝均留一瓣馨。
我欲招魂元墓麓，更将栗主奉张灵。

桃花庵

吴县 **潘钟瑞**瘦羊

仙以桃花名，花向仙人拥。

贞石镌好诗，香艳世矜宠。

才子今不见，有亭翼然耸。

桃花庵集句

长洲 **张雍珪**桓伯

千树红桃蕊乍含（张说），桃花坞里桃花庵（唐寅）。

长沙不久留才子（王维），来与弥陀共一龛（苏轼）。

桃花庵

吴江 **凌泗**磬生

在廖家巷，明万历间僧旭建。天启间，祀唐、祝、文三公像。家福按，祝允明撰《唐子畏墓志》云：罹福后归好佛氏，治圃舍北桃花坞。唐寅集《桃花庵歌》，又《桃花庵与祝希哲请君同赋》有“桃花坞里桃花庵”及“茅茨新卜筑句老”。唐寅故宅不在廖家巷南，则治圃舍北，不指庵，言宅尚在庵北，唐家园园之北即章庄简桃花坞故址，故曰“治圃舍北桃花坞”。圃中或曾筑室曰“桃花庵”，著为“歌咏非咏”，死后六十年，僧旭所构廖家巷之桃花庵也。志中按语未详，附识于此。

文祝生前契，同龛俎豆馨。

子云今地下，追配哭张灵。（杨君薪圃客夏题诗有“更将栗主奉张灵”之句，秋间逝）

准提庵

同前

即桃花庵，明天启间杨端孝改今名。

西方佛有缘，东林子克肖。
同证六如禅，各拈桃花笑。

瘗文冢在庵北

同前

酱瓿何堪覆，名山付一犁。
自从刘蜕后，文冢又标题。

唐刘蜕有诗冢铭。

九娘坟在庵后

桃坞似马塍，荒坟划花落。
诗吊白石翁，并为小红哭。

金云门女士“秋红丈室”在钱塘武林门外西。马塍，南宋姜白石故居。

才子亭

同前

在庵内，康熙时宋公荦建。

莫谓才招忌，怜才为式庐。
当时梁相国，异代宋尚书。

天章阁

同前

在庵内，嘉庆间建。

见道褒天语，晤回倬汉云。

会须重勒石，一正祝元文。

泗按，阁中石刻当是乾隆二十七年壬午御题，唐寅《桃花庵图》七律若四十五年庚子题，册诗乃题陈淳画，非题唐寅画且在《西山胜景册》中，敬绎四十九年甲辰南巡再题诗意。必非城中之桃花坞，不解《识小录》何错讹若此。

桃花仙馆

同前

在庵内，嘉庆初唐仲冕葺，同治间唐翰题修。

先生桃花仙，使君桃花裔。
神听桃花歌，祖德桃花谥。

杨忠节像石刻

同前

在庵内，石志误为绳武像。

义士扶不去，遗像有生气。
鹃血吊残碑，年年泗州寺。

芦墟泗州寺有碑曰“明杨解元殉节处”，寺东有忠节公祠，上戊致祭。

墨竹石刻

同前

在庵内，蒋醉峰画石志误作唐寅。

悟得画中禅，一醉出新意。
不然桃花诗，怎题墨竹戏。

题词仿桃花歌体，用其成句者半。

胡太守碑

同前

出庵北土中。

廖巷居手民，王村虚墓石。
楞伽山人言，闻曼父之母。

《桴庵杂记》云：唐六如课佛于桃花庵，晚年悔其少时所作。瘗于庵之北，戏表其冢，曰此即唐六如之墓，实瘗文冢也。

《闲亭杂记》云：今好事者目为六如葬处，且为胡缵宗墓碑以实之。若不知有横塘王家村之墓，亦奇。王芑孙《渊雅堂文稿》云：余少闻长老议商丘宋先生修桃花庵事，以为庵乃伯虎生平读书处。其墓别在横塘，而胡缵宗墓石出于是者，疑桃花坞地当阛阓，或当时刻工在焉，刻成未立而遭变入土，以故未三百年复犁而出尔。是说也，征于鄹曼父之母之义也。

泗按，《闲亭杂记》好事者为是碑以实之。然是碑出土时，宋中丞亲自临察真赝之迹，当时必有辨之者。疑惕甫先生之言，故老相传为得其实。

春日过准提庵

元和 **陈任**公孟

十日春阴阁雨声，东风吹絮报初晴。
烟光澹沱如新画，鸟语柔和有故情。

宿业因缘诗负债（昔过此允作诗，未果），旧游魂梦酒寒盟。
孤藤僧院煎茶地，肠断斜晖对落英。

废园杂咏

沈均养真

落木萧萧一废园，妙无风景耐盘桓。
主人若识无中趣，才见先天理数原。

苍松翠柏自春秋，长使幽人供卧游。
金谷园中桃李艳，岁寒时节著花不。

废园

吴江 **凌泗**磬生

在沈家巷，明永乐间沈均宅。

岁寒后希文，落木先元叹。
理数识先天，园名妙于废。

《苏州府志》：沈均生于洪武建文间，成祖登极，隐居不仕。精研宋儒之学，躬行实践于儒释之界，辨别尤严，所居在阊门桃花坞，至今其地犹称沈家巷。《识小录》云：废园在桃花坞，明永乐初，养真老人沈均遁迹之所，有锁烟亭、镜心池、闻香室、环翠轩、栖鹤楼诸胜。

谢家福《五亩园小志》云：废园旧址，国初归我家。乾隆初，曾王大父怡堂公改筑来燕堂、赋雪草堂、书叶轩诸宇。潘先生曾沂《功甫小集》，有过来燕堂，奉先从祖奕楷公诗。余先生治《尊小学斋集·先君子传》有“自是，每至苏，恒下榻赋雪草堂”语。陈先生希哲题额云，来燕堂之东有红柿一本，盘郁四映，主人辟堂构数楹，颜其南轩曰“书叶”。相传红柿系明代物，归我家时已枯，复苏。又，家福所居望炊楼即栖鹤旧址云。

书叶轩

同前

本废园基，家福有小志。

耦园

嘉树溯前朝，柿枯复柿实。
便学郑家书，直拟宣公柏。

齐门外陆宣公墓绘有《古柏重青图》，咸丰初，我乡陆雪亭司马日爱得是图，征题勒石。

题五亩园，用苏集寄梅子明诗韵，即赠谢绥之家福

吴江 **李龄寿**辛垞

园在苏城西北隅，介阊、齐两门之中。宋熙宁间《梅宣义碑志》云：汉长史治桑于此园，以是名。宣义筑亭居之，子子明判杭州，与苏轼同僚，苏尝以白石相遗，并寄以诗。入国朝，归叶氏，人称“叶家花园”。后鬻于潘。咸丰庚申兵燹后，屋宇、碑石悉毁。光绪十五年，捐文昌宫，轮香义塾，郡人谢君绥之绘《五亩园图》，并述园中昔时诸迹，征题咏。

士抱天下志，而忽归闭门。古人亦有之，温公独乐园。
此园属梅氏，世远久无孙。掘地得碑志，惜不戴巨鼋。
借此聊结构，名乃因人尊。大海通西东，波浪掀后坤。
河山亦云固，四隅谁为樊。士虽在田里，亦荷皇天恩。
相知满天下，二三谁弟昆。诗成请质君，夜愔愔，弹出疣琴声。（去年曾作《疣琴行》以赠）
长夜哀弦时一鸣，风雨连天。君独渡曹娥，江水此时清。

荷花生日，谢绥之家福茂才招集五亩园同坐，十二人共七百二十岁

吴县 **亢树滋**侗卿

入门不觉笑颜开，缟袂红裙簇拥来。
七百廿龄人十二，一时齐晋碧筒杯。

倚遍池塘四望赊，浮云满目蔽京华。
酒甜莫更谈时事，只恐愁他解语花。

璃窗四启画帘垂，不断香风面面吹。
容我解衣凭槛坐，吸将清气入诗脾。

老来无事不颓唐，举到壶觞兴便狂。
但祝主翁腰脚健，茱萸花里醉重阳。

同人游五亩园

长洲　**沈修**绥成

汉张长史植桑于此园，是以名。宋熙宁间，梅宣义尝葺寄茅庐居之。梅坞双荷花池、更好轩、碧藻轩，其遗迹也。宣义有石癖，子子明官于杭，与东坡同僚，诒以白石数升，如芡可实枕，坡得诸文登海上者，遂落拜石台。绍圣中，章太师楶复辟桃花坞别墅，后遂名其里。有旃檀庵、桂香精舍、走马楼、斗鸭阑、渔家港、杨柳堤诸胜。明诸生吕毖鼎革后，营小桃源、采香庵以隐。乾嘉间，梅氏裔力圃，获碑碣数十种，皆宋贤著纂，又获观音峰百灵台逾丈怪石也。叶姓购其地，园之，仍宋明故称，为采石矶旌异也。咸丰初，鬻于潘。光绪十五年，潘弃其地，为文昌宫，因建奎星阁，立轮香义塾焉。先是明里人陈蒙筑周孝子堂，祀宋周孝子容，道光中以周君茂兰祔。同治癸亥，吴兴程烈女季玉徇节孝子堂井中，改名孝烈泉，府乘谓季玉投环者误。咸丰庚申，城陷，熊酋掠朱氏嫠，欲犯之，嫠绳同居何媛，媛之美，乞自脱媒之女，不可，父率女及妻子并投井中，嫠亦从之，凡七人死。事平，合殡其骨，曰“七人墓”。翁童媪李佣，斯园不丧寸土，其力也。故翁媪墓，此至闵子梁高士、张少傅等祠及唐子畏庵宝华寺，咸谢丈家福修葺时所益。今春，余偕程季常、曹晓嬴、王病禅、朱南一、陈君吁游其中。夜过半，始宿南一寓斋，歌以志胜。会姚丈孟起示以图志，征余诗，即以应之。

江南一夜春风骄，吹余直上桃花桥。美人三五隔花语，五色咳唾随风飘。
我来一笑美人喜，为言思子朱颜凋。名园咫尺胜同选，素心朱子欢招邀。
是时花街日正午，眼笮一寸常征猫。娇女向日各矜宠，蜂蝶不敢轻相撩。
园为张公种桑地，踵增栽得花妖妖。亭台参差妙结构，花竹历乱添芳韶。
此身直疑麝煤裹，万香狼藉金炉燋。我疑先施采香处，佚民栖托余芳蕌。
楚骚兰营寓忠爱，花草不梦吴宫娇。我疑少陵寄茅处，宣义解组耽耕樵。
陶公地偏在心远，万人海内非尘嚣。我疑阿章拜石处，坡仙气谊倾朋僚。

珊瑚零落觃梅丈，拜君嘉惠珍琼瑶。我疑京兆走马处，菜畦错杂挽花荞。
黄花散金耀绣陌，倾城士女停鸾镖。我疑天随斗鸭处，一阑晴绿波漻漻。
紫菱不花水如镜，鲵桃渔港哗春船。我疑谪仙捉月处，石矶苔发青髟髟。
宣和御石采不到，支峰艮峰空岧峣。双荷花池傍碧藻，花开国色如二乔。
我游较早荷未蕊，珠露不觌荷盘跳。一轮秋满桂香沸，黄雪万斛香如潮。
我游尤早桂未粟，小山偕隐谁相招。子真仙胄辟梅坞，冰天雪海香迢迢。
轩开更好补修竹，绿君环佩来清潇。霜娥绰约倚寒翠，亭亭玉骨衣冰绡。
我游太迟怅不见，翠羽竹外飞翛翛。梅魂桂魄呼不醒。荷叶细碎游纤鯈。
群芳蓓蕾不同日，对邢思君心怊怊。我思冥垩本一气，暄凉燥湿容天窑。
化工拘墟疆界画，弗令四叙阴阳调。众芳从此域时令，瓜戍瓜代同征徭。
匹如邢谭各远嫁，庄姜顾影情无僇。唐花有法我将试，烘梁顷刻花垂条。
花皇冕鎏大王会，十友卅客咸同僚。英华洩尽物难久，脂液一涸根株焦。
花妃瞋余恶作剧，姊妹弱质生何聊。始知花工惜花刀，不徇众好除霜飙。
吾曹对兹意良足，桃原桃坞花娇娆。霞蒸云烂锦绣海，翁媪汝督园丁浇。
望中密红间疏绿，轻阴漠漠无鸣蜩。谁昔当垆袅娜女，几辈笑掷金凤翘。
雪肤花貌早黄土，一堤杨柳犹纤腰。世间无物可牢固，况蕖粉魅胭脂妖。
汝花娟娟柳濯濯，柳悴未久还花醮。慈云法雨凭佛力，历劫不共昙花消。
旃檀宝华锁香火，柳姑花姊香潜烧。尧云谈空吹玉和，广长舌吐青莲苗。
何尝彼法即卿法，我舌不学丰干饶。一庵桃花炫心目，六如幽愤凭花销。
达人谁能爵禄豢，腐鼠仅足投饥鸮。疆藩祸脱智兼勇，在位未必输余姚。
千秋知我岂文字，才子识解真超超。书生为神杖忠孝，灵旗飒爽风飘飘。
崖山舟沉宋不国，孺子无复延宗祧。越公乃先信公死，去布事操羞张辽。
宋明孝子汉高士，仅殊时代同芳标。丛祠环扶闵子庙，绛节翠盖纷来朝。
秉彝初不限男女，闺贤馥烈怀兰椒。七人墓邻孝烈井，姓名何必苕华雕。
尤难何程抱香死，珠沉璧溺人垂髫。周家太姒二南化，汉女杂佩谁能要。
红楼绿窗富贞淑，阴教良亦由翚褕。文昌宫开瓣香祝，碧烟霏篆蒙兰橑。
文星参错照吴会，奎星阁上横魁杓。我闻文昌本奎宿，一十六点星文昭。
奎讹作魁始何代，肖像近谑疑山魈。文章取士得失半，品类往往殽鸾枭。
紫阳昌黎亦科目，德业万古垂云霄。重瞳天子方御宇，神其慎简登夔皋。
欲端士习正文体，毋过棘涩毋轻佻。景星□耀太牢味，庙廊典册需翚侨。
真儒出处异流俗，鹤鸿轩翥鸾皇漂。文甘避佗手携雪，空山独奏冰弦么。
世轻名节重科第，见短或者犹僬侥。功名富贵本荒忽，鹿梦凌乱迷红蕉。

豪门侵夺广池苑，花木转瞬成刍荛。斯园卉石坿贤烈，譬诸乔木缘陵苕。
登临余暑复凭吊，吾时意气凌云軺。一花当浮一大白，媛童并未肩团瓢。
豪情万状陡萧索，酒胆瑟缩诗肠愣。陈生好酒尤爱客，花缺笑指青帘摇。
金龟买醉贺监效，换酒不吝千金貂。须臾仆夫舁缸至，月上不必珠灯挑。
双荷池边式歌舞，荡漾碎碧惊文鳐。水妃踏波出侦客，风鬟小影明波描。
玉山乱陨枕机石，仰视万里天寥寥。太白翻然下空碧，慵窥玉女莲花骁。
手持宫袍覆我体，曼声歌我游仙谣。视公扬帆采石夜，风清月朗谁良宵。
仙之人兮彩云里，依歌而和吹琼箫。美人扶醉扶我起，满衣绛雪香飘萧。
丽谯纨如鼓三下，时平不警边城镳。何当锄茅傍园住，餐芳饮渌无昏朝。
我恋桃花不归去，碧峰双点孤皋尧。露桃花下起言别，诒椒视尔颜如荍。
欲别桃花不忍别，花亦乱下随归桡。落花流散美人影，思君十里空波遥。

寄怀五亩园主人谢绥之家福

吴县　**吴中彦**晓沧

吾苏由来称善地，善堂林立多设施。普济（有男女两堂）育婴及清节，代赊（施棺恐丧家不愿要，故美其名曰“代赊”，日后子孙有力，可以原价缴还堂中）代葬靡不为。

君家种德非一世，勤勤恳恳施恩惠。仰承先志不敢忘，少年心即存利济。
由近及远行吾仁，愈扩愈大愈精神。感动天下好善者，乐输助赈救饥民。
西晋毗连直东豫，全活恒河沙数人。浩大阴功不可量，秀才已具真经纶。
各省大吏皆倾倒，愿见颜色中心好。似此奇才不多有，剡章屡屡思入告。
惟君谦让不自居，吾行吾志非望报。上书力辞轩冕荣，绝迹侯门不肯到。
韬锋敛锷望炊楼（君自题楼名），读书养气乐优游。道心坚定名心淡，终南捷径非吾俦。
年来又筑五亩园，教养儒孤筹脯修。延请名师主讲读，章程厘定密还周。
闻之不禁心钦折，我郡义塾如虚设。（广平旧有六义塾）耄老充数作塾师，徒有其名无有实。
前年竭力重整顿（捐廉添设经艺、会文两上塾），刊发规条归一律。师宜勤教弟宜尊，月月察课分优劣。
今诵宏规愧不如，官样终非真读书。我已衰迈智虑短，亟思退归赋遂初。
何日同君重聚首，追随唱和诗与酒。见投一纸告知心，天涯怅望苏台柳。

赋张氏园亭一首，乞弹民和

常熟　**庞树阶**拂云

临安旧劫早成灰，玉照新添石井苔。
疑是调冰公子至（是日，有少年数人掷球为戏），恨无明月美人来。
曲中尽有姜夔谱，江上何须袁绍杯。
空抱鹿门栖隐志，渔歌还仗楚骚才。

上巳后二日，偕弹民、韶九、退暗及可庵叔重游张氏园亭，可庵叔为图以志，退暗诗先成，余与弹民继复有作

同前

春至如驹隙，古人秉烛游。今我已老大，不游将胡求。
兴来异夙约，二三偶命俦。行行出阊门，微风稍飕飗。
新柳如唤客，长条攀吾留。惜未具一觞，负兹曲水流。
往读白石词，玉照四序收。姜张不再遇，岂况梁杖邹。
露电如是观，象教同冥搜。前游虎阜时，忽焉如三秋。
姑用托图画，庶识此生浮。

退暗、逸霄、拂云、无恙诸君同游虎丘，揽冷香阁、小吴轩诸胜，晚游张氏翕园观梅，共饮功德林，次韵，退暗之作

平湖　**屈伯刚**弹民

拨残榾柮已成灰，出郭寻春步印苔。
梅信犹因寒意勒，山峰先现好容来。
暮城烟民仍楼阁，蔬笋新炊伴酒杯。
可惜计然书未读，安巢空羡庾郎才。

偕退暗重游翕园，复饮功德林，次前韵

同前

看花心事未全灰，又踏春泥雨后苔。

玉涵堂

风已不寒容久立，梅如相识笑重来。
潮音姐姆三依佛（是日功德林有诵佛会），莲社诗人一举杯。
我亦禅酥知味好，问桥十里逊君才。（君持佛茹素十余年，惟未戒酒）

上巳后二日，翕园补禊，逸霄作图，退暗题诗先成，拂云继之，余亦有作

同前

园林不可赎，坡公伤籍没。狻猊半劫灰，倪迂神已阙。
故家乔木盛，马亡空存骨。俄然现楼台，颇似异军突。
瞻彼瓦砾场，畚锸成耕垡。信知地运移，下觉兴焉勃。
君看梅杏花，绮丽围香窟。余事栽柽柳，十年多荫樾。
生计既已饶，堂构谋贻厥。主人富千金，抱甕长搰搰。
及兹桃李辰，无遮盛门阀。我曹世外来，相携蛩负蟨。
佳会除不祥，哀吟若摇兀。游赏未厌频，直造无报谒。
翼然登孤亭，意兴逾迁越。近瞩锦千层，远揽青一发。
多谢耕烟翁，供托工云月。写入缣素中，神采增焕发。
以彼看花人，一瞬嗟飘忽。留此翰墨缘，胜树题名碣。
吴中多画师，胜集风流歇。素壁试张之，过者咸咄咄。

翕园社集，赠张醉樵

同前

芰草通池护短垣，种梅地僻似桃源。
才华棣萼难兄弟，生计瓜绵贤子孙。
连岁花时曾蜡屐，满堂诗客更倾樽。
春寒乍退催香雪，未厌频频出郭门。

张醉樵、云谯昆季及犹子鹤年招宴翕园，园为张氏新辟，中多果木，在阊门外余家桥西

元和　**陈任**公孟

芳圃惬幽栖，春深谢豹啼。
柴门饶野趣，流水得天倪。
树色四园合，酒壶行处携。
胜时招客赏，问讯小桥西。

其二

桑麻兼果蓏，畦町似天然。
繁实收梅杏，群嚣隔市廛。
堂宜花萼映，座有竹林贤。
好景还堪忆，园桃红正妍。

同邓孝先、蔡师愚、管君谟、汪贯一重游张氏翕园

同前

三五卓芸逢，苔蹊胜短童。
石狞蹲李父，林郁熟曹公。
怒草抽秦碧，危落堕汉红。
旧题诗句在，凭记倚东风。

偕简敬、绚文游留园

吴江　**柳遂**率初

金碧楼台照眼来，温馨裙屐尽低回。
美人一散词流尽，竹影松涛暮霭催。

游留园，和率初

吴江　**陆明桓**简敬

楼台如梦客重来，裙屐招邀又此回。
可惜留园留不住，夕阳暮霭若相催。

游刘园

震泽　**徐世勋**藻涵

路出阊门外，名园筑野塘。（刘园，今名留园）
清苍新竹木，寒碧旧山庄。
奇石当轩耸，危阑映水凉。
百年三易主，惆怅绕回廊。

游留园，观兰花会

吴县　**朱惠元**枫隐

香车宝马出金阊，兰花会开举国狂。留园门内人头动，挨肩挤背如排墙。
粉香有时杂汗气，鬓影间逐飞蓬扬。老幼妍媸态不一，纷纷都为看花忙。
堂中列罍约数十，叠寄累几分低昂。若者素心若荷瓣，嘉名楬櫫难其详。
游客虽多真赏少，略加谛视已他翔。醉翁之意不在酒，旧句吾欲哦欧阳。
喧阗扰攘日欲暮，虎山钟动催昏黄。游女既去客尽散，庭前真可雀罗张。
呜呼，吾闻兰生在空谷，不以无人而不芳。自从移植在盆盎，如槛处凤筱处凰。
器小何能遂发育，地迁又复难为良。好事携归置密室，按谱栽灌费周章。
支幔既惧风日捐，置水又防蝼蚁伤。（艺兰者，恒以沙盆储水，架花盆于其上）爱之愈殷害愈烈，往往中道多殀殇。
偶见一本花蕊异，数茎索值千金昂。居奇牟利等市侩，贫儿暴富愿堪偿。
知此爱兰实亵兰，不如弃置山涧旁。牛羊樵牧过不践，润以雨露晞朝阳。
自由既复生意足，根蒂深固枝叶昌。待至春来嫩芽茁，香风依旧弥山冈。
骚人采之纫为佩，静女梦作宜男祥。不劳灌溉谢培植，寿与天地固久长。

游留园

青浦 **王德钟**玄穆

名园三载别，新柳已成围。
雨后莺声滑，云根日影微。
幽泉寒自语，眠鹤倦难飞。
寂寞林花发，悠然物外机。

游盛氏留园

吴县 **沈敬学**习文

闲骑款段此探春，问讯山庄易主频。（旧为刘氏寒碧山庄，荒废已久）
林木都因名节旧，楼台递与岁华新。
藤花络石蜂成队，柳絮度桥莺结邻。
闻昔乱离荒废久，颓垣断甃水粼粼。

林亭无处不增妍，胜踞郊坰地自偏。
烟晕海棠宵醉酒，露零池篠晓开篇。
画船人指千章木，金谷群嬉三月天。
收拾奇礓高百尺，向时门外立多年。（冠云一峰向植墙外，今围入园内）

留园

吴县 **吴兴让**竹林

自古吴儿不解愁，烟花风月似扬州。
卅载承平乐复乐，名园处处游人游。
昨夜琴声调悲惋，雍门一曲肠堪断。
洞门沉沉健儿守，一园春色出墙柳。
陵迁谷变等闲事，绿野平原复何有。
北望长安乌夜啼，故宫禾黍已离离。
月明星稀鹊绕栏，□□飞南何处栖。

归舟过花步里刘氏旧园

高密 **郑文焯**叔问

秋馆珠灯晓梦抛，过船花影水云交。
楼台长得栖贤主，未信空林有燕巢。

丛桂团圞月露飘，几人曾预小山招。
淮南去后无丹鼎，莫枉仙才守寂寥。

近水名园迹易新，后堂绿竹借流尘。
酒醒客散闲花落，门外青山是故人。

带水林荫欲暮时，芙蓉新发旧亭池。
百年谢墅风流地，可待重来看奕棋。

初夏游留园

长洲 **张荣培**蛰公

风光屈指放将离，一日清游乐不疲。
隔水红栏饶画意，接天绿叶胜花时。
亭阴气爽闲方觉，杯茗香浓醉始知。
我对名园增怅触，几回涉历鬓成丝。

留园观盆梅

贵池 **刘慎诒**逊甫

盆盎何来绝世姿，真成痴骨裹妍皮。
天生标格难亲近，雪月山深一梦之。

留园

己未重九日，苏州虎丘登高，兼游盛氏园林，得诗四首，示同游周言声世讲、侄昌琛、子昌豫

贵阳　**陈夔龙**筱石

霸业销沉虎气收（苏州旧称行省，今则夷为县治），夕阳明灭又登楼。
云飞画栋成新构（冷香阁落成），雨打乌蓬忆旧游。（往岁来游，均值风雨，兹行喜晴）
作客青鞋仍故我，昵人红叶已深秋。
盟心讵是生公石，老尚痴顽学点头。

重寻春梦几人知，秋水长天又一时。
风雨不来谁送酒（下车晤陆莼伯即约至宴月楼共饮），江山如此怕题诗。
魂埋香土真娘墓，碑卧荒烟短簿祠。
不向吴中专一壑，典衣空办草堂赀。

绝蹬攀登敢告劳，平生结习付儿曹。
羁栖只合携宗武，谨饬惟应效伯高。
坐上参军妨落帽（言声携一暖帽自题），帐前走卒已分旄。
此来窃恐刘郎笑，一字慵题九日糕。（苏绅刘雅宾诸君适在冷香阁款客）

寒碧重经客兴闲，满园秋色正斓斑。
池中水涨鸳初浴，栏外云深石不顽。（园中石笋林立，均数百年之物）
三径晚香吟白菊，十年旧约负青山。（十年前与杏荪宫保有买山结邻之约）
临轩何限苍茫意，直为佳时强笑颜。

吴门游后半月，因事重过昌亭，遂觅前舟，作竟日游，即示天梅诸子四首录一

松陵　**陈去病**佩忍

西园游尽复留园，綦迹时时印梦痕。
最是一丛红芍药，有情无绪绾吟魂。

约管君谟西园观鱼，为风雨所阻

吴县 **吴兴让**竹林

一夜风兼雨，寒如十月天。
春归芳草外，人老落花前。
闻鸟心微定(久不闻鸟声，今日正有鸟啼而家人喧嚷，可惜之至)，观鱼约又愆。
一游客易得，笑我未忘筌。

独游西园，效陶四言

同前

病躯苦喧，步出城西。一离市廛，体气已舒。
禅园小憩，心旷神怡。水流花放，鱼跃鸢飞。
活泼泼地，一片灵机。西方何处，化城在斯。
西南诸峰，黛色霏微。日暮兴倦，长啸而归。

西园

番禺 **叶恭绰**玉甫

放生鱼鳖知咸若，得气池台尚郁然。
为想西园图雅集，几多楼阁杳寒烟。

西园割而为二，风景尚佳，池鱼甚夥，鳖有大如盆者。

偕吴凤池游西园感赋

长洲 **张荣培**蛰公

一角园邻选佛场，水亭前后跨虹梁。
放怀濠上寻鱼乐，倒影天空看鸟翔。
经典几时驮白马，劫灰此地洗红羊。
旧游十载重回首，花外疏钟荡夕阳。

过徐氏园桂馨阁，即景成歌

镇海　**姚燮**某伯

洞房窈窕云母屏，新叶密拭琉璃青。窄襟暗媚叶丛燕，脆语偷洩花梢莺。
花梢暖日一抹横，阑干在底烟自冥。燕外风飘水沉气，莺边人唱山香声。
金钗玉珰廊上下，蝴蝶随之飞不停。我来独倚最高阁，绕阁万篆春翠晴。
双桐出篆一千尺，其高远颉阊门城。城根酒楼客眼醉，望疑霞色苍无赪。
谁知赪红烂霞色，芍药下布琼蕤英。妙结古艳写群怨，别含春绪芳余情。
壁间画柱银雁筝，静息中抱秋潭泓。欲将余情寄挑拨，恐撩群怨来纠萦。
江山千里极骀荡，荡为此阁帘波清。重檐复路一切绿，隔波摇漾成蔼蘅。
波影客裔人娉婷，颇疑帝子狎湘女。九华风扇交霓旌，落日过墙天晚晶。
邻庵乍有疏钟鸣，钟催车马六街散。月出楼台百丈渟，我亦归去园门扃。
屧痕满径飘露星，露窗松色藓相媚，星榭鹤语琴能听。

桂馨阁

元和　**袁学澜**文绮

春晚游人惜景光，雨濠亭观会流觞。
桥穿月洞移香屧，石绉云峰作靓妆。
廿四番风花信息，十千美酒醉家乡。
绿荫芳草行吟处，犹恋阑干倚夕阳。

浓荫深护牡丹开，路转青云湿径苔。（园有青云路石坊）
燕蹴飞花风观阁，人歌折柳雨池台。
红桥翠嶂开图画，脆管清弦劝酒杯。
一架紫藤香雾密，春光满屐醉忘回。

虎丘过李合肥祠堂不入

松陵　**陈去病**佩忍

桃柳疏疏密密横，欧西亭子乍经营。
春风若早嘘南园，此地应祠李秀成。

塔影园文宴，上沈宗伯归凭先生二首

丹徒 **郭家驹**千里

盘敦森严张一军，恰凭鹤涧聚同群。
横塘疏柳青油舫，黄绢新词白练裙。
星聚江湖招胜侣，人来花径慰停云。
相逢合上生公石，共话前缘到夕曛。

皓首丹颜别帝阍，东南坛坫典型存。
百年丰度兼仙骨，千古文章一酒尊。
胜地风流传鹤氅，何人声价重龙门。
敢夸末座相如赋，迢递诗筒索讨论。

孙氏隐啸园

镇海 **姚燮**某伯

过墙淡黄柳，侧眼看春人。
裙屐复今日，年华非去春。
桐花白团扇，茜叶紫泥裀。
高座传渑酒，醉歌聊及辰。

其二

翠栝蜷屏石，虚堂面石开。
画厨生朽蠹，琴簟上初苔。
遥夜青天月，谁斟白玉罍。
风流孙曼叔（谓渊如观察），绝迹吊龙媒。

其三

别院打流莺，飞来搅落英。
拨花寻茗气，背竹听钗声。
露磴春芜缛，兰台午日晶。
有人坐栏角，低唱蹈沙行。

其四

不知水气深，水底缭青岑。

横黛若相怨，邈含清浅心。

蘋丝为画箔，桃叶助云阴。

留得阴阴幕，巢他双翠禽。

其五

青戟美人营，匝窗荷万茎。

鸳鸯迎榜出，翡翠蹑烟行。

武子有新庙（园在虎丘山麓，本孙武子庙，其裔孙阳湖孙氏拓基建园），阖闾无城闉。

指麾春女队，忆昔教吴兵。

其六

石尽出斜门，繁花列瓦盆。

鹤坪皆玉色，麂栅有香痕。

息指长廊好，阴光密榭昏。

娈娈两蝴蝶，转转牡丹根。

其七

人倚万竹上，高楼对酒楼。

酒香吹雨过，楼影入江流。

江上生芦叶，烟边隐白鸥。

待伊芦叶长，此地定宜秋。

孙武子祠并序

元和　**袁学澜**文绮

在虎阜山浜，旧为一榭，园后孙渊如观察改今祠一亭，翼然迥立，台表下临清池，背负层山，饶有幽致。

兵家秘洩十三篇，龙豹韬钤教战传。

鼙鼓声锁金粉阵，孙墩大冢遍荒烟。

破楚门前动暮笳，风吹祠树起神鸦。
承平红粉无兵劫，庙口焚香笑折花。

一榭园吊孙渊如先生

太仓 **顾晞元**子雨

西风影里倚危阑，杰阁峻嶒路曲盘。
修竹当门云影薄，枯荷卷叶雨声干。
谈经人去虚堂静，埋剑池空夕阳残。
忆到五松园外路，石城烟柳去荒寒。

渊如前辈招集孙子祠

遂宁 **张问陶**仲冶

孙祠雄秀陆祠清，同借山堂隐姓名。
笑我凭阑聊射鸭，与君赌酒又谈兵。
莼鲈旧约真能践，花月闲缘最有情。
流水半篙山一角，向来原不羡公卿。

孙祠雅集图，同赵瓯北云崧、范芝岩来宗两前辈，潘榕皋奕隽、户部范苇舲少府、蒋于野明经作

同前

五十将衰忽少年，庞眉三老坐樽前。
听从开宝谈遗事，笑看蓬壶醉散仙。
有酒在杯休学佛，无功当世合归田。
难逢曹霸丹青手，一点灵台莫浪传。

一榭园

瓯北先生小驻虎丘孙武子祠，同榕皋、船山、于野、苇舲携尊雅集

癸酉

吴县　**范来宗**翰尊

馆阁因缘接后先，杖朝杖国服官年。（瓯北乍八十七，贱齿七十七，小守榕皋七十四，船山五十）

看公无量真称佛，余子能顽亦是仙。

云梦尚堪吞八九，幡桃伫见熟三千。

四围岚翠檐前扑，此会名山岂偶然。

金乌腾跃照林隈，扫尽阴霾待放梅。

吴语蜀音今日共，诗笺画稿立时裁。

白头故老谈天宝，赤手孙郎想霸才。（祠本一榭园，渊如观察续加手造）

后日视今犹视昔，且留佳话付将来。

一榭园

同前

台榭无多倚夕曛，园连塔影鸟声闻。

吟诗裙屐三春集，入画林峦一角分。

才得玉清瞻上相（园供吕祖像），又思金甲奉将军。（将改孙武子祠）

重来莫问谁为主，且向阑前看白云。

丁巳夏日，移居西塘渔隐小圃，偶成七律四首

吴县　**袁廷梼**又恺

路转枫桥有蔽庐，竹林好卧复移居。（与舍侄同居）

常依乔木思余荫，藉寄闲身读古书。

开径还宜栽杞菊，结邻只合伴樵渔。

却离阛阓嚣尘断，门外惟亭长者车。

童丱曾于此钓游，手栽梅树已成虬。

将惊雪色侵华鬓，忍使光阴付逝流。
白石清泉非乐惠，寒枫老桂易悲秋。
徘徊最是伤心处，午夜青灯竹柏楼。

五砚楼头日再登，藏书万卷尽纤縢。
窗中远岫青连幌，槛外新禾翠满塍。
夜半钟声来月榭，江干人语杂渔灯。
林塘日汐生幽兴，漫咏田园几独凭。

当年摩诘此栖迟，壁上刊留绝妙词。
北海琴尊谁继美，衡山图画尚遗思。（园为王丈盘溪故居，王丈工画，师法文待诏，沈归愚先生题曰“小停云馆”，壁有《西塘雅集诗》，先兄为之刻石）
同袍不少羊求侣，闭户惟将许郑师。
夙夜果能通一艺，传家亦可惬心期。

渔隐小圃十六咏

同前

枫江草堂

诛茅枫江上，沿江构草堂。
夜钟出古寺，春水通横塘。
编篱学老圃，不惮灌花忙。

五砚楼

先泽在砚田，经训是菑畬。
灌溉苕颖发，笔耕信非虚。
开窗面平野，楼中看荷锄。

吟晖亭

孤亭对初日，幽砌露未晞。
离离见寸草，融融乐春晖。
低吟东野句，零泪沾裳衣。

梦草轩

一榻近池塘，独卧布衾底。
忽闻鱼夜跃，怅触披衣起。
年年春草生，谢梦今已矣。

锦绣谷

藏春锦绣谷，春深花始繁。
罂粟开且落，芍药阶前翻。
谁占十分春，花风廿四番。

银藤簃

阁边架小屋，檐绕银藤枝。
暮春花璀璨，宛若珠帘垂。
月色相掩映，夜坐吹参差。

水木清华榭

晴光泛秋水，空籁振林木。
翠羽集复翔，文鲂戏相逐。
临流时抱膝，得句在延目。

洗砚池

舍后有清池，池清可洗砚。
绿縠绉千层，冰轮沉一片。
风吹翰墨香，青莲生水面。

系舟

不泛五湖里，惟将书画装。
虚窗不受著，止水自生光。
堂坳一杯滞，寂寂绿杨傍。

柳沚徛

柳沚水清浅，横石即为徛。

树密鸟声喧，溪流花影移。
前山有佳趣，行歌复徲徥。

小山丛桂馆

丛桂发天香，众芳渐摇落。
筑馆山之幽，高会此酬酢。
不慕招隐士，喜得文酒乐。

芙蓉径

本末搴芙蓉，骚人寄幽思。
湘江秋露繁，晚霞映霜翠。
今傍野人庐，绕径增清媚。

挹爽堂

素嶂立如屏，苍岩净若扫。
雨过清览观，云开荡怀抱。
横琴曲未终，飞鸿入晴昊。

稻香廊

朔风吹寒雪，四野田铺玉。
长廊望农人，白屋饭蒸粟。
回忆稻香时，辛苦胼手足。

汉学居

古圣微言绝，汉儒训诂明。
仰止郑北海，礼堂集其成。
我欲掮秘逸，何时慰平生。

红蕙山房

良友贻红蕙（蕙为钮君非石所赠，庭有四面松，乃小停云馆故物），山房易嘉名。
秋风始吐花，色艳香偏清。
苍松今有伴，发我思古情。

戊午三月十一日，小圃牡丹初放，宴集王少司寇昶、钱少詹大昕、潘农部隽男、蒋司马业晋、段明府玉裁及同人赏花。以是日也，天朗气清、惠风和畅，分韵，予分得“天”字

同前

洛阳闻说花为田，奇花一朵求千钱。姚黄魏紫久不数，纷纷新种名难笺。

去年有客中州至，载归百本装长船。拔取其尤植小圃，开当春暮初晴天。

东风蕴酿逞妖冶，旭日照耀何斑连。相对凭阑动清兴，重联佳会开芳筵。

回思金粟燦林谷，又见锦绣堆阶前。坐中二老是吾师，后堂高足随彭宣。（谓王介人、徐淡如）

群贤衮衮仰山斗，邹枚郑服差齐肩。飞觞不用申酒律，分题自愧无酥煎。

吟成秀句夺山绿，醉余豪气凌云烟。花若有知更含笑，枝枝舞弄春风颠。

人生快意恣游览，不然佳日空虚延。波流墙角月渐起，荡漾花影生瀹涟。

白发簪连连袂去，沿塘帘卷看神仙。独我重倾白玉盏，对花醉倒花前眠。

狮子林旧影

20世纪30年代，湖心亭、真趣亭景观

20世纪30年代，花园西部假山和山上的古银杏树、问梅阁

20世纪30年代，狮子林景观

怡园旧影

20世纪50年代，修复后的曲桥和藕香榭

藕香榭雪景

1919年，怡园琴会

20世纪60年代，
锁绿轩前云墙

20世纪70年代，
四时潇洒亭

20世纪80年代，
锄月轩南侧湖石花坛

耦园旧影

东花园山水间

东花园一角

黄石假山临池入口

魁星阁

西花园一角

双照楼

吳門園墅文獻卷三

詩籟

句吳 范廣憲 君博輯

余故里無家久寓吳下去年於馬醫巷西頭買得潘氏廢地一區築室三十餘楹其旁隙地築為小園壘石鑿池襍蒔花木以其形曲名曰曲園乙亥四月落成率成五言五章聊以紀事

德清 俞樾 蔭甫

吾家烏巾山舊有先人屋四齡即遷徙至今遂難復東華挂朝籍中州忝使竹自此稱寓氓十有八寒燠天地本蘧廬何者我邦族吳中五柳園昔曾寄游躅亂後廢為墟上餘水一掬幸茲馬醫巷有地幸可卜

一

爰自去年秋辛勤事版築居然告成功止閱弦望六但取粗可居焉敢窮土木吾學公子荆一苟萬事足

其二

其前闢為門門小繞通車合肥李文華署曰著書廬（李少荃相國書德清俞太史著書之廬九字今榜之門）其中為聽事頗覺寬有餘是曰樂知堂老彭為我書（謂彭雪琴侍郎）樂天而知命斯義聊自娛由此入內室居處全家俱上以奉老母下以容妻孥賓朋别有館僕媼各有居幽隱為屏匽明敞為庖廚規模固不具曰陋則有諸

其三

自聽事而西有春在堂焉文正所題榜墨彩今猶鮮

四方君子至，皆於此周旋。曾文正昔為余書「春在堂」三字，今於樓如堂而為便坐以待賓客，即以此額之。

此內有隙地，不能成方圓。自南而北東，有若磬折然。書生例好事，所樂惟林泉。爰因地一曲，而築屋數椽。疊石與引水，聊復供流連。名之曰曲園，為鉤不為弦。吾聞之老子，所謂曲則全。

其四

曲園雖褊小，亦頗具曲折。達齋認春軒，南北相隔絕。花木隱翳之，山石復嵲屼。循山登其巔，小坐可玩月。其下一小池，游鱗出復沒。右有曲水亭，紅欄映清冽。左有回峰閣，階下石凹凸。遵此石徑行，又東出自穴。依依柳陰中，編竹補其闕。築屋名艮宧，廣不盈十笏。

句云：此園小足以養吾拙。別詳《曲園記》，吾茲不具說。

其五

曰余三十年，辛苦成屋廬。作詩詩兒曹，豈謂詞之餘。東坡讀而歎，謂不淵明如。達余本無似，碌碌章句儒。年華逝水泛，往事搏沙虛。乾坤逆旅中，偶此留須臾。若復相炫耀，大可相揶揄。有記更有詩，姑以存區區。竊亦高平君，不用書示符。

徐花農秀才琪為余繪曲園圖，賦此謝之

同前

一曲園林布置粗，盆池拳石自縈紆。忽煩妙手來描寫，遂使全家住畫圖。康節行窩原是寄，放翁園圃亦[illegible]

得君點染居然好，始信
堪摹（因曲園圖標飾未竟先縮寫齋紀一握見貽）
文人筆墨殊

小浮梅　　同前

屬樊榭湖船錄云黃貞父儀部用巨竹為泭浮湖
中編蓬屋其上朱闌周遭設青幕障之行則揭馬
支以小戟其下用文木斲平若砥布于泭上中可
容六七胡床位置几席觴豆旁及彝鼎罍洗茶鐺
棋局之屬名曰浮梅檻余頻年主講詁經精舍春
秋佳日時至西湖每思糾同志數人仿此製為之
而迄不果有造浮梅檻議一篇存賓萌集中乙亥
初夏吳中曲園落成園有曲池乃于池中截木為

桴屋于其上朱闌綠幕略如黃製然周圍止十一
丈方之西湖直杯水耳故比桴廣止四尺修止五
尺渺乎小矣因名曰小浮梅賦十二韵記之

十年雅慕浮梅檻試手經營到此纔只惜量來不盈
丈故應喚作小浮梅縱橫葦栰三層積前後軒楹四
面開惟幕綠隨風反側闌干紅與水徘徊一繩搖曳
呼孫挽半席寬閒倩婦陪偶欲曲肱宜竹几或思潤
吻有茶杯平如畫檻移春去輕似槎貧月來萍到舷
邊堪掇拾魚游舄下莫疑猜蒲團布處成禪榻　箬
攜將即釣臺試與臨流弄寒碧勝於掃石坐莓苔曩
時創議傳朋舊此日環觀詫僕僮問訊天南老開府

東將海上幾時回

閩撫王補帆同年頻有書來問浮梅檻成否故及
之時補帆方駐台灣也

和寄俞蔭甫太史都門昨過蘇州悵望曲園徘
徊不能去也

貴陽　陳夔龍　筱石

長安閒似弈歲晚盍歸來且共陶潛醉偏為庾信哀
知交三載別懷抱幾時開蓬閬風流歇空餘著作才

其二

揮灑滄溟筆高風古謫仙盧楠書太史游己判人天
秋雨重陽宴春花都講筵馬醫科咫尺一過一流連
馬醫科巷為蔭甫太史寓宅門榜德清俞蔭甫太史

著書之廬四字乃李文忠公所題

題顧子山文彬方伯怡園圖

中江　李鴻裔　眉生

疊石疏泉不數弓水芝閣上似車篷石幢一丈桃花
雨後有紅魚跳綠蘋

千丈邪許之奇礓萬石影隨山繞廊曳長袖中修月
手挽將銀漢作銀塘

重疊銀臺觀主跋風清月皎一塵無敢將翠蓋紅妝
句況爾神人冰雪膚

池中白蓮皆重臺異種

思思紅紫去來忙惟有芙蕖壽最長初夏荷錢晚秋

葯還留春藕隔年香
榭南香雪霏成海榭北雲根翠荷天眼底風光陽便
得笑人思頻憶平泉
蘇家飲馬橋頭水君住水西儂住東一樣滄浪草亭
子媿無三疊好屏風
園中三疊屏風最奇

顧子山方伯蓄湖石五峰於可自怡齋爲圖徵
詩　　　　同　前

塵事都無累高齋可自怡琴邊衆山響花外片雲奇
書畫成清癖溪山壽大癡家風傳萬石借喻不支離

其二

五

碧玉環中坐疑君是偓佺一庵如海岳五老共周旋
好飲窪尊酒還參雪竇禪底須雙不借才到閬風巔

顧艮盦文彬邀同人於金石居作坡公生日即
席次韵　　　　同　前

我生紗縠行距公八百載異代認同鄉披圖人宛在

次潘季玉韵

歲歲臘嘉平與公一尊同來歲或添請南郭滄浪翁

次彭訒生韵

蘇鄰生于眉山書院距公紗縠行舊居一鷄飛地
耳家于中江又與蘇滄同里因宜並壽二蘇公也

立夏後三日游怡園

吳縣 沈敬學 習之

詞譜名園主費吟（園主顧艮庵先生有怡園好詞千首）我來城市得山林倏聞為語動清興剛過花時有緣陰依樣水㧾臺岸住多岐岩竇誤人尋廿年經始原非久楊柳池臺爾許深

豈必為山定有由荊榛赤手闢荒邱雲林祕閣圖書富洛下平泉洞壑幽幾樹濃陰涼借水四時佳景媚當樓況融草長無多日猶見春人屐迹留

甲申重九登元妙觀彌羅寶閣還游顧氏園口占

桐鄉 嚴永華 少藍

又是登高會西風上寺樓金家涵道氣九日得佳游（六）蘭若層霄近葺城列戶稠憑闌聞覓句莫負此勾留

其二

名園通曲水乘興一徜徉游賞忘賓主經營羨構堂壁琴饒古韵籬菊有清香去去猶回首亭陰已夕陽

秋夜飲顧氏園有感

高密 鄭文焯 叔問

磵松夜絃孤鶴唳危立空池弔秋影露花紅滴不成淚九疊石屏繡苔冷哀蘭送客朝暮哀珠欄玉砌多蒿萊鄰聲縱有山陽笛聽到白頭能幾回華年樂景殘杯促庭角春煙冷階玉暗闌蕉雨滴愁心屋傍無因題夢緣

國曆三月三日與吳堪彈民滑庵家翼雪叔游
怡園茗坐甚久　　常熟　麗樹階柳雲

小坐高齋可自怡風流諸老繫我思人間不必知何
世壁上猶留絕妙詞生意自憐枯樹賦（園中有老樹一株已枯）
舊人誰唱渭城詩（彈民與翼堪談昔時崑曲之盛感慨係之）酒悲未敢禪
心寂無語相看撫鬢絲
是日先至覺林素餐坐中除滑庵外皆戒酒

題草盧茗話圖　　同前

吳中自古名園多遺跡皆足資詩歌梧桐館娃霸業
起石湖參政誇煙蓑就中顧氏名尤盛辟疆尚矣誰
能那子敬無人轉而賞狂態一抑同識訶達及有唐
園猶在況也假此曾婆娑（辟疆園唐時猶在顧況曾假居之見一統志）玉
山旁及數阿瑛草堂老鐵時經過清初秀野足繼起
戎癸清露石成窩所惜使君不工畫小山給事為磨
螺（秀野堂圖為王給事原祁作見曝書亭詩注）近代怡園復比盛萬千氣
象皆包羅主人功成參微管晚年退隱居松蘿畫師
列席皆上品詞客結社能長哦光緒初葉世未衰手
澤足使人觀摩虎頭況有君家筆西津老人尊先河
寸縑尺幅世所寶重名早已冠嵬峩邇來六法仍未
絕群從復欲推聽波西津公子亦絕倫公雄公碩人
中和三君好客皆所同嘉會結夏邀茗柯茲會賓客
多能者鄭虔三絕均不頗傳神時時可破壁臨池往

往思籠鶴有時閒門若覓句元祐體或追涪皤坐中
蔡佞異堪善笑談酸鹹與俗殊以科莊生炳漢寓言有十
九間之撫掌人呵呵當其興酣至忘晚恨不返日揮
陽戈愧我錄錄一無能其間但識唯與阿惟有一事
未敢後能效屈子伯剛持彌陀樓鞋桐帽同是累幾疑
騷製衣芰荷公雄昆季圖示我令我啟顏蠲衰痾圖中
有帽者指余鞋小異者則伯剛也從此中吳續紀聞後之視我當悠
麼忽憶康熙王尚書醱醅徵士許傀俄文貞待士遜
益都禮數尚知寬不苛宛平王文貞公崇簡有怡園康熙乙未宴諸徵士於此
今之衮衮又何者平泉飲啄紛僅僅披圖擲筆三歎
息生不逢辰可奈何

八

偕屋伯剛游怡園

吳縣 吳興讓 竹林

吾鄉風雅峙東南前有匏庵後艮庵平泉花木皆賢
主百年雅稱如靳驂我來時正值暮春入門已撲三
斗塵長廊宛轉圍修竹一片琅玕戛寒玉倚欄小憩
吸清靈肺肝似向冰壺濯聽琴仙館敞高軒奇石一
庭間古木長橋平劃半湖光荷榭對飲遂山綠策杖
忽鼓登臨興攀藤拾級繚且曲洞壑陰森凝石髓石
室匧儼供佛屋洞內石成佛像蜀道行旅圖彷彿獅林不數
雲林築相傳獅子林為倪雲林築彷蜀道行旅圖也穿林渡澗境更幽小
池清可數魚游畫舫玲瓏總三面疑是張融岸上舟
瓊島仙種不可見但見園圖作者盡名流牡丹廳額題瓊島飛

來彼軒壁懸怡園圖皆吳中名手宋詞集句尤精妙楹聯大半集宋詞縱有
名園無與傳風流儒雅傚卅年盛時裙屐等雲煙流
風末洙西津老三絕傳家老鄭虔丹青陶冶宋元筆
黃癡倪迂及米顛子昭門廷趙若市腕脫手蒳筆袒
尖能事促迫古所歎何不日日園中醉石眠

獨游怡園聞有誦陶詩者欲歸復留園觀董書
石刻率成一詩　　同　前

意行無定所近園閑屢游靜坐參衆妙石刻為靜坐參衆妙清課適我情十字
未厭寂無儔晴光泛玉蘭素艷明且稠孤鶴
伴我吟幽鳥鳴相酬雖無攜手歡孤賞頗自由忽聞
誦陶詩欲去且少留我志在寥廓夙盟唯白鷗義熙九

今歲起得休且便林寥廓用聯中原句

怡園再觀董書石刻　　同　前

悶來便上習家池兩載幾吟百首詩最愛董書完未
泐王廷亭下立多時

別怡園　　同　前

親故別已慣往來苦有無此園緣獨深蹤跡殊不疏
臨別重殷勤獨往不嫌孤久雨蔭益綠無人景更殊
晴光泛木杪雲影相卷舒獨坐正脩然暮色忽催余
更往玉延亭一別文敏書沈吟不忍去且復立須臾
竹風響瑟瑟松月影徐徐黯然似魂銷雖戀不能居
悵悵舍之去回首猶欷歔

題吳中七老怡園雅集圖并序

圖為顧艮庵方伯潘西圃侍讀吳引之觀察蔣心香水部潘玉泉方伯彭訥生都轉吳語樵觀察光緒己卯在怡園雅集年皆六十以上余十三四歲時先兄寅皋館于吳語樵太世丈家課其諸孫今忽忽四十餘年不勝滄桑之感為題一絕以歸之

吳縣張一麐仲仁

城東游釣記前塵老輩風流迹已陳想見園林稱盛日貞元朝士更何人

怡園小集公雅昆季合作草廬若詩圖為題二首

平湖金蓉鏡伯剛

眼底新人所識稀儔儕臭味更相違平排一席逃塵俗收拾餘年脫世機雨後搏沙聊取樂秋風前積翠欲沾衣清茶飲罷騰騰睡起穿渾忘有是非

賢主才高半畫師一門風雅競推盤次傾懷老耆舊遊觴日喜見先生酩酊時（謂聽波）從容猶說盛世事子齋聊慰今吾思愧余老守青氈硯坐對蒼官未忍違

詩孫伯南同游怡園（用庚伯怡園即景韵）

長洲張榮培植甫

偶訪巽公冒暑過綠陰一徑入藤蘿小橋九曲隨峰轉古木千章占地多竹影卻遮亭午日荷香泛露逐晴波試披吳下名園記丘壑如斯有幾何

重九日秋心招瓶花問梅及余集怡園登高並
赴酒家小飲　　同前

招得同心侶來游顧氏園高秋風日麗三徑菊松存
小坐聯茶話閑行印屐痕客稀尋鶴伴林靜聽禽言
叢桂留人住修篁避俗喧何年同構隱此境即桃源
幸脫兵戈險全叨覆載恩清談追晉代雅讌開露髮
烏帽成佳會黃爐訪近村且欣黎入市聊泛酒盈樽
兼味饒蔬菜幽芳滯野魂歸途新月上扶醉叩柴門

怡園　　元和陳　汪公上

愛此尋詩地客偷半日閑林風禽語碎花雨蝶魂孱
茶到吟邊永棊著收封後蔬清池摘可餐重對鬢絲斑
十一

東坡生日集鶴園用坡集生日和王郎見慶韻
余素不步韻嘗齋以是命題聞健遂强效顰焉

吳江金天羽鶴望

詩仙手筆萬靈趨八百年來尚四于流轉江湖成韻
事崢嶸定展想形模稱心書翰聞宗派託世我詩林
南儒帝座計剋星列仗仙山樓閣遊環郭三吳勝跡
況留人百代豪吟鼓應桴攬探呼朋謀婦酒共文同
韻劫驪珠梅開臘月花常細研著集求墨近枯毫後
園林宴壽會紅爐相對面生暖

從侯友暨華中秋夕張飲鶴園坐客十一人以一
規清影中有天香相以並為詩余拈得此字

同前

舉頭觀空月在指低頭觀心月在水人天幻景一嘲
弄那曉月隨酒杯裡年年中秋人望月幾度中秋樂
無比去歲危城占風角仰見青天薄如紙强扶残醉
看月色天上如娥慘不喜人生相聚且痛飲悲歡易
地心所使猶記冷朋十二開酒社共道先期慶甲子
詎知攙槍降吳越毘陵父子驚轉徙老谷物故雪灘
瘞當時窗復能料此綺髯捫腹詡鋪啜三日前頭吐
不止我輩疏狂幸健在又惜龍慧去千里鶴園掌故
殿吳群桂子飄香落盈几闔座共參無隱禪況我禪
心皓月似舉杯邀月賀詩成又有月向林中起

十三

鶴園晚坐　　長洲　張紫培　蟄公

一角迴廊膝易安藤陰滿架壓闌干新茶有味清於
水多竹生涼夏亦寒宿鳥爭巢知夜近秋蟬咽露覺
聲乾疏鐘推得游人盡獨向空亭待月看

雨後游鶴園　　同前

為愛清游冒雨來小園花木儘徘徊綠陰如洗蒼苔
滑好鳥一聲天忽開
攜鶴堂前鶴已無依然韵事記林逋我來辜負尋春
約空對梅花醉幾壺
回廊曲折抱荷池半榻茶煙老鬢絲消受清閒無事
福一枰棋局一囊詩

松徑岩扉別有天（園中有此題額）一庭空翠落檐前吟情到
此清無比勝作冰壺濯魄仙

重九日值三九詩鐘社百期同人宴集鶴園分
韵得身字　元和陳任（公孟）

百憂如霰集斯人悲有身登高極曠望祲氛塞八垠
九日依時至慨然傷茲辰幾年多好懷壺觴送主賓
分箋互酬唱百回閑清新操戈時靡已室毀豈無因
災患紛侵迫哀哉黃虞民金飆吹慘慄萬籟同一呻
開尊復此會暫以遣悲辛茱萸雖辟惡酣飲良未仁
彼蒼獨何意誰能蘇邅迍牆根數叢菊舊識汐社人
狂來欲雪涕斜岸漉酒巾

十三

聽楓園秋集即席有作兼送趙堯生侍御北上
武陵陳銳（伯弢）

積雨鳴廊秋葉深天容人意晚沉沉無多斟酌梧中
物各有漂搖世外心北極雲山迷斷雁東門鐘鼓託
微禽俊游勝侶知難再坐聽啼螿惜燭陰

園居　吳縣宋垚壽（雲皋）

園以涉成趣經營趣始濃梅花分鄧尉池水剪吳淞
好鳥馴堪狎粗蔬饌可供芳隣喜相接（距遂園鶴園甚近）載
酒一過從（趣園）
二百餘年物層樓什襲藏堂顏垂御筆（先文恪公以次多有賜額）
（現僅靜永堂褱詒老成兩額猶存）宸翰燦天章（仁廟賜有御書臨董其昌嗣畫桃李園序）

及詩篇各幅　東觀琅函疊　御選古文淵鑑佩文齋書畫譜先七世祖少司馬公纂修校對
賜版藏家餘多賜書不備載　南巡粉本長　聖祖南巡圖先少司馬公董其事延王石谷甯
略所繪家藏粉本甚長　傳家期永寶況復感滄桑　奉恩樓

疊石成山處危亭四望遙溪流香水香塔影瑞光招　盤門瑞光塔遥遥相對
俯視花如捧高攀月可邀披襟一長嘯
豪氣欲凌霄　躡亭

幽窟開詩境天然自有真聊堪容膝地恰受聳肩人
得句旋題石參禪似隔塵耽吟郊島輩來此最相親
詩境

究在水中央風波雨不妨升沉非我事飄泊看人忙
未必飛同鷁誰能叱化羊濟川無用汝棄擲聽媧皇

十四

石舫

怕聽殘秋雨池空不種蓮垂釣牽荇藻洗硯散雲煙
魚戲波同浴鷗閒晝自眠此中清可濯本是在山泉
清池

寶山 舒昌森 梅龕

重過宋氏趣園

燕子依然款款飛杏花池館正芳菲主人仙去空憑
弔未識何年化鶴歸

與朱江秀同游遂園

園為慕天顔府第舊址今為劉君淡廬所得

長洲 張榮培 埶公

大好園林最後開今朝初喜入門來風廊曲折疑無

路湖石玲瓏巧作堆幾朵紅蓮擎佛座（池中荷花名佛座蓮）一
杯綠茗助詩才闌干倚遍西南角欲別仍留看幾回

重游遂園　同前

我來兩度扣園扉試認蒼苔屐印稀花鳥有情曾識
面林泉無恙暫忘機小亭瀁月題仍舊（有瀁月亭延秋臺映紅軒琴舫諸勝）
叢桂延秋景已非最是不堪回首處西風黃葉
滿階飛

甲寅正月九日游遂園　同前

東郊今日正迎春春到園林景便新小草向陽多喜
氣寒梅無雪亦精神座供茶話留佳客風送衣香過
麗人準備看花撐老眼韶光恐負再來身

十五

遂園遇舒問梅王文伯並約訪虛生上人　同前

幾日春光轉綠楊名園喜作管絃場詩人初識王貽
上詞客爭交舒白香儘有新茶清俗慮可無濁酒盪
吟腸出門更約參禪去古寺鐘聲送夕陽

遂園觀佛座蓮　同前

綽約紅蕖帶露開園林恰好曉涼催雅懷儘寄琴三
疊（園中設有琴會）俗念能消茗一杯鼻底幽香參自在眼前
妙相悟如來此間得少清閑趣不厭憑欄坐幾回

秋晚游遂園　同前

秋入園林爽氣多廻廊繞遍夕陽過敗荷貼水浮枯

葉叢桂迎雨柏枝綠柯一縷衣香間塔鹿射半颭余味試
春蝶戲亭絕技今何在絲竹徒傳舊拍歌

春晚游遂園　　同前

滿園春色已悵飄零一徑蒼苔屐遺經歷架藤花紅綴
紫修池楊柳倒垂青絲燕游女來池壁尚有詞家續
題亭幾曲迴廊傾折處不堪重憩倚樓停

立秋日七游遂園　　同前

昨夜雙星已渡河今朝秋意動林柯池蓮漸老紅衣
褪岸柳將衰翠綠拖千古園亭隨主換中年絲竹感
人多我來七度留鴻爪著句匆匆一蹴過

遂園雅集論茗　　同前

十六

綠天深處對荷池最好朝陽未下時露滴蓮房猶膩
粉風迎柳岸尚縈絲涼意先作延秋想水榭爭題消
夏詞靜聽鳴蟬偏得意殘聲曳過碧梧枝

立秋日登遂園延秋臺放歌

同前

暑氣逼人門欲絕招涼誰進嫌山雲間說延秋猶有
臺我來況逢立秋卽臺高數似寬且平檐前老桂森
排列似看赤日曬當空那有清風起颼扇秋入園林
何處尋鳴蟬若咽乾欲裂跳更肆威意不去暑收殘
阻雨行難呼嗟乎炎癘之毒猛於虎鬱蒸都半在之
執熱營營逐臭多青飄傳洗如將煤介設不權飢驅若

力革道左奔走汗流血淋然倒地勢莫救蝶蟻死生
真一暫安得陣雨下傾盆到處疫氣皆撲滅招來秋
意滿人間重向平臺杯茗啜

遂園觀梅蘭　　古吳 潘敦先 叔重

頻怪今年未有詩（謹用西湖集成句）春光忽已透南枝花吟
幽谷堪同調園遂初衣不入時虎阜今香添韻事獅
林雅集問先期老逋仙去風流寂影外寒芳影外知
梅花影在梅花外小浮山人句也

潘叔重敦先以遂園梅社詩見示步韻和之

鳴湖 惲炳孫 季文

艷姑仙向綠天來（君之綠梅置綠天深處最高應佳品也）倚竹人還立
十丈

水隈羅蘚欲尋飛蝶夢草堂喜見詠花才倚香群艷
千枝繞默吐芳心一點開自是空山懷雨露獨標高
潔靚風裁

游汪氏耕蔭義莊　　長洲 張崇培 藝公

天然幽境絕塵寰咫尺峰巒近可攀留得涵雲高閣
在四石秀色恰迴環
水清疑挾滄浪勝石怪如探獅子林好向問泉亭畔
坐一泓流澈醒塵心
我來正值暑初殘幾葉芭蕉映石欄一縷茶煙清似
水補秋軒裡小盤桓

游半園偶成

圖為史觀察偉堂別墅

長洲　張榮培　蟄公

何須土木廣經營，好處都由得半成。泉石安排三畝小，亭臺結構十分精。幾株老樹天然古，一路游人水樣清。我羨主翁風雅甚，曲園記內早知名。

重九游半園即呈園主　同前

小園一角淡秋光，桐葉初凋菊未黃。却喜今年寒信晚，絕無風雨過重陽。

試躡蒼苔訪舊踪，花前一笑故人逢（過陸瑞伯、潘藏山）。欣然瀹茗情無眠，話到僧樓打晚鐘。

曲廊迴合草堂幽，裙屐聯翩結勝游。恰好例逢休沐六日，蘭閨雅集亦風流（園中設文學研究會）。

滿壁新詩妙翦裁，吟壇高峙壓鄒枚。鯫生雅有推敲興，呈佛先携四絕來。

半園晤朱古薇（祖謀）太史

方遠　方澤久　佛生

暌違念載若勞形，今日相逢坐草亭。君長一齡頭未白，身經兩世眼還青。鳳飛翰苑遭時變，龍躍天池避水腥（君辭民國參政）。猶憶量才憑玉尺，光搖南海聚文星（前清官廣東學政）。

喜隱社詩人薈萃半園信筆占此

同前

半園門設不常關猶後群翻去復還近水從今　大
壑陰流自古往名山時寒松相三冬茂凝路剎樣一
倒刪萬葉吟壇招勝友忙人到此亦須閒

初夏半園即事　同前

花事闌珊卻候和洽釀天氣嫩寒多鋤樁鵑啼排紅
雨簾櫳攏鬢簪飄綠波塘地榆錢風鼓鑄沿堤柳綠鳥
搓挪池塘一帶添新碧由曲清溪點點荷

午後半園茗話忽大風雨頃刻放晴偶成二絕　同前

到耳雷聲響不休飲餘又向半園游黑雲一片隨風
搓雨天如拳亂打頭

十九

雲消雨歇忽天晴好鳥枝頭偶一鳴閒報詩無別
事不需要得見交情

雙溪軒晚眺

幽窗傳殘荷葉滿小池閒吟樵斷幾道長藤盤枯樹花開
豔竹倚向座隨月上蓮迎赤鶯老宿羽還更杖紅裙幼婦上
枝詩隨人最是管信懶呼喚聲聲若不知

乙卯五月望日半園文詩社成立

疑悠　汪　權　菊仙

五月陂塘雨午收軒閒雙溪集來名流室林滿翠新詩
境夕照翻紅雀畫樓隔院笙歌添雅興滿池荷香映快
清游晚來柔指紅欄翩翩去翰墨餘香四壁留

五月廿七半園偶成　　同　前

尋幽選勝來到園點眼榴花樹樹紅絕妙濃陰穿曲徑盈盈一水小橋通

茗碗移來傍畫闌深紅淺碧隔簾看風來竹院涼於水初試羅衣覺袖單

丙辰新正廿五星期雙蔭軒開第一次女學研究會

廿五星期日烹茶到半園紅梅肥滿樹綠竹瘦當軒風雅聯翩至文章子細論今朝開勝會歸去已黃昏

偕桐先女士雙蔭軒茗話園丁送花來口占二絕　　同　前

二十

春到人間畫正長春歸我欲問東皇園丁天賦清興手折花枝滿袖香

來游士女總文明花事闌珊鳥語清我到名園一回顧落紅滿地雨初晴

半園即景　　樂凝女士

名園日涉趣偏長竹韻松聲夏景涼池館清幽塵慮絕薰風時送煮茶香

四圍綠樹草堂幽竟日徘徊任我游諸老新詩題滿壁羨他儒雅自風流

碧闌人倚晚涼天梅雨初晴積翠連激底清池魚可數新鮮荷葉小於錢

林泉隔斷軟紅塵消暑尋幽樂趣真移榻坐臨流淨襟袖
聽君清歌一曲是何等人

秋日游丰園讚樂巖丈史詩有感

蘭陵陸徵誠雨之

結習既深笑我癡平泉風物最宜詩玲瓏石徑遮紅
樹曲折橋梁架碧池半壁青紗籠豔竹一行新雁動
秋思是誰開闢留佳句問陳緣慳恰面遲

公園東齋薦坐和費岑齋樹 蔚 用蔡闻齋晚步順
陽門外韵 岑 熟 處龐樹陷 柳 宴

積修雖排發此生問天無語看陰晴坐已渾欲過千
劫臨對事如擁百城勝有心情同余後夢了知也事酒
二十一

問兵思歸最駁江鄉路平林是倉狀慈平意行 在吾 城鄉 北公 倚園
山 楚 女 墻 走 林 元 老 顧 小 謝 語
遐 名 坐 韻 曰 平 楚 蒼 然

余和过訪同韵齋晚步順陽門外韵蔡君召吳甚
賢書具之詩中茶酒作對曰嫌之近然余亦之材
不能作驚人語也爰另用韵仍以茶酒作對示
吳甚及同坐諸公 同 前

岩畝書盡然而不擬夏愛與冊窗是之池頭勝中岩得無生
忍住哀能容半日留家宴今日和余有味哀穢漸視酒
成忆二三可與言人在何用主客合洽休

公園夜遊主友甚盛偶感有作仍次过訪同韵闻
齋晚步順陽門外韵 同 前

虛期今日嫩涼生尚喜薰風莫恨晴看盡欲天魔女
相輸他不夜化人城姑蘇士女夜游公園，風氣較滬上稍遜淩波羅韈
爭微步倒景銀河望洗兵野老私憂甯有補嬉游聊
逐少年行

元恙寄示初夏池塘詩極瀟洒出塵之致余還
居郡城入夏後常徘徊於東齋荷池閒俯仰今
昔時作遐想雖境若殊致而神有同會矣輒用
原韵奉和一首　　同　前

亭亭荷葉比西施笑我官池獨立時結夏空言從此
始青春已去卻誰知最憐粉蝶猶工舞坐看飢蛛自
結緣亦有襟期悵已老緩尋芳草得歸遲

晨至東齋散步池頭悄焉成詠用簡齋游葆真
池上韵　　同　前

有境稍勝幽即此名蓬萊高荷如媚予輕颸導香來
披襟試一洒煩憂若為開支離託養中顧景猶徘徊
翻笑波斯匿面皺傷年催往年二三子大去已不廻
逝者云如斯尼父焉達哉所嗟結習餘得句復思裁

東齋眺雪同櫟寄拂堂用坡公聚星堂雪詩韵
平湖　屈　爔　伯剛

槎枒禿盡霜林葉一夜無聲吹滿雪起看天宇無纖
塵洗我肝腸真淨絕是時衢巷行人稀踏步如防峻
坂折茶丁開門凍欲僵為爇松葉吹明滅好事訝吾

鼎足三餘容不玉何牽掣定起圓攄手火香亦武唐
硯冰花蝴盡不須臾酒一尊來與仙子饞玉肩也人
質不耐嚴寒吾道菜須嗟飄擬抑視虛空成粉碎生
定細參禪家說我問梅花花不言但低首肯頻如鐵

立秋日公園散步　　長洲 張紫綸 植甫

散步園亭裡新涼袖底生漫雲含雨點高樹挾風聲
茶話憑欄久荷香入座清露蟬亂欲絕似作不平鳴

中秋夜公園踏月　　同前

今夜一輪月清光萬里明煙塵含桂氣風露釀秋情
地曠塵無跡天高雁有聲東齋憑弔處悵觀幾虧盈

中秋夜游公園　　同前

六十三

園林點綴借秋花夜色空明淡月華插架圖書輝四
壁滿城燈火鬧千家歌場戲又調絲竹參錯紛羅具
稱從時樣新妝誇剪髮當頭不見髻盤鴉

西亭納涼　　同前

涼風一角占西亭樹影垂垂遠送青好共精新談弈
譜更從祭茗訂茶經荷香習習芳塘把鐘響迢迢古
寺聽小坐已教煩暑滌不須冰水注銀瓶

東齋晚步　　同前

閒向東齋過枕涼起晚風蘺根芝草碧欄角夕陽紅
宿鳥投三兩鳴蟬曳半空茫茫興廢感花月弔吳宮

約來雲公園東齋招飲　　同前

東齋成小集對酒發高歌芳草傍池碧新茶泛碧螺
籬根秋意早荷背夕陽多極目長天外纖雲浣薄羅

公園即景　　無錫王南城運新

為訪芙蕖破曉行相攜兒輩又偕情二三同志須題
詠莫負花中君子名

公園池荷盛開和章齋周闓齋夏日集荷花池
上韵　　元和陳　任公孟

觸熱褦襶子苦於夏畦病不如北牕臥手執蒲葵柄
壁上風蓮圖落日動幽興東齋盛芰荷南池尤解靜
雲堂善品題持論調得正別具靜中觀此意誰持贈
傑人人天眼物物形過鏡是花與非花從說本無定
二〇四

人生亦如斯何求更何盛我為下一語庶或義無賸
追陪池上游孰續池上詠涼風吹夢醒人仲定如敬

東齋分茶和章齋周陳闓齋晚步順陽門外韵

同前

茶煙依舊畫廊生蟬帶聲催雨外晴片席動容分我
筆一甌滿可破煩城荷香自繞花成國魚樂安知也
閱兵千百年來清肅繞時地為郡齋處莫辭遺負錦囊行

自題紅豆新居圖　　長洲惠周惕元龍

三間湫隘草元亭不置句闌不作屏好是吾廬無一
物教君何處著丹青
輞川雖好圖難肖屐道雖佳畫不存何似阿儂紅豆

宅東塗西抹便成村
吾家小小著牆東指似新圖約略同一事比渠差過
分琅玕多占兩三弓
東鄰紅豆無人愛我得閒吟載酒過多事詩人添故
事長洲桃李妬如何
三見中都陌上春芒鞋踏破軟紅塵披圖今日真成
笑何物茅齋獨坐人

南園銷夏和伯瑜中丞原韵

太倉 顧晞元 子雨

一番疏鑿闢榛芳遠翠濃於畫幾層縱飲近邀池上
月鈔詩偶借佛前燈興來結夏尋鷗侶舊憶行春過
二十五
馬塍穠纖笑人忘觴熱何如此地試敲冰

壬寅中秋前二日伯瑜中丞秋士大令招集南
園分得沼字　　　同　前

秋風馨桂林秋水鏡荷沼選勝買春招邀屏塵擾
南園隱城南徑曲深以窈不逢賢主來水木失窈窕
中丞與大令鶴立出塵表肯以簪笏尊易我林泉小
佳時展良會風流未云渺水調歌和蘇青山句懷眺
匪徒酒食具將以風雅紹餘興訪蒴林是日同游潮音庵宗
風暢音曉人生六鑿深塵網苦紛繞塵談奉仁風新
篘泛清醥綠夢墻陰蕉紅認水邊蓼孤悰坐飢驅家
弄居恒少及茲秋氣佳領略詎輕掉客散庭鳥喧月

出東方皎

南園席上疊人日憶園探梅韻呈伯瑜中丞　同　前

蓬萊仙境抵瑤林，縱飲何辭醉墮簪。檻外魚行吞絮影，水邊鷗夢入秋心。聞香自得忘言旨，留帶須知用意深。此地由來盛文獻，一編風雅耐微吟。

別墅城南記晉公，後先憂樂古今同。乞湖曾攬江湖勝，挽俗終期風俗通。潭水情深和酒綠，平泉境遠息塵紅。園林金粟開芳社，引玉深慙句未工。

癸卯正月十二日南園小集以一日不可無竹分韻得無字　同　前

誰家門巷換桃符，又向城南問酒壚。寧相平泉當日重，中丞風雅近今無。一時鷗侶爭拓韻，十樣蠻牋待補圖。更喜王孫歸昨夜（謂小孟），玉梅如雪憶西湖。

賞秋此地話蒓鱸，令節更新感故吾。怨別有時鉏芍藥，懷人何處寄文無（商山在浙東未回）。春浮煖氣禽聲軟，風動枯荄草意蘇。入社預商排日飲，招邀重許問僧廚（中丞預約弇西精舍之集）。

南園消夏分得魏字韵　同　前

懷歸夢亦勞，合群心所慰。來從山水窟（時余自吳興歸），結夏得清氣。園古足放懷，交真耐尋味。畫筆點倪黃，詩格追漢魏。酒誇千石多，食戒萬錢費。飲酣披好風，茶銚

隔簾沸
別墅湖南園風雅一編棠百年文酒場餘馨扇彷彿
眼中鷺鶴群世外煙霞氣却慙韵義温肯詩拙藏魏 數年前偕秋士頻讌于此
雨腳忽散絲綠陰涼有味所思橫暮雲 今聞引疾將歸因憶及之 菡萏花開未

南園看菜花　　新陽　陳笠生　松瀛

滿地黃花錦織成百番時高呀新晴路於絳雪堆中
見人向春風暖處行四面穿渠通略彴十繩分罫錯
棋枰攜耕挈榼知多少醵飲偏餘話舊情

南園晚步　　長洲　彭翰孫　南屏

久違故里思依依重訪南園景物非流水聲悽添別

二十七

恨浮圖影禿立殘暉相逢話舊人驚老投宿無林鳥
亂飛空賸昔時明月在清光取次照柴扉

敬和大人歲晚南園閒眺原韵　　同　前

劫後荒田二三頃無多村落野炊通虹腰籠霧遮歸
路鴉翼翻風認禿枝錢臘人還攜犳酒送窮客豈慕
糠麋吳儂望歲家家切安得春來新雨滋

蒓庵移尊作消寒第八集同至南園閒眺碩庭
先成五古因賡韵和之　　同　前

廿年去鄉國勞勞役軒冕歸耕願人虛自縛嗟作繭
昨歲海上來家山騁游眄南園雪滿勝蒼茫路難辨

雨望一抹雲隱約露層巘景物劇荒涼彳亍愁腸轉
春光忽熙和應候鶯聲軟吟客來雨三迎門有鷄犬
風前新籜折雨後野蔬翦洗盞話桑麻相看笑顏展
醉餘步郊原橋危水清淺獨樹喧歸鴉頹垣封古蘇
零落數荒村半苦罹兵燹欲求民病復誰歟是盧扁
吾廬對青山劫火幸而免二頃負郭田屋後連畦畎
開軒恣吟眺得意毛毫吮閉户息營求述德窺躬勉
優游隴畝間世慮足消遣呼僮拾敗葉烹泉試香荈

同友游南園　　長洲　李文通　聽雨

且携柑酒聽黃鸝村北村南望欲迷綠樹園林經雨
暗黃花時節覺天低泥融麥隴蹊成路春重柳絲飄

二十八

過溪辛有二三知己樂韶光如許儘留題

南園晚步　　元和　張京度　蓮民

暝行苦霧中聞鐘知有寺野航上曉光布帆收露氣
村落鷄四鳴林扉尚深閉平疇積水明參差動煙穗
溪燈紅欲滅漁商寂未至終日似此時人間自無事

南園過陳後庚故居有懷　　同　前

野菜落黃雪板橋溪水寒重游昔年地不見平生歡
失路我何借依人爾亦難江南今夜月空在馬頭看

夜過南園　　同　前

風勸殘蘆瑟瑟鳴荒煙盡處隱孤城秋螢數點霄深

出照見寒魚水面行

南園春步　元和 彭希涑 樂園

南園山色晚蒼蒼步屧尋春野趣長幾尺桃花添漲暖誰家燕子落泥香川原路似藏丘壑蓑笠人如到古皇偶寄一壥蕭散地好隨漁父答滄浪

南園泛舟　玉峰 顧韶玉 絳霞

泛泛南城水輕舟動槳痕香知花滿岸陰喜竹成園賽社歌稌黍晴郊散犬豚滄浪歌一曲憑眺我思存

南園晚眺用王昌齡秋興韵　陽湖 惲炳孫 季文

松風送夕涼雨洗娟娟竹暑退秋色來大地一清肅

二十九

水澄魚戲多霄迴鶴飛獨孤芳只自賞幽蘭在空谷

南園同秦雲有作　吳縣 汪芑 燕庭

嬉春裙屐自年年春到南園景倍妍霸主河山銷鐵券詩人風月買青錢漫悲吳越興亡史且學歐梅唱和篇喬木荒池都入畫濯纓亭畔儘留連

南園　吳縣 錢辰 秋潭

倚城雲樹鬱蒼蒼流水小橋花自黃老屋三間名士畫橫山一角美人妝村中日暖幽禽語陌上風薰細草香覓得誰家好泉石遺踪莫問廣陵王

南園　吳縣 朱惠元 楓隱

隱居城市若鄉村錢氏南園舊址存雞犬桑田隨處

有何須世外覓桃源 南園舊址在葑盤二門之間其地半村半郭風景絕佳

南園 同前

一村一村又一村村村鷄犬聲相聞一章古木青園屋一曲清溪綠到門吾吳風土木清嘉景物南園更足誇南園舊是錢王有迄今徧地皆桑麻每逢春二三月天菜花如金阡陌連踏青士女來攝影散學兒童閒簸錢比時錦繡滿林藪姹紫嫣紅無不有聲聲布穀雨催耕處處鳴鳩晴喚婦鄉村四月蠶事忙家家女伴出攜筐笑聲時出藤籬徑梯影斜欹薜荔墻菜子已收大麥熟秧田水滿玻璃綠菰葉茁抽翠鬣齊新荷出水青錢簇綠樹陰濃夏日長欄朝雨過晝

三十

生涼雨部蛙聲如鼓吹千林蟬噪協宮商七月秋風吹戶牖水田贏利十倍厚鷄豆皂髭茨菇菱雕胡玉黍蓮蓮藕中秋纔過又重陽桂子飄香菊綻黃籬豆開時蟲促織稻花香候蟹輸芒十月霜高風隕籜未稼登場罷田作牛羊散牧卧斜陽鷄豚出欄迎朝旭南園風景信無倫四季隨宜把酒樽山光塔影朝朝見樵唱漁歌日日聞吾聞人生貴知足鶩利求名從碌碌人間自有武陵源何必三山訪仙躅

亦園十景竹枝詞 長洲尤侗展成

朝聞百舌喚游春柳醉花眠總殢人無數紅裙踏步去燒香為賽二郎神 南園春曉東有二郎神廟

八尺高臺四面空解衣般礴快哉風待兒不用歌團扇自有封姨伴醉翁 草閣涼風

家住城南宋封漢月明夜夜小塘西清歌自不須絲竹笑煞蘇堤闘白堤 封漢秋月

千村萬樹白皚皚日未烘乾風舞迴忽聽兒童拍手笑大草棚挂上拔挽來 寒村積雪

菜色蔣看布地黃春眠習習更吹香東邊蝶酒西邊唱三月田家作戲場 蔣西菜花

水域亭子倚清流六曲闌干坐兩頭蓮葉蓮花并蓮子只無美女采蓮舟 水亭荔洞

幾看栽秧又刈禾晴時鋤把雨時蓑枯槔盡說田家苦卻喜悠揚打泉歌 平疇禾黍

三十一

西山爽氣到來好及至斜陽晚更佳縹緲雲隆都一望不須竹杖與芒鞋 西山夕照

埤睨周遭繞九逵萬家煙火樹參差已拚月夜譙樓鼓那禁霜天曉角吹 雲城煙火

千古滄浪水一涯平常小巷識蘇家尋君遺跡南禪寺惟有鐘聲帶暮鴉 滄浪古道 蘇家巷在圖左

壺園雜詠　高密鄭文焯叔問

填門香雪亂峰迷紙帳排春寒醉題滿地詩痕無著處將齋度夢五湖西

祠山幾送落梅風又放春愁到淋紅向晚拗花人不

見一痕苔屐數弓弓
綠屏殘夢淡芳菲鷗社春閒舊侶稀零落琴尊收不
得空園一雨長林衣
小鳥縈紅語藥寮行魚吹綠上花橋閒雲觸處成孤
趣支枕水風吹一瓢
曲曲清瀾抱竹庭樵風晚徑補空青漢槎若鑿天西
空何似虛舟伴客星

壺園飲席　同　前

冷紅薇帳綠塵滋壓疊清愁漲酒巵歌板更誰傳絳
樹舞筵未分奪瓊枝隔年花蝶慵春夢再熟桑蠶觸
斷絲遮莫相逢重惆悵夕陽芳草路多岐

三十二

題壺園餞春圖客為潘瘦羊金冷香吳若鐵與
余四人各賦一詩以寄逸興
同　前

瘦羊黠立詩骨寒清吟如酒壺天寬黃髮槁暴窮且
鰥一禪枯木無還丹冷香抱景梅花國鏤冰生事空
喫墨刀圭亦經肱三折不能自療癖鹽色冷香工畫兼精醫學
吳郎一官隱於手寸鐵鑄人文字壽填胸古味斕科
斗篆青夢飽蹋破缶若鐵藏一缶甚古醉則叩之以歌自號缶盧道人其鄉有蕪青
山偶同一醉論三益用山谷句遂使狂名落陳迹他年還
我樵風籍認取芝崦圖瘦碧

易實甫兄弟過飲壺園因而贈答

同　前

閒門寢迹閒半芳娟爾覓建草堂偶坐竹陰成六
逸醉携蘭氣泛三湘卿拼酒洗宗陶社漫訴春遲角
綺鄉相對岸中發吳詠覓池心乙五湖忘
乙酉冬壺園大雪中作東坡生日會者七人飲
虎賦比示龔易圃姚魏元雨司使

同　前

虛庭曲宴鳴神絃丹葯紫芝詞洞仙仙乎八百五十
年玥狀隨我壺中天遂園稱園菊香火清興一迺追
不還天興詩人洗愁魄散作瓊花春火迫眼前群雅
白戰才抵似聚星堂上客聚散行作鴻爪泥酒星烱
三十三
烱懸虛靈郭就中滌倒雨醉翁坐撥醫虎嘯風松不愁
客俎食無肉苦思元鼎丹還功靈芝今古
夢況被魑蛟叢世間陽羨幾耕
萬事花如雪打燈我來但醉寄蘇酒海山呼吸靈風
長瘦句無功苦凋朽
易賓父同年見過寓園賞菊

同　前

江南秋賓足衛門晚徑流煙破屐衰送影瘦來霜作
骨吹香清極水為魂檻容冷眼寬離落且狂愁人
酒尊歲宴知誰惜芳色多應楚客屬盤飧
園居雜感再疊前韵簡易賓父同年

同前

樵風家世記儒門一臥煙蘿復舊痕山雨橫琴通石
氣籬花殘酒獵風魂夢回峽洞仙芝熟秋老霜庭獨
樹尊湖海狂名今退士灌園長擬足蔬飧

九秋風物冷柴門南菊重逢有淚痕酒樹摧殘吳苑
夢年來潘文玉淦彭君南坪相繼徂化詩星零落蜀江魂時方校補中江李使君蘇鄭遺稿
時清翻著幽憂病地僻方知拙養尊有道由來
貴真放歲寒煮字倘忘飧

園居春晚

同前

江國急陰作寒食暮庭閒雨勸吟觴窺籬且喜竹新
活隨砌猶憐花爛芳殘卷獨絃俱意永流鶯乳燕但

三十四

春忙

鄭叔問竹楊橋西宅落成奉寄

武陵 陳銳 伯弢

香山昔賦東城柱大鶴今餐西崦梅吳下後先傳故
事塵中魂夢好歸來獨無五石浮江瓠去訪三高避
世臺顛酒惱花春又過青雲望眼為君開

羅申田長荷觀察以和陳筱石夔龍中丞與汪
柳門鳴鑾少宰同游網師園作見示次韵和之

吳縣 朱惠元 楓隱

名園幽僻近城東何幸紆尊遇列公魚唄隔墻聲隱
度地鄭圃通禪院滄浪有水路堪通與滄浪亭一水可通梅傳春早仁

風被菊傲霜寒晚節同勝地名流忻倂合倩誰繪入畫圖中

冬日網師園讌集　吳縣 吳嘉淦 清如

江湖小集繫人思高會欣逢到網師各有傳家富文字可無吟社與支持遠林欲雪倪迂畫老樹初花退聽詩誰共山公常載酒風流未減習家池

游瞿氏網師園　新陽 陳松瀛 竺生

脩徑鑿幽邃壺天結一廬亭臺誠小有竹木儘相於樹古能棲鶴池深好養魚風流前輩績愷爽快新居

園為宋懿庭觀察舊業

網師園　元和 張京度 蓮民 三十五

春人如海蝶如潮曲折亭臺宛轉橋猛雨乍經花頻頻暖風無力柳伸腰銅街寶馬迴珠勒鏡閣明妝整翠翹看取牡丹好顏色傾城須讓玉環嬌

游瞿氏網師園　仁和 周光緯 孟昭

名勝傳聞舊芳園說網師繡衣行樂處（園為宋懿庭觀察故居）側帽獨來時地向稱歌舞人今易履綦杏花紅亦老高見出牆枝

翡翠樓三面琉璃水一方草熏欄檻碧花暈管絃香幽鳥喑深樹虛亭戀夕陽偶然成小憩遐想結滄浪

路轉有橋通雲牕霧閣中但教隨曲折渾不辨西東石几瀉濃綠瓶笙吹小紅隔牕蜂蝶暖時一觴簾櫳

耦園即調師園而辰夏日曾寄題二詩

遂寧張問陶仲冶

題詩寄調師園萬里來游一段言何止畫圖開繡
軸真從城市見桃源詩書亂涌山迴杏花竹葉取深鳥
不啼十八年如春萬香黜人春水尚潺湲

三月廿八日調師園看芍藥

吳縣沈來宗翰尊

楊花攜酒已成園取次風光轉藥欄調師折東指諸
老肩輿路繹報當關迴廊邐迤花光起潑浪殷紅并
娩紫繞徑千層露帶球翻擔五色霞成綺列坐高張
櫻筍宴鱗魚出水問江鮮裏情擲戰人爭勝大戶鯨

三十六

吞酒澗泉白日堂堂不肯斗貴花及早遲難補主人
擅指點煩關公子今看推第五仙源行佛武陵深重騎
到溫郎路未送春名勝草園名李而把尋芳莫興簪

先遲李園及勝草庵看花未至調師有觀止之歎

蘇鄰園元日雪和兒姪輩作

平江李鴻裔眉生

歲星來士若風帆林居不覺三年逾小園得雪已欣
快豈意愁況在王正上一冬驰郵無粘霰遺墜勤搖人
為沾師李與無患距春十日乃迴盼破臘三白何曾雪滿巖
游雪將時開好既晴而雪二美兼東皇留此作元旦一
北斗斟玉壺霧鼎閒携將雪凝雲一枕同飛花前水紛樣

纖鬟鬟蒼龍角方刻灩灩白獸搏頻添養慵謝客坐
清晝笑看冰柱排風檐晃漾窗光照開卷温暾香炷
供垂簾靜中蕭蕭人籟肅空際漠漠天容嚴逼來卿
鑿輿疏懶偶因節候成窺覘翠屏未覺妍韶轉朱履
一任幽谿黏濕雲凍雨勒春暖緣池新漲籠輕縑梅
綻迴迷雙鶴縞宇淨忽點千鴉黔香霧空濛影璀璨
仰見瓔珞垂高枏挺襟細數瓊萼辨駐屐瓦對蘿峰
尖孤松霜顛冰脫頓論世應閱義與炎頑立不受緇
塵涴勁節合伴潛夫潛銜泥一尺深沒踝左轄朱轟
衣襜襜扣門剝啄鳥驚散名刺甲乙留紅籤穿籬步
杓歸已晚我倦欲睡君勿嫌夕陰冥冥天墜幕小閣

三十七

朗朗冰開匳夜明不慮絳燭短瓦滿恍惚凝涼蟾楞
伽略涉目已眩層蘇不御觀無厭但聆風竹度昏旦
欲返章布甘齏鹽前年汾沁魚露脊嘉澍點滴如漿
甜去年重陽雪過頂破屋摧倒無茅苫故人憂國當
食歎山肩瘦立鬚鬑鬑南中水鄉旱澇淺秋熟屢喜
農腰鐮敢於飲啄不自檢竊恐轉薄為神殲百年甫
半衰方始萬事皆廢口欲箝非賢幸脫龍蛇厄星家謂予
壬運甚危今年免矣無競迴看鷄犬恬詩編閒適興愈潛穠章
冶句戒弗掐汝曹新硎初發刃莫邪應較鉛刀銛文
章根源衹一脈崑崙到海流漸漸培高益下勿退奧
洗瘢滌垢勤攻砭瑶臺聖母授苑曆乾坤清晏朝陽

遲汝曹棠征在稽古閑門試考璇璣鈐秘書著作古
有謗誰向船中尋孝廉

上巳日劉遯夫慎詒費韋齋樹蔚招集網師園
修禊　　元和陳　任公孟

暮春好天氣上巳尤清新古來傳嘉會流杯曲水濱
東風搖駘蕩綺陌多游人稚柳長新條芳草展綠茵
招邀到吟侶游衍及茲辰言為修禊事來訪蘇東鄰園今歸杭縣張錫鑾將軍舊為李觀察鴻裔別業以在滄浪亭東故自號蘇東鄰蘇鄰有名
園結構依城闉緬想觴詠日冠蓋何紛耘音響久歇
絕池臺生暗塵至今城南隅寂寞傷芳春

繭園消寒敬和大人元韻

二十八

長洲彭翰孫南屏

消寒倒有一尊開舊雨還聯今雨來陳讓泉廣文一綸初次入會
竹誅茅成小隱閒雲野鶴許相陪霜華肥盡南園菜
風味淡於東門梅二百年前讀書地眷言先澤倍低
徊

敬和大人繭園雪後元韻

同　前

殘雪留簷凍未乾成句春生杖屨不知寒百花破臘合
晴旭萬籜搖風助翠瀾世事漫驚棋受劫詩情肯與
歲俱闌西山一白凝眸望有約尋梅踏曉鞍

壽蘇後一日同人小集繭園小坡舍人見示長

同　前

歌次韻奉酬

青陽轉律萬彙蘇檐端鳥語催提壺草堂勝集屏俗
徒一篇索和如追逋小坡吾友秀采都恰與老坡捧
壽觚夢游瘦碧詩清臞笑揮麈神邃邃老坡往矣衣
鉢餘咳唾澤我枯腸枯詞壇拔幟振臂呼氣歎三峽
呑五湖有約食我壺園（君號居園名）蔬且遲梅萼開庭除
瑤琴三弄誰與俱知音除卻雲間無（虎郎詩僧君琴友也）大好
林泉入畫圖此樂何羨紆金朱

詩社同人餞別李憲之（嘉樂）方伯於薾園即席

奉柬　　同　前

草堂風雨送秋來（是日立秋）侵曉呼僮掃綠苔地僻卻宜

三十九

文字飲心閒豈畏簡書催折將楊柳離懷共話到桑
麻笑口開欲向天涯尋舊友好披畫卷一低徊（憲之寓同社諸君小景爲詩夢圖各贈一本留別）

薾園落成書示翰孫

長洲彭慰高（訥生）

二百年間幾廢興亂餘版築渺何憑枳籬竹屋聊容
膝野鶴閒雲喜得朋勝有喬柯先澤遠重栽桑柘古
風仍含南咫尺絃歌地祇許羊求偶策藤

乙巳仲冬四日薾園雅集限曹字呈伯瑜中丞

太倉顧曦元（子雨）

重陰釀微霰中野風聲號喬柯辭病葉歸鳥鳴其曹

索居鬱鬱不歡咫尺思同袍蘭園有賢主逸興林泉高
招陪及下走洗酌焚蚳膏旨酒誼不厚厚誼逾醇醪
秋人一寸心寸寸緘離騷
神仙亦為官游戲下九皋幡然厭塵事海上恣游敖
或命儔歡侶吹笙而彈璈俯視六合中擾擾徒喧嘈
今夕不飲酒何以成吾曹故人幸良會飢渴思君勞
紞紞漏鼓促歷歷酒星高
甲申十二月十九日洪閣學文卿陳同知嵩佺
集余寓壺園作東坡生日次日彭君南坪復有
蘭園之招醉後作此詩示之

高密 鄭文焯叔問 四十

昨日春酒兼壽蘇禪魔醉戲壺公壺南園彭子園客
徒（葛洪神仙傳有園客者濟陰人種蠶得繭大如瓮繅訖客忽仙去）作園如蘭綢酒
逋清空坐我琳瑯郁飲以饋糜騰百觚我生苦落齋
鹽臛有如寒蠶僵在蘧蘧春夢再熟委蛻餘吐絲自縛
腸為枯一笑人甕君莫呼泛胸活雲忘江湖世間野
老爭席隅玉局香火無乘除笑酹鬍仙一醉俱此樂
八百年來無石芝夢飽倘可圖安用丹井回顏朱
可園探梅時胭脂紅古梅著花正盛步彬士烟
文雪後探梅詩韵

海鹽 沈祖模楷亭

嫣然頳頩醉春風清影亭亭一水東傾國只因顏色
好胭脂濃抹十分紅

偕勘叟雪子可園探梅賦呈傳盧姻丈

同 前

可園同訪古紅梅點眼繁枝正半開想見孤高遺世
俗墻東一老不凡才

臨水花開見早春瓊英清艷迴無塵幾生修到嫏嬛
地自有詩書氣襲人

可園賞荷盧彬士先生引觀所植佳種及鉢蓮
賦呈一首

常熟 楊廙 潛厂

天懷澹定盧居士鉢納蓮華賦小園入室幾人窮究
委當門一水自潺湲風荷露柳宜秋賞苦茗寒泉與
客溫卻羨鄰蘇通寤寐知翁詩境溥西崑

四十一

夢游植園

園為余守蘇時所創詩中所叙皆園中實景

古閩 何剛德 肖雅

夢中忘卻卻朝衫游眺芳園眼尚饞唼漾群魚貪餅
餌放青五馬脫轆銜分區佳植攢梅杏夾道新險擁
檜杉美政明農慙過譽園中題句蒼生託命失長鑱

于埜自蘇州來談及植園舊種樹木蓊蔚可觀
梅花一叢枝幹高聳竟有參天之勢書此誌感

同 前

十年樹木本因時今日陰成慰夢思夾道綠杉欒棟
選交柯翠柏雪霜姿杏林經雨光逾艷梅幹參天事

更奇荒塚手民認梨棗游人指點漫相疑禁中剪伐似當時不盡邾人鬈去思已見千章留美蔭懸知廿載轉春姿嵗深群享乘涼福土沃應驚敏樹奇他日重尋鴻爪迹討春倘質耳聞疑

守蘇州時因厲行新政在植園內植樹二萬餘株大者檜柏椿杉及羅漢松五種皆夾道分行餘以散種桑秧為多花則梅及桃李為蘇之美産每種划地數畝各種小秧數百株雜樹尚不計數非專意種梅也于埜所見特指其盛者言耳此外叢塚一區為刻字匠叢葬之所手民籲請保護因周圍種棗梨以誌其處事隔二十年未知榮悴如何耳

四十二

同前

意期廟貌肅觀瞻豈許蓬蒿迹久淹因塚成山青不斷貼泥蓄草翠如黏瘞餘枯骨心常壓嵗久殘魂患共霑一簣未成原有愧權宜亦自喜沾沾

植園小山

植園創始因文廟左近為瘞餘叢塚大府力促修治而憚于遷尋乃度地得二百一十四畝繚以園墻相其叢葬疏密地勢繪成山形然後鋤地面民礫堆積於上加以土坏逐一掩蓋一雨之後草活泥勻蒼翠可觀瘞餘殘魂居然青山埋骨矣于埜談次以樹木已成而山不數似為憾則未知當日經營之苦也

程雪樓中丞植園公宴賦詩代柬以醉之

長洲 葉昌熾 鞠裳

天行錯迕值丁辰世事論甘吏忌辛鷗鷺難訓難遽
狎龍蛇已蟄不求伸操撾急鼓誰為吏晨起即有柬速客縫
掖深衣媲作賓此是商邱觴詠地舊時圖史想青綸
謂宋牧仲中丞其藏書畫有青綸館印

游吳門植園

貴池 劉慎詒 懋甫

跨街炎氛中尋園傍斜郭入門照清漪瓜芋散籬落
耽此野趣饒幽構宜簡約一亭翼林邱四山獻雲壑
冥冥桑拓交塔勢凌鸛鶴稻肥綠如雲坐想試鐮鍔
微聞邦吏賢買地資共醵荒穢變膏壤循阡督耕作
四十三
日斜騎馬來飄髯冉一冠籜都人拜清風豆棚園茗酌
貴賤無町畦脩然忘名爵珍羞五鼎前何如菜根嚼
新繙種樹書物理窮奥博講明利導之庶以起貧弱
舉國苟皆然何畏强鄰搏

過植園

是程雪樓中丞撫吳時所築 同前

富貴俄成一聚塵白頭避世佛燈親狐鳴鼯涉終灰
滅成就黄衣拜匱人

曲石閣撰招飲闕園索詩

吳江 金天羽 鶴望

忍飢誦詩書所學在匡濟經綸始大孝寸心寒天地

曲石西南英，千鎮非農器。高舉迋時會，艱危氣益厲。
南山豆荒穢，慈母當歸寄。金閶縮南北，名流欣執轡。
愛此南園勝，百指搜蒙翳。花藥媚春陽，照見嬰兒戲。
娱親撫金石，碑版羅四裔。客來商政略，但道菜根味。
猖狂借詩酒，賤子託末契。敦槃當九合，梅萼舒清麗。
把酒望楞伽，遠青出睥睨。觴政有倫序，兵氣纏兗冀。
群兒自相貴，賢豪分捐棄。鳴禽上園柳，天倪弗終祕。
板輿日將迎，喜見高旻霽。寄語東山人，長吟休擁鼻。

右任挈姬人來闕園，印泉烹羊款之，煮法精絶，余得陪座，因賦　同前

駝裘冷逼風霜節，菹菜酸填書傳胸。射虎舊思隨李廣，買羊今許喚盧仝。淋池斫鱠風流歇，戎帳椎牛興味同（右任游歷内外蒙，自言能煮各種牛肉，甚美）。更説斑魚疏掌故，市樓曾醉一髯翁。

四十四

斑魚肺湯，吳羹也。印泉邀右任飲木瀆石家酒樓，啜之而美，右任有詩，吳音呼斑為鮀，不知其典，余為誦竹垞詩及注中各條，乃恍然。

闕園

李印泉為母闕太夫人作此園

吳縣　張一麐　仲仁

吳中流寓多名賢，曲石先生比息肩。衛公功業軒天地，鄴侯栖遯擬神仙。風塵澒洞何時已，泉石徜徉別

有天先生產自滇南徽期門子弟詩影狡筏筆非紫
萬里侯請纓尚羌三河少碧鷄金馬仗喑鳴風虎雲
龍起壯圖西陲經略蘇卿節南粵勛名馬援珠歌歷
承明依大樹又棄丹穴筦天樞相貴群兒鎮相研書
然長嘯歸林壑試問橫金蓋世功何如舞綵依親樂
城南綠水敞名園瑤草琪花繞短垣白下爭歡陋安
石衛山學道祖長源圖書插架呼龍犬金石羅庭付
鶴儔太君日涉娛清景呼僮掃花煙論茗甲第相望
界綠楊金鑲不閉紆丹軫坐中賓客酒盈樽蘇梅度
陸茅如引東西廡下兩家春我亦華笙韵裡人同章
板輿祝眉壽良辰美景屬天倫

四十五

伍園看菊

主人伍百數菊多異種　吳江　金天羽鶴望

平生愛菊不時菊秋回花農倩菊賞城南楚客詩菊
趣過門捍碍覺心癢霜風吹秋雨有鋒鑿落縱橫亂
瘦爽嵇阮疏狂影澤傲泥飲逢人醉俯仰絕纓散髮
俱入畫蕭然望古動遐想始恪花農培俗艷攜向街
頭供村掌秋士知秋不諂媚閉户對菊施弘樊歸吟
詩句夢靈均令月寒泉薦用享

清明後三日游羅佶子園繼赴青陽地賞櫻花
先過闕園問印泉病晤印泉師孫少元丈觀櫻
興盡隨至留園得十八韵

吳江 金天羽 鶴望

一月不走城南路，東風綠樹黃鸝語。羅家園子花照眼，丁香海棠相媚嫵。錦江春色炫天地，不買歸艎占比土。禪觀未免墮色相，唪經餘事鋤花圃。雲陽幕府聲華劇，獨抱孤耿守庭戶。羅從雪樓都智來蘇嬌女應客有風範，背隱手把清琴撫。風吹好語墻外落，説道縈英絢晴浦。高邏車輪繞東郭，搴芝採藥眠病虎。印泉元旦獲芝於上方山，既為頌以誌孝感，余亦紫芝并體印泉，使雙芝相守，時印泉方病。興公近發歸滇興，滇海虞衡數計簿。江南好春無百日，提臂春遊軟遺拒。平田麥秀紫英吐，鷗鳥風帆江上舞。扶桑邸閣媚晴昊，花枚騈植森部伍。暄陽嫩炙鬚瓣脫，布席張飲命儔侶。鮮肥筍蛤伴酒釃，去年好事今年補。鐵蹄又蹴遐城草，花奴自打名園鼓。嘶驄更造寒碧莊，曳縠飄香檠交午。西山落日雲陰暮，歸踏沙堤白袷汙。明朝更約三九伴，詩酒園棋取次賭。

四十六

三九吟社韋齋櫟寄彈民等所結

重游滄浪亭

陽湖 吳鏞 阜銘

携客山亭上，問君何所之。更無人跡處，惟有落花時。

拂曉步滄浪亭即景

吳江 金天羽 松岑

月隨滄浪水，亭前少行客。東望結草庵，水氣浮浮白。露條涼蟬嘒，煙堵流螢織。何處時香吹，蓮房曉風圻。

游滄浪亭　　吳江 李懿壽 君賜

到來宿雨霽微風檻軒綠好鳥偶一鳴林容淨於沐
一亭自千古閱世笑局促坐念姑蘇臺轉眼走麋鹿
蘇梅兩詩老唱和此留躅欄楯故無恙風月今誰屬
人事幾變遷城市幾華屋惟有身後名百年寄喬木
芒鞋記此游我懷在幽獨

滄浪亭　　震澤 吳山嘉 思甫

路存邱壑勝長史昔投閒地僻離塵市亭空對遠山
宦情同江流水外鄉夢落花澗壁有歐公記高風不可攀

滄浪亭次歐陽公韵

松陵 朱廷泰 柳塘

四十七

滄浪之亭東吳勝名流先後題詩贈小山上下路盤
折周遭竹樹森森然亭臨曲水水映亭四時景取好清
光環奇花沿岸生俱倒影曉含宿雨何鮮妍地本南園
隣羈水悠日不閒車馬喧囂炎難到夏亦深閒檻面
面圍雲煙水聲潺湲供清聽胸襟盪滌無塵緣登高
扶策來往遠眺欲乘黃鶴招飛仙憶昔子美還詩詠得
此佳勝吳城隈隅中擬擇得真趣洋蹤偶寄如歸田
星霜轉眼幾改易惟此帶水常淪漣文謀遒結大雲
茲漫堂為駐載酒船風月無價亦得買但須四萬囊
中錢前則比元祿後中公纔興不一試可憐濯纓去同客
獨往許風動水底披襟天高歌一曲坐盤石長吁不

設魚潛淵日夕 酒杯常在手醒時嘯傲酣時眠麋鹿
為侶鶴為伴此中日永真如年不似桃源隔人境千
秋以後名空傳

登滄浪亭

曾聞名勝說滄浪此日登臨感倍長高樹斜陽喧鳥
雀平原衰草臥牛羊林泉雅許羈臣隱詩酒仍招過
客狂我欲留題繼先哲不勝懷古意茫茫

海鹽 陳其澎 桐舫

滄浪亭久廢不治吳子深斥資修復已已送春
前一日招飲為賦詩刻之石

吳江 金天羽 鶴望

孤春戀餘花密陰媚清流滄浪池館新泥醉呼朋儔 四十八
憶昔城南居排日為佳游隔岸萬柳綠罨畫在上頭
入夏清風多菡萏波上浮人事蒼狗幻兵氛纏九州
綱紀一朝弛樵牧來相求荒祠竄狐兔危棟巢鵂鶹
暮聞茄吹音朝見森戈矛馬矢邱陵高樞戶供薪樵
成壞理有常八荒同一邱自非吳剛斧丹堊誰能修
恣意對風花霍若沉疴瘳堂堂面水軒展席豁遠眸
櫻筍及時新不用宰肥牛醉歌張韻事石墨長鐫留

滄浪亭

吳縣 錢 辰 秋潭

獨坐觀魚樂滄浪水正清忽添垂釣意漫動濯纓情
一代風騷客千秋仕宦名棋枰空世局不著與誰爭

登滄浪亭謁蘇公祠次孫大 麟趾 韵

元和韓崇元芝

水雲巷城南春半雜風雨清游得未曾泥途興可鼓
喬柯疎高閣雜花映深塢一亭俯清漣勝地照今古
憶昔蘇與梅酬唱評菊譜（子美有和聖俞庭菊詩）至今風月清
猶聞夜深語禪僧愜幽境香火伴神宇春秋薦蘋藻
昏旦驅雀鼠護持賴長官松竹免樵斧徘徊不知暮
漁燈吐前渚歸舟雨未時濛濛濕柔艣

滄浪亭小憩示同游諸君

吴縣張鴻基儀祖

信步尋秋不待招滄浪精舍淨煩囂暖蒸桂粟黄霏
雪靜送湖渡綠過橋明月清風空有價英雄名士總

四十九

無聊相期一醉逃塵網目斷青旗柳外飄

連日至滄浪亭外閒眺偶成三絶

吴縣朱惠元楓隱

滄浪亭外水縈洄大好園林面水開山石嵌空樓閣
靚究如海上靚蓬萊
祇緣隔水望煙鬟益顯玲瓏窈窕顏始信天風船被
引三山妙在即離間
鳥雀聲喧游屐斷風吹落葉捲成堆莫嫌此境荒寒
甚好引幽人日日來

連日苦熱屢游滄浪作　同前

蘇臺幽境城南獨滄浪一亭尤絶俗我因逃暑屢經

過到此頓袪塵十斛滄浪亭子南水開水邊湧出金銀臺環亭荷花植萬柄清香陣陣隨風來花香水氣雨溟濛一碧漣漪東復東外港漁舟乘漲入漁歌唱徹聲玲瓏是時亦日正行天我倚亭欄獨聽蟬萬樹垂楊涵倒影清涼沁腸心悠然嗚呼長史當年性亢直飲食細故遭遷謫四百萬錢買此園屢經興廢今猶昔今猶昔忘不得豈徒煙水足流連為有名賢曾寄迹乃知丈夫樹立期千秋一時窮通顯晦無庸憂君不見趙家宮闕今何在祇有滄浪亭子萬古留

滄浪亭　　陽湖　伍宇昭　青堂

滄浪亭畔虬松橫山僧為我開軒檻片片龍鱗映空

五十

出亭亭車蓋當風撐竹外微聞幽籟響檐前吹落妙香清簾虛日薄倚高閣時有格磔春禽鳴

獨游滄浪亭　　太倉　顧晞元　子雨

如此亭臺竟寂寥詠歌人去鶴難招小橋流水門雙板夕照西風柳萬條千古知公輕謫宦十年老我尚吹簫東陽（歸愚尚書）舊節蒼涼甚衰草寒煙一例消

題滄浪濯月圖　并序

滄浪亭成于蘇長史亦傳為韓蘄王故居後易為大雲庵庵僧文瑛修復之泊商丘宋漫堂中丞撫吳又新其故址亭之興廢屢矣丁亥夏郡人增其規制而補葺之湖山佳勝得復舊觀濮與衡鄉同

客吳下數年寓居去滄浪不百步輒往游焉游必
有詩詩或存或不存暇屬蔣鄉作是圖圖成適當
月夕遂以滄浪月名之游無定時且不必皆月夕也
並搜兩人前後紀游之什錄冊中復題數絕以紀
鴻爪云

春風吹水綠生波曲逕彎環載酒過同是軟紅塵裡
住到來便覺會心多

選秋買夏五題殘鴻跡長留感也緣賴有滄浪亭子
在清風明月不論錢

夕陽漁艇入新圖沽酒人歸隔水呼一樹大桃數行
柳此間便擬小西湖今春於水際新植桃柳

五十一

三吳自昔繁華地水竹城南猶隱家何處紅塵移柳
外官蛙聲裡聽排衙吳中大吏多游燕如比

名賢五百勒貞珉碑門置石刻五百名賢象也算須彌人講論付
與山僧勤管鑰好花空鎖一園春

湖上詩騷髯有緣還從詩老借柯枝多情只有韓司
寇修到叢殘纂殺詞中設韓蘄王象祔祀于蘇長史韓纂戢祠在滄浪亭後載入祠
紀近聞桂齡尚書
有修葺之意

尚禪名手逕聽打鐘聲煙水蒼涼畫不成欲問東陽佳
詩社亂飛胡蝶亂啼鶯亭左有古字庵昔講思詩老還詩氣

長史風流五百年獨餘勝賞在林泉紀游留得新圖
表明月看看客裡圓

僧寄航以所繪滄浪亭圖搨本屬題

吳縣　潘祖同　譜琴

勝地名賢競說舊游鴻雪半模糊（咸豐乙卯曾一游滄浪亭）誰得
北苑丹青筆更續南園耕讀圖（道光癸未吳中歲歉先伯父功甫公倡為區田之舉文星住持真覺見而說之為繪南園耕讀圖）從此臨摹傳萬本豈惟
題詠徧三吳一公清望延陵系（唐詩僧靈一吳姓）先世淵源
記得無（吳柳橋年丈綸寄航之祖父也道光甲午與先少宰公同舉京兆辛丑又與先叔紱庭公同取內閣中書）

寄六舟僧達受滄浪亭

鎮海　姚燮　梅伯

古樹斜陽裊古藤名賢別墅住名僧畫苔綺院鶯新（五十二）
宅佛社青蓮我舊朋花柳春光初地轉寂寥琴語夜
天澄上修不惜清鐘課貝葉鈔詩滿帶縢

同奚虛白游滄浪亭

元和　張京度　蓮民

荒煙明斷墻風吹枯樹亞窘步忽魚路滿地霜葉卸
瓦礫堆廢基當年或臺榭石壁藏佛龕一燈光暗射
有亭如鳥巢突兀松頂架苔花沿砌生溪流入闌瀉
緬懷濯纓人於此結精舍名高速官謗才大遭世罵
挂冠作浪游買山那論價滄浪水尚清世事已代謝
隔水聞漁歌夕陽催暝下蒼茫客忘歸衆星寒入夜

滄浪亭懷古

元和　彭希涑　樂園

院落春深遶綠筠曾傳子美結幽鄰雨閒風月供詩
客一曲滄浪老逐臣片石釣餘紅漲暖高齋開處碧
蕪新子城日莫長吟望彷彿扁舟載酒人

滄浪亭枰石歌　　吳縣倪淵半陶

滄浪亭邊逗夕陽古樹修竹何蒼蒼坦然平鋪一枰
石苔封蘚蝕十九行流傳云是宋長史遭讒遷謫來
吾鄉手談不少同心侶玩此世事聊相忘昔人一去
七百載空留片石增荒涼忽憶當年宋天聖感喟坐
覺填中腸契丹西夏兩敵手爭道互劫須周防中朝
籌畫仗諸老群小讒訪何披猖浮雲蔽日蠅止棘黑
白錯置堪嗟傷姦謀肆欲鋤善類一網盡矣連蘇王

五十三

朝局變後日淪弱不平勝坐彈棋傍想君愛奕頗有
癖秋燈夜雨時相將牧奴之嘲每不顧野狐有譬辭
何妨今來石畔重捫弄懷古轉使心茫茫便呼子美
起對局却笑爛柯真荒唐

滄浪亭枰石歌　　吳縣徐熺夢白

蘇仙性好彈棋戲石枰巧製鋪林際刓破苔紋別縱
橫落子翠清無聲賸玲瓏一片凝碧蒼月入文楸浮
玉光人去局空歲幾更雨淋霜剝心難平

滄浪亭謁蘇長史祠是日與同人修秋禊於觀
魚舫　　長興朱紫貴立齋

流寓都因遷謫來詩人身世劇堪哀當時尚有歐陽

九詠到蟠桃苦愛才
喬木蒼煙秋入畫新詩美酒生臨隐水禽會我躊躇
意低趁斜陽渡竹杠

滄浪亭

地為廣陵王錢元璙故園慶曆間蘇子美作亭于
水上　高密 鄭文焯 叔問

城南池館水風夕一雨殘荷秋盡碧慶曆猶餘遷客
亭廣陵無復前王宅古來名迹多荊榛蘇翁好事豈
異人清時自有濟勝具佳地長託風波民推煙垂月
此何世吳儂爭詡藏山智尋常水石足清娛大好林
泉成活計我亦潔癖坐胸雲故山荒緣不可耘得錢

五十四

但覓漁樵醉辟地空思鷺鶴群悠悠蓬海幾清濁況
復茲流在塵俗奔競將誰閱世情閒波聊可濯吾足
莫道隱人城市無尊前歌激白雲呼西風一夜菰蘆
夢更擬扁舟卧五湖

晚步滄浪亭同陳蒿佺太史作

同前

霑衣細雨晚簾纖乳鵲聲聲晚霽占淺碧半灣蓮鷺
浴落紅一片冷魚唸柳橋竹港通煙艇水閣雲廊掩
畫簾行樂不妨春晝日看君好句換吳縑

滄浪亭　德清 俞樾 蔭甫

子美昔罷官流寓來吳中僦屋住民舍炎暑憂蟲蟲

尋幽偶至此愛此一水通乃捐四萬錢買得地數弓
舊木孫氏園歲久埋蒿蓬稍稍修葺之泉清山玲瓏
遂令千載下過者懷高風嗟余一無似敢與先生同
文章與學問不足希遺蹤如何失職歸亦來稱寓公
寓廬苦偪仄無以開心胸安得五畝地不染塵氛紅
引泉作清沼疊石成奇峰所願嗟未遂寄跡仍鵝籠
且復躡游屐來此披蒙茸振衣登危亭一覽秋天空

偕同人泛舟吳門夜泊滄浪亭 四首錄二

長洲 王韜 仲弢

小泊滄浪側鄰船笑語聞聯詩多未竟中酒已微醺
思為離鄉雜情偏與友殷昔賢曾此隱想像感遺文
五十五

其二

燈灺更闌後紛然酒欲醒去家原未久此路亦頻經
鄉夢如雲住人聲隔水聽歲華空復逝慚愧鬢絲青

游滄浪亭紀之以詩

寶山 侯庚吉 寅伯

滄浪亭亦渺小耳千古留名何至此再三廢興震川
記祇重詩人蘇子美王侯第宅盛一時過眼煙雲存
有幾名賢五百盡可傳食客三千奚足情阿蒙生長
海東隅揭來憑弔情無已吳趨風俗清且嘉亭外讀
書堂還迤維新守舊門戶分一樣栽培天下士清濁
自取有名言濯足濯纓視此水

月夜登滄浪亭　　丹徒　郭家騶　千里

孤亭獨上倚危廊，晚霽松杉更老蒼。蘇子不來禪榻冷，一輪明月洗滄浪。

滄浪亭懷古　　昭文　嚴本中　位茲

我聞子美古之狂，跌宕琴酒雄詞章。故紙區區過亦小，一朝被逐去廟堂。青蠅非禍乃玉汝，遺作江山文字主。竭來姑蘇得地偏，手斫荊榛開苑圃。草亭七尺名滄浪，俯瞰清流魚可數。春筆白菘夏紫蓴，呼酒高歌醉起舞。自言下筆古爲徒，聊與歐梅開旗鼓。滄桑變幻餘千年，翛然雅韻留人間。池館低徊猶舊跡，山青水碧流潺潺。暮春三月景物好，沿溪迤邐人摩肩。五十六就中獨有煙霞客，步碕矯首心悠然。清風明月隨時有，不假蘇侯四萬錢。

滄浪亭　　秀水　錢載　坤一

潑火雨過花洲新，歐陽詩中尋好春。章家韓家僂指塵，龔明之云：「滄浪亭，予家舊與章莊敏俱有其半，今盡爲韓王所有矣。」高林翠阜猶然真。石爲我几苔爲茵，暖香襲袂風生蘋。當年一網收冠蓋，黃文節墨迹觀秘閣，蘇子美題壁詩有「一網收冠蓋」之句。集賢之狂亦狼狽。西陲用兵則大同，狀而攻莫予奈。遂令占反拔茅泰，兗鄆鄧滁出諸外。先生既放吳中居，幅巾小艇來徐徐。浩歌仰嘯亭不虛，江東李白樂只且。磨鑑不滅光有餘，彼諂人者今何如。

滄浪亭修禊同汪文銘甫 恭壽 盧小鳧 昌祚 曹
曹村 德馨 徐石林 燮典 趙花雨 大椿 分得清字
仁和 王乃斌 吉甫

浴蘭時節天氣晴金閶門外聞啼鶯看花昨愛虎邱
好櫂歌令去滄浪聽昔賢偶所到亭亦千秋石勝地
以人重不與時廢興百年春光九千日逝者欲繫無
長繩前年習池逢上巳接䍦倒著醉不醒去年樊口
幽絕處流觴笑擲寒溪清捲蓬身世迮靡定竭來又
賦吳趨行范公祠前拜石丈鄧尉山下訪梅兄是間
風月價四萬青錢那惜囊中傾碧桃含笑玉蘭媚柳
眉舒綠麥脚青春雲駘蕩勸客飲春禽睍睆催詩成
五十七
眼中之人故鄉子澆酒能使磈磊平閒身幸不哀老
病悅目詎必簫管箏趙家天下誤花石蘄王亭子空
棋枰過客但問蘇子美園林未許章惇爭名賢五百
共一堂 亭左新建五百名賢祠始吳李札終國朝計甫草 要使後來景慕生
元氣所在今古合忠孝為重富貴輕不信且看亭外
水濁斯濯足清斯纓

游滄浪亭 同前

晴暄燕鶯忙春釀花柳醉游絲解引人絲竹自彈吹
吳娃蕩輕舟但說虎阜寺高詠何處尋荒亭草煙翠
風月不論錢獨賞有真意

蘇州滄浪亭 醴陵 傅尊 銑根

滄浪原自在清濁不關渠亭近宜招鶴溪深可養魚
斯游興不淺懷古意何如物我俱忘適塵囂得暫舒

過滄浪亭書感　元和陳任公孟

勝地篇章昔已多行吟不記幾經過重來風景殊前
日一撫闌干感逝波往年屢作社集於此老柳絲絲愁鬢斜
陽惘惘掛林柯校書講肆渾餘事橫涕江河復奈何

次韵東雷九日滄浪亭　同前

柳老荷殘野色蒼小橋依舊跨回塘青山繞郭秋如
畫黄菊欺人鬢早霜可起詩魂呼子美欲成僧服號
滄浪只今莫作茱萸會且對孤亭酹一觴

可園獨游梅花盛開為賦長句

五十八

儀徵嚴玉森鹿溪

文襄左文誠袁去已遠嵩雪衡雲來作花疏籬密護
斷人迹鐵骨橫空群鳥嗟當年觴詠倏泡影天山劍
戟今桑麻此花閱世將二紀冷極無言聽晚鴉衡山
雪薄梅亦少泉根幾樹微煙遮戊寅冬居衡山火荒孤賞抱
冰雪乾坤一氣春萌芽可園人散爾清寂空廊不斷
新雲霞夜深脉脉來鶴語門外時時喧馬撾湘上何
人吟水涯黄河西北無悲笳繞花千轉傷心極白髮
青門長種瓜

獅子林　吴縣張紹松嘯泉

風雨釀春寒阻我尋芳意今朝天氣晴杖策名園至

迤邐曲徑通巖壑驚神異怪石槃松根淩雲結寒翠
一水綠成染倒影花光媚天巧與人工羅列爭奇勢
誰道倪君迂卻具過人智玲瓏蕩心目玩賞不忍置
留連暮忘歸鐘聲起鄰寺

雪竇游獅子林聯句

錢塘戴熙醇士

奇境不在多吳珩所取惟險絕昔發蘇門舟戴熙未
及松園臬約伴春初游許乃裕共赴夙願切躡足濺
泥滑熙連袂互提挈園丁導行節珩遠客覓故轍雲
封添盤紆裕雪釋露岈嵲地窄勢鬱怒珩水曲聲鳴
咽跨磴煙露跂熙穿洞氣候別杳然石樹隱裕豁若

五十九

眼界裂咫尺迷天梯熙靈怪劈地穴豕腹脹頭洞珩
鬼臉幻凹凸挂星千乳垂熙割雲一片截盪胸變奧
曠裕誑目弄詭譎日罅寸碧補珩煙梭遠翠子石髓
風未凝熙山口月纔缺樹撐夜叉臂裕泉漱廣長古
禿柏褪古黛珩病松支寒鐵幽鏡照面顏熙脩紳誤
手扶遠塔卓霄漢裕迴闌駕虹蜺藤蔓驚蛇蟠珩松
子看鼠竊岩阿不可窮熙屐齒何惜折勢拗一步窘
裕眼饞雙足劣仄徑窄以深珩危亭圮猶設花石忽
然瞑熙坐嘯聊以悅嶄岩極勾留珩煙霞轉飄瞥三
墮復三登裕九曲疊九折如入魚腹浦珩神秘八陣
泄如注羊腸坂熙天險五丁掣如李愿盤谷裕鬼神

競羅列如柳州西山 珩 態罷肆嚼嗑或如蝸旋房 熙
或如螘穿垤或躋如猱升 珩 或僂如蚓結始知一尺
天百怪幻不竭 裕 又如頃刻夢萬事得盡閱依木相
牽連 熙 印苔恐傾跌歸途忽平坦 珩 想像猶兀臲倪
迂曾手圖 熙 米顛遺衽禰曠代邀今古 珩 真跡惜磨
滅獨此異境存 裕 猶挺高士節不覺身入畫 珩 絕勝
口授訣高懷波濤翻 裕 奇句日月揭解衣坐上歌 熙
把酒燈前說玆游亦偶然 珩 鴻爪印殘雪 熙

獅子林話別　陽湖　吳　鏞 卓銘

驅車薄暮門梅風雨後溫天語煌煌在玄石龍蛇文
云是倪瓚地拜手挹清芬東園壘雲石西園壘石雲
六十
雲生青鬖鬆映水幻龍鱗似我胸礧磈迴腸蚴蟉紋
陸生思入洛抗志凌高雯添我一重愁寂寞書牕芸
池荷如解意吹香彌見殷小橋話別處孤亭已夕曛

游獅子林　華亭　顧　翰 孟平

萬山搜出玲瓏石排空羅列真奇特畫手疊成獅子
形是獅非獅動魂魄雲林居士信高雅一點俗塵染
不得剪裁意匠出天然海內園林失顏色一峰高聳
一峰低渾似群猊坐山脊噴雲吐霧動秋風煙霞圍
住幽居僻長嘯一聲萬竅鳴清風習習生頃刻七百
餘年歷刼過吳宮焦土連雲黑喬松古柏猶尚存精
靈呵護非人力摩挲古石舊題痕好趁情光染醉墨

一杯清茗滌煩襟雪泥爪印留鴻迹

獅子林　慈溪 戎金銘 古愼

柱折共工儽竅鑿混沌死心造絶傍依妙幻乃成比
五松如蓋張危崛特中起裊碧雙螺鬘㬋青九連蘂
廻梁抱龍脊斜岨銜鳳觜穿穴歸玲瓏補砌藉層纍
盤旋迷心神變化呈奇詭上忽高峰巔下倏幽谷裡
其狀類狻猊形似後神似布置奪天工空靈若海市
荆關善圖畫恐未喻其旨盤桓玉鑑池名頭呀呀歎觀
止

獅林

吳門詠古之一　元和 袁寶璜 瓌禹 六十一

鑿池疊石稱疏狂清閟倪迂處女莊買夏園開成小
築廻春輦駐錫宸章香車晴陌招游侶鄰寺晨鐘禮
法王回首舊游雲散後更誰幽勝話滄浪

獅子林　吳縣 朱惠元 楓隱

園林大好畫圖開道是迂倪手創來幸得東西衛宇
接儘堪蠟屐印蒼苔 相傳係倪雲林所建

獅子林十二詠和青邱韵

長洲 沈清瑞 芷生

何來青狻猊偃卧霜林夜得非鷲嶺頭天風吹送下

獅子峰

峰前吐曙暉峰下歛朝霏踏破梧桐影山僧午後歸

含暉峰

天淨碧琉璃催起一輪月皎皎度寒林影漏前山缺

吐月峰

達摩面壁日懶残煨芋時朗然大辨悟不待放參知

立雪堂

鐘聲散紺宇松下禪關開白鶴飛一群閒雲去復來

卧雲堂

問訊到梅花春光漏幾許疏影月横牕默默不得語

問梅閣

悟徹最上乘軒内談經客客有禪喜心堅貞如比柏

指柏軒

六十二

窈窱圍石檻室濛醮碧波緣知定水裡活潑游魚多

玉鑑池

梧葉金井落井底水花冷取煮碧羅春銀床動脩綆

水壺井

幾个碧篔簹月斜人定後風吹環佩聲蕭蕭響谷口

脩竹谷

霽後渴虹飲一飲暮復朝至今古澗下波影卧長橋

小飛虹

彷佛巨靈掌擘開古石紋屋中寒氣聚日夕迷煙雲

大石屋

獅子林

鎮海 姚燮 某伯

昔聞獅林奇高與梵宮埒卓地逾尋丈摩天自巉嵲
靈跡偶一經神工嗟獨絕始入道縈紆步停情軏兀
萬竅蜂絡房七盤蟻緣垤空罅知下凹迴磴翻上凸
側竇光漸通下步澗忽截晦明互俄時東西移寸轍
久旋路每重覆行逕疑別勢危基賴安奧窮境轉澈
虛廊拂晴筠平沼交文纈夕景斜垣沈風林過鳥瞥
流細生古歡清閟澍高節孤心何介貞千載此蘊結

五松園賦松三章　同前

亭臺都廢盡兀兀五松存巢有新鳥語墻多老蘚痕
風聲如水至日氣與陰昏百歲東鄰叟撫髯讓爾尊

其二

花月沸笙歌繁華瞥電過輸君離世立奚止閱愁多
賸有蒙茸蔦來纏屈曲柯買山頻易劵柰爾舊人何

其三

山林無穉莵斤斧自相求大器將誰晦危生亦幸留
貞心天月皎壯氣海濤秋嶽觀奉時樹憑君當卧游

獅子林齋寓雜興　元和　張京度蓮民

百年池館感滄桑金地猶傳古道場出屋亂峰橫岸
崒梯空危石墜奇礓林亭稿說張三叟花木春尋黃
四娘我愛水西廳一角呼魚殘夜立迴廊
一春難得是新晴拾翠湔裙韵事并鏡裡明妝中婦
豔水邊珠袨麗人行倪迂入畫枯松在季迪題詩敗

六十三

壁傾惟有幽棲塵外客楞伽一卷注初成

同人游獅子林　吴江　金黄鐘　律初

獅林古勝地探幽入吴城園公迎倒屣為客啟雲扃
一轉一境遷一顧一回驚廻廊嵌古碣樓閣聳蒼冥
林花映日紅堤柳含煙青池中列巒岫欲渡隔滄溟
晴波石橋卧上覆珠藤棚過溪畫山逕惟石天生成
變幻猛獸伏利爪爭相迎猙獰不一狀松風假之鳴
空洞鑿山坳昏黑晝不明褰裳傴僂下恍帶龍涎腥
初入勢偪仄跪跪步還停漸進覺宏敞足底亦坦平
偶爾一呼答四壁齊應聲不信人工就或疑擘巨靈
日光一綫漏金碧耀雙睛華堂山之腹臨流兩三楹　六十四
到此一小憩兀坐風冷冷芒屩苔痕濕布袍岩花馨
喬木譁鼺鼬寒潭下鵁鶄緬彼倪高士結構此園亭
風流今已杳歲月倏幾更靈境一朝覯使我心神清
夕鐘催客返薄靄疏林橫欲尋來時路曲折非前程
始知一洞入諸洞皆通行同游興不淺各各鬪心兵
歸來風雨夕夢寐若相縈儻餘買山錢千金亦為輕

和西村從父游獅子林　元和　彭希涑　樂園

獅林我未游讀詩境了了昔聞迂道人於此成林沼
流疏震澤清石破靈岩巧仇池藏曲折未覺壺天小
鬼斧鑱空青慘淡經天造出門闤井喧入門山水繞

秋飛孤鶴迴春浴輕鷗嬌幽谷隱濃花閒庭鋪淺草
拾級聞人聲穿空出林杪東西屢歧誤迴惑苦難曉
樂圃有亭臺滄浪足魚鳥非無諸構築未若此深窈
何時撰杖行探幽從問道光風佛面來無量春光好

游獅子林　吳縣 吳興讓 竹林

幼曾游獅林雖荒非俗物廢亭炊濕煙露苔緣破壁
五峰蒼老姿曲水清幽色名手所經營猶可得彷彿
客中過北人往往誇口說歸來亟一過滿眼堆金碧
明妃事胡兒不如長門泣才人嫁廝養堪為蛾眉惜
方今長安富兒多風雅法書名畫盡入游伙窟

獅子林　長興 朱紫貴 立齋

六十五

一石成一峰衆峰併一石石意態殊峰峰徑路闢
堆垛藏玲瓏渾成寓襞積降下先陟高東行乃西轍
造意得諸先作勢取其逆丈石乍迎面尺波忽赴絕
想當締造初醜怪不可擇一朝位置成靈境詐創獲
從知天機精不苦地勢窄老僧知其然因材妙變易
胸中九州山眼底五畝宅縱横羅列中匠心極明嫿
我來當春韶雲根媚詩魄想先經營心至理在咫尺

游獅子林作歌　德清 俞樾 蔭甫

佛伸手化五獅子偶然游戲到吳市五百年來僵不
起至今嶄然成石矣我來攝衣登其巔奇奇怪怪言
難傳五覆五反看不足九上九丁游未全地既彎環

學盤谷水亦曲折成斜川可笑吾儕竟如蝶乃於九
曲球中穿書生之論怕隨俗偏向美中求不足雖然
山勢盡空靈未免游蹤總侷促蛇行匍匐伍虫鬭魚
貫攀援登入蜀昌黎有言我能詰屈自世間何肯低
頭入山腹石兄聞而笑君言何謷謷米顛所見一峯
耳相對必具笏與祀何況千巖萬壑羅堂坳非止片
石堪論交請君來此一平視早已游徧東岱西華北
恒南衡中嵩高君曾飽看許安大好之山水又曾驅
車遠度秦函嶺試向此中尋取徑游處一丘一壑無
能迷更比壺公縮地好翻笑愚叟移山勞縱不敢下
伯[illegible]務人足倡亦宜補折元章居士腰吾閒石言亦

六十六

點首侁欄毀落不嫌久坐聽鄰寺齋鐘鳴最是林間
獅子吼

師子林　　順德　蔡有守　哲夫

有客胥臺歸語我師子林奇石甲天下疊寘尤巧心
直以數乃把幻作丘壑深非出雲林手孰其比匈襟
吾生有石癖聞之安可禁今日緣吳門弛擔輒訪尋
但見錯楚間亂石支岩岑一覽已無遺淺率渾布棋
落筆尤陳迹改結構全殊今譬縱一名畫復為庸工臨
不辨真與贋聞名徒仰欽世之耳餘輩哉扶況球琳

和汪小然獅子林咏步次原韵

太倉　蔣錫勳　亦謝

名園仍傍市塵開閒道林亭半草萊欲發野花難問
主已闌游興未成灰年前風月供誰賞劫後登臨遲
我來兵火滄江史何似舊游如夢首頻回
病足初愈獅子林社集呈諸公

元和 陳 任 公孟

倚杖跰躚蹋淺莎屢孤佳約惜蹉跎昔聞高士結邱
壑幾見幽人來詠歌鷗鷺莫驚詩鉢響荷渠只對醉
顏酡坐看白雨跳珠急回首東齋悵惘多 韋齋歿已
四月矣

省園

舊為顧都憲汧鳳池園半歸榮陽相國家 六十七

元和 袁學瀾 文綺

一園分作兩園春此境幽間迴絕塵放鶴風搖隣院
竹養鵝水長石池蘋傳家忠孝簪纓替閱世亭臺草
木新喜接紀群同勝賞佛香茶味笑言親 陳順庵父
子奉佛

避暑皖公別墅 墅為程學啟祠園日惠蔭疊石奇古 邀晚浦痛飲
越日晚浦詩來揮翰奉答時晚浦有調江甯推
官之訊冀其不往也 鶴望

舫齋卧對皖公山失喜詩人兩扣關著飲百觚傲河
朔秋吟四韻絕塵寰巧逢亂世斯文賤獨遇深交禮
節删琴淡自生山水意 琴淡生涼叓舫中額語 幾時偕隱唱魚

鑾

游洽隱園

元和 袁學瀾 文綺

虎窟塵兵戰鬪回，名園重認劫餘灰。圖書散佚倪清閟園舊為倪廉訪宅，松石流傳社黨魁晚明韓貞文先生名馨字幼明少有聲南雍黨事起戕罹于禍鼎革後隱居此園。槐國衣冠成幻夢庚申之變園為聽王府，雲臺勲績著奇才。千秋俎豆留吳苑，甲馬靈旗月夜來此園今為程忠烈祠。

屢樓不隔遠山青，往事開尋草滿庭。三友名高爭綺角韓幼明居此園時與鄭敷教金俊明皆為勝國遺老互礪名節沈宗騫繪洽隱園三友圖，半州豪去散譚邪此園賞為豪貴所居。壺觴時集濃春賞，花石猶餘戰血腥。無限蟲沙沉浩劫，一龕香火奉神靈曾衛峰

六十八

今為宇祠奉香火

重游皖山別墅

長洲 張榮培 蟄公

不到游蹤二十年，墜歡重拾渺如煙。樓臺繚曲還依舊，花未凋零却遯前。試剔苔痕摹古篆，且邀茶話瀹新泉。此中雅有天台勝，笑我劉郎骨未仙。

偕鳳生鳳池游皖山別墅並呈吳劭甫園主

同前

共訪名園趁午晴，主人好客喜相迎。春光欲老群芳歇，夏令將新衆綠生。味飽郇廚供薄醉，歡聯陳榻荷深情。欣看蘭玉庭階滿，都是亭亭後起英。

再疊前韻答劭甫

同前

為賞名花喜嫩晴敢勞玉趾雨番迎芳園儘啟無遮
會詩老欣逢太瘦生聊學志和甘小隱得交季札倍
多情啼鶯不把春留住重倚雕欄數落英

立夏日偕諸秉彝王仲驊游皖山別墅倒疊前韻　同　前

園林春盡歇繁英款客偏深地主情刼換一枰消永
晝閒偷半日寄浮生趨衙久懶黃蜂散入幕重勞紫
燕迎最是清談香茗熟鵓鴣聲裡聽呼晴

倒疊前韻似劭甫 二首之一　同　前

一庭蘭玉正含英道廣能聯四海情勝國龍頭推逸
老騷壇驥尾屬鯫生落花香逐春流逝布穀聲催夏

六十九

令迎天與名園資管領呼童著意課陰晴

皖山別墅課餘口占　同　前

名園消暑愛清幽聊作平原十日留片席琴書欣得
地滿庭風雨似驚秋煩襟滌去塵三斗詩味分來茗
一甌却笑南皮開盛宴競將瓜李侈沈浮

吳門過程學啟祠　松陵　陳去病　佩忍

作賊非賊官非官一身反側空盤桓江湖血戰總何
事徒令八杰喪其元

壬申重五前兩日濂溪坊蠡園落成曉浦有詩
見賀即答時入秋將為滇中之游來詩及之

吳江　金天羽　鶴望

弓衣無句且韜窮花藥孤亭石蕝封格古書甯三犢
載觴賓酒僅一鴟容生涯大好搬薑鼠家食難為釀
蜜蜂欲趁圖南裝未辦采芳携子挂秋節

游蔣氏復園

舊名拙政

九曲紅橋映水清昔賢於此訂詩盟人行竹外驚松
鼠雨歇林端轉谷鶯石壁摩挱看舊記危樓遐覽小
吳城憑欄且莫催歸去夕照啣山一帶明

松陵 朱逢泰 柳塘

下榻復園旬日陰雨連綿未得遍歷勝處三月
四日始開霽暢游竟日爰紀以詩

吳江 顧 虬 青庵 七十

春風一櫂來吳門眼中花柳經村村復園主人雅好
客留我下榻當西軒西軒牕几極明淨市塵隔斷聲
無喧須臾金盤粲銀蠟殷勤召客開瑶尊酒酣笑向
主人道曷不移席游芳園主人語我始少待今宵無
月天昏昏花光須及向晨麗秉燭豈若乘朝暾夜闌
客散就床卧牕前細雨愁無那十日五日不肯休便
恐殘春等閒過今朝屋角鳴鳥尼急起視天忘披衣
初日烘花呈笑靨和風拂柳舒顰眉柳眉花靨示人
意迎人直過平橋西危峰數疊呈嶔寄晴川一碧明
玻璃高閣孤亭互即離朱欄畫檻相參差層樓更上
凌丹梯長廊窈窕煙雲迷斜陽忽已墜棲鳥爭相語

尚有奇勝未盡探餘興更約來朝補歸坐書牕聽漏鼓短童挑鐙酌清醑輕風又作瀟瀟雨

立夏後一日遠香堂讌集　同前

雨後園林夕照微堂開文讌敞雙扉嘉賓四座金龜佩着我中間白紵衣殘影尚翻階芍藥遠香初送院薔薇回思爛醉濃春日已覺繁華過眼非一月十九日曾賞桃花于此堂

復園春霽　同前

釀春十日雨簾纖春色名園細細添晴晝强扶中酒病畫樓高卷却寒簾柳絲婉婉牽衣袂花片零星墮帽檐輕嵗棲遲成熟客游魚飛鳥總無嫌

七十一

題復園嘉會圖　同前

嘉會蘭亭後西園與玉山蔣侯多逸興此事又人間雲集思群彥風流見一斑文孫能歷歷畫裡指容顏

其二

傳家六十載什襲卷猶新太史才華擅尚書面目真予幼時以未識沈歸愚先生為憾今得于圖中見之看詩兼讀畫先友亦周親沈袁兩先生于主人皆親串也為道分題處拈豪各有神

其三

幸下陳蕃榻居然入畫圖題詞客後進撫卷念前模徑杏元卿客詩傳穎士奴圖中合賓主僕從凡二十九人今惟詩僕朱商山尚

丘　名園重展眺高柳亂煙蕪

善方大章（夔）王子乘（昕）過訪復園

同　前

春風無限好吹送故人來一笑愁城破重簾特地開
工詩寒到骨善病瘦於梅守拙方三拜何人識此才

其二

王郎風雅士經歲此重逢約略還相識分携感舊蹤
山塘雙畫槳落日一聲鐘記聽吳娘曲春波如酒濃
去歲正月二十八日始識子乘於山塘舟次

復園觀荷　同　前

水氣清冷花氣芳晚來隨意步銀塘露裳淺草青鞵
七十二
濕月上平欄白石涼濯錦幾枝新蓋影滯人雙宿野
鴛鴦便應移閬苑碧桃小語蘅蕪夢也香

正月望後五日至復園　同　前

去來剛一月已是隔年人又作名園客重探勝地春
琴書各無恙花鳥自相親六載淹留慣都忘羈旅身

陶鳧鄉（樑）過訪復園留飲荷亭作

同　前

佳客登堂騖王之新詩題壁生光華羨君才如李供
奉折贈一枝青蓮花鳧鄉已往以青蓮贈之
長城到眼怯相攻且折新荷飲碧筩清風得枯腸詩思
活吟聲驚不似秋蟲

留別復園　　同前

六年栖息一廛寒，欲別林亭意渺歡。已定歸期增惝怳，重尋佳處一盤桓。跡原無着成行腳，情不能忘類罷官。那更北風吹獵獵，山容水色帶愁看。

蕭條景色逼殘年，替主留賓欲雪天。敢說春風生杖履，借地福地作神仙。束裝綠綺猶無恙，照水朱顏不似前。只恐桃源難再到，武陵人漫刺回船。

關心最是好春時，三徑常開日影遲。不遠客爭趨北郭，願輸錢比看西施。夭桃作態憎憎笑，蝴蝶成團款款隨。如此名園如此景，纍纍難下董生帷。

此地名賢手澤留，煙垂霧接膀高樓（樓中“煙垂霧接”四字匾額為吳七十三）。（梅村先生所題）每因登覽欽前哲，未敢題詩在上頭。臨頓里連芳草合，望齋門近女墻幽。憑欄景物都堪憶，臨別抽豪紀勝游。

余既有詩別復園矣，臨行設餞，主人復訂明年之約，即席更賦一律　　同前

前度劉郎猶未去，殷勤重訂隔年期。應知賓主終投分，想為園林尚欠詩。殘歲喜聞春到早（是日為十二月十九日，已於昨日立春），寒梅似笑月來遲。一言報與諸同好，入座依然某在斯。

三月三日之復園，值陶凫鄉棵方集同人修禊園中即事二十四韵　　同前

朝來五兩風飛渡吳淞江推篷忽抵岸繫艇溪橋樁
款關入名園隔花驚吠龍園中人大笑綠酒正瀉缸
拉我坐臨池流觴水淙淙主人令蔣詡三徑喜足跫
陶潛吾畏友床下夙拜龐餘子亦同調臭味通蘭茳
使進無算爵怒鯨吸奔瀧投壺矢策策催花鼓逢逢
杯行令嚴肅談深語紛哤酒半更移席登樓闢虛牕
仰觀徹雲岫俯察窮蘚矼茲晨傳祓禊右軍序無雙
眼前公等在望古詎肯降又手各成詠筆力鼎可扛
鏗金與戛玉四座聲錚鏦繪圖屬吳生竹虛拂繅明
夜缸蘭亭所未有別建騷壇幢而我媿才薄曹檜陋
小邦未甘金谷罰覓句循畫杠窘急聊出奇險韻鬭

七十四

緣橦如和陽春曲難以嘲哳腔定遭大雅嗤援筆心
已慺

復園樓外菜花甚盛主人招同息鄉小飲即送
息鄉之武陵　　同　前

一下南州榻頻開北海尊當春足佳日覽勝對遙村
匝地黃金散憑闌白石溫漫勞歌折柳有客黯銷魂

其二

魂弱不勝銷愁腸借酒澆飛揚同此志離索轉無聊
樂府今三影游蹤古六橋去逢朱與郭湖上定相邀
朱鐵門春生郭頻伽麐時俱客武林

三月十九日吳竹虛履邵元咨縣魏霞城標共

飲園中即席和竹虛韵　　同　前

風雨相催春欲老賞春人亦漸華顛飛來燕子尋殘
壘長出龍孫帶曉煙對酒當歌須卜夜新交舊友總
忘年也知放手摶沙散且結尊前一晌緣

復園餞春小飲和韵　　同　前

厨開櫻筍簇鮮新一洗胸中萬斛塵賸有螘衣縈柳
絮并無花雨點苔茵放寬眼界都詩料署出頭銜是
酒人莫更閟情春已去當筵且賞月如銀

復園壁上題有二絕句前首點畫工秀次首字
微紙縵而姿媚逸出玩其題款知為廣陵閨秀
同人以未覩芳容為憾余因次韵二首并原作
錄存之　　七十五　同　前

萼綠華來人未歸知他燕瘦與環肥遥憐石滑相扶
處蹴損蒼苔一徑衣

此間小住亦為佳底事匆匆返鈿車約略一聲長太
息從來傾國愛名花

庚申三月晦日偕幼珊妹雨中游蔣家園作

廣陵　蕭　珞　仲璎

春光草草送將歸細雨如絲綠正肥却喜靜無蜂蝶
鬧不妨微濕薄羅衣

同作

廣陵　蕭　瑚　幼珊

聞說園亭此最佳今朝偶爾駐香車穠桃豔李漂零

盡開到風前姊妹花

蔣園易主歌

吳縣 范來宗翰尊

踏青挑菜旭日晴雜花滿樹群鶯鳴齊女門邊結隊去其中亭館舊知名探尋孰把洞天塞滿眼風光隔咫尺貼門紅紙寫行行蔣家園付查家得冶游裹足盡驚猜迷卻仙源莫溯泗野老躊躕不能已為言往事動新哀此園肇如稱拙政嵐光池月交輝映侍御先侵選物場（侍御王獻臣侵大宏寺基剏造）相公繼占神仙勝（海昌相國陳之遴得之）兩度從軍遼海邊征夫何處問平泉為陵為谷頻頻改復起乾隆十一年（陳遺戍後輾轉歸於蔣氏改名復園）樂安富盛甲閭里為愛山林在城市天教卜宅吉無雙衆

七十六

慶專城看鵲起（蔣子為平陽守）朝增月榭暮風廊竹樹千霄水溢塘宗伯書碑留記序（沈歸愚先生）名流擊鉢競詞章買田陽羨論千萬久遠貽謀符素願公子徵租豈贈舟先生市義休燒券荏再韶華六十春嬉春士女集城闉黃花散漫鋪金地翠閣流連倚玉人不定盛衰又轉轂於斯歌者於斯哭舊德先疇彈指非丘山華屋傷心速君不見婁東祭酒詠山茶今昔依稀共歎嗟好事他年重過訪未知春更屬誰家

吳晉德招同張訓導千里飯拙政園

長興 朱紫貴立齋

主人亭館不輕開一飯今朝笑語陪新柳綠分橋畔

水殘梅白槮竹邊苔君從陶峴船中到我自梁鴻廡
下來各抱五湖三畝意名園相對轉低回

拙政園春風檻戲示吳 晉德

同　前

鈎簾夕照四牕空曲徑彎環曲院通祇有鳳窠人到
處不留一路過春風
山情野意有誰娛人影衣香未可無簇擁花枝飛不
去朝來忙煞玉腰奴

吳園　江山 劉履芬 彥清

拙政山茶怒老梅百年池榭幾遺栽碧桃臨水才三
尺猶背東風滴淚開

七十七

吳園為南皮相國駐節處撫今思昔系之以詩
並畣月汀觀察四疊韻

歸安 朱福清 脩庭

相公罷鎮久居吳一幅春風侍坐圖楊柳小橋青箬
笠梧桐院落碧紗廚憑君寫入生花筆使我重拈記
事珠今日遠香堂畔立徒教鴻雪印名都
堂有楹聯係師相命撰陸鳳石書

用前韻戲柬廣菴同歲速其入社以張我軍

同　前

月裡仙人舊姓吳已登桂籍列仙圖摩挲金石常携
袖斷爛文章不入廚我有良朋渉割玉時隨上客履

銜珠釣游少小同鄉里忍使城郵射子都
月汀世仁兄招同文小坡孝廉朱脩庭觀察夜
話出近作暫和率爾操觚聊供噴飯云爾
吳 廣菴

滄溟穩渡揖天吳篋裡新攜述職圖滿袖香煙杜陵
句消寒美酒步兵廚多君手有生花管老我胸無記
事珠一曲陽春難屬和行看紙貴比三都
五疊前韵簡縈虞臣尚衣

同 前

名園城北舊稱吳十景曾題上相圖（南皮相國有吳園十景圖）手
掌綵綸勤補袞性耽林壑慣移廚（君常于園中宴客）無端見
七十八
獵思張秧（余久不作詩故云）有客探驪已得珠使節他年周
嶺嶠還應山水賸茲都
虞臣尚衣招陪寄鷗丈午飲九疊前韵

同 前

搏沙何幸聚中吳詩社應摹主客圖雲樹人懷千里
月（憶立甫貢三兩權使）韭菘味壓萬錢廚圍壚促坐
溫如玉對酒當歌纍似珠時向此間得佳趣渾疑身
到帝皇都（暖屋兩間極似京師）
博按廣菴詠懷諸什因與本園無關故未錄入
張子青之萬制府屬題吳園圖十二冊
中江 李鴻裔眉生

遠香堂

濃香旌節花勝地蓬萊苑堂中隱几人心與江湖遠

蘭畹 遠香堂臨水一面

妙香通畫禪名花當佳客百蘭芳菲菲來作鼻功德

玉蘭院 一名筆花堂

山茶遺寶珠木筆傳瓊杯停雲真吾師祭酒安在哉
王御史園成文待詔為之記待詔家亦有玉蘭堂
也國初歸于海甯陳相國中有寶珠山茶三四株
連理交柯吳梅村祭酒為詩記之

柳隄

柳浪接雙橋荷風來四面可似澄懷園近光樓下看

七十九

東廊

伽藍化金谷成壞真一霎不見驄馬坊斜陽在高塔
拙政園舊為元大宏寺嘉靖中王御史獻臣侵其
地以營別墅

枇杷塢

五月洞庭波低航壓高簍誰移一樹金東園供載酒

水竹居 亦作梧竹

十畝荷扶渠映此一弓宅時見柳彎腰還疑竹請客

萊花樓

樓中瓊樹歌樓外蕪城淚春風若有知黃金為布地

煙波畫船

樽開畫舫東月桂花樓西翩翩太常仙清齋醉似泥
五六月中于此作胡蜨會時方禱雨齋醮但食素
而已
芍藥坡
身退韶光永人祥花氣和宜傾婪尾杯媚茲春夢婆
月香亭
姮娥鶩老蟾踏花作香塵公毋渡江去叢桂欲留人
最宜處
官梅宜鼎實不升桃李盤但許凌霄雀飛來伴歲寒
六月六日消夏第一集飲子青制府拙政園周
存伯閣大令即席畫紈扇遍貽座客作詩謝之 八十

同 前

周侯畫筆風雨馳顛張醉素兼得之眼中那有筌與
熙空廚無煙日亭午我詩時作秋蟲語怪爾霜髭遽
如許名園勝日雙玉壺萬荷喧雨涼生膚翛然坐我
於江湖既醉尚書浮蟻酒更看周侯斬蛟手批風抹
月出花柳
乙亥春日僑寓拙政園即景有作
桐鄉 嚴永華 少監
挽鹿相期賦遂初名園小憩樂何如爭誇謝傅東山
勝容得梁鴻賃廡居
曾以山茶得重名我來剛及吐繁英亭臺依舊枝柯

改想見蒼茫異代情

複閣環橋曲曲通清游究在畫圖中自斷六法粗能
解欲貌平泉筆未工

柳陰路曲碧羅羅損却愁眉奈客何一樣春風舒翠
黛橫斜水面寄情多

遠岫斜陽淡有無半簾飛絮亂平蕪疏林新霽蒼苔
滑折得楊枝當婢扶

鈎連石棧忽登樓水木清華一望收此景最宜涼月
夜桂花香裡約重游

兒童遥指水西亭行過迴廊倦屐停翠竹連雲千萬
箇窺牕瘦鶴自梳翎

八十一

鬼斧神工疊嶂連槎材老樹不知年掃苔石上思題
句此亦東南一洞天

拙政園歌　德清　俞樾　蔭甫

張子青同年前輩開府三吳駐節拙政園承詢斯
園故事因作長歌詒之

銷烽息燧東南定定後東南非昔盛鸛坊鶴市半荒
蕪吳下名園惟拙政名園拙政冠三吳遠溯前明創
造初驄馬王公新卜宅衛山行詔舊留園（園始明代王御史獻
臣文衛山有拙政園記并圖）昭代龍興開甲第海昌別墅人猶記（國初為海昌相國別業籍沒後
泉石無端籍縣官流傳史屬平南壻（曾為吳三桂女壻王永寧邸舍）
百年依舊比樓臺三徑重為蔣詡

開（吴三桂敗後此園嘗爲糧道署其後復爲郡人蔣誦先所得因易名復園有復園嘉會圖）見說
復園盛游宴屢招名士共尊罍是時正在乾嘉除吴
會承事多勝事頭白尚書訪舊來風流大令看花至
（沈歸愚尚書即圖中人之一袁子才大令亦屢至是園）自古園林有廢興又閒
風月屬延陵春風秋月游人口只解吴園兩字稱吴
園花木還稠疊水竹平分王與葉（後爲武林吴氏所得是稱吴園其左右割爲王葉兩園）
王葉園中半綠蕪不及吴園盛蜂蝶癡蜂
醉蝶弄芳菲忽見漫空妖鳥飛淨洗腥膻消戰血重
看金鼓建牙旗暫駐仍蕭瑟欣遇安昌來建節瓊鋪
珠箔奉慈輿水閣風簾停官轍我幸園中一再游聊
將往事數從頭作歌媿乏梅村筆莫問茶花如舊不

八十二

游拙政園

平湖　屈爔伯剛

亭臺還值賓車駐舊燕如尋王謝堂一樹寶珠歌舞
冷三春詞客鬢毛蒼銷沉花氣垣衣窗小坐松陰茗
碗涼說鬼莫須驚故壘鼓聲齊女又斜陽
偕宋季篠游拙政園

長洲　張榮培埶公

幾日驕陽放老晴新荷一水透盈盈隨風蝶影聯翩
過繞樹蟬聲歷亂鳴久坐亭陰消暑氣閒憑欄曲得
秋情一甌清茗千竿竹不惹塵埃半點生
同黄頌堯顧巍成游拙政園並至臨頓路酒家
小飲

同前

名園深處愜幽尋，滿座清涼暑不侵。一朵紅蓮標獨秀，四圍綠樹補新陰。茶香細領閒中味，松籟時聞靜裡音。更喜吟期招飲去，臨河水閣暢塵襟。

朱綬青約游拙政園並承園主松濤留飲　同　前

晦翁招我復園游，為愛荷香竟日留。況遇主人偏好客，得消暑氣勝於秋。閒懷小飲渾忘醉，捉席清談足解愁。最是夕陽紅漸淡，嫩涼一味占茶甌。

和震伯游拙政園韵　同　前

不用詩囊負小童，招來俊侶賞心同。夢尋槐陰清虛裡，香悟蓮花自在中。老樹參天延古綠，新妝隔水映

嬌紅。名園畢竟多幽趣，能使塵襟一洗空。

五游拙政園感賦　同　前

遠香堂畔滿荷香，一陣風來四面涼。魚戲無心穿翠荇，蟬嘶儘力曳垂陽。山茶幸入梅村詠，水榭誰窺柳氏妝（牧齋先生娶柳如是嘗藏嬌於此）。一月游蹤經五度，勝他三宿戀空桑。

拙政園喜晤銅士有贈　同　前

名園小劫話桑田，領略荷香又一年。偏是催詩來急雨，勝如柱杖聽飛泉。半池涼氣清于水，一縷吟魂盪作煙。怪底東陽腰瘦損，河魚抱恙尚纏綿。

六月四日偕鳳生游拙政園忽遇天陰作陣黑

雲翻墨白雨跳珠煙霧迷離如一幅米家山水
洵奇觀也走筆賦之恐不能狀其萬一耳

同　前

入園數步大暑去燒空赤日迴羲馭鳴蟬四噪萬木
噤荷香徵逗花深處驀地濃雲黑滿天芙蓉塘外輕
雷旋打頭忽放雨脚粗萬荷葉上聽鳴弦是時滿園
陰四合涼風捲地來蕭瑟竹翠松雲黯不分煙光水
氣虛相雅坐觀此景真仙乎依稀濯魄從冰壺如游
龍女靈虛殿如攬襄陽水墨圖四圍檐溜跳珠急闌
干繞遍臨風立為耽幽賞入空濛雨花不怕沾衣溼
炎歊一霎滌茶甌雲散天青雨漸收賸有蜻蜓飛不

八十四

去夕陽紅挂柳梢頭

拙政園避暑　同　前

雅有山林勝名園暑氣清茶瓜留客話魚鳥助詩情
虛碧松廊合浮青竹塢生荷風招四面幽寂破蟬聲
亭有額荷風四面

拙政園賞荷　同　前

一縷清香一陣風荷花初放水當中亂蟬噪樹破空
碧瘦蝶穿籬墮小紅四壁亭臺疏入畫數聲簫笛遠
飄空此間雅有山林氣門外炎歊便不同

拙政園藤花歌　同　前

相傳為文待詔手植

白楊蕭蕭紅桐老吳宮人去埋花草迄今相隔近十
年繁華猶說當時好偶探名勝話風流尚有舊山手
植留紫藤滿樹垂垂發新條看花到白頭池已當日
承恩遇觀樂行佛手泉且橋鳥枝頭時一鳴驕傑游
目都成趣獨有藤花夾路開時春蜂蝶過墻來紅麗
百尺鋪歌席錦帳千重覆酒杯一場夢醒滄桑變花
落花開人不見舞影空思楊柳腰妝餘莫問芙蓉面
幾許芳菲隨劫塵池臺寂寞倍傷神彩雲去地渾無
主壁月當空不算春春秋雨夜傳游屐誰循花晨與
月夕一代宰傳相國家百年猶記空王宅古藤一架
挂春風蘢蘢結字花垂紅晴霞映地輝千丈香霧漫

八十五

天澄半空對此奇花重承芑古來韻事多收拾細石準
曾詠李文饒花竹爭傳獨孤及至今相賞一年年勝
有新詩付管絃只憐未入梅村筆留與山茶共鬥妍

拙政園瀹茗　　同前

偶入園林便賞心四圍夏木影沈沈清香一縷浮荷
樹濃翠千重鎖竹林小蝶晒衣輕墜粉新蟬曳樹亂
鳴琴茶甌滿注消煩渴檻外風來暑不侵

拙政園　　常熟楊无恙

堂樹梧磴迹半仍舊華晉此碎詠燈窗勝夢夢秋荷
雨鏡影茶花夕照藤

吳縣研夫太守招飲拙政園即席賦謝

陽湖惲炳孫季文

新陰猶是養花天喜向名園預綺筵廿載清風懷舊德余承先德又樂夫子見賞受知最早一時雅集步前賢小橋流水春猶好滿座飛觴醉即仙多謝高情饒眼福願從翰墨結因緣

鄒詠春約同朱古微曹智涵及紫封上人至瑞蓮庵觀荷晤仰慈上人乘醉至拙政園詠春賦詩依韵和之　同前

避囂來佛地豁目水天長入座境逾靜未秋心已涼清談蔬筍美淡意芰荷香忽聽棋歌發琅琅音繞梁詠春朗吟朱布真棋歌數闋聲琅琅出金石

八十六

拙政園與夢華堯衢冕士啜茗

貴陽陳夔龍筱石

高會當年集漢貂到門今見草蕭蕭松撑老幹穿危澗荷擁枯根補斷橋舊雨久同棋局散好風不送酒旗飄芳園尚有興衰感忍向茶坊話四朝是日閒話順康雍乾四朝故實感慨繫之

過拙政園訪山茶花不得和梅村祭酒韵

吴縣潘觀保辛芝

園在府治東北明王御史獻臣因大宏寺址創為別墅海昌陳相國得之在政府十年不歸籍入為蘇松常道署缺裁復為民居歸蔣氏又歸查氏尋

歸平湖吳相國亦未一日居子孫守之庚申後又為公廨柚村先生所詠寶林山茶為江南僅見者不知萎自何年流連光景感慨係之因次其韻原詩用砂流沙並因麻韻無砂字以家字易之

大宏寺裡曼陀花嫣紅翻雪枝交加萬古冰霜見多樹六朝金粉杞王家葉分羽葆蛻含露花明火齊晨流霞書懸御史愛游眺經營別業字專參華滄桑轉眼紅羊劫甲第重開說白沙不道樓臺無地起精藍改作東平里承明主入侍君恩十載光陰若流水没向平泉看鸛頭旋遭還誦服熊耳道路爭稱獨樂園華堂誰見尚書履花開花落幾經春護持敢與甘棠比

八十七

從此名園易姓多有時荊棘時羅綺寶花零落知何年粗俗漫山賸桃李延陵荻望重鬬來如燕營巢定新壘風流擬似千橋杜蜂蝶字狂鷗鷺喜功名作然黑頭公笑眼看花侍佛宮好似靈巖山館裡年年花草鎖春風（靈巖山館畢秋帆尚書別墅尋歸南沙相國）承平光不知兵事驀地飛來劫火紅滿目蓬蒿怨狐兔凄涼門巷寒煙中功成一鼓吾能說鵝鸛聲喧蔡州雪上將旌旗落日高王侯棨戟英風發倜儻蒓鱸隱故山亭臺重到夕陽殷荒池水涸留荷葉瘦石煙鎖認蘚斑舊時碣殘知多少故家喬木難長保永明松菊幸猶存滿院飛花紅不掃歎息名林久作薪靈根埋沒過荒草燕

限空山耐冷花冬〻春閱盡青天老尋花此地露霑衣
寂寞惟餘柳絮飛待補畫圖傳韵事卷中贏得好春
歸

拙政園文衡山手植古藤歌

吴江　金天羽　鶴望

秀州城中李唐舞蛟石竹坨據典强改名蛇蟠旁有
藤花一架氣清鬱詎如此藤拗怒直作蛟蛇看拙政
園中山茶僅且斧剩有西堂筆千朵攢入門左顧壓
屋藤陰重筋張骨屈古蘚蒼皮乾虬枝上天根絡地
五龍拘絞騰擲緣橦竿鮮英紫萼密綴千萬縷妍華
香勝披拂成妙鬘衡山高節古風調隔世想望齊鳳八十八
鸞藝圃池蓮一往表清逸藝圃即今七襄公所在文衡前更着此藤
萬古真氣完春來婆娑席地此觴客款倒坐卧地窄
詩腸寬游人鼎鼎不挂眼枉跨寶馬馱金鞍名園忍
付傖楚手偷閒塵外追清歡臃腫嬋娟妍醜不相蔽
雖非孤松翳影長盤桓

早起拙政園看芍藥同伯秋

同　前

初陽上屋山綠陰轉庭砌名園久無主花藥詡清秘
境寂物態真詩心即物寄百舌語春歸門外斷吟轡
吴宫美人出組練光照地月窟霓裳舞仙袂當風曳
香清粉著辮露重花傾蒂花事豔豐臺芳郊蹴嘶騎

吳會金粉塲兵鋒迯五季冷淡索天趣造化免嗔忌
懷賢撫古藤真氣一蟠際

拙政園　吳縣朱惠元 楓隱

名園爛縵茶花放猶記梅村作詠年得賦遂初非易
事海昌當日未歸田

園在北街與新居潘儒巷僅一水之隔

拙政園觀劇易笏山方伯 佩紳 出近題詩夢鐘
聲圖醉太平四闋見示詞中目予為潘郎斑白
之覺不覺轉愧為喜即于座上戲成一絶聊自
解嘲　吳縣潘祖同 譜琴

年來彫盡鬢蒼蒼姓氏還沾寶墨香敢向江東誇獨
秀潘郎前更有周郎

八十九

拙政園藤花歌　吳縣沈敬學 習之

園為前明王御史獻臣因佛寺廢地所營別墅文
待詔有圖有記其子以負博進錢歸徐氏虞山錢
尚書曾居之厥後為陳為王為蔣為吳數易其主
今為八旗奉直會館向之連枝山茶已不可問而
門內老藤一枝蜿蜒如龍圍數百年物也花時作
歌用梅村山茶詩韵

闔閭城內多好花花花相對枝交加皎如班姬擣素
練艷若句漏燒丹砂遂使青韶九十日金谷璀璨蒸
晨霞拙政園裡古藤古獨標冷艷壽鉛華老幹豈撑

太湖石繁英亂落恒河沙斯園數典從頭起驄馬王
公耀閭里再傳巨室若浮雲一擲名區付流水是時
弱蔓已蒙茸庭角牆陰等閒耳曾看賞艷倒金巵曾
見尋芳錯珠履後來嘉會圖復園郡人蔣誦先得之易名復園有復園嘉會圖
裙屐風流盛莫比綠楊一樹有鞦韆畫閣三層
綺羅綺當年花作曼陀羅春風不鬬閒桃李竹肉方
銷戰鼓聲樓臺早易將軍壘梅村集裡賦長歌海內
流傳差可喜我憶後先兩相公陳相國之遴雖有斯園全家謫戍遼左未
一寓目南皮張相於赭寇平後撫吳實居之恩威事異承明宮荷戈飽看
邊關月開府爭趨旌節風豐沛枌榆客判白蒯遼桑
梓人批紅藏綠忽露花架底如龍欲攫歌筵中陳祠
九十
咫尺一株說陳忠烈祠有大藤頗古紫裘掩映酴醾雪我家洞
庭亦有此羅漢寺前今艷發包山羅漢寺一株尤古橫蔭數十畝斧斤
不到老空山閱世原無淚血般比地滄桑數易主如
何依舊開斕斑辟彊而下名園少歷劫平泉幸能保
九畝身橫若結繩園丁花徑難為掃我歌既終別有
懷吳宮莫問閒花草回黃轉綠事無定百年鼎鼎催
人老戎菽同披紺色衣藤花應逐柳花飛年年罨畫
溪相似春送天涯何處歸

重陽日偕拙庵游拙政園

吳縣 亢樹滋 鐵卿

掩關忽報故人過欲往登高奈懶何把臂園林尋北

郭回頭花月村南柯空梁燕去香泥冷芝徑蹤嗟萱

草多小坐漫深興發感摩挲樹石且高歌

新秋謁曲巷九丈遂游壯悔園

貴池 劉慎詒 慈甫

一夏疏簾閑起居新涼喜把道顔眹寒天吟思來風

雨（公近有題葉天寥遺像及吳愙 齋中水畔頭山詩碑圖諸詩）瀉露秋聲到竹梧

鄰樹歌彈紛斷續儷揚笑貌氣賢思斜暉挈我危亭

坐待送歸桃月滿途

冬至日舟從趙蜀琴 宗 非 偕上海聊社友順德

梁彥田 永 思 東莞祁武垣 玉 三水陳覺是 鳴 謙

番禺趙蘭石 元 達 過訪約盧彬士同年 文 炳 游

九十一

壯悔園獅子林歸觴酒樓即席贈梁祁陳趙

元和 陳　任 公孟

靜裡友飛六館盧朝來門外聽驪呼神交得見今何

晚吾道由來總不孤雪後園林泥印爪尊前譚笑古

為徒嶠南自昔多名士欲往從之共趙盧

乙酉上巳邀同人涉園修褉集蘭亭字

元和 郭鳳梁 李虎

視聽幽情暢與懷癸丑年觴流修褉日人詠暮春天

蘭氣欣相遇竹風來惠然雖無絲與管亦足會群賢

丁未上巳集同人涉園修褉之作

同　前

小園魏紫暈花顋招我吟朋修禊來手執巨觥徵酒量毫揮華紙驗書才瓣香人謁右軍緣彩筆花看名士開猶憶去年逢此日橫雲山館共銜杯

按季虎元和人桂舲太史弟夢老人授以筆遂工書飛白隸草名冠一時求書者日不暇給腕底敏捷嘗雨牕刻燭寸餘揮各種數十聯家城東涉園招集名流飲酒賦詩極盛年三十三卒

郭季虎重事修禊於涉園簡余詩時余尚留錢唐歸乃報兩絕句和其韻

吴縣 程寅錫 仲虎

西湖柳色韋人住負却隣園詩酒天歸夢一帆剛上已背吟君句憶前年

九十二

琵琶春寒花事遲一朝新暖換芳時蘭亭我欲尋名蹟不與同人較量詩

曾欲東之山陰因病遽返故云

寒日曲與郭別駕季虎　同前

桃花如雨柳花雪燕燕鶯鶯作寒食東風隔夜偷一簾一地香痕獨狼藉涉園才人詩酒豪愛春入骨春亦驕桃邊柳邊閣春住娛春宴春吹錫簫錫簫吹得東君喜特為清明開上已偷裙桃菜舊風流更許尊前補修禊修禊一本作修禊衣袂也青苔繡上闌干脚紅繩繫冷鞦韆索嬌車細馬辦游春何似蘭亭理殘酌一醒一

醉賺年華颺得風流莫太奩紅橋燈月楊家隊多許
宮人陌上斜
唐人每於寒食節集宮人斜作詩酒會

拔翁生日第四集讌郭別駕涉園即用拔翁北
牕韵

高風積雁聲寒日下鴉背醉向重陽前合與菊相對
新秫況初熟秫已動舂碓平田若無收雪泳猶磑磑
郭郎好園圃畦頭足寒菜樽俎亦既具招邀集吟斾
文字飲落落動輒與古會上呼老學仙乃說詩三昧
北牕有同情何事謝錄艾一笑問遠雲意氣真度外
園左數楹黃樹老新題北牕二字為額

九十三

閏月三日詩社第十集會飲吳鑑翁羽齋中午後
至涉園徧覽諸勝　元和 韓崇 元芝

初晴人意舒朝光耀林旭會飲展上巳觴詠屏絲竹
酒酣客忘歸迎興尋水木名園喜密邇一往騁游目
入門風廊斜歷磴山徑曲淺淥碧鋪孤亭數帆登傑閣
俯瞰水四周遠抱城一角夭桃呈豔姿弱柳媚新綠
林花及豈井遠近遮芬馥治春能幾時還賞看不足
感往主屢易娛聞客來數同游各健步濟勝具清福
結伴泉石間絕勝抗塵俗

涉園　元和 袁學瀾 春巢

近水園林更面城檣枝帆葉記分明卅年勝景重尋

蝶數友春游入聽鶯池館舊營廉石俸兒童令識細
侯名（園為陸閭亭太守所築，令為郭鳳梁參軍賃居）雲煙滿壁游仙句春屬
依稀住玉京

郭季虎自吳來杭以移居詩索和并道雪中游
盧山及泛洞庭諸勝事時君即還吳

仁和 高錫恩 古民

指點平橋路幾人此卜盧本為魯望宅（園為陸閭亭太守所築）
如入稚川圖堂上縈萱色園中燦鄂樹（君與仲兒鶴齡最友愛）
園圖真樂事仙境擬何殊
怪石崎嶇列奇書部帙分臨池留妙墨琢句即殊勳
繡閣能工畫（謂畫香娣夫人）佳兒總不群（君令嗣皆已能文）瑶琴閑

九十四

撫處榻畔貯涼雲
一別倏四載君顏漸老蒼飽觀盧嶽雪遠泛洞庭航
蹤跡壯逾瀾襟懷拓更強尊前縱高論逸思倍飛揚
大好西湖在端宜帀月游如何遽成別不復此句留
來往閶雲共蒼茫古蹟搜蘭陔勤孝養合與昔賢侔

奉命按察河南旋調蜀臬以病辭僑寓吳門葺
城東舊圃名曰耦園落成紀事

歸安 沈秉成 仲復

不隱山林隱朝市草堂開傍闔閭城支筇獨樹春光
鎖環砌微波晚漲生疏傳辭官非避世閬仙學佛敢
忘情卜鄰恰喜平泉近問字車常載酒迎（時南皮師寓拙政園）

石公山人葺小園成詩翁覃溪閣學書其詩中
寬字韵一聯為楹帖并次其韵蔣心餘程魚門
吳穀人潘德園諸名公皆有和章一時傳為韵
事此聯今歸耦園即用其韵聯句得三章

同前

清光門外一泓寒少藍地隔塵囂夢亦安傑閣秘藏
彝鼎古仲復小樓環顧水雲寬市防蜃氣翻鯨浪少
藍我狎鷗盟謝豸冠雙管聯吟聊寄興仲復底須屈
宋作衙官少藍

拈毫不畏指尖寒少藍几淨窗明斗室安舊句未妨
新句續仲復詩腸好藉酒腸寬閒情鎮日催銅鉢少
九十五
藍讜論盈廷有鐵冠笑我杞人憂未已仲復空談捫
蝨等稗官少藍

不嫌城曲太荒寒仲復繞屋新篁竹徑安萬卷圖書
傳世富少藍雙雛嬉戲老懷寬每思京國常依斗仲
復為戀家山早挂冠自挈飣柈花底坐少藍嘉蔬侑
酒問園官仲復

耦園訪主人不值縱游而返清士姪得句依韵
和之　　長洲彭翰孫南屏

一棹婁江去波搖鳥篆文詩情樂群從春意逗三分
邃谷迴橋水浮邱挹袖雲橫牕梅數點伴客獨殷殷
耦園用清士韵　　長洲彭慰高訥生

金閶佳麗地都被寓公分風送樓頭艣（樓名聽艣）晴蒸榅外雲杈枒藤適體（室有古藤屋）磊落石成文春信寒猶勒催花欲倩殷

沈仲復招飲耦園即席有作

高密　鄭文焯叔問

丈人相見自青眼尊俎能容一客豪大隱由來盛年德狂愁遮莫反離騷未妨詩酒酬肝膽窗拾侯王易骭毛一笑忘年得真契青松白石閑門高

耦園禊飲即事　同前

鷗社頻年足晏酣梨花吹雨又江南林泉勝引耦園耦觴詠嘉三月三四座嵐光橫古雪半瓢詩味瀉清（九十六）談未妨扶病營春事狂點風流一笑堪

題耦園所見巨石　同前

老狂詩骨秋錚錚酒澆肝肺芒刺生醉吸天風吹海立神噐夜墮芙蓉城俗眼未脫模棱壳猛看奇崛詫雕斲空山真宰泣瓊瑤雷雨鞭龍放頭角

飲耦園放言　同前

火雲西沈迸商肅林於高館懸生綠天與詩人清肺肝老雨作秋十日足故人斗酒書見招醵飲雨三客不速花潭葉嶼紛離樓清涼坐我篔簹谷脆管繁弦促酒巡銀屏醉倚人如玉酣酣香吹沁骨醒釧動花飛波曼睩但能下鑿養空游不用繁蟬抵死促雲雨

荒荒渴夢多幽蘭白雪今誰續自慙弱質飲香名愁對傾城一杯屬平生四海沈隱侯霧隱文章窺豹伏會見龍象驅奔霆軒空一奮青雲躡袖中正有南風弦莫饜東山舊絲竹

為沈仲復題明製時壺　同　前

曲園書隱老壺東曲園文題向在前其所著書有壺東漫錄故云細辨名陶小錄同我亦壺天一詩影余既居汪氏壺園吴士鑑為作壺天詩影圖笑從四大叩空空四大名陶皆明代以博埴名者螺碧春香數洞庭鳳團聊可補茶經佳人佳茗元相似時壺銘有美人顏色鳳團茶之句漫乞三漿玉女靈荊溪老瓦詫雷鳴余舊藏明李茂林壺腹大如瓠受水十合圍徑倍此壺九之七負腹壺兒只強名名陶錄李大仲芳製一壺俗呼為老兒壺何似耦園清祕供一甌花乳泛春晴

舊說嘉名湯蘊之漸涵蘭鼎證心期狂生不分文園渴常憶清風飲德時

和外子耦園落成紀事詩韵

桐鄉　嚴永華少藍

小歇才辭黃歇浦得官不到錦官城舊家亭館花先發清夢池塘草自生繞膝雙丁添樂事齊眉一室結吟情永春广下春長在應見蕉陰老鶴迎

庚辰季冬許星臺按察招集同人壽坡仙於耦園之城曲草堂酒半潘季玉觀察高唱大江東

去響徹內室詩以紀之　同　前

消寒雅集屬良辰玉局重聯香火因雙塔題雲留勝迹一尊唱月問前身知音海內惟難弟憂國天涯有逐臣解唱大江東去曲髯翁疑是再來人

途中見桃花憶耦園　同　前

茅屋疏籬曲澗東數枝嬌艷笑春風故園桃李應須憶孤負花開一度紅

秋晚耦園獨坐　長洲 張榮培 蟄公

偶從忙裡一偷閒勝坐天然山水間（堂中有額曰山水閒）鳥語軥輈含雨澀林容蕭瑟帶霜斑圖書已逐寒煙散池館猶存亂石環繞徧迴廊還獨坐西風落葉打松關

九十八

過沈仲復中丞耦園有感　同　前

巍巍門第訪東陽松菊依然徑就荒一角小亭餘鶴壽三楹舊館冷蛛香石橋有路橫秋草水榭無人倚綠楊四十年來興廢感不禁回首話滄桑

同友雅園間眺　吳縣 陳鑌 竹傳

鳥向青雲飛魚自清波躍我心羨鳥飛子亦知魚樂

博按竹傳為吳縣諸生忠厚仁慈手不釋卷客閩十載了無所遇歸隱于醫自署門上曰治所知病可謂不自欺矣年六十四卒著有抱膝吟

依園 并序　元和 袁學瀾 文綺

在閶邱坊巷為顧俠君選集元詩處今屬錢氏名息園建錢武肅祠中有妙嚴臺相傳為梁妙嚴公主葬所

名園春試踏青鞋探勝閶丘散酒懷喬木百年悲主換荒陵六代有香埋繞臺池水沉金棗礙路花枝罥玉釵秀野風流文讌歇華堂盛事訪詩牌陌上花開依舊春地消禪磬翠苔新綠陰寂靜聚游客碧釀芳甜能醉人粉碓脂田歸蔓草畫帬紈扇擁香塵妙嚴臺上憑高望古蹟孫塲宅已湮

上巳日過錢氏息園作

鎮海 姚燮 某伯 九十九

傖也多金窮土木改葺名園極華縟（園本依園故址乾隆時蔣楫二姓先後居之嘉慶十六年錢參軍鋒改築即以其地為武肅王分祠）游者詡為神仙宮嘖嘖從人誇眼福晴天上巳三月三閶邱坊巷吾停驂腰囊解納掃花費（凡游園者閽人索掃花錢少許始縱人游覽）隨例入門窮討探蒼苔屏風萬仞石粉色櫨張玉鸞翮竹浮廊面不見根花過人頭但留隙紅罘四繚山心臺燕睇遠攝春翠來搖柳釵光作星動颭荷扇影如雲頽萬人海中十畝地古麝風吹六朝氣蕩人眼底治靡思拒我胸中丘壑意今年幾家園放春八門寶馬馳麹塵夕陽遞續夢後夢逝水誰感陳人陳茲園主人凡四易武肅王孫今所宅軒南奉作栗主祠斷礎淒

煙散瞿麥我持寸心為瓣香只一轉步生悲涼耳聽西院唱白紵鈿箏錦瑟筵方張排徊獨撫牆隅桂露葉浮浮濯吾袂十三橋下鴛鴦魂那管臨安杜鵑淚英雄豈逐豪華沉覊客別有千秋心明朝春去園芳老住酒生易來獨吟

獨游息園　　元和 袁學瀾 文綺

韋娘梳髻出新裁貴主埋香有舊臺上日閒游羅綺感清明風雨有誰來

六朝遺跡水流香梵唄聲銷舊影堂人面桃花渾昨日有誰題句似崔郎

孫瑒遺宅舊蹤湮春草荒臺訪妙嚴禪興寺在乘鯉坊舊為梁天監一〇〇時孫瑒故宅瑒曾尚主寺後有妙嚴公主遺墓向為顧嗣協依園今為息園屬錢氏賞遍園池與王曲池游息園閒在子忠洸象圖是日游人極多還讀畫碧桃吹落雨廉纖

博按此首為吳苑春游時在己亥共七章今選其一

訪息園廢址　　同前

笙歌閬寂妙嚴臺宿雨春蕪長瓦堆六代繁華沉梵磬百年池館厭兵災錢王碣斷童敲火秀野堂傾鳥啄苔惆悵名園成積莽不堪承福過墟來

偕任明經文瑛游息園　　吳縣 金蘭 子春

曉雨歇殘滴煙光注衆綠閒游臻勝區吟賞陪耆宿

石竇呀然闢水檻繚而曲幽軒大樹當斷岸小橋續
娵隅戲澄陂孿夷媚晴旭豈期塵市中有此好林麓
三間天爵堂插架富卷軸畫燈騰煙嵐詩牌瑩珠玉
童移孋藥床客擁彈棋局居停果何修棲遲擅清福
園林雖未深點綴頗不俗古墓草青青誰與薦蘭菊
中有妙嚴公主墓

息園看花行　長興　朱紫貴　立齋

園為顧俠君秀野草堂故址

春泥淨洗春雲晴深巷笑語皆春聲借人池館討春
去接羅欹倒花前行桃花李花無蹤迹楊絲柳絲作
深碧石闌芍藥苞坼紅香徑荼蘼藥抽白花開花落

一〇一

年年好祇惜看花人易老花開三月太匆匆人到百
年終草草君不見妙嚴臺下春草平妙嚴臺上花枝
明 臺下有梁妙嚴公主墓故名 春光不照下泉路游人弔古徒為
情又不見東吳文學選詩客鐘鼓園林集裙屐舊井
猶傳賈傅名誅茅已作蘭成宅人生賢愚何有哉伯
夷盜跖皆塵灰且與同參四五輩笑口自向塵世開
欄街小兒不解事笑我嬉春日游戲豈知我有填胸
愁飲酒被紈聊適意無言獨立花陰中花光照耀花
氣濃喚起三春胡蝶夢祇銷一夜雨兼風

息園餞春復得三絕句　同前

簾卷東風燕子飛呢喃也似惜芳菲一杯婪尾空招

悵花自無言春自歸
閒尋芳草板橋西一曲明波照杖藜獨有杜鵑不解
事夕陽影裡盡情啼
飽啜三杯穀雨茶閒聽一曲浪淘沙春來懶散無情
思儘有工夫送落花

息園訪妙嚴公主墓

太倉 顧晞元 子雨

残碣淒涼舊記梁一池煙水影蒼蒼鬟天位業歸禪
定塵海鶯花笑世忙侵案蟲絲銷古篆廻廊鶴跡戀
餘香晚鐘催上娥眉月曾照當年絕代妝

錄自太倉顧子雨道光時且飲樓詩選

一〇二

甲申冬日移居皮襲美故里小具亭沼之勝顏
之曰秋綠園明年上巳家人於園中修禊仍用
癸未歲韵

吳縣 吳嘉洤 清

陋巷深僻鮮客騶軒題味諫尋回甘今年相宅避城
市地遠周北鄰張南慰情小圃差足喜日涉之趣粗
能諳緋桃爛漫映碧水參差高下欺層嵐為渠慳囊
屢一破時於花下謀沈酣微嫌足音等空谷婦孺不
辨諧清談但言古有祓除禮湔裙令復逢重三池流
娟娟淨可挹家人娛樂非為耽劇思琢句寵臺沼蘭
枯緒窘羞春蠶捫心自揣何遽爾迴腸歷亂增如惔
頗聞時事急籌運印綬碌碌人懷慚誰似賈魯謁智

計歡彼一得資臺參任非當軸徒發憤仰天空見雲
墨墨韶華瞥眼已絢彩即景近若懷中探望晴須見
杲日出携侶選勝吾猶堪更期風煖長宿麥溝隴溢
水歸空潭

北園春游即事　吳江顧虬青菴

春風着面如醇酒春色殢人如好婦春睡初醒來故
人喚我尋春共携手菜花稜稜黃金鋪買得春光不
去無玉勒塵生游客騎布帘風颭酒家壚风帘颭處
勾心目闘道當壚人似玉拆解春衫抵鸘鷞醉來便
借糟牀宿那知今日北門中零落夭桃花不紅綠蟻
空勞浮玉椀紫燕未許窺雕櫳掉頭惘惘出門去陡

一〇三

覺闌珊春已暮一般春色與春風却惹想心逐飛絮
博按北園在閶門内後板廠為蘇懷愚御史所建
名蘇家園今皆廢為菜隴春時黃花散金游人群
集猶稱勝景云

三月初六日北園看菜花　吳縣范來宗翰尊

穀雨時初届聲停苦雨吟遥天開白日大地布黃金
古寺游人熟名園拒客深當年相賞處喧寂感於今
壬申春仲亢倜卿樹滋招飲於藝圃與張偉甫
鴻章及張師筠燮承潘馨生鍾瑞秦膚雨雲王
嬾鶴廷鼎同集偉甫先有詩即步原韵

元和陸懋修九芝

徵逐多面朋應求有良友飲醇已心醉況真共杯酒
多君感筵間此會良非偶風簡張司業清詞壓蘇柳
裙屐得叨陪愚蒙賴啟牖諸君盡雄奇橐作人文藪
時月見叔度此心覺無垢鯫生抑何幸步此芳塵後
詩腸歎久枯瑟縮思斂手見獵心復喜忽自忘其醜
他時萬口傳畢竟知誰某把酒且眼前此腹先無負
一笑作豪語君意然乎否陽春曲勉和聊答君情厚
過此定成詩誓不為君詩所恐鬪心兵興發或更陡
不若向陳思乞分才一斗
滄浪原韵賦詩見貽依韵奉答

一〇四

同前

倜卿筆有神其迅若風雨詩筒迭往還肯讓蘇梅侶
五律更精鍊四十賢人聚能事本無盡少更勝多許
入園一思古幽情欲何語往蹟雖已湮文采若可觀
因憶舊園林屈指試一數或久歎零落花石未能補
謂寒碧山莊或移作官廨謂瞿園吳園或竟成荒土謂息園及桂馨閣
獨此遺澤留追尋首屢俯白蓮冒一池吾蘇白蓮花紀少聞此自
湘南移來赤日欲忘午開軒面淪漣還當勝塲圃心羨園
主人得入此室處謂吳君樹屏晨夕閉戶居於止知其所
更喜有鄰翁謂張君研香招同宴飲隔籬可呼取
先是馨生招飲未赴至此亦以原韵索詩補贈

同前

積陰遣不開蕭齋日坐雨故人趁新霽觀荷命壽侶
方苦塵綱羈未同德星聚良由俗骨多不得比茅許
君詩雖未讀度必有好語諸君各騁才連篇快先覩
鐘呂既在前箏琵焉足數君意卻嗜痂催令一詩補
因之索枯腸奈幾同焦土況逢謝宣城一見首先俯
勉和君詩成人事又錯午清游容我續近可尋藝圃
藝圃白荷七月方盛小隱雖未能亦知所自處及時且行樂庶
幾得我所荷淨納涼時杜句斷章取

費韋齋蕭政樹蔚招集藝圃觀荷席間有詩兼
為張仲仁汪甘卿諸君六十壽不佞濫與其列一〇五
賓五十九歲人也不可無詩依韵答謝

江甯 鄧邦述 正闇

高會名園豈偶然疑年喜藉錦篇傳半彫漸似穿垣
樹不染何如出水蓮壯日甘隨之武去中流敢著祖
生先也知一歲爭無幾甲子重稽只自憐
四座叨陪菡萏風原詩為壽者五人壽杯只合酹群公易占
大衍原虛一禮溯肩隨許適同雌笑甲辰殊晉國窮
勞丙子說坡翁卯君諸君皆丁卯生且盡殷勤意我在潛龍
勿用中余生年值辰

藝圃圖

吳縣 范來宗 翰尊

姜萊陽給諫居此圖為惲壽平畫

十畝閒園別有春焚香却掃寄閒身清宵已酒銅仙
淚碩果猶留舊諫臣
破楚門西落照寒濡毫貌出小林巒名園中第紛無
數誰向圖中仔細看

諫草樓圖　　同　前

萊陽仲子增建吳期遠畫
古木周遭上拂雲高樓百尺倚斜曛黄門封事依然
在有草何曾劫後焚
血灑丹墀命似絲珍遺殘墨數行垂千秋同調楊忠
愍疏稿流傳日下祠宣武門外有楊忠愍公祠刻疏稿於壁

藝圃觀荷　　元和 陳 任 公孟

一〇六

圃在文衙前為明文文肅姜貞毅故居今歸商人
改作七襄公所
曲徑門深迹未荒重來面皺照芳塘穿空雲木聳高
節納檻風荷收夕涼寂寞池臺誰管領低徊尊俎小
滄桑十年前吳穎芝丈屢約社集于此鷗盟聚散成追憶地主何須
問辟疆

藝圃觀白蓮題壁　　吳縣 汪 芑 燕庭

喬木荒池都入畫劫餘重帀草堂靈賃舂隱士鄰皋
廡拜杖孤臣泣敬亭萊陽姜貞毅舊隱于此鷗席自分菱葉渚
蟬聲時度夕陽汀蓮花未許污泥染禁體何人學聚
星

唐家園懷子畏　　吳縣 徐應雷 聲遠

借問桃花塢新栽幾桃樹園中老樹根昔人箕坐處

其二

盛暑斷不出門外有車馬公卿排闥入裸體松竹下

其三

名士故逃名誰與共明月夜半聞叩門知是祝希哲

其四

漫應千金聘笑擲千金裝空手歸故園正值菊花黃

其五

不買青山隱却寫青山賣物外有知心人問徒問畫

過子畏別業　　吳縣 王鏊 濟之

一〇七

十月心齋戒未開偷閒先訪戴逵來清溪詰曲頻迴棹矮屋虛明淺送梧生計城東三畝菜吟懷牆角一株梅棟梁榱桷俱收盡比地何緣有佚材

唐氏園觀荷　　長洲 黃省曾 勉之

虛閣中天携酒攀芙蓉爛漫芳溪灣綠竹高浮翡翠羽白雲四結璚瑤山風蟬雕檻近人響霰露清尊傍汝閒欲折秋風惜遲暮花前徙倚不知還

唐家園口占　　張霽

一徑紙迷半草菜雙扉雖設鎮常開桃花滿樹渾無主惟有游人自往來

又　　同前

吳宮花草傳千年鷄陂鶴市隨雲煙武陵桃源空想
像此地築塢非偶然偶來瞻眺百無有但見野水環
平田東吳才人踵相望風流誰繼桃花仙

桃花園宴　吳縣袁袠永之

靈雨晨復夕新水滿陂池輕息駭纖鱗朱榴耀錦葵
嬉遊悦令節嘉賓咸在斯暢然神飈至暑氣清華榱
芙蕖臨綺疏菖蒲泛羽巵圍棋間六博既醉無愆儀
遂獻蓼蕭什還稱頍弁詩嘗聞西園讌佚樂甯異茲

飲子畏小樓　長洲文徵明衡山

今日解馳逐投閒傍高廬君家在臯橋喧闐井市區
何以掩市聲充樓古今書左陳四五冊右傾三兩壺

一〇八

我飲良有限伴子聊相娛與子故深密奔忙坐濶疎
旬月一會面意勤情有餘蒼煙濞城首振袖復躊躇

檢齋　吳縣唐寅伯虎

檢束斯身益最深檢身還要檢諸心鞠躬暗室如神
在恭已虛齋儼帝臨視聽動言皆有法杯盤几席盡
書箴遥知危坐焚香處默把精微義理尋

長洲高明府過訪山莊失于迎迓作此奉謝

同前

重茅小搆向城陬杖杜何須顧道周題鳳在門驚辿
筆驅鷄上樹避鳴騶望塵有失迎車拜掃徑還期下
榻留莫道腐儒貧徹骨濁醪猶可過墻頭

社中諸友携酒園中送春　同前

三月盡頭剛立夏一杯新酒送殘春共嗟時序隨流水況是筋骸欲老人眼底風波驚不定江南櫻筍又嘗新芳園正在桃花塢欲伴漁郎去問津

除夜坐蛺蝶齋中　同前

燈火蕭蕭歲又除盤餐草草食無魚衰遲日月辭殘歷憔悴頭顱詠後車一卷文章塵覆瓿兩都蹤跡雪隨驢明朝轉眼更時事細雨荒鷄漫倚廬

唐家園　吳江凌泗馨生

明宏治間唐寅宅今寶華庵家福按府志唐解元宅在桃花塢後僅存六如古閣又有桃花庵改準提庵是庵與宅本非一處庵在寥家巷内宅在五畝園西今寶華庵即沈明生所構之唐家園也原志以長甯池諸勝屬桃花庵茲特考正

一〇九

瀼東復瀼西垞南又垞北何處唐家園百城煙水錄

百城煙水成於康熙初猶稱唐家園若桃花庵天啟時已改準提矣

夢墨亭　同前

在唐家園下同

九鯉覞仙緣京兆為作引花管笑江郎夢還才亦盡唐子畏乞夢仙游九鯉神夢惠之墨一擔終以文業名因作夢墨亭祝枝山允明有記載湧幢小品

檢齋　同前

檢勘平生過才名合退藏琵琶盲女唱寃煞蔡中郎

桴庵瑣錄云秋香事實吉氏子冒六如盛名而得之事聞於六如謂生平知己無逾秋香因誤人自誤深自尤悔杜門不出讀近思錄者一月顔其室曰檢齋並賦其詩甯藩聘至遂佯狂以歸始課佛於桃花庵

跳唐樓　同前

御聘掉頭歸跳樓避客俗彼哉莽大夫美新亦投閣

寶華庵　同前

在周孝子祠西本唐家園乾隆間僧禪林道心改二〇建有屋十餘椽水閣環池頗極清曠

水閣涵虛境環池略彴横老僧談故事不記沈明生

沈時譽字明生華亭人工醫從蘇得長甯池蕖橋亭在松之著書之後府志謂順治初誤

寶華庵　吴江　任艾生　友濂

小閣臨池比讀書甯藩垂餌走鯨魚當年競說詩書畫誰識千秋唐六如

寶華庵　吴縣　楊引傳　新圃

才人故宅認無差改作僧庵號寶華悟到如如真不動此心安處便為家

寶華庵　秀水　沈景修　蒙叔

六如參妙諦詩書畫通神雄藩不能餌佯狂乃全身
春風一澡繽桃花紅于人

吳縣潘鍾瑞瘦羊

寶華庵

樹陰合深翠清湍環四周此境赴此畫亭午含早秋
讀書坐小閣六如皈靜修

吳縣唐寅伯虎

桃花庵歌

桃花塢裡桃花庵桃花庵裡桃花仙桃花仙人種桃
樹又摘桃花換酒錢酒醒只在花前坐酒醉還來花
下眠半醒半醉日復日花落花開年復年但願老死
花酒間不願鞠躬車馬前車塵馬足貴者趣酒盞花
枝貧者緣若將富貴比貧者一在平地一在天若將

二

貧賤比車馬他得驅馳我得閒別人笑我忒風顛我
笑他人看不穿不見五陵豪傑墓無花無酒鋤作田

桃花庵與希哲諸子同賦

同前

石無刓刻古頑蒼名借平泉出贊皇合寘實筵銘敬
德從來沬郡戒沈荒屈原特立昭忠節王績冥逃入
醉鄉付與子孫為砥礪豈因快適縱壺觴
傲吏難容俗客陪對談惟鶴夢惟梅羽衣性野契偏
合帡帳更寒曉未開長啖九皋風淅淅高眠一枕雪
皚皚滿腔清思無人定付與詩篇細剪裁
萬疊奇峰一片雲纖纖鳥道合還分江山只在晴時

出笑語傳從別處聞遥望盡疑蛟蜃氣近來每有鹿
麋群登臨未擬何時節我欲一探星斗文

錢塘　釋蓮峰超源

準提庵八詠

桃花塢

隖在桃何在春來感倍生野田芳草緑古樹夕陽明
世事空陳蹟人仙浪有名可憐紅粉面猶自見流鶯

跳唐樓

水雲早濕地先達愛居樓高築平江上名因一跳留
六如先生跳樓避客軒牕環緑沼花柳接芳洲我豈　官寺投
閒老便休

度雲橋

二六

橋接金閶路時聞玉佩音我無通世術誰識度雲心
來去不留迹朝昏空復尋江邊山外夜寒集草堂深

瘞文冢

七子庵邊墓準提庵亦名七子庵殘碑記六如文章何日瘞煙
草有誰除流水空嗚咽浮雲自卷舒人傳明月夜光
燭斗牛虛

然燈塔

為問同觀者生平見未曾半牕寂閒處一塔萬千燈
香靄迷金殿清輝散玉繩儼然從地湧坐久不知層

培蓮室

擬結東林社還培曲港蓮清香盈丈室不藉散花天

九品觀初就一生行始圓紅衣飛動處日鼓向人懸

擊竹軒

一擊忘所知更不假修持此語憑誰委香嚴是我師
臨軒無俗韵對客動禪思聲色威儀外非關耳目遲

醉月灣

水與月如是先生醉醒無夜臺應見覺春漲滿菰蘆
鷗夢光偏遠吟懷影自孤澄波涵浩魄曾不費招呼

桃花庵圖 愛親覺羅弘曆

吳中愛看吳人畫況是吳人畫最高世上祇期為散
木庵前疑復綻新桃松風寒處安茶銚石凍春深試
酒槽七字志懷頗見道 愛其善亦嚮為何況惡富非所望不憂貧二語不墮書畫家習氣 二三
宿云溪壑與堪陶

桃花庵 山陰 金禮嬴 雲門女士

撩亂長門一䗶燈準提庵院賸殘僧桃花死占仙源
福好色生參佛地乘醽酒婦人三了語韁名鎖利一
纆藤書生亦有冬青樹不獨唐衢哭六陵 閶真墓在橫塘此為疑塚

大羅天上竟無名浪飲何分酒濁清龍虎榜高遭鬼
擊鴛鴦塚小被人平碑留死友胡中議情迫窮交祝
允明踢盡繡鞋尖上土踏青時節拜先生
鴛鴦句云九娘墓為上人所佔
九娘杳傳稱六如姬人葬桃花庵後

桃花庵　　元和 方策 靜之

不祀唐侯祀準提，分明此處住闍黎。六如居士家何在，遥指桃源西復西。

桃花庵　　吳縣 楊引傳 薪圃

桃花庵畔闢池亭，文祝均留一瓣馨。我欲招魂元墓麓，更將栗主奉張靈。

桃花庵　　吳縣 潘鍾瑞 瘦羊

仙以桃花名，花向仙人擁。貞石鐫好詩，香艷世矜寵。才子今不見，有亭翼然聳。

桃花庵集句　　長洲 張雍珪 桓伯

千樹紅桃蕊乍含（張說），桃花塢裡桃花庵（唐寅）。長沙不久留才子（王維），來與彌陀共一龕（蘇軾）。

一一四

桃花庵　　吳江 凌泗 磬生

在寥家巷，明萬曆間僧旭建，天啟間祀唐、祝、文三公象。家福按：祝允明撰《唐子畏墓志》云：罹禍後歸好佛氏，治圃舍北桃花塢。《唐寅集·桃花庵歌》，又《桃花庵與祝希哲請君同賦》，有"桃花塢裡桃花庵"及"茅茨新卜築"句。老唐寅故宅不在寥家巷南，則治圃舍北不指庵言，宅尚在庵北唐家園圃之北，即章莊簡桃花塢故址，故曰治圃舍北桃花隖。圃中或曾築室曰桃花庵，着為歌詠，非詠死後六十年僧旭所構寥家巷之桃花庵也。志中按語未詳，附

識於此

文祝生前契同龕俎豆馨子雲今地下追配哭張靈

楊君新圃客夏題詩有更將栗主奉張靈之句秋

間逝

準提庵　同前

即桃花庵明天啟間楊端孝改今名

西方佛有緣東林子克肖同證六如禪各拈桃花笑

瘞文冢在庵北　同前

瞽瓿何堪覆名山付一犁自從劉蛻後文塚又標題

唐劉蛻有詩冢銘

九娘墳在庵後

二五

桃隖似馬塍荒墳劙花落詩吊白石翁并為小紅哭

金雲門女士秋紅丈室在錢塘武林門外西馬塍

南宋姜白石故居

才子亭　同前

在庵內康熙時宋公犖建

莫謂才招忌憐才為式廬當時梁相國異代宋尚書

天章閣　同前

在庵內嘉慶間建

見道褒天語晤回倬漢雲會須重勒石一正祝元文

泗按閣中石刻當是乾隆二十七年壬午御題唐

寅桃花庵圖七律若四十五年庚子題冊詩乃題

陳淳畫非題唐寅畫且在西山勝景册中敬繹四十九年甲辰南巡再題詩意必非城中之桃花塢不解識小錄何錯訛若此

桃花仙館　同　前

在庵内嘉慶初唐仲冕葺同治間唐翰題脩

先生桃花仙使君桃花裔神聽桃花歌祖德桃花謚

楊忠節象石刻　同　前

在庵内石志誤為繩武象

義士扶不去遺象有生氣鵑血弔殘碑年年泗州寺

蘆墟泗州寺有碑曰明楊解元殉節處寺東有忠節公祠上戊致祭

一一六

墨竹石刻　同　前

在庵内蔣醉峰畫石志誤作唐寅

悟得畫中禪一醉出新意不然桃花詩怎題墨竹戲

題詞仿桃花歌體用其成句者半

胡太守碑　同　前

出庵北土中

寥巷居手民王村虛墓石楞伽山人言聞曼父之母桴庵雜記云唐六如課佛於桃花庵晚年悔其少時所作瘞于庵之北戲表其塚曰此即唐六如之墓實瘞文塚也

閒亭雜記云今好事者目為六如葬處且為胡纘

宋墓碑以實之若不知有横塘王家村之墓亦奇
王艺孫淵雅堂文稿云余少聞長老議商邱宋先
生修桃花庵事以為庵乃伯虎先生平讀書處其墓
別在横塘而胡纘宗墓石出于是者疑桃花塢地
當閶闔或當時刻工在馬刻成未立而遭變入土
以故未三百年復犁而出爾是說也徵于鄒曼父
之母之義也

泗按閒亭雜記好事者為是碑以實之然是碑出
土時宋中丞親自臨察真贋之跡當時必有辨之
者疑惕甫先生之言故老相傳為得其實

春日過準提庵　　　元和　陳　任　公孟

二七

十日春陰閣雨聲東風吹綮報初晴煙光澹沱如新
畫鳥語柔和有故情宿業因緣詩負債昔遇此元作詩未果舊
游魂夢酒寒盟孤藤僧院煎茶地腸斷斜暉對落英

廢園雜詠　　　沈　均　秦真

落木蕭蕭一廢園妙無風景耐盤桓主人若識無中
趣纔見先天理數原

蒼松翠柏自春秋長使幽人供卧游金谷園中桃李
艷歲寒時節即荒花不

廢園　　　吳江　凌　泗　磬生

在沈家街明永樂間沈均宅

歲寒後春文落木先元數理數識先天園名妙於廢

蘇州府志沈均生於洪武建文間成祖登極隱居
不仕精研宋儒之學躬行實踐於儒釋之界辨别
尤嚴所居在閶門桃花塢至今其地猶稱沈家衖
識小錄云廢園在桃花塢明永樂初處士老人沈
均遊迹之所有錦鏡亭繞以池閣、香室環翠軒棲
鶴樓諸勝

謝家福五畝園小志云廢園舊址國初歸我家乾
隆初曾王大父怡堂公改築來燕堂擬雪草堂書
葉軒諸字潘先生遵祁有小集有過來燕堂奉
先從祖亦梧公詩金先生治萼小學齋集先君子
傳有自吳門至蘇恒下榻擬雪草堂語陳先生希
一八

哲題額云來燕堂之東有紅柿一本盤鬱四垂主
人闢堂楹數楹顏其南軒曰書葉相傳紅柿係明
代物歸我家時已枯後蘇又家福所居望伏樓即
栖鶴舊址云

書葉軒　　　　同前

本廢園基家福有小志
嘉樹湖前朝柿枯後柿實便學鄭家書直擬宣公相
齋門外陸宣公墓舊有古柏重青圖咸豐初我鄉
陸雪亭司馬曰發得其圖徵題勒石
題五畝園用蘇集寄柏子明詩韻即贈謝綏之
家福
吳江 李齡壽 年稿

園在蘇城西北隅介閶齊兩門之中宋熙甯間梅宣義築宣義碑誌云漢長史治桑於此園以是名宣義築亭居之子子明判杭州與蘇軾同僚蘇嘗以白石相遺并寄以詩入國朝歸葉氏人稱葉家花園後鬻于潘咸豐庚申兵燹後屋宇碑石悉毀光緒十五年捐文昌宮輪香義塾郡人謝君綏之繪五畝園圖并述園中昔時諸跡徵題詠

士把天下志而忽歸閒門古人亦有之温公獨樂園
此園屬梅氏世遠久無孫掘地得碑志惜不戴巨黿
借此聊結構名乃因人尊大海通西東波浪掀后坤
河山亦云固四隅誰為樊士雖在田里亦荷皇天恩

二九

相知滿天下二三誰弟昆詩成請質君夜悄悄彈出瘦琴聲去年曾作瘦琴行以贈長夜哀弦時一鳴風雨連天君獨渡曹娥江水此時清

荷花生日謝綏之家福茂才招集五畝園同坐十二人共七百二十歲

吳縣 亢樹滋 侗卿

入門不覺笑顏開縞袂紅裙簇擁來七百廿齡人十二一時齊晉碧筒杯

倚偏池塘四望賒浮雲滿目蔽京華酒甜莫更談時事只恐愁他解語花

璃牕四啟畫簾垂不斷香風面面吹容我解衣憑檻

坐吸將清氣入詩脾
老來無事不頹唐舉到壺觴興便狂但祝主翁腰腳
健策筇花裡醉重陽

同人游五畝園　　長洲 沈修 綬成

漢張長史植桑于此園是以名宋熙甯閒梅宣義嘗葺寄茅廬居之梅塢雙荷花池吏好軒碧藻軒其遺迹也宣義有石癖子子明官于杭與東坡同寮詒以白石數升如芡可實枕坡得諸文登海上者遂落拜石臺紹聖中章太師楶復闢桃花塢別墅後遂名其里有旃檀菴桂香精舍走馬樓鬭鴨闌漁家港楊柳堤諸勝明諸生呂毖鼎革後營小

一二〇

桃原采香庵以隱乾嘉閒梅氏裔力圖獲碑碣數十種皆宋賢著纂又獲觀音峰百靈臺踰丈怪石也葉姓購其地園之仍宋明故稱為采石磯旌異也咸豐初鬻于潘光緒十五年潘棄其地為文昌宮因建奎星閣立輪香義塾馬先是明里人陳蒙築周孝子堂祀宋周孝子容道光中以周君茂蘭祔同治癸亥吳興程烈女李玉徇節孝子堂井中改名孝烈泉府乘謂李玉投環者誤咸豐庚申城陷熊酋掠朱氏婁欲犯之婁繩同居何媛媛之美乞自脫媒之女不可父率女及妻子並投井婁亦從之凡七人死事平合瘞其骨曰七人墓翁童媪

李傭斯園不喪寸土其力也故翁媪墓比至閭子
梁高士張少傅等祠及唐子畏菴寶華寺感謝丈
家福修葺時所益今春余偕程季常曹曉瀛王病
禪朱南一陳君籲游其中夜過半始宿南一寓齋
歌以志勝會姚丈孟起示以圖志徵余詩即以應
之

江南一夜春風驕吹余直上桃花橋美人三五隔花
語五色蛟蛈隨風飄我來一笑美人喜為言思子朱
顏凋名園咫尺勝同選素心朱子徵招邀是時花街
日正午眼笮一寸嘗徵貓嬌女向日各矜寵蜂蝶不
敢輕相撩圖為張公種桑地踵增栽得花妖妖亭臺

一三一

參差妙結構花竹歷亂添芳韶此身直疑辭煠裹萬
香狼籍金鑪燋我疑先施采香處佚民栖託餘芳篹
楚騷蘭營寓忠愛花草不夢吳宮嬌我疑少陵寄茅
處宣義解組耽耕樵陶公地偏在心遠萬人海内非
塵囂我疑阿章拜石處坡仙氣誼傾朋僚珊瑚零落
眠梅丈拜君嘉惠珍瓊瑤我疑京兆走馬處萊畦錯
雜攙花蕎黄花散金燿繡陌傾城士女停鸞鑣我疑
天隨鬭鴨處一闌晴綠波滲滲紫菱不花水如鏡鲵
桃漁港譁春船我疑謫仙捉月處石磯笤髮青髟髟
宣和御石采不到支峰艮峰空岧嶤雙荷花池傍碧
藻花開國色如二喬我游較早荷未蕊珠露不靚荷

槃跳一輪秋滿桂香沸黃雪萬斛香如潮我游尤早
桂未栗小山偕隱誰相招子真仙胄闢梅塢冰天雪
海香迨迨軒開更好補修竹綠君環佩來清瀟霜娥
綽約倚寒翠亭亭玉骨衣冰綃我游太遲悵不見翠
羽竹外飛脩脩梅魂桂魄呼不醒荷葉細碎游纖儵
群芳蓓蕾不同日對邪思君心怊怊我思冥巠本一
氣暄涼燥濕融天窯化工拘墟疆界畫弗令四敘陰
陽調衆芳從此域時令瓜戍瓜代同征徭匹如邪譚
各遠嫁莊姜顧影情無儚唐花有法我將試烘梁頃
刻花垂條花皇晃塗大王會十友卅客咸同賚英華
洩盡物難久脂液一涸根株焦花妃瞋余惡作劇妙

一二二

妹弱質生何聊始知化工惜花刀不徇衆好除霜飆
吾曹對茲意良足桃原桃塢花嬌嬈霞蒸雲爛錦繡
海翁媪汝督園丁澆望中密紅間疏綠輕陰漠漠無
鳴蜩誰昔當壚娘娜女幾輩笑擲金鳳翅雪膚花貌
早黃土一隄楊柳猶纖腰世間無物可牢固況藥粉
魅臙脂妖汝花娟娟柳濯濯柳頳未久還花飄蕊雲
法雨凭佛力歷劫不共曇花消葫檀寶華鎖香火柳
姑花姊香潛燒堯雲談空歙玉和廣長舌吐青蓮苗
何嘗彼法即卿法我舌不學豐干饒一菴桃花炫心
目六如繼憤憑花銷達人誰能爵祿豢腐鼠僅足投
飢鴉殭潘褐脫智兼勇在位未必輸餘姚千秋知我

颯公佳朝烈人憫霏聞有泉
祖越士來孝溺綠煙我代鸞
靈祧高紛鄉璧樓碧杓何敍
孝宗漢蓋豪沈紅杞魁始往
忠延子翠人珠要香橫魁往
杖復孝節匕死能瓣上作類
神無明絳椒香詿開閣譜品
為子宋廟蘭抱佩官星奎半
生殤遂子懷程雜曰奎始失
書國張閣烈何女文會文得
起不義拱毅難漢綸照星士
起宋標環賢尤化筆錯點取
真沈事祠閨調南由參六彰
解舟布董女華二赤星十文
識山去標男若似良文一魁
子屋死芳限必太教樽宿上
才飆公同不何家隆蘭奎疑
字飄信代初名周淑紫本誰
文風先時彝姓髻貞象曰近
豈爽乃殊東井奎宮婺文條

一二三

御姓異奏富木登白腸觴必
方列處獨名花若大詩醉不
子棘出山功泥陵一綺買上
天過儒空悴池綠浮踐龜月
瞻樹真雪憔庚未當膳金生
重體倚攜猶奪意花酒桂紅
霄文筆手者侵詩一家帘昇
雲正需俗或門聲鄉蕭青夫
垂習冊避從裏烈雲陡指僕
古士典甘見蕉賢淡狀笑溲
萬端廊文第紅樹亂萬拙須
業欲廟漂科迷石意倜花貂
德岑味皇重亂井時真容金
日蹴守鸞節淡園吾瓢愛千
科登太翥名萬斯弔園尤客
赤闈耀軒輕慮落憑府酒不
黎慎星鴻世忽翦復未好酒
曰具李鶴么芒成登芹生櫻
陽神桃俗弦本瞬餘臺陳殺
婺宇輕流冰貴轉臨蝶樗監

珠燈挑雙荷池邊式歌舞蕩漾碎碧鷺文鯨水妃踏
波出偵客風鬟小影明波描玉山亂隤枕機石仰視
萬里天寥寥太白翻然下空碧慵窺玉女蓮花駛手
持宮袍覆我體曼聲歌我游仙謠視公揚帆采石夜
風清月朗誰良宵仙之人兮彩雲裡依歌而和吹瓊
簫美人扶醉扶我起滿衣絳雪香飄蕭灑譙紈如鼓
三下時平不警邊城鐎何當鉏茅傍園住餐芳飲淥
無昏朝我戀桃花不歸去碧峰雙點孤皋堯露桃花
下起言別詒椒視爾顏如萩欲別桃花不忍別花亦
亂下隨歸橈落花流散美人影思君十里空波遥
寄懷五畝園主人謝綏之家福

一三四

吳縣 吳中彥曉滄

吾蘇由來稱善地善堂林立多設施普濟有男女兩堂育
嬰及清節代賒施棺恐喪家不願要故美其名曰代賒日後子孫有力可以原償徵還堂
中代葬靡不為君家種德非一世勤勤懇懇施恩惠
仰承先志不敢忘少年心即存利濟由近及遠行吾
仁愈擴愈大愈精神感動天下好善者樂輸助賑救
飢民西晉毘連直東豫全活恒河沙數人浩大陰功
不可量秀才已具真經綸各省大吏皆傾倒願見顔
色中心好似此奇才不多有剡章屢屢思入告惟君
謙讓不自居吾行吾志非望報上書力辭軒冕榮絕
跡侯門不肯到韜鋒斂鍔望炊樓君自題樓名讀書養氣

樂優游道心堅定名心淡終南捷徑非吾傳年來又
築五畝園教養儒孤籌脯修延請名師主講讀章程
釐定密還周閒之不禁心欽折我郡義塾如虛設（廣平舊有六義塾）
耄老充數作塾師徒有其名無其實前年竭
力重整頓（捐廉添設經藝會文兩上塾）刊發規條歸一律師宜勤
教弟宜遵月月察課分優劣令誦宏規愧不如官樣
終非真讀書我已衰邁智慮短亟思退歸賦遂初何
日同君重聚首追隨唱和詩與酒見投一紙告知心
天涯悵望蘇臺柳

賦張氏園亭一首乞彈民和

常熟 龐樹階 拂雲

一二五

臨安舊劫早成灰玉照新添石井苔疑是調冰公子
至（是日有少年數人擲球為戲）恨無明月美人來曲中儘有姜夔
譜江上何須袁紹杯空抱鹿門棲隱志漁歌還仗楚
騷才

上巳後二日偕彈民韶九退闇及可盦叔重游
張氏園亭可盦叔為圖以誌退闇詩先成余與
彈民繼後有作　同前

春至如駒隙古人秉燭游今我已老大不游將胡求
興來異夙約二三偶命儔行行出閶門微風稍颺飀
新柳如喚客長條攀吾留惜未具一觴負茲曲水流
往讀白石詞玉照四序收姜張不再遇豈況梁杖鄰

露電如是觀象教同冥搜前游虎阜時忽馬如三秋
姑用託圖畫庶識此生浮

退閣逸霄拂雲无恙諸君同游虎邱攬冷香閣
小吳軒諸勝晚游張氏翁園觀梅共飲功德林
次韵退閣之作　平湖屈伯剛彈民

撥殘榾拙已成灰出郭尋春步印苔梅信猶因寒意
勒山峰先現好容來暮城煙民仍樓閣疏筍新炊伴
酒杯可惜計然書未讀安巢空羨庾郎才

偕退閣重游翁園復飲功德林次前韵
同　前

看花心事未全灰又踏春泥雨後苔風已不寒容久
一二六
立梅如相識笑重來潮音妯娌三依佛是日功德林有誦佛會
蓮社詩人一舉杯我亦禪酥知味好問橋十里遯君
才君持佛茹素十餘年惟未戒酒

上巳後二日翁園補禊逸霄作圖退閣題詩先
成拂雲繼之余亦有作　同　前

園林不可贖坡公傷籍没狻猊半刼灰倪迂神已闕
故家喬木盛馬亡空存骨儼然現樓臺頗似異軍突
瞻彼瓦礫場春鉏成耕垡信知地運移下覺興馬勃
君看梅杏花綺麗圍香窟餘事栽樫柳十年多蔭樾
生計既已饒堂構謀貽厥主人富千金抱甕長搰搰
及茲桃李辰無遮盛門闥我曹世外來相攜蛩覓蹵

佳會除不祥哀吟苦搖兀游賞未厭頻直造無報謁
翼然登孤亭意興逾遷越近矚錦千層遠攬青一髮
多謝耕煙翁供扎工雲月寫入縑素中神采增煥發
以彼看花人一瞬嗟飄忽留此翰墨緣勝樹題名碣
呉中多畫師勝集風流歇素壁試張之過者咸咄咄

翁園社集贈張醉樵　同前

芟草通池護短垣種梅地僻似桃源才華棣萼難兄
弟生計瓜緜賢子孫連歲花時曾蠟屐滿堂詩客更
傾樽春寒乍退催香雪未厭頻頻出郭門

張醉樵雲譙昆季及猶子鶴年招宴翁園園為
張氏新闢中多果木在閶門外余家橋西

二三七

元和 陳任 公孟

芳園愜幽棲春深謝豹啼柴門饒野趣流水得天倪
樹色四園合酒壺行處携勝時招客賞閒訊小橋西

其二

桑麻兼果蓏畦町似天然繁實收梅杏群鶯隔市廛
堂宜花萼映座有竹林賢好景還堪憶園桃紅正妍

同鄧孝先蔡師愚管君謨汪貫一重游張氏翁
園　同前

三五卓芸逢苔蹊勝短童石猶蹲李父林鬱熟曹公
怨草抽秦碧危落隋漢紅舊題詩句在憑記倚東風

偕簡敬絢文游留園

吴江 柳遂 率初

金碧樓臺照眼來溫馨裙屐儘低回美人一散詞流
盡竹影松濤暮靄催

游留園和率初　吴江 陸明桓 簡敬

樓臺如夢客重來裙屐招邀又此回可惜留園留不
住夕陽暮靄苦相催

游劉園　震澤 徐世勲 藥涵

路出閶門外名園築野塘（劉園今名留園）清蒼新竹木寒碧
舊山莊奇石當軒聳危闌映水涼百年三易主惆悵
繞迴廊

游留園觀蘭花會　吴縣 朱惠元 楓隱

一二八

香車寶馬出金閶蘭花會開舉國狂留園門内人頭
動挨肩擠背如排墻粉香有時雜汗氣鬢影間逐飛
蓬颺老幼妍媸態不一紛紛都為看花忙堂中列壘
約數十疊寄累几分低昂若者素心若荷瓣嘉名楬
櫫難其詳游客雖多真賞少略加諦視已他翔醉翁
之意不在酒舊句吾欲哦歐陽喧闐擾攘日欲暮虎
山鐘動催昏黃游女既去客盡散庭前真可雀羅張
嗚呼吾閶蘭生在空谷不以無人而不芳自從移植
在盆盎如檻處鳳笯處凰器小何能遂發育地遷又
復難為良好事携歸置密室按譜栽灌費周章支幔
既懼風日損置水又防螻蟻傷（藝蘭者恒以沙盆儲水架花盆於其上）

愛之愈殷害愈烈往往中道多夭殤偶見一本花蕊
異數莖索值千金昂居奇牟利等市儈貧兒暴富願
堪償知此愛蘭實褻蘭不如棄置山澗旁牛羊樵牧
過不踐潤以雨露晞朝陽自由既復生意足根蒂深
固枝葉昌待至春來嫩芽茁香風依舊彌山岡騷人
採之紉為佩靜女夢作宜男祥不勞灌溉謝培植壽
與天地同久長

游留園　　青浦　王德鍾　玄穆

名園三載別新柳已成圍雨後鶯聲滑雲根日影微
幽泉寒自語眠鶴倦難飛寂寞林花發悠然物外機

游盛氏留園　　吳縣　沈敬學　習文

一三九

間騎款段此探春問訊山莊易主頻（舊為劉氏寒碧山莊荒廢已久）
林木都因名節舊樓臺遮與歲華新藤花絡石蜂成
隊柳絮度橋鶯結鄰閒昔亂離荒廢久頹垣斷甃水
粼粼

林亭無處不增妍勝踞郊坰地自偏煙暈海棠宵醉
酒露零池篠曉開簾畫船人指千章木金谷群嬉三
月天收拾奇礓高百尺向時門外立多年（冠雲一峰向植墻外今園入園內）

留園　　吳縣　吳興讓　竹林

自古吳兒不解愁煙花風月似揚州卅載承平樂復
樂名園處處游人游昨夜琴聲調悲惋雍門一曲腸

堪斷洞門沈沈健兒守一園春色出墻柳陵遷谷變
等閒事綠野平泉復何有北望長安烏夜啼故宮禾
黍已離離月明星稀鵲繞欄飛南何處栖

歸舟過花步里劉氏舊園　高密 鄭文焯 叔問

秋館珠燈曉夢拋過船花影水雲交樓臺長得栖賢
主未信空林有燕巢
叢桂團圞月露飄幾人曾預小山招淮南去後無丹
鼎莫枉仙才守寂寥
近水名園迹易新後堂綠竹借流塵酒醒客散閒花
落門外青山是故人

一三〇

帶水林陰欲暮時芙蓉新發舊亭池百年謝墅風流
地可待重來看奕棋

初夏游留園　長洲 張榮培 蟄公

風光屈指放將離一日清游樂不瘦隔水紅欄饒畫
意接天綠葉勝花時亭陰氣爽閒方覺杯茗香濃醉
始知我對名園增悵觸幾回涉歷鬢我絲

留園觀盆梅　貴池 劉慎詒 蘧甫

盆盎何來絕世姿真成癡骨裹妍皮天生標格難親
近雪月山深一夢之

乙未重九日蘇州虎邱登高東游盛氏園林得
詩四首示同游周言聲世講姪昌琛子昌豫

貴陽 陳夔龍 筱石

霸業銷沉虎氣收（蘇州舊稱行省今則夷為縣治）夕陽明滅又登樓
雲飛畫棟成新構（冷香閣落成）雨打烏蓬憶舊游（往歲來游均值
風雨茲行喜晴）作客青鞵仍故我眠人紅葉已深秋盟心詎
是生公石老尚癡頑學點頭

重尋春夢幾人知秋水長天又一時風雨不來誰送
酒（下車赴陸純伯即約至宴月樓共飲）江山如此怕題詩魂埋香土真
娘墓碑卧荒煙短簿祠不向吳中專一壑典衣空辦
草堂貲

絕磴攀登敢告勞平生結習付兒曹羇栖祇合携宗
武謹飭惟應效伯高坐上參軍妨落帽（言聲携一暖帽自題）帳

一三一

前走卒已分旄此來竊恐劉郎笑一字慵題九日糕
（蘇卿劉雅宥諸君適在冷香閣款客）

寒碧重經客興闌滿園秋色正斕斑池中水漲鴛初
浴欄外雲深石不頑（園中石筍林立均數百年之物）三徑晚香吟白
菊十年舊約負青山（十年前與杏孫宮保有買山結鄰之約）臨軒何限
蒼茫意直為佳時强笑顏

吳門游後半月因事重過昌亭遂覓前舟作竟
日游即示天梅諸子（四首錄一）

松陵 陳去病 佩忍

西園游盡復留園綦跡時時印夢痕最是一叢紅芍
藥有情無緒綰吟魂

約管君遊西園觀魚為風雨所阻

吳縣　吳興讓　竹林

一夜風兼雨寒如十月天春歸芳草外人老落花前（嗜久而不園人島齊令可日上有之島）

閒負心期定觀魚約又愆

一遊容易得笑我未忘筌

獨遊西園散悶四言　　同前

病軀若寄步出城西一離市塵體氣已舒禪園小憩

心曠神怡水流花放魚躍鳶飛活潑潑地一片靈機

西方何處化城在斯西南諸峰隱見非微日暮興儘

長嘯而歸

西園

番禺　葉恭綽　玉甫

一三二

放生魚鼈知感否得氣池臺尚鬱然為想西園圖雅

集幾多樓閣杳寒煙

西園割而為二風景尚佳池魚甚夥鼈有大如盆

者

偕吳鳳池遊西園感賦

長洲　張紫培　埜公

一角園林蓮佛場水亭前後跨虹梁放懷濠上尋魚

樂倒影天空看鳥翔經典幾時馱白馬劫灰此地洗

紅羊頻遊十載重回首花外疏鐘送夕陽

過徐氏園桂馨閣即景成歌

鎮海　姚　虞　景伯

洞房窈窕雲母屏新葉窗拭琉璃青窄襟暗媚葉叢
燕肥語偷洩花梢鶯花梢暖日一抹横闌干在底烟
自冥燕外風飄水沈氣鶯邊人唱山香聲金釵玉璫
廊上下蝴蝶隨之飛不停我來獨倚最高閣繞閣萬
篠春翠晴雙桐出篠一千尺其高遠顛閭門城城根
酒樓客眼醉望疑霞色蒼無賴誰知賴紅爛霞色勻
藥下布瓊蕤英妙結古艷寫群怨别含春緒芳余情
壁間畫柱銀鴈箏靜息中抱秋潭泓欲將余情寄挑
撥恐撩群怨來糾縈江山千里極駘蕩蕩為此閣簾
波清重簷複路一切綠隔波搖漾成離蘅波影客窗
人娉婷頗疑帝子狎湘女九華鳳扇文霓旌落日過

一三三

牆天晚晶鄰庵乍有疎鐘鳴鐘催車馬六街散月出
樓臺百丈渟我亦歸去園門扃屟痕滿徑飄露星露
牕松色鮮相媚星榭鶴語琴能聽

桂馨閣

元和 袁學瀾 文綺

春晚游人惜景光雨濠亭觀會流觴橋穿月洞移香
屟石綰雲峰坐靚粧廿四番風花信息十千美酒醉
家鄉綠陰芳草行吟處猶戀闌干倚夕陽
濃陰深護牡丹開路轉青雲濕徑苔（園有青雲路石坊）燕蹴
飛花風觀閣人歌折柳雨池臺紅橋翠嶂開圖畫肥
管清絃勸酒杯一架紫藤香霧密春泥滿屐醉忘回
虎邱過李合肥祠堂不入

松陵 陳去病 佩忍

桃柳疏疏密密横歐西亭子乍經營春風若早嘘南
園此地應祠李秀成

塔影園文讌上沈宗伯歸愚先生二首

丹徒 郭家駒 千里

盤敦森嚴張一軍恰憑鶴澗聚同群横塘疎柳青油
舫黄絹新詞白練裙星聚江湖招勝侶人來花徑慰
停雲相逢合上生公石共話前緣到夕曛
皓首丹顔别帝閽東南壇坫典型存百年手度兼仙
骨千古文章一酒尊勝地風流傳鶴氅何人聲價重
龍門敢誇末坐相如賦迢遞詩筒索討論

一三四

孫氏隱獻園

鎮海 姚燮 某伯

過墻淡黄柳側眼看春人裙屐復今日年華非去春
桐花白團扇茜葉紫泥裀高座傳滬酒醉歌聊及辰

其二

翠栝蜷屏石虚堂面石開畫厨生朽蠹琴簟上初苔
選夜青天月誰斟白玉罍風流孫曼叔（謂淵如觀察）絶跡
弔龍媒

其三

别院打流鶯飛來攪落英撥花尋茗氣背竹聽釵聲
露磴春蕪縟蘭臺午日晶有人坐欄角低唱蹋莎行

其四

不知水氣深水底綠青岑横黛若相怨邀合清淺心
蘋絲為畫筍桃葉助雲陰留得陰陰幕巢他雙翠禽

其五

青戟美人營匝臆荷萬茎鴛鴦迎榜出翡翠躡煙行
武子有新廟（廟在虎邱山麓本孫武子廟其裔孫陽湖孫氏拓基建園）闔閭無城
（一）指麾春女隊憶昔教吳兵

其六

石盡出斜門繁花列瓦盆鶴坪皆玉色鹿柵有香痕
息指長廊好陰光密榭昏孌孌雨蝴蝶轉轉牡丹根

其七

人倚萬竹上高樓對酒樓酒香吹雨過樓影入江流

一三五

江上生蘆葉煙邊隱白鷗待伊蘆葉長此地定宜秋

孫武子祠 并序　　元和 袁學瀾文綺

在虎阜山浜舊為一榭園後孫淵如觀察改令祠一亭翼然迥立臺表下臨清池背負層山饒有幽致

兵家祕洩十三篇龍豹韜鈐教戰傳鼙鼓聲鎖金粉陣孫墩大塚遍荒煙
破楚門前動暮笳風吹祠樹起神鴉承平紅粉無兵劫廟口焚香笑折花

一榭園弔孫淵如先生

太倉 顧晞元子雨

西風影裡倚危闌，傑閣峻嶒路曲盤。修竹當門雲影薄，枯荷捲葉雨聲乾。談經人去虛堂靜，埋劍池空夕照殘。憶到五松園外路，石城煙柳共荒寒。

淵如前輩招集孫子祠

遂甯張問陶仲冶

孫祠雄秀陸祠清，同借山堂隱姓名。笑我憑闌聊射鴨，與君賭酒又談兵。蒓鱸舊約真能踐，花月閒緣最有情。流水半篙山一角，向來原不羨公卿。

孫祠雅集圖同趙甌北雲崧、范芝巖來宗兩前輩，潘榕皋奕雋戶部，范葦舲、少府蔣于埜明經作　同前

一三六

五十將衰忽少年，龐眉三老坐樽前。聽從閒寶談遺事，笑看蓬壺醉散仙。有酒在杯休學佛，無功當世合歸田。難逢曹霸丹青手，一點靈臺莫浪傳。

甌北先生小駐虎邱孫武子祠，同榕皋、船山、于野、葦舲攜尊雅集癸酉　吳縣范來宗翰尊

館閣因緣接後先，杖朝杖國服官年。甌北年八十七，賤齒七十七，榕皋七十四，船山五十看公無量真稱佛，餘子能頑亦是仙。雲夢尚堪吞八九，幡桃佇見熟三千。四圍嵐翠擔前撲，此會名山豈偶然。

金烏騰躍照林隈，掃盡陰霾待放梅。吳語蜀音今日共，詩箋畫稿立時裁。白頭故老談天寶，赤手孫郎想

霸才祠本一榭園淵如觀察續加手造後日視今猶視昔且留佳話付將來

一榭園　　同前

臺榭無多倚夕曛園連塔影鳥聲聞吟詩裙屐三春集入畫林巒一角分纔得玉清瞻上相園供呂祖像又思金甲奉將軍將改孫武子祠重來莫問誰為主且向闌前看白雲

丁巳夏日移居西塘漁隱小圃偶成七律四首

吳縣袁廷檮又愷

路轉楓橋有敝廬竹林好臥復移居與舍姪同居常依喬木思餘蔭藉寄閒身讀古書開徑還宜栽杞菊結鄰

一三七

只合伴樵漁却離闤闠囂塵斷門外惟停長者車童丱曾於此釣游手栽梅樹已成虬將驚雪色侵華髮忍使光陰付逝流白石清泉非樂惠寒楓老桂易悲秋徘徊最是傷心處午夜青燈竹柏樓

五硯樓頭日再登藏書萬卷盡鐵縢牕中遠岫青連幌檻外新禾翠滿塍夜半鐘聲來月榭江干人語雜漁燈林塘日涉生幽興漫詠田園几獨凭

當年摩詰此栖遲壁上刊留絕妙詞北海琴尊誰繼美衡山圖畫尚遺思園為王丈盟溪故居王丈工畫師法文待詔沈歸愚先生題曰小停雲館壁有西塘雅集詩先兄為之刻石同袍不少羊求侶閉戶惟將許鄭師夙夜果能通一藝傳家亦可愜心期

渔隐小圃十六咏　　同前

楓江草堂

誅茅楓江上沿江構草堂夜鐘出古寺春水通橫塘
編籬學老圃不擇灌花忙

五硯樓

先澤在硯田經訓是留貽金罍流石碩發筆耕信非虛
閒憩面平野樓中有荷鋤

吟暉亭

孤亭對初日幾砌露未晞離離見寸草融融樂春暉
低吟東野句零淚沾裳衣

夢草軒

一三八

一榻近池塘獨臥布衾冷忽聞魚夜躍振觸披衣起
年年春草生謝夢今已矣

錦繡谷

藏春錦繡谷春深花似繁賜書業閑且洛陽繁華問前朝
詩占十分春花風廿四番

銀藤舫

閒邊架小屋簷繞銀藤枝暮春花蔟蔟宛若珠簾垂
月色相掩映夜坐吹參差

水木清華榭

晴光泛秋水空瀾振林木翠羽集復翔文鱗戲相逐
臨流時把釣得句在延目

洗硯池

舍後有清池池清可洗硯綠縠縐千層冰輪沉一片
風吹翰墨香青蓮生水面

繫舟

不泛五湖裡惟將書畫裝虛牕不受著止水自生光
堂坳一杯滯寂寂綠楊傍

柳沚渏

柳沚水清淺橫石即為渏樹密鳥聲喧溪流花影移
前山有佳趣行歌復徘徊

小山叢桂館

叢桂發天香衆芳漸搖落築館山之幽高會此酬酢

一三九

不慕招隱士喜得文酒樂

芙蓉徑

木末搴芙蓉騷人寄幽思湘江秋露繁晚霞映霜翠
今傍野人廬遶徑增清媚

挹爽臺

素嶂立如屏蒼巖淨若掃雨過清覽觀雲開盪懷抱
橫琴曲未終飛鴻入晴昊

稻香廊

朔風吹寒雪四野田鋪玉長廊望農人白屋飯蒸粟
回憶稻香時辛苦胼手足

漢學居

古聖微言絕漢儒詁訓明仰止鄭北海禮堂集其成
我欲探秘迹何時慰平生

紅蕙山房

良友貽紅蕙（蕙為鈕君非石所贈庭有四面松乃小停雲館故物）山房易嘉名
秋風始吐花色豔香偏清蒼松今有伴發我思古情

戊午三月十一日小園牡丹初放宴集王少司
寇（昶）錢少詹（大昕）潘農部（奕雋）蔣司馬（業晉）段
明府（玉裁）及同人賞花以是日也天朗氣清惠
風和暢分韻予分得天字

同前

洛陽聞說花為田奇花一本求千錢姚黃魏紫久不
一四〇
數紛紛新種名難牋去年有客中州至載歸百本裝
長船拔取其尤植小園開當春暮初晴天東風縕釀
送妖冶旭日照耀何斑連相對佳闌動清興重聯佳
會開芳筵回思金粟燦林谷又見錦繡堆指前坐中
二老吳吾師從堂高足隨到宣（謂王介人徐淡如）群賢袞袞
仰山斗鄉杖鄭服差齊肩飛觴不困中酒律分題白
憶燕蘇蕭吟成索句奪手山綠醉餘真豪氣表雲煙花若
有知更含笑枝枝舞弄春風顛人生快意悠游覽不
然佳日空虛延波流牆陰月漸起蕩漾花影生淪漣
白髮鬢連連袂去沿堤簾擾看神仙獨我重倘白玉
盞對花醉倒花前眠

吴门园墅文献卷四　清韵

春日游吴中诸家园林，用东坡和子由踏青韵并序

元和　**袁学澜**文绮

吴郡，东南一大都会。其间民俗之靡丽，风物之清美，读广微《吴地记》、士衡《吴趋行》可知已。兹自承平日久，闾井繁富，豪门右族争饰池馆相娱乐，或因或创，穷沃极侈。春时开园，纵人游赏，车骑填巷陌，罗绮照城郭，恒弥月不止焉。余尝值春暮，偕友朋，办杖头钱，蜡阮家屐，遍览诗家园林之胜。惟时东风扇和，流莺在树，香衢尘涨，有女如云。园外缭以粉垣，趁市者张幔列肆，瀹茗以待来客。佣夫担竖，无资入游，群聚植立，以观杂沓，粉舆数百，雁翼鱼贯以进，喧声潮沸，粉黛若妍若媸，目不给辨，延颈鹤望，不见其后。入门则肩摩踵接，头不得顾，众拥身行。园内金碧陆离，目夺神炫，临其台则峦翠参于雉堞，西山之奥气，若可挹焉；蹑其阁则蛾绿充于雕栏，南部之烟花，可平视焉。更有银塘碧沼，转水成瀑，惊鸿往来于桥上，文鱼游泳于波间，或投饼饵，观其唼食，以为笑乐。假山叠云，鸟跂虫结，倪迂南垣之遗制。于是乎在水边林下，人卖糖饼、玩具、泥孩、纸虎，并拟诸生、儿童争集，投钱如雨。轻薄之子，随逐少艾，如蜂聚花，曲廊窄径，群阻其行。围亲芗泽，约指断叙，男女定情密赠，遗于牖间，往往而有。日晚人散，蔗滓果核，拥积碍履。遗钿堕珥，园丁拾归，产致中人，其繁盛也如此。然询其始末，或曰向曾属于宦室，尝以事藉入官者；或曰向曾鬻于豪族，以子不肖，旋归于他姓者。或数年易一主，或数十年易一主。每至荒芜不治，鱼钥守门，鬼啸狐啼，阒无人迹，转成丘墟，其后复有人兴起之。则今之楼台歌舞、莺花士女，皆昔之颓垣断井、蔓草烟榛也。嗟夫！岂盛衰之理，固如是耶？抑土木足以致殃耶？大抵豪贵子弟，习赌奢靡，服鲜骋肥，万钱下箸，

不知樽节，遂至丧家。故君子之居室也，勤俭以率之，斲椽则戒，刻桷则讥，督之肯堂肯构，使知稼穑之艰难。田园牧养，闭门足养生之具，斯百世可久耳。余以寒素之士，以六籍为笙簧，以百家为园圃，采野芳，罟溪鲜，无羡乎山珍海错也；曝茅檐，风竹簟，无慕乎层台广榭也。优游林薮，未尝随纨绔儿于罗绮丛少寻佳趣，兹乃铺张游事，不惮烦言者。盖犹东城父老，目睹开宝繁华，每乐向人道之，使后之游者，知持盈之宜慎，而耽乐之不可长也耳。

泼火雨霁无纤尘，吴王城郭花柳新。到处园林鱼钥放，啼莺唤出钿车轮。
妙岩台下埋香地，踏青有女来西邻。约伴开登桂馨阁，曲池漾碧双鸳驯。
誃廊宛转通帷闼，华妆平视难回瞋。屏山盆树工点缀，疏篱拦住鹤与麕。
金阊亭馆尽历遍，如梦清明河上春。来朝鼓枻虎丘路，还采江蘋赋洛神。

拟陆士衡吴趋行并序

昔陆平原著《吴趋行》，夸都邑之繁盛，美土风之清嘉，文德武功不可殚纪，顾意主赞扬而于规讽或有缺焉。今吴郡兵燹之后，殷阜迴不如昔，而风俗侈丽，则有过之，爰仿原作体，仍其韵，不袭其言，盖以黜华崇实者，俾端本务云尔。

燕赵多奇士，京洛多名讴。都会盛文史，不如歌吴趋。
擅弓言物始，请自泰伯起。端委治巍峨，荆蛮挽颓波。
阅世至季子，清风流涧阿。文教所暨讫，蒸黎矢弗过。
顾陆著繁衍，俊及扬休嘉。迄今数千载，日月感逝波。
秀良亦足贵，无如竞纷华。金箭地产富，第宅天衢遐。
粤人一炬后，结习仍绮罗。馥馥挥广袖，灼灼含春葩。
欢乐诚未已，岂识忧患多。行路有饿莩，粱肉夸豪家。
君子贵远虑，涓涓成江河。满盈必倾覆，言之泪滂沱。
务本在崇俭，苦口陈此歌。

拟陆士衡吴趋行并序

长洲 **沈修**绥成

吾吴土风清嘉，诚有如平原所云者，顾相文以伪，相偏以靡，俭非恶名，转谓蚩鄙。盖锢于习尚者，旧矣。随波逐流，宰所究极，物各有本，导则斯返，诗赓山枢书砚毋佚，示俭于礼，责在夫士。暇日读平原，是行未能忘言，虽效其体，不泥其词，非敢矫其先硕，亦欲以清嘉之旧，还诸吾吴云尔。

勾吴隶荆蛮，开国从让王。延陵屣瓛谷，武城仪宫墙。
夷风沐礼教，髡俗蒙文章。蒿艻一以辟，驺盖辽相望。
富春此都会，炎井丁衰凉。武功骇巴邺，文绩攀高光。
祖孙代英叡，孤尹家贤良。八宗凤骞翥，四姓龙超骧。
所嗟茂藻饰，驯致芜彝纲。四时辍素节，三叙咸韶阳。
亭楼栉城野，鞍马崩衢庄。瑶珠冶颦笑，娵巨都帷房。
嘉丧十天产，筵酌弥年粻。臧舆刁纨绣，星觋憎轩裳。
德花岂雨露，贼干非冰霜。中荣自贞固，表绚谁久长。
日穷匿虞谷，旅倦返故乡。忆贫庶保富，揆变恒绥常。
娭春勿灵岩，逭夏毋山塘。淑源户诗礼，阜本人农桑。
童耇淑伊奭，鬓妾谈成康。清芬濩蛇匠，嘉荫覃葑阊。
向来景行切，或以吴趋偿。嘅焉企雍札，穆然游炎黄。

名园

长沙 **张百熙**

君不见，姑苏城畔名园里，复道回廊何逦迤。锦石秋花绚烂香，山亭水阁参差起。主人未知谁姓氏，但道高官殊济济。吁嗟乎，汉家离官罢不修，重惜民力忧民忧。主人岂不感明诏，更购良工制绮楼。（同治十三年诏罢圆明园工作）

游吴城诸园

古沪 **王宗毅**鹤僧

留园竞绮丽，怡园多古朴。
绮园足闳敞，胸中具丘壑。
吾堂沧浪亭，劳尘此焉濯。
遐哉苏舜钦，高风怀绵邈。

题怡园岁寒草庐呈顾艮庵先生

吴县 **汪芑**燕庭

眼中突兀见此屋，洗尽浮华还古朴。手种梅花共岁寒，铁干杈枒连柏竹。

名园妙构参画禅，大千界现一粒粟。亭榭由来爵位如，立名节在培林木。

庭前萝荔衣缭垣，石笋崭崭露头角。屋后五峰位置宜，偃蹇奇丑互起伏。

坡仙琴馆通修廊，□瞰盆池皱寒绿。年时裙屐冶春游，香车宝马来不速。

雀屏璀璨莺语喧，似妒春人好装束。词句天衣集无缝，姜张周柳驱使熟。

髫龀久闻七子名，灵光岿让先生独。曩者城南盛文社，把臂欣逢夔一足。（道光戊申与令子夔伯、冯申之、朱现生结文会）

山林微云近婿乡，读书灯影识都穆。隐侯落拓（沈润斋丈）兴公贫（孙藻如），矜许浑如玉在璞。

何图家破名未成，横江蚁贼纷青犊。三年戢影西山陲，劫外逃名托张禄。

邓尉诸山濒太湖，香雪濛濛屯万斛。诗编甲子仿义熙，只鸡斗酒招近局。

兵尘初洗敝庐在，家具无多理归躅。别业穿筑胜引人，闲门不厌频剥啄。

虬柯一白春温暾，茶铛篆袅残英馥。仿佛坡老松风亭，绝胜处士孤山麓。

疏影暗香协律难，七字诗吟步堪学。吁嗟乎，士大夫以官为家，几人能享林泉福。

翛然宦海赋遂初，目笑倾身障钱麓。万卷书并匏庵藏，九老会从髯圃续。

暇日倘举梁园尊，我愿抚弦奏五曲。更期隙地拓数弓，一锄寒色栽松菊。

星台招游怡园，时牡丹盛放

长洲 **彭慰高**讷生

嫩绿成团倚画栏，生香点染入毫端。（客岁曾以绿牡丹征咏，并集名手藻绘成册）

又逢上巳寻芳日，来向名园放眼看。

孤鹤不嫌蜂蝶闹，锦棚为护雨风残。

殿春红药阶前满，几朵含苞勒晓寒。

艮庵属题真率会图卷七首

同前

图凡七人，顾艮庵文彬、吴愉庭云、勒悟九方锜、潘养闲曾玮、沈耦园秉成、李香严鸿裔与余也。

真率斋中载酒过，闲云天际意如何。
往来人似沙鸥熟，更比城南雅集多。

三人辛未生同岁（余与艮庵、愉庭同岁），惟有怡园似少年。
太白百篇供斗酒，闲情时泛米家船。

两罍轩里古香浮（愉庭所居室，名两罍轩），不数雝公与雁侯。
余事荆关多妙理，淡烟凉月五湖秋。

南园风月结比邻（香严），北郭幽偏理钓纶。（耦园）
满地棠阴人芨憩，碧潭苍石两家春。

鲤对闻诗学有原，和羹世泽凤池园。
平戎绩伟多余庆，早见孙枝迈恺元。（养闲曾以《学诗图》索题，闻已有孙十九人）

旬宣遗爱遍三吴，节钺天南大泽敷。
归到匡庐无别梦，登高怅咏插茱萸。

我本沧浪旧钓童，而今衰白已成翁。
数椽老屋堪延客，分付园丁种早松。

怡园

清泉　**王之春**爵棠

茅亭西畔曲廊东，丘壑从心结构雄。

怡園

一草一花春酝酿，半山半水石玲珑。
地饶风景宾为主，诗写天机拙亦工。
莫道寻芳芳信早，梅根疏雨柳条风。

上巳独游怡园

古吴 **潘敦先**叔重

兰亭觞咏话前因，绿水名园大好春。（园中新拓荷池）
一自苏台麋鹿走，石阑荷遍不逢人。

寒碧庄前浅草芜，晚香堂上夜啼乌。
冠云峰与山茶树，谁写风光入画图。

山林钟鼎太平时，各有园林足自怡。（怡园主人题《西圃雅集图》句）
叹息梓桑功尚在，何人酹酒拜崇祠。

游怡园有怀

泉唐 **陈栩**蝶仙

西风无那恼人怀，一亩苍苔绿半阶。
尽说顾家园子好，不堪提起护龙街。（怡园）

入门风景太凄其，残雪潇潇压竹枝。
小小洞门圆似月，阿谁亭柱更题诗。（坡仙琴馆）

奇石伛偻似老人，古苔斑驳困风尘。
坡仙已去焦桐死，还有何人解赏音。（石听琴室）

波光塔影两参差，南雪亭边小立时。
燕子不归春已半，斜阳闲煞好花枝。（南雪亭）

石桥曲曲水湾湾，三面湖亭两面山。

倚槛坐憎一池水，欢容不照照愁颜。（耦香榭）

梅花如雪绕吟庐，铁笛吹来笑故吾。
若把寒梅比肥瘦，阿侬还不算清癯。（梅花厅事）

苍松黄叶拥孤台，六扇文窗面水开。
十曲危栏凭不得，满天风雪扑人来。（涧曲松荫）

松花乱落鸟无声，杰阁登临感慨生。
但说两山眉妩好，如何不见画眉人。（松籁阁）

两间屋子小于舟，止水无波静不流。
尽有溪山竹风景，片帆何苦去扬州。（舫斋）

八月西风下井梧，翠毛么凤恨何如。
生憎墙角如钓月，照上窗纱一半无。（碧梧栖凤）

旧时月色尚依然，敲断金钗散绮筵。
不怪云英无处觅，如今举宅也成仙。（旧时月色）

绛霞洞里绿成荫，语燕啼莺没处寻。
幸是系铃人去了，不然揉碎惜花心。（绛霞洞）

婆娑云外小勾留，一点秋心合做愁。
岩桂高枝休折取，好花须插美人头。（云外婆娑）

回廊绕遍待何如，山水无情人啸歌。
我爱桃花胜儿女，旁人不许更摩挲。（绕遍回廊）

岁寒松柏见贞心，留得焦洞爨后音。
莫把平安问修竹，沈腰消瘦到于今。（岁寒草庐）

山顶危亭四面开，层层石级冻莓苔。
叮咛莫唱沧浪曲，我感沧桑一度来。（小沧浪亭）

午月既望，偕黎里黄沅芷、丘寿人放棹吴门游怡园

震泽 **徐世勋**藻涵

问讯尚书里，来寻顾氏祠。
亭台新画稿，楹额昔贤祠。
鸟语一林碎，荷香四座披。
独游情已惬，况与故人期。

游狮子林，用元郭麟孙游虎丘韵

吴县 **吴恩熙**蕊青

入门忽惊骇，四面叠峰岭。飞从何处来，独辟灵奇境。
一镜澄波光，千林散烟景。岩壑分向背，水石含动静。
幽洞激清籁，怪壁蹑孤影。蹬空鸟道盘，路怯蚁封骋。
我今结伴游，爽气愿同领。一俯复一仰，步步欲回省。
云烟起尺幅，阴晴换俄顷。峭扪薜荔墙，巧夺辘轳井。
古寺钟韵幽（园前为狮子林），断桥涧声冷。虑淡物始轻，真趣兴尤永。
迢遥数百年，为唤云林醒。

题东畲张翁狮子林图长卷并序

元和 **陈克家**梁叔

东畲翁，名应均，字星缠，元和人，两中副榜，以四库馆誊录得四川泸州州判，后署马边厅事，以终养告归。嘉庆三年卒，年六十七。善写山水，初得富阳董相国指授，悉师法之，后稍变自为一家。此卷作于乾隆辛丑，以授其第二女。女通陆氏，克家之外姑也。道光丁未四月，会试报罢出都，取道陵县，起居于友婿张典史官舍，出此授余，盖藏弆七十年矣。外姑语余云："吾嫠老无子孙，思南中不得归，吾父子孙，闻今亦罕存者，汝宝藏此画，不啻使我两家犹有人也。"既谨受之，抵里门访，翁自跋云先绘一图付寺僧昆峰者，已无可踪迹。又见韩东生

文钞云：翁尝以所藏恽南田摹倪高士狮子林图赠昆峰，则跋中未之及也。展玩增叹，辄题二绝句。

老笔南田共散亡，烟云陈迹易情伤。
百年郑重山门镇，独有人间敝箧藏。

初开兰若地平分，往事能谈更几人。
画里独留全胜在，芳园想象翠华春。

狮子林

元和　**袁学澜**文绮

九曲峰峦访旧游，啼莺林际唤春愁。
石飞云气迷苔磵，松泻涛声过佛楼。
池鹤倒窥人影立，苹鱼仰唼鬓花游。
倾城士女咸来赏，笑说倪迂画意幽。

戊辰二月廿二日，同张筱峰先生、查蕉坨、刘拙安、亢铁卿、子清杰同游洽隐园、狮子林，至晚而归

同前

清明才过春日喧，招邀旧侣寻名园。少年惨绿（谓蕉坨）叟颁白，僧房瀹茗坐笑言。

起登山亭望桃李，天气晴和风日美。跫然屐响出回廊，前度刘郎兼亢子。

有约携琴乘舆来，相与凭栏赏红紫。城外西山照眼青，扑人朝爽俗尘醒。

万家屋瓦鱼鳞簇，远树含烟接杳冥。墙碑新勒容徐读，洽隐高情渺难续。

金屋藏娇事已空，忽惊虎张铿刀鞘。（此园曾属宦家，后为逆酋所据，今为程忠烈祠）泰运重开兵劫消，明里馨荐灵旗肃。

意行同上酒家楼，把盏临风闾井稠。喜得承平生齿聚，昌丰士女集遨头。

绿荫路转潘儒巷，奇石狮林分宝幢。洞径横穿九曲珠，苔梯攀陟劳升降。

墨迹攲斜坏壁诗，笼纱无分罥尘丝。群峰翠挺苍官笏，松化云根拥桂旗。

水偃虹桥夹菱镜，往来倒影惊泻映。苹鱼仰唼鬓边花，蝶蜂赶趁明妆靓。

老入欢场感岁华，前尘昔梦散风沙。几个晨星欣聚首，清谈坐到夕阳斜。
归去柳丝吹满路，胜境难忘屡回顾。倪迂画稿妙天然，丘壑玲珑具真趣。

乙丑三月廿七日，同子杰游狮子林

同前

拙政山茶摧作薪，沧浪亭观飞灰尘。师林独有神物护，奇石自得天趣真。
记经寇乱阅四载，到处鏖兵井邑改。苏台麋鹿走荆榛，此间道构依然在。
分列东西水旱园，满城士女赏春喧。可怜物是人非故，旧事无从问鹤猿。
洞壑嵚岈通九曲，苔磴行穿圭窦促。绿萝掩映径旋螺，天光一线明岩腹。
探幽入地陷深坎，耸身忽又登平陆。阴阳显晦寒暖殊，踵顶上下相接续。
笑语微闻不见形，隔垣彷佛山重复。鱼鸟风云八阵图，迷途进退嗟维谷。
巡环莫出范围中，但觉峰峦森簇簇。眩目奇观变态多，恍疑五岳真形缩。
豁然一旦步平堤，绿柳红桥覆水低。方塘照影惊鸿度，倚槛闲谈共听鹂。
亟赏倪迂工布置，顿教城市成山溪。妙解荆关皴劈法，岚景宛同图画携。
胸中丘壑相印证，扫苔泼墨争留题。诗情与石并庸峭，搜索其突穷幽蹊。
花间酒醒邻钟动，满阁松风林鸟啼。
（园旁画禅寺中有松风阁，旧名五松园，今松已枯萎）

四月七日，同人集饮亢铁卿家，复出游狮子林

同前

小集壶觞宴，祥符古寺邻。
素交逢石友，游事记吴均。（座遇石梅生，吴清翁示《虎丘游记》）
归燕巢新补，盟鸥席共亲。
师林花笑日，酒罢出寻春。

林壑留真趣，当年驻翠华。
画图倪瓒石，风月状元家。
池渌侵桥柳，衣香胜洞花。
岩阴逢旧识，啜茗话虫沙。

狮子林

丙寅三月五日，同家人游狮子林，过画禅寺，访洽隐园

同前

露桃烟柳媚清明，难得春逢上日晴。
绿遍园林芳草色，倾城争出踏青行。

兰雪堂倾草作堆，画禅寺里磬声催。
游春争问潘儒巷，为访倪迂叠石来。

百年亭馆状元家，洞壑玲珑径曲斜。
碧沼红栏漾人影，蘋鱼仰唼鬓边花。

落英舞蝶滚成团，到处园林放客看。
借佛游春寻古刹，松风满阁坐盘桓。

扑蝶寻芳载酒厨，花蹊荦确倩人扶。
吴侬喜得承平日，来看春风士女图。

踏青罗袜涴新泥，蜂蝶团香路欲迷。
一段春愁飞絮外，夕阳人影各东西。

狮林小憩（故山游迹诗十五首之一）

吴县　**亢树滋**偶卿

蕞尔园亭竟擅名，数弓占断阖闾城。
高人品自千秋绝，妙手文无一笔平。
怪石长松饶古意，疏帘清簟惬幽情。
林莺见客如相识，几度寻春到此行。

狮子林

莳南 **徐文锡**韶符

春岩淡晴览，窈窕瞰灵鹫。岿然阛阓中，著此数峰秀。
嵌空天欲穿，壁立土不覆。阳崖风日暄，阴岸水云漱。
石骨郁嶒峻，皱瘦复透漏。自非造化钟，一一鬼工奏。
偶来林下游，一境一奇觏。意所不到处，真宰谁能究。
抚景趣弥间，搜奇日以富。涛声松际来，谡谡起清吼。

次和邹铁樵大令同游五松园之作

元和 **韩崇**元芝

名园历四朝，遂擅吾土美。透迤入曲巷，疏旷忘近市。
峰峰各异态，苍翠扑窗几。洞壑相钩连，巧匠不能理。
入山何必深，幽僻称居止。维则古道场，仿佛旧坛址。
当年手种松，想见携鸦嘴。惜哉历尘劫，枯影卧池水。
有客感旧踪，聚散渺难纪。胜景岂久留，清游忍负此。
作诗追亡逋，结交念终始。

狮子林图，为画禅方丈映月题

同前

笔精墨妙暗门刘（图为刘彦冲写），淡写林峦意匠幽。
狮子窟中时打坐，一蒲团外五松秋。（狮子林一名五松园）

雪窗兰草巨然山，破墨淋漓不可攀。（映公兼精六法）
一代名僧居胜地，又留禅藻满人寰。

游狮子林

吴县 **秦敏树**散之

高士有倪迂，性存山水癖。手夺造化工，累此万端石。

蔚然林壑幽，一一峰峦积。上树五苍松，秀色拂天碧。
下隐百窍奥，妙写天地赜。邃径郁纡回，复道劳行屐。
玲珑却纷纠，白云穿又隔。来游兴不虚，曲折引诗魄。
幽悄古人心，厚重古人迹。沧桑永不移，百代非过客。

狮子林

海盐 **朱炳清**小泉

狮林与虎丘，吴门名胜同。虎丘郊垧外，狮林城市中。
一夸大王穴，一留名士风。或谓云林巧，叠石夸神功。
岂知朱（德润）赵（善长）徐（幼文），共筑碧玲珑。昔属画禅寺，拱护梵王宫。
今为黄氏园，园名号九松。碧峰狻猊踞，肖象何奇雄。
对面石势阻，回头路忽通。如穿九曲珠，旋绕势嵌空。
如逢八阵图，变化形无穷。故路忘出入，新术迷西东。
同游偶分散，音闻人不逢。变幻开地脉，神妙夺天工。
一池璇源蓄，怪插青芙蓉。上下相顾盼，各各皆改容。
人嫌多诡气，我道辟鸿濛。诗情与画理，悟此开心胸。

游狮子林

松陵 **朱逢春**柳塘

狮林擅吴城，深得图画致。携策并寻游，趁此春初霁。
累石成层峦，凿池分水势。乔松嵌石根，疏竹间苍翠。
平桥迤逦通，幽径浮烟霭。屈曲造孱颜，突兀更奇怪。
雨过尚闻声，滴沥流泉细。行行洞愈窄，凹凸路难记。
缘上却如下，入内忽游外。登降步履艰，骇此咫尺地。
性癖痼烟霞，当怀买山志。台岳路迢遥，卧游惟图绘。
兹乃假胜真，点致叹灵异。妙诣想云林，题诗志幽思。

重游狮子林

同前

携杖重寻洞室幽，十年不到尽淹留。
撑天奇石成灵兽，拔地乔松化逸虬。
下上层梯随势曲，东西沼水合源流。
倪迂去后谁图画，聊向空亭醉酒瓯

狮子林记游

娄县　**杨葆光**古酝

吴市喧阗不可耐，乃于阛阓求山林。相国别墅邻梵寺，门楣棨戟何沈沈。
小桥流水忽殊俗，到此不觉清尘心。翠峦玉笋自高下，径路纷杂劳追寻。
腹窦仅容鱼贯入，断腭相望联嵚岑。中或如岸如突碣，或如濯足随流深。
下穿水穴更奇绝，红阑干外传清碪。咫尺隔以寻丈势，壶中九华犹蹄涔。
颇闻倪迂弄狡狯，奇迹留此连轩庑。师子神通至广大，丘壑信可罗胸襟。
在昔翠华幸江左，标题真趣聆玉音。天章照耀却兵火，丰碑矻立留璆琳。
园丁瀹茗相告语，此时已苦冬寒侵。每逢春和车马集，樗蒲竹肉闻醉醽。
我闻此言重乾笑，俗士岂复知登临。且具袍笏一展拜，米癫狂癖我堪任。

狮子林

闽县　**李宣龚**拔可

入山恃志胆，勿为云所欺。果登姑信峰，我心犹自疑。
乍陟若无路，攀腾遂同跻。一松倚一肩，居高竟忘危。
石笋森门限，俯窥如立锥。瞬息海三变，银涛涌风枝。
大力负眉属，宛如支床龟。咫尺清凉台，气氲谁是非。
坐位莫敢争，拍手天四垂。欲呼采莲船（峰名），茫然无篙师。

拙政园

元和 **袁学澜**文绮

今年屡踏园中翠，前度人稀花正开。红紫分披乱无数，石边独立赏亭台。

此日游人集罗绮，扑蝶流觞临渌水。清丝脆管发歌场，鸣琴妙妓皆秾李。（时有群芳琴会）

珠喉宛转递新声，风送飞花拂钿筝。平泉甲第频更立，金屋啼残旧日莺。

人间胜景不常好，寻花须及春光早。前游已换后游人，一度看花一回老。

金丹难驻镜中颜，满径红香堆不扫。四百楼台九十春，北园烟雨迷芳草。

戊戌三月廿八日，顾清卿游拙政园

同前

十亩名园启画图，寻芳莺燕偶同途。

香尘浅印弓鞋小，多事春风卷却无。

相国池台映绮罗，百年乔木厌笙歌。（旧为海昌陈相国之遴别墅，后籍入官）

花枝艳似唐韦曲，天气清如晋永和。

园侧谁家废苑荒，重门深键闭春光。

朝来几点催花雨，天棘抽绿上女墙。（园之东偏有废园，清池、乔木、花石玲珑尚在）

游拙政园

吴县 **金兰**子春

一场忪愣暗然休，依就名园我辈游。

花竹经营前宰相，萑符窃据伪王侯。

断阶斑驳余膏血，浅沼巑岏露髑髅。

试问坞南老槐树，兴亡阅历几春秋。

拙政园

重过拙政园

长兴　**朱紫贵**立斋

月榭风廊得再窥，夕阳影里客来迟。无人亭榭山茶老，有恨帘栊海燕知。
蟋蟀篱空黄叶满，蟏蛸户冷碧苔滋。旧时草长莺飞日，共许寻春到习池。

红尘哪有地行仙，猨鹤中宵应惘然。自昔园林同传舍，于今树石又平泉。
已枯荷叶难为鼎，未老苔花剩有钱。我向回廊久延眺，昏鸦一一下松巅。

重阳日，偕拙庵游拙政园

吴县　**亢树滋**铁卿

掩关忽报故人过，欲往登高奈懒何。
把臂园林寻北部，回头花月付南柯。
空梁燕去香泥冷，荒径虫喧蔓草多。
小坐漫深兴废感，摩挲树石且高歌。

拙政园寻春（故山游迹诗十五首之一）

同前

几回折简集朋簪，胜地群将北郭探。
帘幌日高花艳艳，池塘风细柳毵毵。
衣香扇影春如画，燕舞莺歌梦正酣。
自是升平饶乐事，几生修得住江南。

拙政园山茶花，用吴梅村原韵

吴县　**冯应图**小尹

梅村诗内山茶花，两株当日称交加。今来又值一百载，春风岁岁飞丹砂。
宝气远涵东海日，殊光直射西天霞。宝气珠光两园结，卿云五彩生光华。
根种若非资佛力，安能劫历恒河沙。恒沙浩劫从何起，当年住近娄东里。
兵戈离乱尽身经，十年闻见随流水。乱时无恙只名园，传说行人犹在耳。（房

屋多毁，园为伪府，故免）

园中游赏彼何人，黄巾长发金龙履。更起高楼入九霄，台筑姑苏犹莫比。

哪知风月宴名花，只识笙歌斗罗绮。可怜富丽好池台，昔属王陈今属李。（谓李秀成）

海上天兵动地来，四郊烽火森军垒。枭鸟金诛巢穴空，流莺晚集歌簧喜。

先后住者中丞公，中丞均出明光宫。本是百花头上品，自然雨露逐和风。

紫薇铃阁应同盛，芍药当阶合并红。不比平泉闲草木，自开自落一春中。

园边老人为余说，阳和从古催霜雪。自从克复几年来，花树常常加倍发。

我闻狮林假石山，天阴雨湿腥且殷。（贼匿假山洞中，多被搠死）洞中野花亦间发，根株清血常斑斑。

又闻刘园草木少，楼榭亭台半不保。枯松朽柏十一存，满阶落叶无人扫。

沧浪风景更凄清，高低瓦砾无芳草。抛弃城南孰问津，夕阳流水春光老。

数来名胜一沾衣，羡此花开燕子飞。万朵千枝长烂漫，韶华长住莫教归。

十二月二十日，雪中偕筱泉、智斋、梨村游拙政园

腾冲　**李学诗**希白

谁初此地辟绿野，画栋珠帘鸳鸯瓦。富贵风流又一时，没却当年古兰若。（《采风类记》载拙政园故大宏寺基也，明御史王宪臣侵以为园）

燕语莺歌春正酣，春风如客花如昙。豪竹哀绿兴未毕，六博轻掷亦太憨。

几经桑田变沧海，古藤盘崛色不改。曾闻待诏亲手栽（有端午桥题碣），遂令斯园生光彩。

老树参天孤云寒，小桥曲曲红阑干。怪石嵚岈晕苔藓，石洞阴冷烟萝盘。

来游恰值风雪候，梅花几树冷香透。隐约前立姑射仙，肌肤盈盈丰神秀。

笑我不早学长生，须眉苍白面容皱。归来忽忽如醉痴，独坐小窗数清漏。

嘉平二日，偕程学圃丈、吴稚樵姊共游拙政园

古吴　**潘敦先**叔重

行行曲折到城东，劫后园林入画工。

异代江山吴祭酒，春风杖履葛仙翁。（学丈年七十五，稚丈年六十九）

小桥岸嘴澌融碧，残雪枝头萼破红。

愿祝年年腰脚健，支硎邓尉遍游同。

正月初十日，偕稚樵游拙政园

同前

一湾绿水绕东城，齐女门前迤逦行。
柳叶含梅随气转，梅花笑口索人迎。
山塘时日留泥印，嵩岳今朝祝降生。（是日稚丈生辰）
半日听香深处坐，天然画意与诗情。

拙政园听评话

常熟　**王朝阳**饮鹤

憔悴江皋吴祭酒，名园何处看山茶。
宝珠色相成空幻，剩有垂杨噪暮鸦。

一曲哀弦未忍听，熙朝旧话梦零星。
吴都花木门兴替，白发当年柳敬亭。

游拙政园感赋

诸宗元

衡山手植藤犹在，太息山茶花已枯。
数易主人怜水竹，还令狂客念江湖。
一亭可上石作齿，万蕊飘香梅有须。
独惜名园长倒置，竟如扁箧守明珠。

游寒碧庄

吴县　**金兰**子春

奇峰罗列树萧森，群盗多年聚绿林。
电闪旌旗终殄灭，风流裙屐又登临。

硬黄四壁氈椎闹，寒碧双池洞壑深。

前度刘郎来也未，桃花开遍昼阴阴。

游寒碧庄

吴县 **吴嘉淦**清如

刘郎意气人中豪，粤拥拥节麾旌旄。十年游宦不遑意，归来筑馆临兰皋。

歌台舞榭径深邃，玉箫金管声嗷嘈。园成挥手骑鲸去，画阁重楼锁□雾。

留与嬉春载酒人，芳时钿舄盈衢路。转瞬昆池换劫灰，地生荆棘游狐兔。

不见窗前有落花，却看池上吹飞絮。方今宇内欣升平，海中张网歼蛟鲸。

还乡寻乐得真趣，障袖拂拂春风生。往日摇鞭度紫陌，谱出新词敞瑶席。

衣香人影去匆匆，烂醉狂歌拓金戟。今来满目叹荒凉，晋苑吴宫景不芳。

惟有文章千古在，柳家犹剩读书堂。

乙丑四月初二日，偕吴丈清如、潘子麐生泛舟游寒碧庄

元和 **袁学澜**春巢

春风吹绿阊门树，扁舟重访东园路。（园为明时徐太仆冏卿名泰时之东园，今为刘蓉峰观察名恕所得，始改今名，恕性喜石，中有十二峰）锦市摧成瓦砾场，瑞云石冷眠狐兔。（东园中旧有瑞云峰，为南宋朱勔所遗，踹布防环之）

依旧桃花发满墩，刘郎游迹渺前度。（寒碧庄在阊门外下岸花埠，其地有桃花墩）忆昔琴装返粤西，菟裘归筑傍清溪。

高阳池馆喧歌舞，九曲亭台醉客迷。平生雅抱奇重癖，挥金辇尽太湖石。

十二峰围七宝窗，福地琅环洞天辟。无边风月会宾朋，扑蝶流觞聚裙屐。

七子联吟雅集图，十番鼓吹群芳席。（园中盛时，每春必集名姝为群芳曲局）可惜豪华景不常，送租船散十房庄。（园近地有十房庄，为明尚书徐履祥宅，徐富甲三吴，长船浜即其泊账船处）

钿筝挂壁萦蛛网，飞燕衔泥上画梁。风风雨雨流年换，九十韶光惊过半。

往日红颜变老衰，况复沧桑经世乱。废池乔木厌言共，清歌隔院愁闻按。

竭来载酒共寻春，巷陌荒凉少四邻。颓垣一径通花埠，断井千家息战尘。

万卷堂空成蔓草，落红堆砌绝香轮。绿波想象惊鸿影，不见从前拾翠人。

泊船湖田，游寒碧庄

同前

湖田烟草绿，舣棹寻芳苑。曲折循颓垣，巷陌空绣幰。
瓦堆鸟雀喧，重门画深楗。紫花开遍园，蜂蝶采香懒。
绮窗半零落，繁华春不管。池台骋远瞩，拂袖和风暖。
盛时集珠履，金樽酒常满。富贵乐忘忧，欢娱日嫌短。
雕梁歌舞尘，鲦被惊鼙断。玲珑瑞云峰，弃置赏识罕。
蜗篆绿墙碑，苔痕上高馆，游情忆去年，吟诗失前伴。（去年与吴清丈同游于此）
独立望林峦，无人更箫散。

偕同人游寒碧庄

同前

弭棹泊湖田，取径访寒碧。入门台榭荒，春风冷游屐。
燕泥落空梁，蛛丝罥坏壁。笙歌绝繁响，罗绮渺往迹。
当年辟此园，雅入山林格。墙嵌百种碑，庭列三品石。
厄运遘兵戎，胜游异畴昔。吾来恣幽讨，放浪穷日夕。
纷华理难久，光阴驹过隙。怜他蝴蝶花，闲阶开寂寂。

过寒碧庄

同前

黄叶声中记问津，平泉转眼草铺茵。
盛衰事讯壁间石，来往客嬉池上春。
待放鼠姑将嫁女，双飞燕子做家人。
只怜劫后园亭破，何日经营更一新。

丙寅三月，偕友游春杂诗（十四首之一）

长洲 **潘钟瑞**麐生

转棹沂山塘，七里过其半。烟水去徐徐，舣棹行柳岸。

湖田旧风荷，久作青红烂。断垣见奇峰，拔地卓天汉。

问讯寒碧庄，视此峰近远。闲门积莓苔，空堂无几案。

扶疏仍柳榆，高下自楼观。奇石周庭隅，割取壶中玩。

摸碑走循墙，想见重文翰。雅集罗琴尊，好花四时看。

几经粉蝶寻，都付苍鼠窜。紫艳开蔓菁，满园风物换。（自湖田至花埠寒碧庄埠）

偕吴清如丈、春巢、袁子泛舟游寒碧庄，登虎丘，沽饮酒楼而返，得诗二首

同前

烟雨荡寒碧，春风吹不还。
重携旧裙屐，来看小溪山。
静与鸥通梦，闲无鹤守关。
莺花庭院在，只见石孱颜。

其二

如此寻诗地，偏无卖酒家。
移船劳借问，抚景忆繁华。
溪店开春甕，轩窗近水涯。
斜阳醉归去，拂袖满飞花。

春尽日游寒碧山庄

长兴 **朱紫贵**立斋

玲珑台榭小岩阿，略有峰峦扫黛蛾。
一片落花飞絮里，赤阑桥上酒人多。

留园

欲共词家赋钱春，柳荫小立意逡巡。
一池绝好菱花镜，只照明珰素袂人。

刘光珊属绘东园访石第二图并题

寒碧山庄昔为余师刘竹澥先生旧居，饶泉石花木之胜。园东有宣和花石纲所遗冠云峰，曩有民居数百家绕之，虽大力者不能徙。竹师乃于园东筑楼观之，曰“望云”也。咸丰初，余从竹师习六法，频登斯楼，老友叶调翁曾作《东园访古图》，今弹指五十余年，竹师调翁墓木拱久矣。庚申乱后，园归盛，冠云峰前之数百家亦化为荒烟蔓草，惟此峰岿然独存。盛氏复购得之，爰辟园墙规进之。刘君语石素有石癖，适寓园中，知余寒碧旧弟子，索绘东园访石第二图，并属题长句以识盛衰显晦之感。时壬寅重九前二日也。

冠云之峰宣和道，玲珑瘦透如云垂。万瓦鳞鳞坚护持，历劫不磨天亦私。
寒碧老人不能移，筑楼对之日哦诗。我昔从师曾见之，奇礓突兀犹可思。
沧溟又变桑田时，红尘顿露嵚崎姿。名园重辟位置宜，老梅稚竹相追随。
刘郎嗜古尤好奇，寄书更索访石辞。嗟余垂暮犹尘羁，盛衰显晦同堪悲。
何日东园得一窥，石如能言石应知。还当与石坐花□，醉月话旧无嫌迯。

留园

清泉　**王之春**爵棠

槎枒古树亦争新，不信吴宫迹已陈。
劫后楼台成变格，雨余花草润芳尘。
地因幽静留过客，我得闲游即主人。
分付苏台门外柳，风流好绾再来春。

留园兰社寄怀震伯

古吴　**潘敦先**叔重

留园香草别经年，雅集重逢倍惜怜。
宿植灵根滋九畹，嫩寒新柳未三眠。
正宜诗酒联吟会，待放清明上冢船。

相约停桡同一醉，春风二月杏花天。

留园观兰即事

同前

遍插金阊细柳枝，军门褒鄂仰丰姿。
哪知镇守吴中地，也想行吟泽畔时。
廿四番风看次第，大千世界之穷期。
人生行乐寻常耳，我佛拈花笑我诗。（是日，释家为观音诞）

留园兰社口占

同前

名园旧迹石林留，曾记童年撰杖游。
此日冠云峰下立，落英芳草动人愁。（石林小院为留园旧迹，幼时侍先大夫游到此已止，今东西两园及冠云诸峰皆后来展拓）
琼筵逐队坐飞觞，蜂蝶双林欲醉香。
知否诗翁已仙去，黄垆无复话沧桑。（园中遇双林姊妹，而淡翁新作古人）

游留园感怀诗

泉塘 **陈栩**蝶仙

刘家园子压姑苏，路出阊门西北隅。
不解吴侬缘底事，家家池里筑浮屠。

曲曲回廊路路通，几重帘幕卷西风。
栏杆不用珊瑚斫，自有斜阶一抹红。

镜槛玻璃六角明，石床斐几小书城。
分明绝似桃花馆，少个吴侬读书声。

歌尘凝满玳瑁梁，软绣帘遮小洞房。

一自吹箫人去后，舞衣闲叠女儿箱。

细网蛛丝逗碧纱，璇窗低护阿谁家。
迷廊曲曲长关锁，闲煞一株红杏花。

小篆新书别有天，我来便是少游仙。
如何一带缘溪路，不种芦花只种莲。

缨络珠灯敞画堂，海楠精舍好迷藏。
垂帘不用熏香坐，自有芝兰一种芳。

小楼窗槛出花梢，薄醉登临酒半销。
东面虎丘西面塔，寒山四处是枫桥。

靠山依水筑栏杆，小立桥亭怯袖单。
昨日斜阳今日雪，一般楼阁两般看。

竹篱茅舍雪精神，老鹤无声意颇驯。
好幅画图添个我，梅边吟瘦一枝春。

栏杆靠暖酒初醒，碧幔深围六角亭。
爱煞一双金孔雀，居然为我肯开屏。

冠云奇石瘦磷磷，几载风霜练此身。
昨夜老仙题字去，古苔驳落补烟云。

小亭临水绮窗开，镜面波光绝点埃。
试问年年清若此，玉容曾照几人来。

不数珠闱与绮寮，梅花香里月如潮。
书生到此无奢愿，愿借留园贮阿娇。

留园

海盐　**朱炳清**小泉

忆昔入刘园，怪石森当门。池馆游人少，苔榻饥貂蹲。
碑版晋唐萃，古人之精魂。摩挲认藓石，拂拭扪粉垣。
亭榭半攲倒，绿荫如海屯。今来园变名，雅游裙屐喧。
珍禽囿篱樊，异卉媚窗轩。陈设矜富丽，幽邃无复存。
廿二年逝水，远梦微有痕。沧海变桑田，一园何足论。

仲春上瀚，陪任寄鸥中丞师及诸同人饮于留园五峰仙馆，席上赋此呈盛旭人年丈

阳湖　**恽炳孙**季文

奇石移从瀛岛中，或坐如虎卧如龙。深山大泽久湮没，精气乃与造化通。
主人得之快欣赏，清樽美酒华筵敞。座客同声叹神物，一茎擎倒巨灵掌。
是日雨霁痴云间，长风浪浪天上来。梅花明月雨清绝，花枝在手月在杯。
有美一人颜如玉，清歌唱出回鸾曲。琵琶断续三两声，百觞累进意无足。
座中二老年最高，矍杰是翁人中豪。（寄师年六十有九，旭人则七十八矣）掀髯一笑濡大笔，浩如沧海生风涛。
人生快意赖有此，百年游戏聊复尔。杯底同销古今愁，筵前已尽东南美。
石上题诗醉语颠，置身合在蓬莱巅。揽衣独起舞长剑，更欲狂歌倚九天。

留园偶作

闽县　**李宣龚**拔可

隔雨望斜日，闲鸦有短长。
荷漪吹湿鬓，石响送凉珰。
客去空携手，诗成独绕廊。
向来异怀抱，喧寂等相思。

游寒碧庄

吴县 **亢树滋**

弭棹泊湖田，取径访寒碧。入门台榭荒，春风冷游屐。

燕泥落空梁，蛛网罥坏壁。笙歌绝繁响，罗绮埋往迹。

当年辟此园，雅入山林格。墙嵌百种碑，庭列三品石。

厄运遘兵戎，胜游异畴昔。兹来重幽讨，放浪穷日夕。

纷华理难久，冷淡情弥适。怜兹蝴蝶花，背人开寂寂。

九月八日，沧浪亭怀古二十四韵

秀水 **朱彝尊**锡鬯

沧浪有遗亭，胜迹今始到。疏篱六枳楗，小径一僧导。

古墙耸寺楼，暗水接官漕。怪石长差肩，平林或妨帽。

因而诣北碕，历历见房奥。石枰虽无存，（宋毛珝《沧浪亭诗》：“濯缨人去水空寒，事属明时欲问难。日暮客归园馆闭，鹭鸶飞上石棋盘。”自注：子美故物，惟石枰存）草庵犹可造。

中丞我老友，山水敦风好。于焉剪榛芿，复此浚潭隩。

暇日携宾僚，曾不拥牌纛。春留露相驻，暑便接篱倒。

畬田课耕稼，浦禽恣啄䍃。游观民胥悦，岂弟神所劳。

湖州谪司马，赋才本雄鹜。诗逼梅欧阳，文亦师训诰。

贤相所馆甥，孔壬生嫉媢。举事偶不慎，众口逞狂噪。

故纸钱区区，乃诬名士盗。兹事近千年，识者尚愤懊。

哲人贵自胜，林泉遂遐蹈。南阳招不去，止用尺书报。

杂花修竹间，风月任嘲傲。斯人洵可怀，旷世我心悼。

朅来谒祠屋，思以渚蘋芼。落景溪桥还，商飙远吹涝。

沧浪亭

吴江 **金文城**宗元

曲径清幽碧树遮，空亭鸟语落松花。

石桥一带春三月，半是青帘卖酒家。

艺圃

沧浪亭

丹徒 **张学仁**冶虞

春流抱云林，雨过滴寒响。杨柳两三家，门前晒鱼网。
翼然见孤亭，石蹬攀萝上。缅怀罢官人，此地成清赏。
闲鹭栖棋枰，落花聚画桨。予亦思濯缨，翛然动遥想。

沧浪亭并序

元和 **袁学澜**文绮

在城中郡学东，吴越时广陵王钱元璙池馆。其近戚中吴军节度使孙承祐，亦筑园其地。庆历间，苏舜钦得之，傍水筑亭，曰“沧浪”，后为章申公所得。园林之胜，甲于东南。建炎后，为韩蕲王所得。由元讫明，废为僧居，释文瑛复建沧浪亭于大云庵旁。近宋牧仲中丞益增修之，其名胜遂永不废矣。

锦树苍凉春色改，古埭长流濯缨水。铁券虚存霸业空，诗家偏得危亭在。
广陵当日雄分藩，经营卅载开名园。叠山荦尽太湖石，凿沼直通银汉源。
十四州亡剑光冷，繁华散逐云烟影。相国东门芳草愁，狐狸夜哭栏前井。
集贤苏子瀛洲仙，来此偶泛菰蒲船。崇冈清涟绕花竹，交柯乔木横苍烟。
徘徊喜遂卜居愿，四万轻掷囊中钱。买此无边好风月，鸥沙片席时醉眠。
倏忽尘寰斗龙虎，一橛竟夺章家圃。翊运堂高气象雄，楼台特起将军府。
物换星移世几迁，平泉变作梵王宇。草绿南园胡蝶飞，陌花谁唱香车归。
蟠龙古础丛斑藓，春去游人款户稀。历观兴废真弹指，富贵荣华只如此。
鸺鹠随雨啸黄昏，鬼灯夜向墙根起。蕲王祠碣生青苔，都官亭榭皷尘埃。
萦情幸有绵津老，重向沧浪除草莱。永使名区属长史，年年倾国看花来。

南园览胜

同前

三月二日，同家人游南园大云庵，云阴欲雨，人踪寥寂，遂入三景园小坐。出登沧浪亭谒羊元保祠，还叩西道堂，复往郡学访落星石及廉石，风雨欲来，随即返棹。

步访南园旧迹遗，阴深乔木荫清池。

蘋波绿绕舜钦宅，烟柳春浓羊守祠。
随处闭关僧避俗，潜行林密鸟催诗。
牡丹开尽游人少，郡学东头碧草滋。

三景园饮茶

同前

园临沧浪水，门对沧浪亭。游春集裙屐，香尘走画辩。

沈公旧讲堂，今植花满庭。（沈归愚尚书讲堂后废，今改为茶肆，后面为花圃）绿盆栽小树，环绕如围屏。

茶烟袅竹里，弹词静可听。闲来瀹茗坐，酒客醉为醒。

饼卖街头垆，牡丹插座瓶。南园芳景妍，踏翠多婷娉。

扑蝶傍花丛，丰姿斗尹邢。此地年年到，垂杨依旧青。

游大云庵

同前

老栝参云翠色深，池中石塔影悬针。
虹桥接引游人迹，经藏留传古佛心。
昙释谈禅开鹿苑，香山遗稿重鸡林。
春风桃李南园路，出色花枝共蝶寻。

古栝苍然不计年，草庵名尚著枯禅。
蝶旋径转沧浪水，龙藏经传释梵天。
泉味绿香茶灶火，竹光青袅塔轮烟。
惊鸿倒影池塘渌，游赏春风结静缘。

羊太守祠

同前

《南史》宋羊元保为吴郡守，廉素寡欲，去后民思。庙在乌鹊桥南，俗误为羊叔子祜，因辨正之。

乌鹊桥南沸管弦，元嘉贤守庙犹传。
千家堕泪虚遗碣（借用叔子事），一代清名著选钱。
德政去思羊祜后，笙箫报赛麦秋前。
衣冠优孟歌廉吏，孙叔官贫宦绩全。（每年春晚，庙中演剧弥月）

丙寅三月朔，同潘君麐生暨子清瑞游沧浪亭

同前

连朝罨风雨，南园春已深。幽人趁新时，沧浪共登临。
雉堞露远山，曲径通禅林。溪水涵净绿，濯缨清尘襟。
僧寮其香茗，清谈谐素心。亭碑偃灌莽，枰石苔衣侵。
古塔消瑞光，台榭毁兵祲。隐迹追长史，风月任纵擒。
买邻钱四万，读书涌自斟。窗盘野蔓青，高逸传至今。
胜地频易主，驹日驰骎骎。风流彩云散，芳池涸蹄涔。
豪华倏丘垄，恻怆雍门琴。乱后重经行，畦菜黄布金。
阒寂三贤祠，瓦砾积庭阴。云堂亦衰歇，钟梵渺遗音。
兴废感畴昔，凭眺发长吟。

南园昔盛日，桃李逞芳姿。禅庵香市闹，裙屐聚游嬉。
流莺杂笑语，林花艳锦帷。钱吴留古苑，乔木荫清池。
亭馆溯蕲王，勋纪墙间碑。红栏护宛转，蜂蝶舞参差。
题诗会冠裳，觞咏牡丹时。名优炫姚冶，顾曲情为移。
笙歌一席宴，费过中人资。其旁五柳居，改创吴贤祠。
沈公旧讲堂，弹唱盲女词。春暄车骑盛，耽乐忘归迟。
岂知沉浩劫，芜秽成荒陂。世界本浮尘，翻覆更局棋。
回头觅陈迹，繁华渺无遗。城阃暗芳草，幽鸟啼高枝。
过墟逢故老，话旧共吁嚱。

同子杰登沧浪亭

同前

潆洄积水抱孤亭，草木犹余战血腥。

归苑鸦添枯树叶，濯缨人对远山屏。
万千世事更棋局，五百贤碑散雨星。
不见楼台风月景，双桥寂寞柳垂青。

和许达甫人日游沧浪亭，谒苏长史、韩蕲王遗像

同前

献岁椒盘涸俗尘，南园凭眺寄闲身。
亭台风月诗仙宅，香火因缘古佛邻。
铁券勋名虚事业，梅花消息报新春。
看山驴背清凉士，合伴浮杯读史人。

游沧浪亭，谒宋绵津中丞遗像

同前

沧浪倾废百年中，赖有商丘起复功。
池馆重开烟月景，经纶远继白韦风。
西陂鱼麦承恩泽，南部烟花作寓公。（公有西陂别墅，禹之鼎为绘《西陂鱼麦图》，朱作垞作《西陂鱼麦记》。康熙时，御赐宸翰西陂二字并鱼麦堂匾）
耽恋濯缨归路晚，塔尖遥指夕阳红。

戊戌三月十六日，同蒙泉游南园看菜花，登沧浪亭，入三景园，听咒稗传

同前

初春步南园，堤柳绿未垂。（正月间赴正谊书院，尝同蒙泉游此）今来春已烂，桃李逞妍姿。

禅庵香市集，裙屐聚游嬉。流莺答笑语，林花映玉肌。

言登长史亭，细读墙间碑。红栏俯澄沼，鱼戏藻参差。

留题多搢绅，觞咏盛当时。名优一舞衫，费过中人赀。

笙歌绘升平，民瘼鲜置辞。（园中多陶云汀、陈芝楣两中丞联句）赫奕绵津翁，塑像蒙尘丝。（宋牧仲中丞遗像尚存）

风流沧浪苏，故迹俱迁移。昔日五柳居，改作吴贤祠。（园旁五柳居，旧为茶肆，近梁茝林方伯改作吴中五百名贤祠，石刻存焉）

沈公旧讲堂，今弹盲叟词。（园为沈归愚宗伯祠，中有沈公讲堂，今废为茶肆）世界本浮尘，频更局上棋。

回头尽陈迹，过去无复遗。兹游恐易忘，聊以纪我诗。

己亥三月九日，同顾奕斋晚步沧浪亭有怀，故友蒙泉陈子感赋二章

同前

四围水竹净尘埃，几度寻幽踏径苔。邻笛咽愁花欲暮，酒垆感旧首重回。

前游人去山河渺，胜地春暄车马来。纨扇画裙行乐处，绿荫转眼遍亭台。

相携瀹茗坐前轩，桥上惊鸿笑语喧。（己丑年与蒙泉旧游事）往事已随飞絮尽，闲愁空对渌波翻。

年深花石雨生藓，境寂轮铃风与言。欲溯钱吴寻旧迹，迷离烟霭绿南园。

同作

长洲　**顾益金**奕斋

莫问韶华去若何，重门长日掩青莎。春风自逐欢场转，旧雨偏从空谷过。

载酒喜寻垂钓渚，携柑争听濯缨歌。柳丝花片纷如许，收拾奚囊好细哦。

忆昔莺啼草长天，伊人曾共此留连。元龙意气成千古，苏子亭台又一年。白发更谁怜短鬓，黄垆有客耸吟肩。何堪联袂经行处，早见春林起暮烟。

沧浪亭

吴县　**金兰**子春

城市擅幽胜，弯环十亩塘。

孤亭几兴废，流水自沧浪。

庭竹戛凉雨，涧花燃夕阳。

徘徊未能去，得句写清防。

沧浪亭

甲辰正月十七夜，偶至沧浪亭

元和 **陈克家**梁叔

上元已过少游人，良夜无风兴独乘。
一岁已看初缺月，六街犹有未收灯。
谁家弦管清流响，此地亭台冷似冰。
欲唤豪吟苏子美，共来桥上曲栏凭。

过沧浪亭废址

吴县 **吴恩熙**蒸青

城南旧游地，亭构已全荒。
前涧自流水，断桥仍夕阳。
有情买风月，无主感沧桑。
大雅不可作，咏觞怀漫堂。

丙寅三月，偕友游春杂诗（十四首录其二）

长洲 **潘钟瑞**麐生

好春只三分，二分倏已过。命俦不在多，行歌藉唱和。
迎人高树光，新绿净难唾。屋撤菜畦长，散金补垣破。
天依城阙圆，地放南园大。清磬出精蓝，闻根脱尘堁。
环居水半湾，侯门增一个。暂此乞茗供，随便参莲座。
挥毫见腕力，不嫌粉壁涴。何必挤以诗，重来笑王播。（初一日，同袁子春巢暨其令嗣东侯游南园，憩大云庵旁小院，老僧闻深工书）

震川昔作记，云地无定名。亭或变为庵，庵后还为亭。
沧浪水长逝，大云流不停。因念王壮愍，废阙劳经营。
落成建牙去，于兹祖饯行。忠魂倘来降，风月仍清明。
英雄老肮脏，诗客终飘零。高阜数棱瓦，断础盘蔓青。
登眺送斜日，怆然怀古馨。来朝看山去，更约扬吴舲。（寻沧浪亭，感王壮愍公庚申重修事）

沧浪闲眺（故山游迹十五首之一）

吴县　**亢树滋**倜卿

灌木千章水一湾，沧浪胜概傍禅关。
名区自古因人重，逐客何时化鹤还。
丘壑已迷游钓地，壶觞空忆凤鸾斑。
废兴不尽人间事，输与亭边风月闲。

沧浪亭怀古

吴县　**秦敏树**散之

凉飙动高林，萧瑟城南路。雨后客独来，水鸟忽飞去。
孤亭悄无人，寒蝉聒深树。小憩读藓碑，悠然起遥慕。
缅昔苏学士，遭谗此流寓。宏材世不用，风月发幽趣。
文章浊酒浇，泉石高名附。弹指七百年，濯缨水如故。
圆荷叶摇风，老桂花滋露。诗魂何处招，黯淡斜阳暮。

登沧浪亭

清泉　**王之春**爵棠

山光水色隔疏棂，明道堂高静不扃。
石补苍苔生积翠，竹摇春雨滴空青。
诗人结构当年溯，孺子讴歌此地听。
濯足濯缨皆自取，征怀好与上斯亭。

沧浪亭，赠乙莲上人

吴县　**汪芑**燕庭

芳甸绚朝晖，晴野春盎盎。城南尺五地，步屧遂孤往。
贵戚旧池馆，残灭委榛莽。遗址吊霸才，破寮瞻古像。
长史昔谗谪，乐兹境高敞。构亭俯澄川，观怀谢尘块。
风月樽不空，烟波舟屡榜。林荫轩户静，山气巾裾爽。

啸侣梅欧阳，题诗寄幽赏。汩汩荣辱场，羁身等罗网。
一朝得自胜，高情邈云上。摩挲幼妇碑，吊古心悒怏。
当途鲜风雅，典型讵知仿。村童事樵苏，邻妇拾栗橡。
乔木撑烟平，修竹缘径长。游鲦动清涟，野鸟弄圆吭。
廊空夕阳影，履綦恍可想。松风吹子落，犹闻石枰响。
性本暮簪高，矧此高山仰。避世东皋子，息机汉阴丈。
宁思五岳游，破费屐几緉。手揖沧浪僧，结庐许我倘。

夜梦沧浪亭作诗，醒惟记颔联，足成寄莲公

同前

断彴通幽境，颓垣护曲廊。
鱼跳池藻动，花落石枰香。
禅榻永清话，吟寮延夕阳。
平生无热梦，多在赞公房。

散步沧浪亭、大云庵、流水居诸处，有感效白

吴县　**冯应图**小尹

散步即散闷，悦目乃悦心。闷散心亦悦，旷然恆幽寻。
初沿沧浪曲，再游祇树林。南园地清旷，东风天晴阴。
古寺大云闭，禅居流水深。游人昔稠密，独客今沉吟。
况乃旧宅近，岂免新愁侵。回思生死别，泣下涕沾襟。

旧居离沧浪不百步，时时往游，一草一木无不流连，乱后宅毁，沧浪亦不常到，到辄凄然

同前

不到城南又一年，沧浪流水故依然。
干戈非复初平后，亭榭翻思未辟前。
满匝霜痕衰草地，半含风色夕阳天。
岂徒凭吊堪流涕，往事伤心总泪涟。

沧浪口号

同前

野寺村桥六七里，城南风景看如此。

垂杨余绿晚枫丹，新月初黄暮天紫。

偕汪稚琢、吴樨樵两丈游沧浪亭，追和曾大父韵

古吴　**潘敦先**叔重

一碧沧浪水，高风不可期。

清凉尘外境，萧远画中诗。

旷代兴亡感，名山事业遗。

古稀二老者，杖履乐追随。（稚丈年七十二，樨丈年七十一）

自在斯真趣，拘牵反误期。（汪星台君写沧浪亭，屡订不果，是日不期而遇，并荷引游）

穿林劳引胜，扪石读题诗。

风月无边赏，亭台胜迹遗。

濯缨清可鉴，孺子许相随。（稚丈携一孙，余挈二子）

嘉沧浪亭废址

海盐　**朱炳清**小泉

屋圮怪石峙，桥留寒渌汀。荆榛瘗枯骨，径没少人经。

借问采薪者，云是沧浪亭。卓哉苏长史，不与权贵伦。

泡影悟宦海，幽梦落寒汀。清风明月夜，浩歌激青冥。

红羊小劫后，鲰生来问津。兔窜蔓草碧，鸱鸣乔木青。

有亭仰流型，无亭亦秀灵。有亭兴无亭，一样姓名馨。

世禄侈广厦，丹青辉窗棂。一朝兵燹毁，繁华春梦醒。

始知不朽业，千古惟文星。城隅落日瘦，寒色满林坰。

孤游非匿迹，赏废倍凝神。白鸥知我意，孤影立伶仃。

偕李毓甫家紫仙游重建沧浪亭，谒五百名贤祠

同前

烽火孤亭圮，蓬蒿曲径荒。
高怀子美好，好句忆欧阳。
重见轩窗秀，依然竹石凉。
文星原不朽，匿迹此沧浪。

其二
斗北隆名重，江南德教覃。
数符罗汉像，地溯大云庵。
异代渊源接，同堂道法参。
吾家星使跋，屐齿此幽探。（先叔祖虹舫阁学，道光戊子督学江南，五百名贤像刻有跋语）

沧浪亭题壁

吴江　**周麟书**迦陵

子美沧浪一壑专，尧臣永叔记流连。
苍茫重向空亭立，恨我迟生九百年。

沧浪亭题壁

诸宗元

有竹有水石，此园以廊胜。
何来打碑人，毡墨声相应。

南园

巨野　**王禹偁**元之

天子优贤似有唐，镜湖恩赐贺知章。
他年我若功成后，乞与南国作醉乡。

南园

新繁 **梅挚**公仪

长洲茂苑足珍材，剩买前山活翠栽。
客土不疏承帝力，几多臣节共安东。

长洲茂苑占幽奇，岩榭珍台入翠微。
园李露浓山色秀，径桃烟暖一香飞。
月临夕树鸟频绕，风揭珠帘燕来归。
弭盖暂欢成结恋，斜阳凭槛独依依。

南园

吴县 **范仲淹**希文

西施台下见名园，百草千花特地繁。
欲问吴王当日事，后来桃李若为言。

与周元明游南园

晋陵 **胡宿**武平

一遍芳菲欲满林，回塘过雨晓未深。
红妆珠佩交花影，白马春衫度柳荫。
向老追攀多强意，随时风物但惊心。
眼前百事输年少，犹解因君放浪吟。

南园

周元明

漫烂花时锦绣张，无端下马系垂杨。
山亭水阁笙歌地，合与行人作醉乡。

环秀山庄

南园

开化 **程俱**致道

王子池台迹已荒，年来华构压高冈。
长林不破千山月，老干犹舍九夏霜。
便觉平泉冠东洛，还依绿水记南塘。
蜗庐都好通幽径，岸帻时来一啸长。

南园

元和 **袁学澜**文绮

挈伴南园几度游，年年来此散闲愁。
落花啼鸟催春事，畦菜墙桑惬野谋。
担榼谁家喧上冢，凭栏有客赋登楼。
钱吴霸业今何在，剩有崇冈绕碧流。

风回紫陌菜花香，扫墓人来酹野棠。（一作“寥落西池放野棠”）教檣九推扶黛耜（春日郡守祭先农坛于南园），酣春十队斗虹妆。

赤兰古院森乔木（古赤兰相王行祠在南园），白足荒庵锁夕阳。（福城诸尼庵俱为裕抚军所禁逐）莫问揖青亭旧迹，寒芜已偏鹤栖堂。（尤西堂水哉园已荒废，惟鹤栖堂尚存，末两句一作“欲问八亭三阁址，寒芜一带绕沧浪”）

绿水环亭竹万株，流杯遗迹未全芜。（一作“沧浪遗迹未全芜”）杏花春雨诗词景，人影衣香士女图。

扫地病僧闲退院，呼晴野鸟劝提壶。林间独醉眠芳草，高韵于今尚忆苏。（醉倒惟有春风知，《苏子美集》中句末两句一作“经营卅载穷工巧，只付清游一晌娱”）

城南来往香花人，故事犹闻话近邻。
隙驷光阴怜夙昔，磨牛踪迹踏陈因。
楼台约略传藩府，甲第依稀记相臣。
木石无端劳贡取，当年曾此困吴氏。

风阁云亭渺旧基，只余乔木荫清池。

蘋波绿绕舜钦宅，烟柳青浓羊祜祠。
往事已随飞絮影，闲愁空惹好花枝。
醉乡日许游人乞，白马青衫赌赋诗。

人生局促实堪哀，哪不登临笑口开。
澹澹夕阳明雉堞，依依春草上鸡台。
爽鸠前乐难重问（一作“前游客去山河渺”），隙驷流光岂再来。（一作“胜地花浓车马来”）
且觅高阳旧池馆（一作“且觅苏梅旧池馆”），相携同尽此深杯。

南园游春

同前

桑畦菜垄闲颓垣，寥落民居几户存。
鹤老松枯堂构圮，无人重问水哉园。

瞿园车马聚喧阗，不到于今十六年。
旧日亭台今易主，春来景物尚依然。

池台匝地拥香尘，半杂屠沽半市民。
临水隔花亭一角，华妆时露美人身。

梵宇琳宫到处开，春风裙屐聚城隈。
菜花纯作黄金色，引得游人逐队来。

布金地暖接沧浪，蛱蝶穿畦作茧黄。
归路袖携花气满，春衣不必更焚香。

茶室临溪荫柳烟，大云庵对菜花田。
俯窥桥上惊鸿影，瞥眼风花过卅年。（昔在乙丑岁，与陈子蒙泉至南园，观郡守祭先农行九推礼。还至沧浪亭大云庵侧临溪茶室，门荫垂杨，轩窗映绿，傍有小桥，时有游女往来。余与蒙泉凭栏吟眺，各有即景诗。事隔卅年，蒙泉又归

道山，回首前尘，惘惘如失矣）

看花定慧趁新晴，五百贤祠取次行。
红日半轮衔远堞，南园芳草不胜情。

按，定慧寺苏公祠即辟疆园，郡守苏公以捐赈余银所建。五百名贤祠在沧浪亭，陶云汀中丞所建。故友陈蒙泉尝寄余札云，日来风日喧妍，索居无事，日与严戊卿或看花定慧，或踏翠南园，出门随所至而休焉。昨偶步南园一探，好春消息，徘徊久之。远眺落日，火如车轮，亦如蘋实浓云，泼墨相映，瞬息衔山。因叹驹隙光阴，至此尤连。回顾绿杨几树，眉眼窥人，作嫩金色，若有若无，新燕掠波，似有定巢之意。聊述之，以鼓雅人踏青之兴云尔。

偕杨竹溪表兄南园游春

同前

城隅踏翠香尘涌，油菜花开金遍垄。偶逐春风汗漫行，亲戚相逢游兴勇。
绿树回环流水居，鱼鳖放生无怖恐。大云庵里女烧香，绮罗合队钿舆拥。
沧浪隔岸见亭台，柳媚桃娇矜荷宠。郡学黉宫气象尊，文才南国声华重。
园林到处鸟啼烟，寒日几家人上冢。社鼓饧箫赛会场，纸钱麦饭棠梨垄。
绿鬓华年爱冶春，紫陌轻衫来接踵。随意杯盘随分酒，醉看落日红霞捧。
一堤芳草恋忘归，赢得闲愁千万种。

三月十九日，同潘雯斋闲步南园

同前

绿荫春已晚，潜步南园址。荒陂荫乔木，断汊浮芳芷。
访古沧浪亭，留连濯缨水。冷落三贤祠，板桥栏柱毁。
寻芳绿雪轩，残花乱红紫。沈公旧讲堂，茶烟袅窗几。
闲行幽意惬，行迹避尘轨。林昏雨气塞，野旷风声起。
怡情拾香草，前游失彼美。无聊坐茗谈，禅钟出烟里。

游南禅寺旁小院，赠闻深长老

同前

巳公旧院据兵戎，乱后空门更觉空。
坐有墨池能遣兴，立无锥地不嫌穷。
书禅远继长沙老，寿量参同宝掌翁。
扫地焚香忘世事，常清净守佛家风。

同沈筠坡、儿清瑞、云华游流水禅居

同前

放生池馆净无瑕，士女闲游语笑哗。
柳岸鱼跳吞施食，水轩人杂卖清茶。
蔗浆饧饵春场担，粥鼓禅钟梵释家。
轻卷尘封僧外出，深房静锁一庭花。

游赤兰祠

同前

赤兰相王，姓桑，名湛壁。周敬王时，吴王阖闾筑城，城下有蛟龙，绩用弗成，神以乌薪千艘下之，工乃竣，土人祀之为赤兰将军。

十亩丛祠辟菜田，筑城功纪敬王年。
园开桃李成春景，利括锥刀算榷钱。（祠为榷使署中胥吏所缮修）
石丈玲珑天禄兽，花神绰约藐姑仙。（花神庙新葺）
蛟龙也敛重渊迹，俗隶何多聒近前。（是日游多隶役）

无梁殿

同前

在开元寺，明郑贵妃用钱二万万建，砖阁两层，以藏经卷。

凭虚不用栋梁材，运甓功成绀宇开。七女宫楼森宝地，九莲菩萨布金台。
西来白马藏经典，南极红羊辟火灾。三百年朝余蔓草，贵妃遗构尚崔巍。

辇载黄金布施来，凌云八宝涌楼台。琉璃色灿鸳鸯瓦，抟埴功侔柱石材。
庋架三乘传贝策，陶甄万灶爇松煤。灵光终古岿然在，不遂香姜化劫灰。

开元寺

同前

香刹盘门路，春余静绿荫。
篆烟浓石像，花雨散祇林。
酬愿愚民俗，无求卧佛心。
帝青传法钵，僧宝灿涂金。

流水居

同前

绿暗南园路，平桥跨镜川。
禅居环碧水，高柳映青天。
席散看花局，灯传授戒筵。
飞潜机活泼，鱼鸟得生全。

报国寺

同前

零落青鸳舍，荒苔春草深。
民居烟火杂，佛髻藓苔侵。
衰旺形家说，清虚梵呗音。（寺碍抚署风水，明末改低三尺，遂以不振）
僧贫衣百衲，无恋契禅心。

丽娃乡并序

同前

在吴县南宫里，夫其地连甄胄，水接通波，风著清嘉，俗敦礼让，一陂香草。寻芳时，见美人比户笙歌，结佩相逢，欢子舞白纻唱吴歈。今节佳时，群游联袂，

曲园

临水隔花，湔裳扑蝶，腰肢背后，鬓影风前，倾国倾城，呼之欲出。昔杜少陵诗吟多丽，赵昭仪乡号温柔，觉肇锡嘉名，惟此间为擅美矣。

访艳南宫里，乡名记丽娃。笙歌罗绮月，金粉苎萝花。
论价珠量斛，行游果掷车。春晴香水腻，群集浣溪纱。

其二
山入夫差苑，江流桃夏宫。地当吴会际，人在画图中。
鹤市梨花雨，鱼桥柳絮风。十洲三岛境，仙俗略相同。

南园散步

吴县　**亢树滋**倜卿

楼台高下接重重，满眼莺花梦正浓。
春色迷人人不醒，夕阳影里一声钟。

南园风物本清瘦，此际腥膻夹路隅。
不识谁家年少女，三三五五礼耶稣。

岁晚，南园闲眺

长洲　**彭慰高**讷生

三冬龟坼垄头泥，遍击灵鼍雨泽迟。
击艇老渔挂疏网，还巢寒雀踏枯枝。
江村米贱呼庚癸，茅屋霜浓饲豆糜。（有担粥饲贫户者）
卒岁生涯人尽拙，荒畦几见麦苗滋。

莼庵招饮，席罢，南园晚眺，次硕庭韵

同前

阴寒闭柴关，局蹐愁难展。快兹风日晴，郊原恣流眄。
吾庐不数武，径随流水转。柳弄柔条黄，屐印晴泥软。

孤村人迹稀，遥山黛痕浅。双桥跨通波，独树剥苍藓。

郭外布帆飞，时惊隔篱犬。卓卓鹤栖堂，何处访楣匾。

草际一拳石，摧残仅而免。荣悴亦何常，苍茫难诘辨。

久立澹忘言，不篨力差勉。归途写清景，急把枯毫吮。

南园

吴县　**吴国榛**

南园故址宿草芜，野色云光两模糊。

山鸟格磔万籁静，数椽茅屋入画图。（“模黏”二字恐系“模糊”之误，爰特改正）

可园独游，梅花盛开，为赋长句

仪征　**严玉森**鹿溪

文襄（左）文诚（袁）去已远，嵩雪衡云来作花。疏篱密护断人迹，铁骨横空群鸟嗟。

当年觞咏倏泡影，天山剑戟今桑麻。此花阅世将二纪，冷极无言听晚鸦。

衡山雪薄梅亦少，泉根几树微烟遮。（戊寅冬，居衡山）炎荒孤赏抱冰云，乾坤一气春萌芽。

可园人散尔清寂，空廊不断新云霞。夜深脉脉来鹤语，门外时时喧马挝。

湘上何人吟水涯，黄河西北无悲笳。绕花千转伤心极，白发青门长种瓜。

南园

吴县　**钱辰**秋潭

倚城云树郁苍苍，流水小桥花自黄。

老屋三间名士画，横山一角美人妆。

村中日暖幽禽语，陌上风薰细草香。

觅得谁家好泉石，遗踪莫问广陵王。

南园

长洲 **尤侗**悔庵

二月桃花开，三月菜花盛。
游人联袂来，啼鸟发春兴。
我亦南园叟，独把长镵柄。

和金东雷南园闲眺韵

元和 **陈任**公孟

东庐（东雷所居）示我南园句，回忆湖滨比屋居。
却道篱边秋色好，杖藜要访读书庐。
低徊六十年前事，旧梦迷离敦与温。（光绪初，余家僦居带城桥髫时，散学恒往南园嬉游）
记得南园风景美，水环城郭树环村。

晨至五亩园赏荷，口占呈主人

吴县 **亢树滋**倜卿

为赏池荷趁早凉，迎人花气远相将。
镜中翠袂徐徐展，刚是佳人整晓妆。

爱傍回廊曲折行，画帘高卷暑风清。
只怜老眼模糊甚，蒂绿边红看不明。

东山声望竞相夸，门外常停长者车。
谁识年来潇洒趣，四时饱赏满园花。

长至，赴绥之五亩园

同前

五亩园林五亩池，深居最是此间宜。

开轩水石饶幽致，绕径松篁挺秀姿。
雅集西园曹入画（君绘《重阳雅集图》），名流北郭例工诗。
连番置酒劳相召，酩酊拚同醉一鸱。

五亩园林五亩池，常年文物渺难追。
兰亭梓泽空千古，曲径回廊又一时。
到此每深濠濮想，别来常动茝兰思。
迟迟好待阳和转，满拟移樽就故知。

寓五亩园即事

长洲 **叶昌炽**鞠裳

恒沙等是一微尘，何必园林问主人。（宋梅宣义、章庄简至元明以后，屡经易姓）丙舍草书新旧帖（廊下有湖州丙舍砀，皆国初诸老题，今又为漏泽园），午阑花态浅深颦。

悠然濠濮从庄叟，安得神仙起子真。我亦浮游聊寄客，隔墙笛韵可为邻。（书室墙外即厝棺之所）

池台萧瑟隐菰芦，山色登楼望有无。广夏本宜弦诵地，暮春如泛羽觞湖。

翟泉出地余苍鸟，梵塔摩穹自赤乌。（报恩寺浮图在东）燕语空梁人不见，谢公别墅吊黄墟。（谓亡友谢绥之学正）

游南园同秦云有作

吴县 **汪芑**燕庭

嬉春裙屐自年年，春到南园景倍妍。
霸王河山销铁券，诗人风月买青钱。
漫悲吴越兴亡史，且学欧梅唱和篇。
乔木荒池都入画，濯缨亭畔尽留连。

文章大块贶吾曹，跳出名场意兴豪。
春水河桥花鸭腰，夕阳楼阁纸鸢高。
裙腰绿衬平芜草，衫影红欺野峰桃。

好句奚囊收不尽，天涯有客敞征袍。（谓朱万卷）

南园为广陵王元璙旧圃，中有流杯旋螺亭，亚于沧浪之景。王禹偁（元之）宰长洲时，无日不携客醉饮，尝赋诗云："他年我若功成后，乞取南园作醉乡。"今园中大堂遂以"醉乡"名之。大观末，蔡京罢相，欲东还，诏以其园赐之，京即以诗赠亲党云："八年帷幄竟何如，更赐南园宠太师。堪笑当时王学士，功名未见便吟诗。"元之之诗，不过寓意耳，京遽以无功名诮之。元之虽终为黜臣，其名与天地同不朽。京居相位二十年，又处师垣之尊，至今虽三尺之童，唾骂不已，其贤不肖何如也！

南园销夏

太仓 **顾晞元**子雨

一番疏凿辟榛芜，远翠浓于画几层。
纵饮近邀池上月，钞诗偶借佛前灯。
兴来结夏寻鸥侣，旧忆行春过马塍。
褦襶笑人忘触热，何如此地试敲冰。

南园席上

同前

别墅城南记晋公，后先忧乐古今同。
乞湖曾揽江湖胜，挽俗终期风俗通。
潭水情深和酒绿，平泉境远息尘红。
园林金粟开芳社，引玉深惭句未工。

天平山旧影

20 世纪初，高义园坊

20 世纪 20 年代，天平山庄外景

石湖上方山旧影

1900 年，石湖行春桥一带风光

20 世纪 20 年代，上方山楞伽寺塔园

环秀山庄旧影

20 世纪 40 年代，问泉亭

1947 年，补秋舫

1985 年，苏州市园林、文物管理部门对环秀山庄进行全面整修，
照片为整修前的边廊、边楼

吳門園墅文獻卷四　　　　清韵

句吳　范廣憲　君博輯

春日游吳中諸家園林用東坡和子由踏青韵

并序　　　　元和　袁學瀾　文綺

吳郡東南一大都會其間民俗之華麗風物之清美讀廣微吳地記士衡吳趨行可知已茲自承平日久閭井繁富豪門右族爭飾池館相娛樂或因或創窮汰極侈春時開園縱人游賞車騎填巷陌羅綺照城郭恒彌月不止焉余嘗值春暮偕友朋攜杖頭錢躡阮家屐遍覽諸家園林之勝惟時東風煦和流鶯在樹香衢塵漲有女如雲園外繚以

粉垣枕市若張幄列肆鬻芝以待來客備夫攤豎燕賞人游群聚植立以觀雜沓紛擾數百雁翼魚貫以進喧聲潮沸紛然若妍若媸目不給辨延頸鶴望不見其後入門則肩摩踵接頭不得顧家擁身行園內金碧陸離目奪神眩臨其室則鬱翠參於楹楪西山之爽氣若可挹焉躡其閣則眺蘇元於雕欄南郭之煙花可平視焉更有銀塘碧沼縈水成瀑濤瀉往來於橋上文魚游泳於波間或投餅餌觀其爭食以為笑樂假山疊雲鳥跂蹬蛙俛迂南垣之遺製於是乎在水邊林下人賣糖餅玩具況放紙鳶並擬諸生兒童爭集投錢如雨輕薄

之子隨逐少文如峰聚花曲廊窄徑群阻其行園親鄉澤約指斷叙男女宅情遂賸遺於牖間往往而有日晚人散蕪洋果核椎積凝殘遺鈿墮珥圃丁拾歸主陡致中人且繁盛也如此然詢其始末或曰向當屬於宦室嘗以事籍入官者或曰向當屬於某豪族以子不肖旋歸於他姓者或數年易一主或數十年易一主上世至荒蕪不治魚鑰守門鬼嘯孤啼闃無人跡轉成邱墟其後復有人興起之則今之樓臺歌舞賞花士女皆昔之頹垣斷井蔓草煙榛也嗟夫豈盛衰之理固如是耶抑土木足以致此耶大抵豪貴子弟習睹奢靡服鮮騁肥萬錢

二

下箸不知撙節遂至喪家故君子之居室也勤儉以寧之斲樑則戒刻桷則譏稽之古堂古構使知稼穡之艱難田園收養則閉門足養生之具斯可也可久耳余以寒素之士以六籍為生業以百家為園圃林野芳草溪鮮無美乎山珍海錯也曝書擔風竹雪草無慕乎高臺廣榭也優游林藪未嘗隨紈袴兒於羅綺叢少尋佳趣茲乃鋪張遊事不憚煩言者蓋猶東城父老日踏閑賓簦笠之樂向人道之使後之遊者知村墅之宜慎而耽樂之不可長也耳

潑火雨霽無纖塵吳王城郭花柳新到處園林魚鑰

放啼嘗嘆出鈿車綸妙戲臺下埋香地蹤青有有女來
西都豹律鬧登柱鬟閣曲池迷浴石鯉鷺馴鸚郎宛騁
通雕闌華粧平視雛同興屏山盈樹工點綴球離櫚
往鶴興處閭金閶亭館畫蘇遍如夢清明河上春來翔
鼓拋花郎路還來江蘋賦洛神

擬陸士衡吳趨行 并序

昔陸平原著吳趨行夸都邑之繁盛美土風之清
嘉文德武功不可殫紀顧意主贊揚而亦規諷或
有諷焉今吳郡兵燹之後殷阜迥不如昔而風俗
侈靡則有過之矣仿原作體仍其韵不能擬其言蓋
以歎華崇賓者律諸本務云爾

三

燕趙多奇士京洛多名謳都會盛文史不如歌吳趨
檀弓言物始詩自泰伯起端委治魏我荆蠻挽頹波
閭世至季子清風流澗阿文教所啟記蒸黎矢靡過
顧陸著繁衍俊及楊休嘉記今數十載日月感逝波
寺乃良亦足貴無如競紛華金碧地座宮第宅天衢邏
粵人一非後結習仍綺羅綾縠揮膚袖灼灼含春妮
歡樂誠未已豈識愛患多行路有饑寒梁肉詩書家
君子貴遠慮涓涓成江河潢盈必傾覆言之淚滂沱
務本在崇儉苦口陳此歌

擬陸士衡吳趨行 并序

長洲 沈 修 敬識

吾吳土風清嘉，誠有如平原所云者。顧相文以僞相偏，以靡儉非惡名，轉謂蚩鄙，蓋錮于習尚者舊矣。隨波逐流，罕所究極，物各有本，導則斯返。詩賡山樞，書規毋佚，示儉于禮，責在夫士。暇日讀平原是行，未能忘言，雖效其體，不泥其詞，非敢矯其先碩，亦欲以清嘉之舊還諸吾吳云爾。

勾吳隸荆蠻，開國從讓王。延陵展巘穀，武城儀宮牆。
夷風沐禮教，髡俗蒙文章。蔦芃一以闢，騶蓋遼相望。
富春比都會，炎井丁哀涼。武功駭巴鄭，文績攀高光。
祖孫代英叡，孤尹家賢良。八宗鳳騫翥，四姓龍超驤。
所嗟茂藻飾，馴致燕彝綱。四時輟素節，三叙成韶陽。

四

亭樓榭城野，鞍馬崩衢莊。瑶珠冶顰笑，娵旦都帷房。
嘉喪十天雇，筵酌彌年粻。臧輿習紈繡，星硯憎軒裳。
德花豈雨露，賊榦非冰霜。中榮自貞固，表絢誰久長。
日窮閭虞谷，旅倦返故鄉。憶貧庶保富，揆變恒綏常。
娭春勺靈巖，逭夏毋山塘。淑源戶詩禮，阜本人農桑。
童耆淑伊奭，鬟妾談成康。清芬濩蛇匠，嘉蔭覃葑闍。
嚮來景行切，戒以吳趨憒。暖馬企雍札，穆然游炎黃。

名園

長沙 張百熙

君不見姑蘇城畔名園裡，複道迴廊何邐迤。錦石秋花絢爛香，山亭水閣參差起。主人未知誰姓氏，但道高官珠濟濟。吁嗟乎！漢家離宮罷不修，重惜民力憂

民憂主人豈不感明詔更購良工製綺樓（同治十三年詔罷圓明園工作）

游吳城諸園　古滬　王宗毅　鶴儕

留園競綺麗怡園多古樸綺園足閒敞胸中具邱壑吾堂滄浪亭勞壓此馬濯遐哉蘇舜欽高風懷緜邈

題怡園歲寒草廬呈顧艮庵先生

吳縣　汪　芑　燕庭

眼中突兀見此屋洗盡浮華還古樸千種梅花共歲寒鐵幹杈枒連柏竹名園妙構參畫禪大千界現一粒粟亭榭由來爵位如立名節在培林木庭前蘿蔦衣繚垣石筍嶄嶄露頭角屋後五峰位置宜偃蹇奇

五

醜互起伏坡仙琴館通修廊瞰盆池皺寒綠年時裙屐冶春游香車寶馬來不速雀舁璀璨鶯語喧似佑春人好妝束詞句天衣集無縫姜張周柳驅使熟髫齔久聞七子名靈光巋讓先生獨曩者城南盛文社把臂欣逢夔一足（道光戊申與令子夔伯馮中之朱硯生結文會）山林徵雲近壻鄉讀書燈影識都穆隱侯落拓（沈潤齋文）興公貧（孫藻如）矜許渾如玉在璞何圖家破名未成橫江螘賊紛青犢三年戢影西山陲劫外逃名訖張祿鄧尉諸山瀕太湖香雪濛濛屯萬斛詩編甲子傚義熙隻鷄斗酒招近局兵塵初洗撥盧在家具無多理歸躅別業穿築勝引人閒門不厭頻剝啄虬柯一白春溫

嗽茶鐺篆裊殘英馥彷彿坡老松風亭絕勝處士孤
山麓疎影暗香協律難七字詩吟步堪學吁嗟乎士
大夫以官為家幾人能享林泉福脩然宦海賦遂初
目笑傾身障錢麓萬卷書並匏庵藏九老會從髯冉圃
續暇日尚舉梁園尊我願撫絃奏五曲更期陳地拓
數弓一鋤寒色栽松菊

呈臺招游怡園時牡丹盛放

長洲 彭慰高 訥生

嫩綠成團倚畫欄生香點染入毫端（客歲曾以綠牡丹徵詠並集名手藻繪成冊）又逢上巳尋芳日來向名園放眼看孤鶴不
嫌蜂蝶鬧錦棚為護雨風殘殿春紅藥階前滿幾朵

六

含笣勤曉寒

艮庵屬題真率會圖卷七首

同 前

圖凡七人顧艮庵文彬吳愉庭雲勤悟九方錡潘養閒曾瑋沈耦園秉成李香嚴鴻裔與余也

真率齋中載酒過閒雲天際意如何往來人似沙鷗熟更比城南雅集多

三人辛未生同歲（余與艮庵愉庭同歲）惟有怡園似少年太白百篇供斗酒閒情時泛米家船

雨罍軒裡古香浮（愉庭所居室名雨罍軒）不數雖公與鴈侯餘事荊關多妙理淡煙涼月五湖秋

南園風月結比鄰壽藏北郭先儒理釣綸園醒遊地未容陸
人羨想碧潭蒼石兩家春
鯉對聞詩學有原和羹世澤鳳池園平戎績偉多餘
慶早見孫枝遇借元泰閱兆以學詩園家題閱已有 孫十人
句宣遺愛編三吳鄉即鉞天南大澤敷歸到匡廬無別
夢參登高嘯詠梅菜蔬
我本滄浪舊釣童而今衰白已成翁羽翼數椽老屋堪延
客分付園丁種早松

怡園　清泉王之春爵棠

茅亭西畔曲廊東妙發從心結構雄一草一花春醞
釀半山半水石玲瓏此饒風景賓為主詩寫天機杜
七
亦工莫道尋芳芳信早梅根疏雨柳條風

上巳日獨游怡園　古吳潘敦先叔重

蘭亭觴詠話前因綠水名園大好春園中新 拓荷池一自蘇
臺麋鹿走石闌何補不逢人
寒碧莊前淺草蕪晚香堂上夜啼烏冠雲峰與山茶
樹誰寫風光入畫圖
山林鐘鼎非太平時谷有園林足自怡怡園主人題西 園雅集圖句
歎息梓桑助為在何人酹酒拜宗祠

游怡園有懷　錢唐陳栩蝶仙

西風無那惱人懷一曲蒼苔綠半階憶說顧家園子
好不堪提起護龍街怡園

入門風景太凄其，殘雪瀟瀟壓竹枝。小小洞門圓似月，阿誰亭柱更題詩。坡仙琴館

奇石傴僂似老人，古苔斑駁困風塵。坡仙已去焦桐死，還有何人解賞音。石聽琴室

波光塔影雨參差，南雪亭邊小立時。燕子不歸春已半，斜陽閒煞好花枝。南雪亭

石橋曲曲水灣灣，三面湖亭兩面山。倚檻坐憎一池水，歡容不照照愁顏。藕香榭

梅花如雪繞吟廬，鐵篴吹來笑故吾。若把寒梅比肥瘦，阿儂還不算清癯。梅花廳事

蒼松黃葉擁孤臺，六扇文窗面水開。十曲危欄凭不得，滿天風雪撲人來。洞曲松陰

八

松花亂落鳥無聲，傑閣登臨感慨生。但說兩山眉嫵好，如何不見畫眉人。松籟閣

兩間屋子小於舟，止水無波靜不流。儘有谿山竹風景，片帆何苦去揚州。舫齋

八月西風下井梧，翠毛么鳳恨何如。生憎墻角如鈎月，照上窗紗一半無。碧梧棲鳳

舊時月色尚依然，敲斷金釵散綺筵。不怪雲英無處覓，如今舉宅也成仙。舊時月色

絳霞洞裏綠成陰，語燕啼鶯没處尋。幸是繫鈴人去了，不然揉碎惜花心。絳霞洞

婆娑雲外小勾留一點秋心合做愁巖桂高枝休折
取好花須插美人頭 雲外婆娑
迴廊繞徧待如何山水無情人歡歌我愛桃花勝兒
女旁人不許更摹挲 繞遍回廊
歲寒松柏見貞心留得焦桐爨後音莫把平安問修
竹沈腰消瘦到於今 歲寒草廬
山頂危亭四面開層層石級凍苺苔叮嚀莫唱滄浪
曲我感滄桑一度來 小滄浪亭

午月既望偕黎里黃沅芷郎壽人放櫂吳門游
怡園

震澤 徐世勳 藻涵

問訊尚書里來尋顧氏祠亭臺新畫稿楹額昔賢祠
鳥語一林碎荷香四座披獨游情已愜況與故人期

游獅子林用元郭麟孫游虎丘韻

吳縣 吳恩熙 菡青

入門忽驚駭四面疊峰嶺飛從何處來獨闢靈奇境
一鏡澄波光千林散煙景巖壑分向背水石含動靜
幽洞激清籟怪壁躡孤影磴空鳥道盤路怯蟻封騁
我今結伴游爽氣顧同領一俯復一仰步步欲回省
雲煙起尺幅陰晴換俄頃峭捫薜荔牆巧奪轆轤井
古寺鐘韻幽 園前為獅子林 斷橋澗聲冷慮淡物始輕真趣
興尤永迢遞數百年為喚雲林醒

題東畬張翁獅子林圖長卷 并序

東畬翁名應均字星纏元和人雨中副榜以四庫館謄錄得四川瀘州州判後署馬邊廳事以終養告歸嘉慶三年卒年六十七善寫山水初得富陽董相國指授悉師法之後稍變自為一家此卷作于乾隆辛丑以授其第二女女適陸氏克家之外姑也道光丁未四月會試報罷出都取道陵縣起居于友壻張典史官舍出此授余蓋藏弆七十年矣外姑語余云吾髮老無子孫思南中不得歸吾父子孫聞今亦罕存者汝寶藏此畫不啻使我兩家猶有人也既謹受之抵里門訪翁自跋云先繪一圖付寺僧旵峰者已無可蹤跡又見韓東生文

鈔云翁嘗以所藏惲南田撫倪高士獅子林圖贈旵峰則跋中未之及也展玩增歎輒題二絕句

元和 陳克家 梁叔

老筆南田共散亡煙雲陳跡易情傷百年鄭重山門鎮獨有人間敝篋藏

初開蘭若地平分往事能談更幾人畫裡獨留全勝在芳園想像翠華春

獅子林　　元和 袁學瀾 文綺

九曲峰巒訪舊遊啼鶯林際喚春愁石飛雲氣迷苔磴松瀉濤聲過佛樓池鶴倒窺人影立蘋魚仰唼髩花游傾城士女咸來賞笑說倪迂畫意幽

戊辰二月廿二日同張筱峰先生李香桂鋭劉杜
安之錢卿子清杰同游洽隱園獅子林至晚而
歸

同前

清明纔過春日暄招邀儔侶尋名園少住憩綠（蛇譜）蕉
安須句借予分滿前坐伏大言杖登山亭望桃李天氣晴
和風日美既足然後嚮導上迴廊前度劉郎重來子有約
相攜琴尊乘興來相與憑欄賞紅紫城外西山照眼青樸
人到爽俗塵醒萬家屋瓦魚鱗比林表樹含煙樓香冥
樓碑軒勒容徐讀洽隱高情渺難續金屋藏嬌事已
空忽驚危張鐵刀戟（此園曾屬庄家後為逆商所據今為程忠烈祠）春運重
開兵劫消明裡鼓簧篁處盤棋肅意行同上酒家樓把盞
十一

臨風問井桐喜得侍承平生遊跡日豐士友往來邀頭綠
陰路轉港舊巷古石獅林分寶幢洞迷樓穿九曲珠
岩梯攀陟勞升降異蹤跡哉斜棧碧詩籠紗無分寫塵
緣群峰翠擬蒼穹巧句松化雲根攤桂棋水偃虹橋夾
岸鏡往來倒影游鴻映蘋魚仰遊鬢邊花蝶蜂趕趁
明妝靚老人歎傷感歲華前塵昔夢散風沙幾時同晨
星欣聚首清談坐到夕陽斜歸去柳絲吹滿路勝境
難忘屢同顧盼江畫稿妙天然即登玲瓏具真趣

乙丑三月廿七日同子杰游獅子林

同前

杖履上茶樓作新滄浪亭觀飛瀑歷師林獨有神物

護奇石自得天趣真記經冠亂閒四載到處鏖兵井邑改蘇臺麋鹿走荊榛此間道構依然在分列東西水旱園滿城士女賞春喧可憐物是人非故舊事無從問鶴猿洞壑岭岈通九曲苔磴行穿圭竇促綠蘿掩映徑旋螺天光一線明巖腹探幽入地陷深坎聳身忽又登平陸陰陽顯晦寒暖殊踵頂上下相接續笑語微聞不見形隔垣彷彿山重複魚鳥風雲八陣圖迷途進退嗟維谷迴環莫出範圍中但覺峰巒森簇簇眩目奇觀變態多恍疑五嶽真形縮豁然一旦步平堤綠柳紅橋覆水低方塘照影驚鴻度倚檻閒談共聽鸝亟賞倪迂工布置頓教城市成山谿妙解十二荊關皴劈法嵐景宛同圖畫携胸中邱壑相印證掃苔潑墨爭留題詩情與石並庸峭搜索其突竅幽蹊花間酒醒隣鐘動滿閣松風林鳥啼園旁畫禪寺中有松風閣舊名五松園今松已枯萎

四月七日同人集飲亢鐵卿家復出游師子林

同　前

小集壺觴讌祥符古寺隣素交逢石友游事記吳均座遇石梅生吳清翁示虎邱游記歸燕巢新補盟鷗席共親師林花笑日酒罷出尋春

林壑留真趣當年駐翠華畫圖倪瓚石風月狀元家池淥侵橋柳衣香勝洞花巖陰逢舊識啜茗話蟲沙

丙寅三月五日同家人游獅子林過畫禪寺訪
洽隱園　　　　　　　　同　前

露桃煙柳媚清明難得春逢上日晴幾適園林芳草
色傾城爭上踏青行

蘭亭雪堂傾茶作推畫禪寺裡聲聲偈催游春客問潇僧
茶為詩脫过叠石來

百家亭館狀元家洞壑玲瓏徑曲斜碧沼紅欄迷人
影翠鬟魚仰娑鬟邊花

落英繽紛深成圃到處園林放客看惜佛游春尋古
剎松風滿閣坐盤桓

樓閣尋芳載酒廚花蹊碎碣信人扶只恐懷春恨得不手
十三
日來看春風士女圖

踏青羅襪襯泥軒泥蜂蝶園香路欲迷一段春愁飛絮
外夕陽人影各東西

獅林小憩　龍山游踪詩十五首之一

吳縣　元樹滋　潤卿

叠石開園事竟擅名數百年斷閣陰城為人作白千秋
絕妙手文無一筆平怪石長松饒古意疏簾清響足幽
情林鳥見客如相識幾度尋春到此行

獅子林　　　　新安　徐文錫　韶行

春岩戲淡晴風幻雲飛猷臺龍歸然關關閨中看此數峰秀
狀空天欲穿碧立土不覺陽崖風日吐涯广冰雲激

石骨鬱嶒峻皺瘦復透漏自非造化鍾一一鬼工奏
偶來林下游一境一奇觀意所不到處真宰誰能究
撫景趣彌閒搜奇日以富濤聲松際來謖謖起清吼

次和鄒鐵樵大令同游五松園之作

元和 韓崇 元之

名園歷四朝遂擅吾土美逶迤入曲巷疎曠忘近市
峰峰各異態蒼翠撲窗几洞壑相鈎連巧匠不能理
入山何必深幽僻稱居止維則古道場彷彿舊壇址
當年手種松想見携鶴喈惜哉歷塵劫枯影卧池水
有客感舊蹤聚散渺難紀勝景豈久留清游忍負此
作詩追亡逋結交念終始

十四

獅子林圖為畫禪方丈映月題

同前

筆精墨妙暗門劉圖為劉彥冲寫淡寫林巒意匠幽獅子窟
中時打坐一蒲團外五松秋獅子林一名五松園
雪窗蘭草巨然山破墨淋漓不可攀映公兼精六法一代名
僧居勝地又留禪藻滿人寰

游獅子林

吳縣 秦敏樹 敬之

高士有倪迂性存山水癖手奪造化工累此萬端石
蔚然林壑幽一一峰巒積上樹五蒼松秀色拂天碧
下隱百竅寞妙寫天地賾邃徑鬱紆迴複道勞行屐
玲瓏却紛糾白雲穿又隔來游興不虛曲折引詩魄

幽悄古人心厚重古人蹟滄桑永不移百代非過容

獅子林　海鹽　朱炳清　小泉

獅林與虎邱吳門名勝同虎邱郊坰外獅林城市中一誇大王穴一留名士風或謂雲林巧疊石誇神功豈知朱德潤趙善長徐幼文共築碧玲瓏昔屬畫禪寺拱護梵王宮今為黃氏園園名號九松碧峰狻猊踞肖象何奇雄對面石勢阻回頭路忽通如穿九曲珠旋繞勢嵌空如逢八陣圖變化形無窮故路忘出入新術迷西東同游偶分散音聞人不逢變幻開地脉神妙奪天工一池璇源蓄怪插青芙蓉上下相顧盼各各皆改容人嫌多詭氣我道關鴻濛詩情與畫理悟此開心胸

十五

游獅子林　松陵　朱逢春　柳塘

獅林擅吳城深得圖畫致携策並尋游趁此春初霽累石成層巒鑿池分水勢喬松嵌石根疎竹間蒼翠平橋迤邐通幽逕浮煙靄屈曲造孱顏突兀更奇怪雨過尚聞聲滴瀝流泉細行行洞愈窄凹凸路難記緣上却如下入內忽游外登降步屢艱駭此咫尺地性癖痼煙霞當懷買山志台嶽路迢遙卧游惟圖繪茲乃假勝真點綴歎靈異妙詣想雲林題詩誌幽思

重游獅子林　同前

携杖重尋洞室幽十年不到儘淹留撐天奇石成靈

獸拔地喬松化逸虬，下上層梯隨勢曲，東西沼水合源流。倪迂去後誰圖畫，聊向空亭醉酒甌。

師子林記游　婁縣楊篠光古甌

吳市喧闐不可耐，乃於闤闠求山林。相國別墅鄰梵寺，門楣棨戟何沈沈。小橋流水忽殊俗，到此不覺清塵心。翠巒玉筍自高下，逕路紛雜勞追尋。腹實僅容魚貫入，斷鍔相望聯嶔岑。中或如厂如穾碣，或如濯足隨流深。下穿水穴更奇絕，紅闌干外傳清磴。咫尺隔以尋丈勢，壺中九華猶蹴踏。頗閒倪迂弄狡獪，奇蹟留此連軒蚤。師子神通至廣大，郎當信可羅胸襟。在昔翠華幸江左，標題真趣聆玉音。天章照耀卻兵火，豐碑矻立留璆琳。園丁瀹茗相告語，此時已苦冬寒侵。每逢春和車馬集，樗蒱竹肉閒醉醽。我聞此言重乾笑，俗士豈復知登臨。且具袍笏一展拜，米顛狂癖我堪任。

十六

獅子林　閩縣李宣龔拔可

入山情志膽，勿為雲所欺。果登姑信峰，我心猶自疑。乍陟若無路，攀騰遂同躋。一松倚一肩，居高竟忘危。石筍森門限，俯窺如立錐。蠏息海三變，銀濤湧風枝。大力負屓屭，宛如支床龜。咫尺清涼臺，氣氳誰是非。坐位莫敢爭，拍手天四垂。欲呼採蓮船峰名，茫然無篙師。

拙政園

元和　袁學瀾　文綺

今年屢踏園中翠前度人稀花正開紅紫紛披亂無
數石邊獨立賞亭臺此日游人集羅綺撲蝶流觴臨
淥水清絲脆管發歌場鳴琴妙妓皆穠李（時有群芳琴會）珠
喉宛轉遞新聲風送飛花拂鈿箏平泉甲第頻更立
金屋啼殘舊日鶯人間勝景不常好尋花須及春光
早前遊已換後遊人一度看花一回老金丹難駐鏡
中顏滿徑紅香堆不掃四百樓臺九十春北園煙雨
迷芳草

戊戌三月廿八日顧清卿游拙政園

同　前

七七

十畝名園啟畫圖尋芳鶯燕偶同途香塵淺印弓鞋
小多事春風捲卻無
相國池臺映綺羅百年喬木厭笙歌（舊為海昌陳相國之遺別墅後籍官）
花枝豔似唐韋曲天氣清如晉永和
園側誰家廢苑荒重門深鍵閉春光朝來幾點催花
雨天棘抽緣上女墻（園之東偏有廢園清池喬木花石玲瓏尚在）

游拙政園

吳縣　金蘭　子春

一場懡㦬闇然休依舊名園我輩游花竹經營前宰
相萑苻竊據僞王侯斷階斑駁餘膏血淺沼巑岏露
髑髏試問鴻南老槐樹興亡閱歷幾春秋

重過拙政園

長興　朱紫貴　立齋

月榭風廊得再窺，夕陽影裡客來遲。無人亭榭山茶老，有恨簾櫳海燕知。蟋蟀籬空黄葉滿，蠨蛸户冷碧苔滋。舊時草長鶯飛日，共許尋春到習池。

紅壓那有地行仙，獲鶴中宵應惆然。自昔園林同傳舍，於今樹石又平泉。已枯荷葉難為鼎，未老苔花勝有錢。我向回廊久延眺，昏鴉一一下松巔。

重陽日偕拙庵游拙政園

吳縣　亢樹滋　週卿

掩關忽報故人過，欲往登高奈嬾何。把臂園林尋北部，回頭花月付南柯。空梁燕去香泥冷，荒徑蟲喧蔓草多。小坐漫深興廢感，摩挲樹石且高歌。

十八

拙政園尋春　故山游跡詩十五首之一

同前

幾回折簡集朋簪，勝地群將北郭探。簾幌日高花艷艷，池塘風細柳毵毵。衣香扇影春如畫，燕舞鶯歌夢正酣。自是昇平饒樂事，幾生修得住江南。

拙政園山茶花用吳梅村原韵

吳縣　馮應圖　小尹

梅村詩内山茶花，兩株當日稱交加。今來又值一百載，春風歲歲飛丹砂。寶氣遠溢東海日，珠光直射西天霞。寶氣珠光兩園結，卿雲五彩生光華。根種若非資佛力，安能劫歷恒河沙。恒沙浩劫從何起，當年住近婁東里兵戈離亂盡身經十年聞見隨流水亂時無恙只名園傳說行人猶在耳（房屋多毀園為偽府故免）園中游賞彼何人黃巾長髮金龍履更起高樓入九霄臺築姑蘇猶莫比那知風月宴名花只識笙歌關羅綺可憐富麗好池臺昔屬王陳今屬李（謂李秀成）海上天兵動地來四郊烽火森軍壘梟鳥金誅巢穴空流鶯晚集歌簧喜先後住者中丞公中丞均出明光宮本是百花頭上品自然雨露逐和風紫薇鈴閣應同感芍藥當階合並紅不比平泉閒草木自開自落一春中園邊老人為余說陽和從古催霜雪自從克復幾年來花樹常常加倍發我聞獅林假石山天陰雨濕腥且

十九

殷（賊壘假山洞中多被斬死）洞中野花亦聞發根株清血常斑斑又聞劉園草木少樓榭亭臺半不保枯松朽柏十一存滿階落葉無人掃滄浪風景更淒清高低瓦礫無芳草拋棄城南孰問津夕陽流水春光老數來名勝一沾衣羨此花開燕子飛萬朵千枝長爛漫韶華長住莫教歸

十二月二十日雪中偕筱泉智齋梨村游拙政園

騰衝 李學詩 布白

誰初此地闢綠野畫棟珠簾鴛鴦瓦富貴風流又一時沒卻當年古蘭若（采風類記載拙政園故大宏寺基也明御史王憲臣侵以為園）燕語鶯歌春正酣春風如客花如墨哀竹哀絲興未

畢六博輕擲亦太憨，幾經桑田變滄海，古籐盤屈色
不改，曾聞待詔親手栽（有端午橋題額）。遂令斯園生光彩，老
樹參天孤雲寒，小橋曲曲紅闌干，怪石硆砑暈苔鮮
石洞陰冷煙蘿盤，來游恰值風雪候，梅花幾樹冷香
透，隱約前立姑射仙，肌膚盈盈豐神秀，笑我不早學
長生，鬢眉蒼白面容皺，歸來忽忽如醉癡，獨坐小窗
數清漏。

嘉平二日偕程學圃丈吳穉樵姊共游拙政園

古吳　潘敦先　叔重

行行曲折到城東，劫後園林入畫工，異代江山吳祭
酒，春風杖屨葛仙翁（學丈年七十五，穉丈年六十九），小橋岸嘴澌融
碧，殘雪枝頭萼破紅，願祝年年腰腳健，支硎鄧尉偏
游同。（二十）

正月初十日偕穉樵游拙政園

同前

一灣綠水繞東城，齊女門前迤邐行，柳葉含眉隨氣
轉，梅花笑口索人迎，山塘時日留泥印，崧嶽令朝祝
降生（是日穉文生辰），半日聽香深處坐，天然畫意與詩情。

拙政園聽評話

常熟　王朝陽　飲鶴

憔悴江皋吳祭酒，名園何處看山茶，寶珠色相成空
幻，賸有垂楊噪暮鴉。

一曲哀絃未忍聽，熙朝舊話夢零星，吳都花木門輿

替白髮當年柳敬亭

游拙政園感賦　諸宗元

衡山手植藤猶在太息山茶花已枯數易主人憐水
竹還令狂客念江湖一亭可上石作盎萬蕊飄香梅
有鬚獨惜名園長倒置竟如扁蓮守明珠

游寒碧莊　吳縣 金 蘭 子春

奇峰羅列樹蕭森群盜多年聚綠林電閃旌旗終殄
滅風流裙屐又登臨硬黃四壁纏椎閑寒碧雙池洞
壑深前度劉郎來也未桃花開遍畫陰陰

游寒碧莊　吳縣 吳嘉淦 清如

劉郎意氣人中豪粵擁擁節麾旌旄十年游宦不逞
二十一
意歸來築館臨蘭皋歌臺舞榭徑深邃玉簫金管聲
嗷嘈園成揮手騎鯨去畫閣重樓鎖．霧留與嬉春
載酒人芳時鈿舃盈衢路轉瞬昆池换劫灰地生荆
棘遊狐兔不見聰前有落花卻看池上吹飛絮方今
宇内欣昇平海中張網殲蛟鯨還鄉尋樂得真趣障
袖拂拂春風生往日搖鞭度紫陌譜出新詞歌瑶席
衣香人影去匆匆爛醉狂歌拓金戟今來滿目歎荒
涼晉苑吳宮景不芳惟有文章千古在柳家猶賸讀
書堂

乙丑四月初二日偕吳丈清如潘子麐生泛舟
游寒碧莊　元和 袁學瀾 春巢

春風吹綠閶門樹扁舟重訪東園路園為明時徐太僕冏卿名泰時之東園今為劉容峰觀察名恕所得始改今名恕性喜石中有十二峰錦市摧成瓦礫
場瑞雲石冷眠狐兎東園中舊有瑞雲峰為南宋朱勔所遺踪布防環之依舊
桃花發滿墩劉郎游迹渺前度寒碧莊在閶門外下岸花埠其地有桃花墩
憶昔琴襄返粵西苑裏歸築傍清溪高陽池館喧
歌舞九曲亭臺醉客迷平生雅抱奇重癖揮金輦盡
太湖石十二峰圍七寶廳福地瑯環洞天闢無邊風
月會賓朋撲蝶流觴聚裙屐七子聯吟雅集圖十番
鼓吹群芳席園中盛時每春必集名姝為群芳曲局可惜豪華景不
常送祖船散十房莊園近地有十房莊為明尚書徐履祥宅徐富甲三吳長船浜即其泊船處賬
鈿箏挂壁縈蛛網飛燕銜泥上畫梁風風雨

二十二

雨流年換九十韶光驚過半往日紅顏變老衰況復
滄桑經世亂廢池喬木厭言共清歌隔院愁聞按揭
來載酒共尋春巷陌荒涼少四隣頹垣一逕通花埠
斷井千家息戰塵萬卷堂空成蔓草落紅堆砌絕香
輪綠波想像驚鴻影不見從前拾翠人

泊船湖田游寒碧莊　同前

湖田煙草綠檥櫂尋芳沿曲折循頹垣巷陌空繡幰
瓦堆鳥雀喧重門畫深健紫花開遍園蜂蝶採香嬾
綺牕半零落繁華春不管池臺騁遠矚拂袖和風暖
盛時集珠履金樽酒常滿富貴樂忘憂歡娛日嫌短
雕梁歌舞塵儉被鷲聲斷玲瓏瑞雲峰棄置賞識罕

蝸篆蝕墻碑苔痕上高閣游情憶去年吟詩失前律
去年與吳清丈同游于此獨立望林巒無人更蕭瑟

偕同人游寒碧莊　同前

弭棹泊湖田取徑訪寒碧入門臺榭荒春風今游屐
燕泥落空梁蛛縈罥壞壁昔歌繞鬟響羅綺渺往迹
當年闢此園雅人山林柏墻嵌百種碑庭列三品石
厄運遇兵戎勝游異疇昔吾來恣搜討救浪霜日夕
紛華理難久光陰駒過隙憐他胡蝶花閒搨開寂寂

過寒碧莊　同前

黃葉磬中記問津平泉轉眼草鋪洄感慨事訊碧問
石來往客嬉池上春符秋風姑將嫁女雙飛燕子依
二十三

家人只憐劫後園亭破何日經營更一新

丙寅三月偕友游春雜詩十四首之一

長洲潘鍾瑞麐生

轉桴汀山塘七里過其半煙水去悠悠樓橋行柳岸
湖田隨風荷入作青紅爛斷垣見奇峯拔地卓天漢
問訊寒碧莊觀此峯近遠閒門補莓苔空堂無几案
扶疏仍柳榆高下自樓觀奇石周庭隅刻取壺中玩
攜碑走循牆想見重文翰雅集羅琴尊好花四時看
幾經粉蝶尋都付蒼跡亂紫豔閒蔓青滿園風物換
自湖田至花埠寒碧莊埠

偕吳清如丈春巢袁子泛舟游寒碧莊登虎邱

沽飲酒樓雨後得詩二首

同前

煙雨迷寒碧春風吹不還重携佳酒話後來看小溪山
靜樂歸酒夢閒無鶴守闌驚花庭院在祇見石磊頭

其二

如此尋詩地偏無賣酒家移船尋杜何問撫景憶繁華
溪店閒春龔軒聽近水涯斜陽醉歸去拂袖滿飛花

春盡日游寒碧山莊

長興朱紫貴立齋

玲瓏堆樹小巖阿略有峰巒掃積塵賦一片落花飛翠
裡亦聞橋上酒人多

二十四

欲共詞家賦錢春柳隄小立意遲遲一池結好美花
鏡只照明燈春社人

劉光珊屬繪東園歸石第二圖并題

寒碧山莊昔為余師劉竹濱先生舊居園林泉石花
木之勝園東有宣和花石綱所遺冠雲峰巋有以
居數百家然之非大力者不能致竹師乃於園東
築樓觀之曰望雲也咸豐初余從竹師習六法頗
登斯樓老友薛謂公羽為作東園歸石圖今譚指五
十餘年竹師調公羽墓木拱久矣庚申亂後園歸盛
冠雲峰前之數百家亦化為荒煙蔓草惟此峰巋
然獨存盛以後構樓之後閣園樓規進之劉君語

石素有石癖適寓園中知余案頭供石以弟子家繪東
園訪石圖第二圖并屬題長句以識盛衰觀嶼之感
時壬寅重九前二日也

冠雲之峰宮神道玲瓏瘦透如雲垂萬瓦鱗鱗壁設
特歷劫不磨石丈亦秋寒碧老人不能移築樓對之曰
我詩我書從師留見之者可禮突兀猶可思滄浪又變
桑田時經鹿頹殘路欹崎嶇名園重開位置宜老樹稚
竹相追隨劉郎嗜古尤好奇寄書更索訪石辭嗟余
垂暮猶戀盛衰觀嶼同悲非何日東園得一窺石
如能言石應知還當與石坐花醉月話往無嫌遲

留園　清泉 王之春 蘭史
二十五

槎枒古樹亦爭新不信吳宮迹已陳劫後樓臺成變
相雨餘花草潤芳塵地因幽靜留過客我得閒游即
主人分付蘇臺門外柳風流好繼再來春

留園蘭社寄懷盛伯
古吳 潘敦先 叔車

留園春草別經年雅集重逢信偶然宿植靈根滋九
畹嫩寒新柳未三眠正宜詩酒聯吟會待被清明上
塚桃相約偕桃同一醉春風二月杏花天

留園觀蘭即事　同前

編插金閶細柳枝軍門保鄂仰丰姿郭初鎮守吳中
地也想行吟澤畔時廿四番風看次第大千世界之

窮期人生行樂尋常耳我佛拈花笑我詩（是日釋家為觀音誕）

留園蘭社口占　同前

名園舊蹟石林留曾記童年撰杖游此日冠雲峰下立落英芳草動人愁（石林小院為留園舊跡幼時侍先大夫游到此已止今東西兩園及冠雲諸峰皆後來展拓）

瓊筵逐隊坐飛觴蜂蝶雙林欲醉香（園中遇雙林姊妹）知否詩翁已仙去黄壚無復話滄桑（西渼翁新作古人）

游留園感懷詩　泉塘陳栩蝶仙

劉家園子壓姑蘇路出閶門西北隅不解吳儂緣底事家家池裡築浮屠

曲曲迴廊路路通幾重簾幕卷西風闌杆不用珊瑚

斷自有斜階一抹紅

鏡檻玻璃六角明石床斐几小書城分明絕似桃花館少個吳儂讀畫聲

歌塵凝滿玳瑁梁軟繡簾遮小洞房一自吹簫人去後舞衣閒疊女兒箱

細網蛛絲逗碧紗璇聰低護阿誰家迷廊曲曲長關鎖閒煞一株紅杏花

小篆新書別有天我來便是少游仙如何一帶縈谿路不種蘆花只種蓮

瓔絡珠燈敞畫堂海楠精舍好迷藏垂簾不用薰香坐自有芝蘭一種芳

小樓窗檻出花梢薄醉登臨酒半銷東面虎邱西面
塔寒山四處是楓橋

靠山依水築欄杆小立橋亭怯袖單昨日斜陽今日
雪一般樓閣兩般看

竹籬茅舍雪精神老鶴無聲意頗馴好幅畫圖添个
我梅邊吟瘦一枝春

欄杆靠暖酒初醒碧幔深圍六角亭愛煞一雙金孔
雀居然為我肯開屏

冠雲奇石瘦嶙峋幾載風霜練此身昨夜老仙題字
去古苔駁落補煙雲

小亭臨水綺窻開鏡面波光絶點埃試問年年清若
此玉容曾照幾人來

二十七

不數珠闌與綺寮梅花香裡月如潮書生到此無奢
願願借留園貯阿嬌

留園　海鹽　朱炳清　小泉

憶昔入劉園怪石森當門池館游人少苔榻鐵[illegible]蹲
碑版晉唐萃古人之精魂摩挲認蘚石拂拭捫粉垣
亭榭半欹倒綠陰如海屯今來園變名雅游裙屐喧
珍禽圍籬樊異卉媚窻軒陳設矜富麗幽邃無復存
廿二年逝水遠夢微有痕滄海變桑田一園何足論
仲春上澣陪任寄鷗中丞師及諸同人飲於留
園五峰仙館席上賦此呈盛旭人年丈

陽湖 惲炳孫 李文

奇石移從瀛島中，或坐如虎臥如龍。深山大澤久湮沒，精氣乃與造化通。主人得之快欣賞，清樽美酒華筵敞。座客同聲歎神物，一笠拳倒巨靈掌。是日雨霽癡雲閒，長風浪浪天上來。梅花明月兩清絕，花枝在手月在杯。有美一人顏如玉，清歌唱出迴鸞曲。琵琶斷續三兩聲，百觴累進意無足。座中二老年最高，矍鑠是翁人中豪（寄師年六十有九，旭人則七十八矣）。掀髯一笑濡大筆，浩如滄海生風濤。人生快意賴有此，百年游戲聊復爾。杯底同銷今古愁，筵前已盡東南美。石上題詩醉語顛，置身合在蓬萊巔。攬衣獨起舞長劍，更欲狂歌倚九天。

二十八

留園偶作

閩縣 李宣龔 拔可

隔雨望斜日，閒鴉有短長。荷漪吹濕鬢，石響送涼璫。客去空攜手，詩成獨繞廊。向來異懷抱，喧寂等相思。

游寒碧莊

吳縣 亢樹滋

弭櫂泊湖田，取徑訪寒碧。入門臺榭荒，春風冷游屐。燕泥落空梁，蛛網罥壞壁。笙歌絕繁響，羅綺埋往跡。當年闢此園，雅入山林格。牆嵌百種碑，庭列三品石。厄運遭兵戎，勝游異疇昔。茲來重幽討，放浪窮日夕。紛華理難久，冷淡情彌適。憐茲胡蝶花，背人開寂寂。

九月八日滄浪亭懷古二十四韵

秀水 朱彝尊 錫鬯

滄浪有遺亭勝蹟今始到蹊雜六松檜小徑一僧導
古樹蒼寺樓臨水接官遇怪石長荒平林或妨帽
周雨蒼北碕歷歷見旁畢石枰雖無存宋毛詩田潛人泉
鷺去鷺水飛來上業石事相棲明盤日時從狀于問業韋日此物易惟宮石歸枰圃存館閒濯纓草庵
猶可造中丞我老友山水敦風好亦馬蘭榛岩偶比
湛渟陳暇日攜賓僚留不雜隳春蘇春園露相駐喜使
接遊謝俗會田課耕稼浦盒從承把游觀民召悅豈弟
神所勞湖州藹司馬賦才本雄驚詩逸梅歐陽文亦
師訓詰賢相所館甥孔士生嫁婚舉事偶不慎罪口
從狂誇放緣錢區區乃誣名士流盜事近千年識者

二十九

尚憤慨指人貴自勝林泉遂遐踰南陽招不去止用
人書報雜花修竹間風月任嘲傲斯人洵可懷曠世
我心悄悒來詣祠屋思以清蘋芼泛洛寒溪橋遲高飈
遠吹嘯

滄浪亭

吳江 金文城 宗元

曲徑清幽碧樹遮空亭鳥語落松花石橋一帶春三
月半是青帘賣酒家

滄浪亭

丹徒 張學仁 治虞

春流抱雲林雨過滿寒翠楊柳兩三家門前曬魚網
翼然見孤亭石磴攀蘿上緬懷昔賢人此地成清賞
閒鷺栖棋枰落花點書幌子亦思濯纓倘然動遐想

滄浪亭并序　　元和 袁學瀾 文綺

在城中郡學東吳越時廣陵王錢元璙池館其近
戚中吳軍節度使孫承祐亦營園其地慶曆間蘇
舜欽得之傍水營亭曰滄浪後為章申公所得園
林之勝甲於東南建炎後為韓蘄王所得也元迄
明廢為僧居釋文瑛復建滄浪亭於大雲庵旁近
宋牧仲中丞益增修之其名勝遂永不廢矣

錦樹蒼涼春色改古棣長流濯纓水鐵券虛存剩業
空詩家偏得名亭在廣陵當日雄分藩經營卅載闢
名園疊山其盡太湖石鑿沼直通銀漢源十四州之
劍光冷聲華歇逐塵煙影相國東門芳草愁孤猨夜

三十

哭樹前井往來賢蘇子瀛洲仙來此偶泛菰蒲船寄閒
清漣繞花竹交柯喬木橫蒼煙徘徊喜遂卜居顧四
萬輕擲囊中錢買此無邊好風月鷗沙片席時醉眠
後忽處塵寰鬭龍虎一檄亮奮享家國翊運堂高氣象
雄樓臺耕起將軍府物換星移世幾遷平泉變作梵
王宇草綠南園胡蝶飛陌花緋鳴香車歸蟠龍古碑
叢殘斑蘚春去游人散尸祝歷劫興廢真彈指富貴繁
華只如此鵂鶹隨雨嘯黃昏鬼燈夜向墻根起蘄王
祠碣生青苔郡官亭樹款塵埃縈情幸有好事老重
向滄浪除草萊永使名區屬長吏年年傾國看花來

南園覽勝　同前

三月二日同家人游南園大雲菴雲陰欲雨人蹤寥寂遂入三景園小坐出登滄浪亭謁羊元保祠還叩西道堂復往郡學訪落星石及康石風雨欲來隨即返棹

步訪南園舊蹟遺陰深喬木蔭清池蘋波綠繞舜欽宅煙柳春濃羊守祠隨處閑關僧避俗潛行林密鳥催詩牡丹開盡游人少郡學東頭碧草滋

三景園飲茶　　同　前

園臨滄浪水門對滄浪亭游春集裙屐香塵走畫軿池公舊講堂今植花滿庭（池歸愚尚書講堂後廢今改為茶肆後面為花圃）綠盆栽小樹環繞如圍屏茶煙裊竹裡彈詞靜可聽

三十一

閒來瀹茗坐酒客醉為醒餅賣街頭壚牡丹插座瓶南園芳景妍踏翠多娉婷撲蝶傍花叢丰姿關尹邢此地年年到垂楊依舊青

游大雲庵　　同　前

老栝參雲翠色深池中石塔影懸鍼虹橋接引游人跡經藏留傳古佛心曇釋談禪開鹿苑香山遺稿重鷄林春風桃李南園路出色花枝共蝶尋

古栝蒼然不計年草庵名尚著枯禪蝶旋徑轉滄浪水龍藏經傳釋梵天泉味綠香茶灶火竹光青裊塔輪煙鷺鵠倒影池塘滌游賞春風結靜緣

羊太守祠　　同　前

南史宋羊元保為吳郡守廉素寡欲去後民思廟

在烏鵲橋南俗訛為羊叔子祠因辨正之

烏鵲橋南津壇殘元嘉賢守廟猶傳千家墮淚空遺

碣悄子同羊叔一代清名著選錢感跡去思羊祜從此生薦

報賽春秋前不冠偃豆歌廉吏孫叔官貧定紹人全母

年春晚劃中渡刻澗日

丙寅三月朔同潘君慶生暨子清游滄浪亭

同前

連朝苦風雨南園春已深幽人趁新晴滄浪共登臨

雉堞露遠山曲徑通禪林叢木溢淨綠翠樾清塵襟

倚亭具秀若清課識素心亭碑傍灌莽榜石名不侵

三十三

古塔清淵光臺榭燬兵燹殘隱蹟追長史風月佳縱觀

買隣錢四萬詩酒書湖自對幽盟野蔓青蔥池傳至今

勝地須易主駒日馳驟驟風流彩雲散芳池洞路尖

景象華俊郎權側倉雅門琴亂後重經行畦菜荒布金

閒寂三賢祠瓦礫積庭除荒室亦泉鍾林池湖道旁

興廢感時昔憑眺發長吟

南園昔盛日桃李迷芳洲禪龕香帘開祠子駁游蹤

江流清鷗雜笑語林花艷錦帷錢吳留古跡喬木蔭清池

亭館湖蔚王勳紀墻間碑紅欄護究騁鮮蹀蹤參差

題詩會冠裳嬌詠壯丹時名優弦桃治蘇曲情為移

笙歌一席賓贊遇中人資其香五柳居改創吳賢祠

沈公舊講堂彈唱盲女詞春喧車騎盛耽樂忘歸遲
豈知沉浩劫蕪穢成荒陂世界本浮塵翻覆更局棋
回頭覓陳迹繁華渺無遺城闉閭芳草幽鳥啼高枝
過墟逢故老話舊共吁嚱

同子杰登滄浪亭　同前

瀠洄積水抱孤亭草木猶餘戰血腥歸苑鴉添枯樹
葉濯纓人對遠山屏萬千世事更棋局五百賢碑散
雨星不見樓臺風月景雙橋寂寞柳垂青

和許達甫人日游滄浪亭謁蘇長史韓蘄王遺
像

獻歲椒盤洇俗塵南園憑眺寄閒身亭臺風月詩仙
三十三
宅香火因緣古佛鄰鐵券勳名虛事業梅花消息報
新春看山驢背清涼士合伴浮杯讀史人

游滄浪亭謁宋緜津中丞遺像

同前

滄浪傾廢百年中賴有商邱起復功池館重開煙月
景經綸遠繼白華風西陂魚麥承恩澤南部煙花作
寓公（公有西陂別墅禹之鼎爲繪西陂魚麥圖未作　坨作西陂魚麥記康熙時御賜宸翰西陂二字　并魚麥堂匾）
耽戀濯纓歸路晚塔尖遙指夕陽紅

戊戌三月十六日同蒙泉游南園看菜花登滄
浪亭入三景園聽説稗傳

同前

初春步南園，隄柳綠未垂（正月閒赴王誼書院，嘗同蒙泉游此）。今來春已爛，桃李逞妍姿。禪盦香市集，裙屐聚游嬉。流鶯答笑語，林花映玉肌。言登長史亭，細讀墻間碑。紅欄俯澄沼，魚戲藻參差。留題多搢紳，觴詠盛當時。名優一舞衫，費過中人貲。笙歌繪昇平，民瘼鮮置辭（園中多閣雲汀）。陳芝楣兩中丞聯句赫奕，謙津翁塑像蒙塵絲（宋牧仲中丞遺像尚存）。風流滄浪蘇，故蹟俱遷移。昔日五柳居，改作吳賢祠（園旁）。五柳居舊為茶肆，近翠筐林方伯改作吳中五百名賢祠，石刻存焉。沈公舊講堂，今彈盲叟詞（園為沈歸愚宗伯祠，中有沈公講堂，今廢為茶肆）。世界本浮塵，頻更局上棋。回頭盡陳跡，過去無復遺。蹤游恐易忘，聊以紀我詩。

三十四

乙亥三月九日同顧奕齋晚步滄浪亭有懷故友蒙泉陳子感賦二章　同前

四圍水竹淨塵埃，幾度尋幽躡徑苔。鄰笛咽愁花欲暮，酒壚感舊首重回。前游人去山河渺，勝地春喧車馬來。紈扇畫帬行樂處，綠陰轉眼遍亭臺。

相攜瀹茗坐前軒，橋上驚鴻笑語喧（乙丑年與蒙泉舊游事）。往事已隨飛絮盡，閒愁空對淥波翻。年深花石雨生蘚，境寂輪鈴風與言。欲溯錢吳尋舊蹟，迷離煙靄綠南園。

同作　長洲　顧益金　奕齋

莫問韶華去若何，重門長日掩青莎。春風自逐歡場

轉舊雨偏從空谷過載酒喜尋垂釣渚携柑爭聽濯
纓歌柳絲花片紛如許收拾奚囊好細哦
憶昔鶯啼草長天伊人曾共此留連元龍意氣成千
古蘇子亭臺又一年白髮更誰憐短鬢黃壚有客聳
吟肩何堪聯袂經行處早見春林起暮煙

滄浪亭　吳縣 金蘭 子春

城市擅幽勝彎環十畝塘孤亭幾興廢流水自滄浪
庭竹憂涼雨澗花燃夕陽徘回未能去得句寫清防

甲辰正月十七夜偶至滄浪亭　元和 陳克家 梁叔

上元已過少游人良夜無風興獨乘一歲已看初缺
三十五
月六街猶有未收燈誰家絃管清流響此地亭臺冷
似冰欲喚豪吟蘇子美共來橋上曲欄憑

過滄浪亭廢址　吳縣 吳恩熙 蓝青

城南舊游地亭構已全荒前澗自流水斷橋仍夕陽
有情買風月無主感滄桑大雅不可作詠觴懷漫堂

丙寅三月偕友游春雜詩十四首錄其二　長洲 潘鍾瑞 麐生

好春只三分二分倏已過命儔不在多行歌藉唱和
迎人高樹光新綠淨難唾屋撤萊畦長散金補垣破
天依城闕圓地放南園大清磬出精藍閒根脫壓堁
環居水半灣俟門增一箇甃比乞茗供隨便參蓮座

揮毫見腕力不嫌粉壁況何必亦以詩重來笑王樓

印一日同表子春業題其令嗣東作游南園憩大蒙

庵寄小院老僧閣深王書

襄川昔作記云地無定名亭或屬為廬廬從還為亭

滄浪水長逝大雲流不停因念王壯節發闕斧營

落成建牙去於茲祖錢行史魂僅來降風月仍清明

英雄老虎節詩客終飄零高尚早數枝氏斷碑醒蔓青

登眺送斜日僧然憔悴古碧來翔看山去更約携吳舲

尋滄浪亭感王壯節公庚申重修事

滄浪閒眺 林山游跡詩十五首之一

吳縣 元樹滋 潤卿

潜木千章水一灣滄浪勝概傍禪關名區自古因人 三十六

重遷客何時化鶴還郎發已迷游釣地亭空踏雪憶鳳

鸞蹤廢興不盡人間事翰墨亭邊風月閒

滄浪亭懷古

吳縣 秦茂樹 戟之

涼飆動高林蕭瑟城南路雨後客獨來水鳥忽飛去

孤亭悄無人寒蟬咽深樹小憩讀蘚碑悵然起遐慕

緬昔蘇學士遺蹤此流寓宏材世不用風月發幽趣

文章溷酒徒泉石高名附禪指七百年淮瀆水如故

圓荷葉搖風老桂花滋露詩魂何處招鷖汎斜陽暮

登滄浪亭

清泉 王之春 爵棠

山光水色隔疏欄明道堂高靜不雨石補蒼苔生積

翠竹搖春雨滴宦生青詩人姓梅當年湖瀆子謳歌比

地聽濯足濯纓皆自取徵懷好與上斯亭

滄浪亭贈乙蓮上人

吳縣 汪芑 燕庭

芳甸絢朝暉晴野春盎盎城南尺五地步屧遂孤往
貴戚舊池館殘滅委榛莽遺址弔霸才破寮瞻古像
長史昔讒謫樂茲境高敞構亭俯澄川觀懷謝塵坱
風月樽不空煙波舟屢榜林陰軒戶靜山氣巾裾爽
嘯侶梅歐陽題詩寄幽賞汩汩榮辱場羇身等羅網
一朝得自勝高情邈雲上摩抄幼婦碑弔古心悒怏
當途尠風雅典型詎知倣村童事樵蘇鄰婦拾栗橡
喬木撐煙平修竹緣徑長游儵動清漣野鳥弄圓吭

三十七

廊空夕陽影屐綦恍可想松風吹子落猶聞石枰響
性本暮醫高矧此高山仰避世東皋子息機漢陰丈
甯思五嶽游破費屐幾緉手揖滄浪僧結廬許我儻

夜夢玉滄浪亭作詩醒惟記領聯足成寄蓮公

同前

斷彴通幽境顏恆護曲廊魚跳池藻動花落石枰香
禪榻永清話吟寮延夕陽平生無熱夢多在贊公房

散步滄浪亭大雲庵流水居諸處有感效白

吳縣 馮應圖 小尹

散步即散悶悅目乃悅心悶散心亦悅曠然愜幽尋
初沿滄浪曲再游祇樹林南園地清曠東風天晴陰

古寺大雲閑禪居流水深游人昔稠密獨客今況吟
況乃舊宅近豈免新愁侵回思生死別泣下涕沾襟
舊居離滄浪不百步時時往游一草一木無不
流連亂後宅毀滄浪亦不常到到輒凄然

同　前

不到城南又一年滄浪流水故依然干戈非復初平
後亭榭翻思未闢前滿匝霜痕衰草地半含風色夕
陽天豈徒憑弔堪流涕往事傷心總淚漣

滄浪口號　同　前

野寺村橋六七里城南風景看如此垂楊餘綠晚楓
丹新月初黄暮天紫

三十八

偕汪稚琢吳樨樵兩丈游滄浪亭追和曾大父
韵　古吳　潘敦先　叔重

一碧滄浪水高風不可期清涼塵外境蕭遠畫中詩
曠代興亡感名山事業遺古稀二老者杖履樂追隨稚丈年七十二樨丈年七十一
自在斯真趣拘牽反誤期汪星臺君寓滄浪亭屢訂不果是日不期而遇並荷引游
穿林勞引勝捫石讀題詩風月無邊賞亭臺勝跡
遺濯纓清可鑑孺子許相隨稚丈攜一孫余挈二子

嘉滄浪亭廢址　海鹽　朱炳清　小泉

屋圮怪石峙橋留寒淥渟荊榛瘞枯骨徑沒少人經
借問採薪者云是滄浪亭卓哉蘇長史不與權貴倫

泡影悟宦游悲梦落寒汀清涧风明月夜浩歌激青吴
红羊小劫后鲰生来问津兔窟蓬艾草狸居鵻鸣乔木青
有亭仰流型无事亦秀灵有亭兴无亭一样状名馨
世禄得詹履什青楼窗楹一朝兵发燬郁华春梦醒
始知不朽业千古惟文星城隅落日瘦寒色满林垌
孤游非遗迹贵废信荣神已飏知我意孤影立伶仃

偕李毓商家坐仙游重建沧浪亭谒五百名贤祠　　同前

烽火孤亭北蓬蒿曲径荒高怀子美好好句忆欧阳
重见轩窗秀依然竹石浮文星原不朽遗迹此沧浪

其二

三九

汴北陵名重江南德教覃数付谁湮修把湖大宪庵
异代渊源接同堂道法参吾家星使跋徒遗此继惮
光权祖虹彬閒学道光凡子稻学江南五百名贤像
刻有跋语

沧浪亭题壁　　吴江 周麟书 迺陵

子美沧浪一壑亭尧臣永叔记流连奇花重向空亭
立恨我迟生九百年

沧浪亭题壁　　诸宗元

有竹有水石此园以静胜何来打碑人乱坐声相应

南园　　钜野 王禹偁 元之

天子优贤似有唐镜湖恩赐贺知章他年我若功成
后乞与南园作醉乡

南園　新繁梅摯公儀
長洲茂苑足珍材勝買前山活翠栽客土不疏承帝
力幾多臣節共安來
長洲茂苑占幽奇嚴樹珍臺入翠微園李露濃山色
秀徑桃煙暖一香飛月臨夕樹鳥頻遶風揭珠簾燕
來歸弭蓋暫歡成結戀斜陽憑檻獨依依
銅山蘇舜欽子美
西施臺下見名園百草千花特地繁欲問吳王當日
事從來桃李若為言
與周元明游南園　晉陵胡宿武平
一遍芳菲欲滿林回塘過雨晚來深紅妝珠珮交花
四十
影白馬春衫度柳陰向老追攀多强意隨時風物但
驚心眼前百事輸年少猶解因君放浪吟
周元明
漫爛花時錦繡張無端下馬繫垂楊山亭水閣笙歌
地合與行人作醉鄉
南園　閩化程俱致道
王子池臺跡已荒年來華構壓高岡長林不破千山
月老幹猶含九夏霜便覺平泉冠東洛還依綠水記
南塘蝸廬都好通幽徑岸幘時來一嘯長
南園　元和袁學瀾文綺
挈伴南園幾度游年年來此散閒愁落花啼鳥催春

事畦菜墻桑帳野課擔榼誰家喧上塚憑欄有客賦
登樓錢吳霸業今何在勝有崇罔繞碧流
風迴紫陌菜花香掃墓人來醉野棠一作寥落西池放野棠教
檣九推扶黛粘春日郡守祭先農壇于南園酣春十隊鬬虹粧赤
蘭古院森喬木古赤蘭相王行祠在南園白足荒庵鎖夕陽福城諸尼
庵為裕撫軍所禁逐莫問揖青亭舊蹟寒蕪已徧鶴棲堂尤西堂水
戕園已荒廢惟鶴棲堂尚存末兩句一作欲問八亭三閣址寒蕪一帶繞滄浪
綠水環亭竹萬株流杯遺迹未全蕪一作滄浪遺跡未全蕪杏
花春雨詩詞景人影衣香士女圖掃地病僧閒退院
呼晴野鳥勸提壺林間獨醉眠芳草高韵於今尚憶
蘇醉劉惟有春風知蘇子美集中句末兩句一作經營卅載窮工巧只付清游一晌娛

四十一

城南來往香花人故事猶聞話近隣隙駟光陰憐夙
昔磨牛踪跡蹈陳因樓臺約略傳藩府甲第依稀記
相臣木石無端勞貢取當年曾此困吳氏
風閣雲亭渺舊基祇餘喬木蔭清池蘋波綠繞舜欽
宅煙柳青濃羊祜祠往事已隨飛絮影閒愁空惹好
花枝醉鄉日許游人乞白馬青衫賭賦詩
人生倘促實堪哀那不登臨笑口開澹澹夕陽明雉
堞依依春草上鷄臺爽鳩前樂難重問一作前游客去山河渺
隙駟流光豈再來一作勝地花濃車馬來且覓高陽舊池館一作
且覓蘇梅舊池館相攜同盡此深杯

南園游春

同前

桑畦菜隴閒頹垣寥落民居幾户存鶴老松枯堂構
圮無人重問水哉園

瞿園車馬聚喧闐不到於今十六年舊日亭臺今易
主春來景物尚依然

池臺匝地擁香塵半雜屠沽半市民臨水隔花亭一
角華妝時露美人身

梵宇琳宮到處開春風裙屐聚城隈菜花純作黄金
色引得游人逐隊來

布金地暖接滄浪蛺蝶穿畦作藕黄歸路袖攜花氣
滿春衣不必更焚香

茶室臨溪蔭柳煙大雲庵對菜花田俯窺橋上鷺鷥

四十二

影瞥眼風花過卅年昔在乙丑歲與陳子蒙泉至南園觀郡守祭先農行九推禮還至滄浪亭大雲庵側臨溪茶室門蔭垂楊軒窗映綠脩有小橋時有游女往來余與蒙泉憑欄吟眺各有即景詩事隔卅年蒙泉又歸道山回首前塵惘惘如失矣

看花定慧趁新晴五百賢祠取次行紅日半輪銜遠
堞南園芳草不勝情

按定慧寺蘇公祠即辟疆園郡守蘇公以捐賑餘銀所建五百名賢祠在滄浪亭閩雲汀中丞所建故友陳蒙泉嘗寄余札云日來風日喧妍索居無事日與嚴戊卿或看花定慧或踏翠南園出門隨所至而休焉昨偶步南園一探好春消息徘徊久之遠眺落日火如車輪亦如蘋實濃雲潑墨相映

瞬息銜山因歎駒隙光陰至此尤連回顧綠楊幾
樹眉眼窺人作嫩金色若有若無新燕掠波似有
定巢之意聊述之以鼓雅人踏青之興云爾
偕楊竹谿表兄南園游春

同前

城隅踏翠香塵涌油菜花開金遍隴偶逐春風汗漫
行親戚相逢游興勇綠樹迴環流水居魚鱉放生無
怖恐大雲庵裡女燒香綺羅合隊鈿輿擁滄浪隔岸
見亭臺柳媚桃嬌矜荷寵郡學黌宮氣象尊文才南
國聲華重園林到處鳥啼煙寒日幾家人上塚社鼓
錫簫賽會場紙錢麥飯棠梨壟綠鬢華年愛冶春紫
四十三
陌輕衫來接踵隨意杯盤隨分酒醉看落日紅霞捧
一隄芳草戀忘歸贏得閒愁千萬種
三月十九日同潘雯齋閒步南園

同前

綠陰春已晚潛步南園址荒陂蔭喬木斷汊浮芳芷
訪古滄浪亭留連濯纓水冷落三賢祠板橋欄柱毀
尋芳綠雪軒殘花亂紅紫沈公舊講堂茶煙裊窓几
閒行繼意愜行跡避塵軌林昏雨氣塞野曠風聲起
怡情拾香草前游失彼美無聊坐茗談禪鐘出煙裡
游南禪寺旁小院贈闇深長老

同前

已公舊院據兵戎亂後空門更覺空坐有墨池能遺興立無錐地不嫌窮書禪遠繼長沙老壽量參同寶掌翁掃地焚香忘世事常清淨守佛家風

同沈筠坡兒清瑞雲華游流水禪居　同前

放生池館淨無瑕士女閒游語笑譁柳岸魚跳吞施食水軒人雜賣清茶蔗漿餳餌春場擔粥鼓禪鐘梵釋家經卷塵封僧外出深房靜鎖一庭花

游赤蘭祠　同前

赤蘭相王姓桑名湛壁周敬王時吳王闔閭築城城下有蛟龍績用弗成神以鳥薪千艘下之工乃竣土人祀之為赤蘭將軍

四十四

十畝叢祠闢菜田築城功紀敬王年園開桃李成春景利括錐刀算榷錢 祠為榷使署中胥吏所籌修 石丈玲瓏天祿獸花神綽約貌姑仙 花神新葺廟 蛟龍也歆重淵蹟俗隸何多賠近前 是日游多隸役

無梁殿　同前

在開元寺明鄭貴妃用錢二萬萬建甎閣兩層以藏經卷

憑虛不用棟梁材運甓功成紺宇開七女宮樓森寶地九蓮菩薩布金臺西來白馬藏經典南極紅羊碎火災三百年朝餘蔓草貴妃遺構尚崔巍

輦載黄金布施來淩雲八寶涌樓臺琉璃色燦鴛鴦
瓦摶埴功倖柱石材度架三乘傳貝筴陶甄萬竈熱
松煤靈光終古巋然在不遂香姜化劫灰

開元寺　同前

香剎盤門路春餘靜綠陰篆煙濃石像花雨散祇林
酬願愚民俗無求臥佛心帝青傳法鉢僧寶燦塗金

流水居　同前

綠闇南園路平橋跨鏡川禪居環碧水高柳映青天
席散看花局燈傳授戒筵飛潛機活潑魚鳥得生全

報國寺　同前

零落青鴛舍荒苔春草深民居煙火雜佛髻蘚苔侵 四十五
衰旺形家説清虛梵唄音 寺礙撫署風水明末改低三尺遂以不振 僧貧
衣百衲無戀契禪心

麗娃鄉 并序　同前

在吳縣南宮里夫其地連甄胄水接通波風著清
嘉俗敦禮讓一陂香草尋芳時見美人比户笙歌
結佩相逢歡子舞白紵唱吳歈令節佳時群游聯
袂臨水陽花湔裳撲蝶腰肢背後鬢影風前傾國
傾城呼之欲出昔杜少陵詩吟多麗趙昭儀鄉號
温柔覺聲錫嘉名惟此間為擅美矣

訪艷南宮里鄉名記麗娃笙歌羅綺月金粉苧蘿花
論價珠量斛行遊果擲車春晴香水賦群集浣溪紗

其二

山入夫差苑江流桃夏宫地當吳會際人在畫圖中
鶴市梨花雨魚橋柳絮風十洲三島境仙俗略相同

南園散步　　吳縣　亢樹滋　佪卿

樓臺高下接重重滿眼鶯花夢正濃春色迷人人不
醒夕陽影裡一聲鐘
南園風物本清腴比際腥羶夾路隅不識誰家年少
女三三五五禮耶穌

歲晚南園閒眺　　長洲　彭慰高　訒生

三冬龜坼隴頭泥偏擊靈鼉雨澤遲擊艇老漁挂疏
網還巢寒雀踏枯枝江村米賤呼庚癸茅屋霜濃飼
四十六
豆糜有攢粥飼貧戶者　卒歲生涯人盡拙荒畦幾見麥苗滋

蒓庵招飲席罷南園晚眺次碩庭韵　　同　前

陰寒閑柴關跼蹐愁難展快茲風日清郊原恣流眄
吾廬不數武徑隨流水轉柳弄柔條黄屐印晴泥軟
孤村人迹稀遥山黛痕浅雙橋跨通波獨樹剝蒼蘚
郭外布帆飛時驚隔籬犬卓卓鶴栖堂何處訪楣扁
草際一拳石摧残僅而免榮悴亦何常蒼茫難詰辨
久立澹忘言不節力差勉歸途寫清景急把枯毫吮

南園　　吳縣　吳國榛

南園故址宿草蕪野色雲光雨模糊山鳥格磔萬籟

糢黏二字恐係模糊之誤爰特改正

靜數椽茅屋入畫圖

可園獨游梅花盛開為賦長句

儀徵 嚴玉森 鹿溪

文襄左 文誠袁 去已遠高雪衛雲來作花疎籬密護斷人迹鐵骨橫空群鳥嗟當年觴詠倏泡影天山劍戟令桑麻此花閱世將二紀冷極無言聽晚鴉衡山雪薄梅亦少泉根幾樹徵煙遮 戊寅冬居衡山 炎荒孤賞抱冰雲乾坤一氣春萌芽可園入散爾清寂空廊不斷新雲霞夜深脈脈來鶴語門外時時喧馬撾湘上何人吟水涯黃河西北無悲笳繞花千轉傷心極白髮青門長種瓜

四十七

南園

吳縣 錢辰 秋潭

倚城雲樹鬱蒼蒼流水小橋花自黃老屋三間名士畫橫山一角美人妝村中日暖幽禽語陌上風薰細草香覓得誰家好泉石遺蹤莫問廣陵王

南園

長洲 尤侗 悔庵

二月桃花開三月菜花盛游人聯袂來啼鳥發春興我亦南園叟獨把長鑱柄

和金東雷南園閒眺韵

元和 陳任 公孟

東廬 東雷所居 示我南園句回憶湖濱比屋居卻道籬邊秋色好杖藜要訪讀書廬

低徊六十年前事，舊夢迷離敦興温（光緒初余家僦居帶城橋，髫時散學恒往南園嬉游）。記得南園風景美，水環城郭樹環村。

晨至五畝園賞荷口占呈主人

吳縣 亢樹滋 倜卿

為賞池荷趁早涼，迎人花氣遠相將。鏡中翠袂徐徐展，剛是佳人整曉妝。

愛傍迴廊曲折行，畫簾高捲暑風清。祇憐老眼模糊甚，蒂綠邊紅看不明。

東山聲望競相誇，門外常停長者車。誰識年來蕭灑趣，四時飽賞滿園花。

長至赴綬之五畝園

同前

四八

五畝園林五畝池，深居最是此間宜。開軒水石饒幽致，繞徑松篁挺秀姿。雅集西園曹入畫（君繪重陽雅集圖），名流北郭例工詩。連番置酒勞相召，酩酊拚同醉一鴟。

五畝園林五畝池，常年文物渺難追。蘭亭梓澤空千古，曲徑迴廊又一時。到此每深濠濮想，別來常動蒞蘭思。遲遲好待陽和轉，滿擬移樽就故知。

寓五畝園即事

長洲 葉昌熾 鞠裳

恒沙等是一微塵，何必園林問主人（宋梅宣義、章莊簡至元明以後屢經易姓）。丙舍草書新舊帖（廊下有湖州丙舍碣，皆國初諸老題，今又為漏澤園），午闌花態淺深顰。悠然濠濮從莊叟，安得神仙起子真。我亦浮游聊寄客，隔墻笛韻可為鄰（書室墻外即厝棺之所）。

池臺蕭瑟隱菰蘆山色登樓望有無廣夏本宜絃誦
地暮春如泛羽觴湖翟泉出地餘蒼鳥梵塔摩穹自
赤烏報恩寺浮圖在東燕語空梁人不見謝公別墅吊黃墟
謂亡友謝綏之學正

游南園同秦雲有作

吳縣 汪 芑 燕庭

嬉春裙屐自年年春到南園景倍妍霸王河山銷鐵
券詩人風月買青錢漫悲吳越興亡史且學歐梅唱
和篇喬木荒池都入畫濯纓亭畔儘留連
文章大塊睨吾曹跳出名場意興豪春水河橋花鴨
賦夕陽樓閣紙鳶高裙腰綠襯平蕪草衫影紅欺野

四十九

峰桃好句奚囊收不盡天涯有客敝征袍謂朱萬卷
南園為廣陵王元璙舊圃中有流盃旋螺亭亞于
滄浪之景王禹偁元之宰長洲時無日不携客醉
飲嘗賦詩云他年我若功成後乞取南園作醉鄉
今園中大堂遂以醉鄉名之大觀末蔡京罷相欲
東還詔以其園賜之京即以詩贈親黨云八年帷
幄竟何如更賜南園寵太師堪笑當時王學士功
名未見便吟詩元之之詩不過寓意耳京遽以無
功名誚之元之雖終為黜臣其名與天地同不朽
京居相位二十年又處師垣之尊至今雖三尺之
童唾罵不已其賢不肖何如也

南園銷夏　　太倉 顧晞元 子雨

一番疏鑿闢榛芳遠翠濃于畫幾層縱飲近邀池上
月鈔詩偶借佛前燈興來結夏尋鷗侶舊憶行春過
馬塍襱襶笑人忘觸熱何如此地試敲冰

南園席上　　同前

別墅城南記晉公後先憂樂古今同乞湖曾攬江湖
勝挽俗終期風俗通潭水情深和酒綠平泉境遠息
塵紅園林金粟開芳社引玉深慚句未工

图书在版编目（CIP）数据

吴门园墅文献新编 / 范君博编著 ； 苏州市园林和绿化管理局编 . -- 上海 ： 文汇出版社， 2019.12

ISBN 978-7-5496-3085-1

Ⅰ．①吴… Ⅱ．①范… ②苏… Ⅲ．①古典园林－文献－汇编－苏州 Ⅳ．①K928.73

中国版本图书馆CIP数据核字（2019）第264505号

吴门园墅文献新编

编　　著 / 范君博
编　　者 / 苏州市园林和绿化管理局
策　　划 / 文汇雅聚
责任编辑 / 许　峰
装帧设计 / 周　丹
责任校对 / 章新明

出版发行 / 文匯出版社
上海市威海路755号
（邮政编码200041）
印刷装订 / 无锡市海得印务有限公司
版　　次 / 2019年12月第1版
印　　次 / 2019年12月第1次印刷
开　　本 / 787×1092　1/16
印　　张 / 44.75
字　　数 / 400千

ISBN 978-7-5496-3085-1
定　　价 / 158.00元（全二册）